MALTE KRÜGER | ALEXANDER SCHMIDT

UNDERCOVER
IN DER
FINANZINDUSTRIE

Dieses Buch ist Siegfried Krüger gewidmet,
einem der letzten Journalisten der alten Schule

MALTE KRÜGER | ALEXANDER SCHMIDT

UNDERCOVER IN DER FINANZINDUSTRIE

Wie Banken, Versicherungen
und Vermögensverwalter
Ihre Rente ruinieren und was
Sie dagegen tun können

FBV

Bibliografische Information der Deutschen Nationalbibliothek:
Die Deutsche Nationalbibliothek verzeichnet diese Publikation in der Deutschen Nationalbibliografie.
Detaillierte bibliografische Daten sind im Internet über http://dnb.d-nb.de abrufbar.

Für Fragen und Anregungen:
info@finanzbuchverlag.de

1. Auflage 2018

Nymphenburger Straße 86
D-80636 München
Tel.: 089 651285-0
Fax: 089 652096

Redaktion: Ulrike Kroneck
Korrektorat: Bärbel Knill
Umschlaggestaltung: Maria Wittek, München
Umschlagabbildung: Shutterstock/Mario Savoia
Satz: inpunkt[w]o, Haiger (www.inpunktwo.de)
Druck: GGP Media GmbH, Pößneck
Printed in Germany

ISBN Print 978-3-95972-117-2
ISBN E-Book (PDF) 978-3-96092-203-2
ISBN E-Book (EPUB, Mobi) 978-3-96092-204-9

Inhalt

Vorwort

Das Wort »Finanzindustrie« verursacht mir Übelkeit. Dann nämlich, wenn diese Dienstleister den Eindruck erwecken, sie seien eine Industrie und schafften aus eigener Kraft Werte. Das tun sie nicht. Geld vermehrt sich nicht aus Geld, sondern nur, wenn es in den produktiven Wirtschaftskreislauf eingespeist wird und dort für eine Erhöhung der Produktion und des Warenumschlags sorgt.

Der Irrtum – oder die Irreführung – beginnt genau hier: dass Lohnabhängigen, Selbstständigen, Hausfrauen und Hausmännern, Arbeitslosen, Studierenden oder Rentnern suggeriert wird, wir bräuchten nur ein paar Hundert Euro oder, besser noch, ein paar Tausend Euro zu irgendeinem Institut der »Finanzindustrie« zu tragen und es vermehre sich dort auf wunderbare Weise.

Wie wenig das stimmt, haben viele zu spüren bekommen, die mit der Wirtschafts- und Finanzkrise seit den beginnenden 2000er-Jahren ihr Geld in Luft ausgelöst fanden oder schlimmer noch: in den Taschen der allergrößten dieser »Finanzdienstleister« verschwinden sahen. Die Masche à la Maschmeyer, nicht nur dort, sondern ebenso bei der Deutschen Bank, bei Goldman Sachs, bei Merrill Lynch und all den anderen.

Am härtesten traf es diejenigen, die auf diese Weise ihr Alterseinkommen hatten sichern wollen. So wird es gezielt und fortwährend gepredigt: Wenn ihr euer Geld zur »Finanzindustrie« tragt, müsst ihr im Alter nicht darben. Weil sich diese durch Versicherungswirtschaft und Politik gezielt verbreitete Desinformation trotz grassierender Altersarmut auch derjenigen hält, die ihr Geld »gut angelegt« hatten, und weil es trotz aller sonstigen schmerzhaften Bauchlandungen im Finanzsektor weiter verbreitet wird, wurde es höchste Zeit, der makroökonomischen Kritik an derlei Finanzmärchen mit einer Langzeitrecherche beizukommen.

Malte Krüger hat sich in die Märchen- oder besser: Monsterwelt einschlägiger »Finanzdienstleister« begeben und von innen deren Geschäftsgebaren kennenlernen und entlarven können. In bester »Undercover«-Manier hat er sich anheuern lassen und mitgemacht bei der Akquise neuer Einleger und kann deshalb die Strukturen einiger »Finanzdienstleister«

aufs Konkreteste offenlegen. Ich freue mich darüber, dass der Autor Stipendiat meiner Stiftung war und vom Projekt work-watch bei seiner Arbeit unterstützt wurde.

Malte Krüger hat erlebt, wie rabiat solche Vermögensbildner mit den Hoffnungen ihrer Kunden auf ein bisschen Sicherheit umspringen, ja, vielleicht auch mit deren Hoffnung auf schnell und einfach verdientes Geld. Aber die »Finanzdienstleister« wollen ihre Geschäfte machen, nicht die der Anleger.

Es gehört zum Prinzip dieser Branche, dass sie nicht nur willens ist, ihre Kundschaft übers Ohr zu hauen. Es trifft auch ihr eigenes Personal. Denn um ihr Geschäft zu optimieren, werden die eigenen Leute, die es an der Basis abzuwickeln haben, abgerichtet und scharfgemacht. Man könnte Gehirnwäsche dazu sagen, auch wenn es sich Schulung nennt. Am Ende ist es Antreiberei und Unterwerfung, selber denken und moralische Skrupel werden sanktioniert. Malte Krüger hat das erlitten und brauchte längere Zeit, um wieder er selbst werden zu können.

»Undercover in der Finanzindustrie« sollte jeder lesen, der in Versuchung gerät, den Versprechungen der »Finanzdienstleister« aufzusitzen. Auch die Politik, zumindest die sozial orientierte, wäre gut beraten, die Enthüllungen dieses Buches zu berücksichtigen. Sie sind nämlich ein weiterer Beleg für die Notwendigkeit des staatlichen Rentensystems und einer längst überfälligen Bürgerversicherung*. Viel ist zu tun, damit die Rentenversicherung ihre Schutzfunktion wieder erhält und nicht als Torso vor sich hin kümmert. Die »Finanzindustrie« wird diese Aufgabe ganz sicher nicht übernehmen.

Günter Wallraff im März 2018

---

* In Österreich, wo seit Jahrzehnten eine Bürgerversicherung existiert, erhalten Rentner ca. 85 Prozent ihres letzten Einkommens, hierzulande wird das Rentenniveau schrittweise auf 43 Prozent abgesenkt – so wird Altersarmut produziert.

Einführung
Der Rentenkomplex

Wenn ich an meine Rente denke, habe ich Angst.

Ich bin Durchschnittsverdiener und habe eine wechselhafte und gebrochene Erwerbsbiografie vorzuweisen. Zeitweise habe ich als Angestellter gearbeitet und zeitweise als Selbstständiger. Gleichmäßige und durchgängige Beiträge in die Rentenkasse waren deswegen nicht drin. Deshalb muss ich privat vorsorgen, um nicht im Alter beim Staat betteln gehen zu müssen.

Doch wie kann ich am besten nachhaltig Vermögen aufbauen? Damit bin ich überfordert. Zu eingeschränkt ist mein Finanzfachwissen. Das ist zum Teil auch meine Schuld. Als Kommunikationsberater verstehe ich etwas von Rhetorik und von professioneller Gesprächsführung. Ich weiß auch als Coach, mit welchen Methoden ich unterrichten muss. Was aber weiß ich von Wirtschaft und Finanzen? Ich kenne ein paar volkswirtschaftliche Zusammenhänge und weiß auch ein bisschen etwas über Wirtschaftsgeschichte. Das, was ich halt in der Schule gelernt habe. Allerdings habe ich mich um mein finanzwirtschaftliches Gewusst-wie für den Alltag viel zu wenig gekümmert. Ich weiß nicht einmal genau, was ein Fonds ist. Deshalb bin ich jetzt leider viel zu abhängig von den Experten. Und viele dieser Fachleute sagen, ein Mittvierziger wie ich müsse bis zur Rente mindestens 300.000 Euro als Sicherheit angespart haben. Nur so könne ich ohne Sorgen vor der Altersarmut in die Rente gehen und 80 Prozent meines Lebensstandards einigermaßen beibehalten für ein Leben, das möglichst nicht mit 75 Jahren enden soll. Oder brauche ich 400.000 Euro? Wenn man älter wird, wird man auch anfälliger für Krankheiten, und die kosten Geld. Viel Geld – trotz Krankenversicherung. Nicht zu vergessen die Steuern, die ich als Rentner seit dem Alterseinkünftegesetz zu zahlen habe, und die Steuern auf die Kapitalerträge. Deshalb komme ich bei einer voraussichtlichen gesetzlichen Rente von 580 Euro im Monat auf eine Rentenlücke von mindestens – je nachdem – 160.000 oder 260.000 Euro. Ich kalkuliere jedoch lieber mit mindestens einer Viertelmillion, weil ich auch die Inflation im Blick haben muss. Doch selbst das scheint viel zu knapp zu sein. Wie aber kann ich solche Summen zusammenbekommen? Eine Immobilie habe ich nicht. Soll ich deshalb mein Glück an der Börse versuchen und Aktien kaufen? Soll ich noch eine Lebensversicherung abschließen? Reichen Riester und Rürup? Oder soll ich mein Geld in Fonds investieren? Indexfonds sollen ja, wenn ich die Zeitungen durchblättere, ganz groß im Kommen sein. Oder soll ich mein Geld in jede dieser Möglichkeiten anlegen? Werde ich überhaupt bei den niedrigen Zinsen heutzutage in die Nähe dieser Summe kommen? Oder kann ich wieder auf höhere Zinsen hoffen?

Bei der Suche nach dem richtigen Dreh zur Vermögensbildung weiß ich nie, wessen Urteil ich vertrauen kann. Auf allen Kanälen gibt es Finanzprofis, die Anlegertipps haben. Zum Beispiel Wirtschaftsjournalisten wie Anja Kohl und Mick Knauff, die das Börsengeschehen in den letzten Jahren stets als heile Welt verkauft haben, als sei der Kauf von Aktien so einfach und einträglich wie beim Monopolyspiel. Und was ist mit Max Otte und Dirk Müller? Wirtschaftsprofessor Otte sagt häufiger mal den Crash voraus, als wolle er über derartige Angstszenarien Anleger für seinen Aktienfonds gewinnen. Auch Müller, der sogenannte Mr. DAX, erklärt gern Laien wie mir, wie die Börse funktioniert, und bezieht die Kursbewegungen auf die große Politik. Natürlich hat auch er einen Aktienfonds laufen. Ich habe nur keine Ahnung, ob es sich lohnt, bei diesen Leuten einzusteigen.

Sicher: Spätestens seit der Finanzkrise liefert die Finanzwelt den Empörungsstoff im Mainstream: die Banker mit ihren Tricks, faule Kredite in Finanzprodukte zu verpacken; die Börsianer, die mit ihren Zockereien die Aktienkurse zum Absturz bringen; und die Hedgefonds-Manager, die beim Abwickeln von Unternehmen den Heuschreckenhals nicht voll genug bekommen. Bei diesem medialen Dauerbeschimpfungsfeuer habe selbst ich mitbekommen, dass der Finanzbranche nicht recht zu trauen ist. Möglicherweise kann man dort gerade deswegen richtig viel Geld verdienen. Die großen Vermögensverwalter wie Black Rock tun das. Aber man kann auch richtig viel Geld verlieren. Das haben die Landesbanken gezeigt, weil sie versucht haben, beim Handel mit Derivaten am großen Rad zu drehen. Wie viel Glück ist dabei und wie viel Pech? Wer hat tatsächlich Einfluss auf den Markt und wer nicht? Da kann ich nur mutmaßen. Zudem ist so vieles sehr widersprüchlich. Warum fordern uns die Politiker immer wieder dazu auf, privat vorzusorgen? Zu diesem Zweck hat die Politik ja auch Förderprogramme eingerichtet, damit wir Verbraucher uns Riester- und Rürup-Produkte zulegen sollen. Doch warum tut sie das, wenn doch Verbraucherschützer immer wieder vor den Verlusten bei Rürup und Riester warnen? Gerade bei Riester würden die Kosten der Versicherer die staatlichen Zulagen größtenteils auffressen. Und die Steuervorteile, die die Rürup-Rente den Freiberuflern verspricht, bleiben angeblich dem selbstständigen Geringverdiener vorenthalten. Sind Riester und Rürup folglich gescheitert? Auch die stets so beliebte Lebensversicherung soll nicht mehr das Wahre sein – wegen der niedrigen Zinsen, der zu hohen Kosten und der zu geringen Überschussbeteiligung. Stimmt nicht, sagen Sprecher der Versicherer. Die Lebensversicherung sei alles andere als ein Auslaufmodell. Sie biete einem Versicherten nicht nur die Stärke und den Schutz einer Versichertengemeinschaft, sondern auch höhere und sicherere Zinsgewinne, als sie ein Privatanleger in den übrigen Anlagen erzielen könne.[1] Ist das nur Lobbyistengerede, weil die ganze private Altersvorsorge nicht geheuer sein und nur den Interessen der Finanzindustrie dienen soll? Das beklagen zumindest die Macher der *Nachdenkseiten* im Internet um den Publizisten Albrecht Müller. Deswegen fordern sie regelmäßig die Rückkehr zur Stärkung der gesetzlichen Rentenversicherung. Dieses gesetzliche System mit dem guten alten Umlageverfahren sei viel sicherer und würde viel weniger kosten als eine kapitalgedeckte Rente über die Finanzindustrie. Die Sache hat nur einen großen Haken: Es gibt nicht genügend vollwertige Einzahler. Dafür sind in den letzten Jahren viel zu viele unsichere Beschäftigungsverhältnisse und Niedriglohnjobs geschaffen worden.[2] Und so schnell scheinen die verantwortlichen Politiker die Wirtschaftspolitik auch nicht ändern zu wollen oder die Unternehmen ihre Verteilungsstrategie. Also wohin mit meinem Geld?

Ich bin nicht der Einzige, der dieses Problem hat. Millionen anderen Verbrauchern droht eine ähnliche Rentenlücke wie mir oder eine noch größere. Millionen andere Leute wissen ebenso wenig wie ich, wie es geht. Viele Verbraucher sind aber auch ermüdet von den vielen Negativmeldungen über die Finanzindustrie. Deshalb beschäftigen sie sich nicht mehr mit ihren Finanzen. Viele andere wiederum sind ratlos und bleiben bei dem, was die deutschen Sparer schon immer gemacht haben. Sie kaufen Lebensversicherungen oder Bausparverträge, oder sie legen ihr Geld auf einem Sparbuch an. Das bringt ihnen dann schon mal von Leitmedien wie *Der Spiegel* den Vorwurf ein, sich ohne »Zins und Verstand« in die Armut zu sparen.[3] Stattdessen sollten wir Verbraucher endlich unser Anlageverhalten ändern. Nur wie?

Die Politiker appellieren immer wieder an uns Normalbürger, wir müssten mehr Eigenverantwortung beweisen. Deswegen übernehme ich jetzt Eigenverantwortung und informiere mich über die Branche, über die ich meine private Altersvorsorge aufbauen soll: die Finanzindustrie. Wie funktioniert sie? Wie ticken die Leute dort? Welche Werte gelten dort? Was sind die Regeln beim Vertrieb oder bei den Produktlieferanten? Was für Menschen sitze ich bei einer Beratung über Rentenprodukte gegenüber? Was sind ihre Interessen und ihre Arbeitsbedingungen? Was ist ein gutes und was ein schlechtes Produkt? Das alles muss ich wissen nach den vielen Medienberichten über Skandale von Falschberatungen von Kunden wie mir. Das alles muss ich wissen, wenn ich mein finanzwirtschaftliches Knowhow aufpolieren will. Das alles muss ich wissen, um entscheiden zu können, wem ich meine paar Euros anvertraue.

Fragt sich nur, wie ich am besten anfange. Es gibt Banken, Versicherungen, Finanzdienstleister, Finanzmakler und Honorarberater, und inzwischen gibt es auch noch die modernen Fintechs, die Altersvorsorge per Mausklick anbieten. Nicht zu vergessen Vermögensverwalter wie Flossbach von Storch; die sind aber doch eher etwas für wohlhabende Leute, oder? All diese Anbieter verkaufen Produkte, die mir einen entspannten Ruhestand versprechen. So als könnte man Wohlstand erwerben, ohne zu arbeiten. Vielleicht nützt es etwas, wenn ich vorab das Standardlehrbuch *Wirtschaftslehre des Kreditwesens* von Grill und Percynski lese und dazu noch einen Ratgeber von Warren Buffett. Ohne Fachliteratur komme ich bestimmt nicht aus. Ich möchte aber auch die Praxis kennenlernen und alle Spielarten des Produktverkaufs nacheinander untersuchen. Ganz systematisch, wie das ein Journalist machen würde. Doch nach welchem System soll ich vorgehen? Mache ich es wie ein Testkäufer und klappere Bank für Bank ab? Oder Makler für Makler? Wie reagieren diese Leute, wenn ich ihnen meine Rentenlücke offenlege? Möglicherweise nehmen sie mich nicht ernst, weil sie mich als beruflich gescheitert betrachten. Solche Eitelkeiten dürfen mich aber nicht behindern. Es wird ohnehin nicht reichen, mir von Finanzberatern aller Art Produkte vorstellen zu lassen. Wenn ich herausfinden will, wie ein Finanzberater denkt, muss ich ins Innere der Branche blicken und nicht nur als Kunde auftreten.

Fehlt nur noch der Zugang, den ich als Außenstehender und Fachfremder zu diesem Milieu bekommen muss. Dabei hat mir der große Bruder Zufall beigestanden: Im Sommer 2014 war das. Damals trat eine

Repräsentantin eines amerikanischen Kosmetikkonzerns an mich heran und wollte mich als Vertreter für Schönheitscremes rekrutieren. Sie führte mich in das System des Provisions- und Strukturvertriebes ein, das ich bis dahin nur vom Hörensagen kannte. Ein System, das größtenteils auch die Finanzindustrie definiert. Als hätte es die Vertreterin gerochen, dass mich meine Altersvorsorge plagt, versprach mir diese Frau eine verlockende Aussicht: ein Passiveinkommen, das auch noch exponentiell wachse. Das ermögliche mir finanzielle Freiheit im Alter. Ich müsste nur die Beauty-Produkte des Konzerns für den Eigenverbrauch kaufen, sie wie ein privater Einzelhändler gegen Provision meinen Freunden und Bekannten weiterverkaufen und weitere Vertriebspartner rekrutieren, an deren Umsätzen ich mitverdiene. Wenn ich schön fleißig sei, könne ich bereits nach kurzer Zeit 4000 Euro monatlich verdienen. Ich überlegte in der Tat, dieses Business nebenberuflich auszuprobieren. Meine Zukunftsangst hatte mich derart unkritisch gemacht. Zum Glück erkannte ich rechtzeitig, dass es sich um ein ausbeuterisches Pyramidensystem handelt. Die Vertriebler auf den unteren Linien der Pyramide rackern sich für die oberen Linien ab, ohne dass sich ihre Wohlstandsträume erfüllen.

Deshalb schaute ich mir das Gewerbe nun besonders genau an. Zu diesem Zweck wandte ich mich an Günter Wallraff und work-watch, seinen Verein zum Schutz von Arbeitnehmerrechten. Dort konnte man mich aber nicht mit Opfern eines derartigen Pyramidensystems zusammenbringen. Ich bekam aber etwas Besseres: Man vermittelte mir den Kontakt zu einem Aussteiger aus einem der großen deutschen Strukturvertriebe, der einen Hilferuf an work-watch gesandt hatte, wegen der Ausbeutungspraktiken dort. Ich gebe zu: Von diesem Finanzstrukturvertrieb wusste ich bis dahin nicht viel. Ich kannte vor allem die Werbung mit einem Prominenten. Ansonsten nur ein paar Fakten: Mit einigen Millionen Kunden einer der Marktführer der verkaufenden Finanzindustrie und zielt auf Verbraucher meiner Einkommensklasse ab.

Gerade deshalb waren die Insiderkenntnisse des Informanten über den Massenvertrieb der ideale Einstieg für mich. Wie gut, dass er mich mit Material und noch mit weiteren Informanten zusammenbringen konnte, auch wenn sie fast alle anonym bleiben wollen. Leichter konnte ich keinen Zugang bekommen. Denn bei meinem Verdienst muss ich natürlich prüfen, ob es sich für Leute mit meinem Status lohnt, Kunde zu sein. Möglicherweise werden einzelne Vertriebler dort ausgebeutet. Doch darf ich bei meiner Altersvorsorge nach der Moral gehen, solange ich nicht selbst dort arbeite? Ich kaufe auch bei Amazon billige Bücher, obwohl ich weiß, dass sich die Mitarbeiter dort bei Niedriglöhnen abschuften und von ihren Vorgesetzten schikaniert werden. Wenn ich bei einem Finanzvertrieb eine seriöse Unterstützung erhalte, um meine Rentenlücke annähernd schließen zu können, müsste ich eigentlich zugreifen. Wenn nicht, muss ich mich eben mit den Banken, Maklern oder den Fintechs beschäftigen. Entscheidend ist: Wo haben Normalos wie ich die beste Chance, ihren Lebensstandard im Alter einigermaßen halten zu können? Gibt es für uns Sparer überhaupt eine Lösung? Oder muss sich unsereins damit abfinden, im Alter arm zu sein? Um erste Antworten darauf zu finden, bewerbe ich mich zunächst einfach einmal. Es ist nützlich zu wissen, wie die andere Seite mich und alle anderen Kunden betrachtet. Mit Fürsorge, Gleichgültigkeit oder Verachtung?

Malte Krüger im März 2018

Der Vermögensberater – dein Freund und Helfer bei der Altersvorsorge?

An welcher Stelle ist ein Bewerbungsgespräch erfolgreich? Ich finde, wenn ich gesagt bekomme, dass ich in dem Unternehmen sehr erfolgreich werden kann. So ähnlich bewertet man mich nach einem ersten Kennenlernen. Dabei kennt mich der Mann gar nicht.

Ich habe einfach unter einem falschen Namen angerufen und gesagt, ich komme aus der Bildungsbranche und sei Kommunikationsexperte. Passend zur Finanzindustrie habe ich mich als Herr Gier vorgestellt. Ich sei an einem Job interessiert. Zwar wisse ich nicht viel über Finanzen, aber mit meinem Wissen über professionelle Gesprächsführung müsse ich eigentlich für den Vertrieb sehr geeignet sein. Und das möchte ich bei der Nummer eins der Finanzdienstleister gern einmal ausprobieren. Natürlich sage ich nicht, dass ich herausfinden möchte, wie attraktiv jemand für eine Vertriebsmaschine ist, der behauptet, alle rhetorischen Manipulationstechniken zu kennen. Ich will einfach wissen, was dran ist an dem Vorurteil, Finanzberater würden die Kunden regelmäßig übervorteilen.

Einen Lebenslauf oder etwas Ähnliches muss ich nicht vorlegen. Keiner kontrolliert meine Personalien. Gut möglich aber, dass man jedem Interessenten sagt, er könne groß herauskommen, um ihn so richtig heiß zu machen auf das Geldverdienen. Wir haben September 2015, und der Ort dieser Bewerbung ist ein Büro in Hamburg. Dort präsentiert sich mein Gesprächspartner als sportlich-sehniger Typ von Anfang 50 und trägt einen elegant-lässigen dunklen Anzug ohne Krawatte und mit offenem Hemdkragen. Gar nicht so spießig und überkorrekt, wie ich es von einem Mitglied der Finanzindustrie vermutet habe. Als Direktionsleiter hat er die höchste Vertriebsstufe innerhalb des Strukturvertriebs erreicht. Drei Trophäen thronen auf seinem Büroschrank für seine herausragenden Vertriebsleistungen. Über ihm stehen nicht mehr viele, allenfalls vielleicht noch die Zentrale mit der Geschäftsleitung, den Vorständen, den Bereichsvorständen und den Organisationsleitern. Er selbst bezeichnet sich als Ausbilder in der Firma. Obendrein sitzt er sowohl bei der IHK im Prüfungsausschuss für die Sachkundeprüfung für Finanzanlagenfachleute. Er muss demnach ein geschultes Auge für fachliche Qualität haben.

Ich erkläre, warum ich für den Vertrieb so geeignet sein könnte. Aufgrund meiner Fachkenntnisse weiß ich, wie man Verkaufsgespräche führt. Ich weiß, wie man das Nein der Kunden in ein Ja umwandelt. Darin habe ich einen Vorsprung gegenüber vielen anderen Vermögensberatern. Dazu liefere ich noch ein wenig Namedropping mit Hinweisen auf die Verkaufsschule des Neurolinguistischen Programmierens[4], auf Rupert Lays Manipulation durch die Sprache[5] oder auf die Beeinflussungspsychologie von Werner Correll.[6] Das scheint das richtige Stichwort zu sein. Denn mein Gegenüber kennt Correll persönlich. Es funktioniert also. Er will mich haben und lädt mich zu dem üblichen Infoabend ein. Ganz der Firmenrepräsentant, verkauft er die Firma zunächst aber noch als Finanzwohltäter. Na ja, er kann auch schlecht sagen, wir beeinflussen die Kunden gegen ihre Interessen. Vielmehr preist er, Teil eines Konzerns zu sein, dessen Allfinanzberatung einmalig sei auf dem Finanzmarkt. Dabei redet er immer von wir, also er und die Firma: Sie seien die Sammelstelle aller denkbaren Finanzdienstleistungen, und mit diesem Gesamtpaket machten sie die Kunden glücklich. Sie seien seine Helfer. Denn sie böten eine echte Beratung an. Ein Vermögensberater unterscheide sich dadurch ganz entschieden von einem Bankberater: Bei ihnen gehe es nicht darum, dem Kunden ein Produkt nach dem anderen aufzudrücken. Sie holten den Kunden nicht unter einem falschen Vorwand in die Bank. Sie gingen zum Kunden, und dort machten sie erst einmal eine detaillierte und komplette Analyse seiner Finanzverhältnisse und seiner Wünsche. Wie siehst du dich eigentlich in deiner Finanzsituation? Das biete ein Banker nicht.

Ach echt, denke ich mir. Die Besonderheit, von der er spricht, ist eigentlich eine Selbstverständlichkeit. Keine Ehe-, Erziehungs-, Berufs- oder Rechtsberatung kommt ohne eine derartige Bestandsaufnahme aus. Ohne die gibt es gar keine Beratung. Wie schlecht muss es also um die Beratung innerhalb der Finanzindustrie insgesamt bestellt sein, wenn bei diesem Strukturvertrieb die Einhaltung einer Selbstverständlichkeit schon als Qualitätsnachweis gilt; ein Nachweis, den die anderen Mitspieler des Finanzmarktes überhaupt nicht erbringen können.

Zwei Wochen später beim Infoabend gibt es eine noch stärkere Dosis der Eigenwerbung. Das Ganze findet in einer Art Berufsbildungszentrum statt. Von diesen Zentren im kitschigen Firmenlogodesign hat die Firma mehrere über die ganze Republik verteilt. Die Sprecherrolle übernimmt ein junger Charmeur von 27 Jahren. Ein gutaussehender und einfühlsamer Typ, der jugendliche Frische versprüht. Es fällt sofort auf, dass er es gewohnt ist, vor Publikum zu reden. So eingespielt sind seine Sätze und Gesten. In dieser Professionalität ist er den meisten seiner Zuhörer weit voraus. Ungefähr 30 Interessenten sind gekommen, neben zehn Angestellten, die als ihre Betreuer an ihrer Seite sitzen – so wie mein Betreuer an meiner. Darunter befinden sich ein paar Abiturienten auf der Suche nach einem Karriereweg, ein arbeitsloser Elektriker, der raus aus seinem Dreck will, wie er sagt, und ein paar Verkäuferinnen, die genug haben von ihrer schlecht bezahlten Arbeit. Kein Problem, versichert unser Seminarleiter. Bei der Firma seien alle gut aufgehoben. Dort dürfe man offen über Geld sprechen.

Ausbildungsbeauftragter nennt er sich und berichtet mit aufgesetzter Euphorie von seinem letzten Kundenbesuch: Geweint habe sein Kunde vor Freude über seine Beratung. Eine bessere Bestätigung könne man sich als Berater gar nicht wünschen. Worauf er mit dieser Anekdote abzielt, ist natürlich klar: Ich habe einen Traumberuf als Vermögensberater, weil ich die Träume meiner Kunden wahr mache. Wie aber ist so viel Glück für den Kunden möglich? Ein Vermögensberater ist selbst glücklich, weil sein Job alle erdenklichen Berufswünsche erfüllt: wie Selbstverwirklichung, Unabhängigkeit, Kontakte und natürlich Geld. Die Befriedigung, unternehmerisch etwas aufzubauen, ist verknüpft damit, etwas Sinnvolles zu tun, gerade weil ein Vermögensberater dem Kunden so viel Freude bereite. Auch unser Ausbildungsbeauftragter redet viel von *wir*, wenn er die Wohltaten von Vermögensberatern aufzählt. Damit meint er sich und alle Anwesenden.

Wir sind für den Kunden ein Navigator in der Finanzwelt. Wir klären auf, wie man den Rentenbescheid richtig liest. Wir bauen Vermögen auf und zeigen Tricks, wie man sich steuerliche Vorteile sichert. Wir erarbeiten für den einzelnen Kunden ein steuerliches Konzept für die Zukunft. Das Motto dabei: Wir sind keine Vergangenheitsverwalter, sondern Zukunftsgestalter. Man kann also sagen, wir bringen zwar keinen Geldkoffer mit, aber wir sind immerhin nahe dran. Zumal wir auch dem Bürger gegen den Staat helfen würden, der ihm mit seinen Gesetzen das Geld aus der Tasche ziehen will.

Gemeint sind damit Gesetze wie das Alterseinkünftegesetz von 2005 über die Rentenbesteuerung. Der Staat ist also der Gegner, und die Strukturvertriebler sind die Beschützer. Solch ein Freund-Feind-Schema schafft Identifikation. Wer glaubt denn noch, dass die gesetzliche Rentenversicherung ausreicht? Natürlich keiner von den Zuhörern. Ich glaube das auch nicht. Und weil die Rente nicht mehr sicher ist, sei Vater Staat auch die beste Werbeagentur für die Firma. Unfreiwillig natürlich. Und bei diesem Freund-Feind-Schema hätte ich als Vermögensberater die Kundenbrille auf und böte eine branchenneutrale Beratung an. Warum ist das so? Weil Vermögensberater keine Produktverkäufer sind, sondern eine Beratung liefern. Ist das nicht toll? Niemand von den Anwesenden sagt nein. Warum auch.

Um all diese Erträge des Vermögensberaterberufes genießen zu können, müsse man natürlich auch etwas tun. Die heile Welt kann auch unser Seminarleiter nicht versprechen. Deswegen brauche ein Vermögensberater Mut, Zeit und Ausdauer – vor allem am Anfang. Denn die Arbeit für die Firma sei nicht der Weg zum schnellen Geld. Das Geld komme erst langfristig. Wie viel jeder davon investiere, entscheide jeder selbst. Folglich entscheide jeder auch selbst über seinen Verdienst. Damit diese Aussicht uns nicht abschreckt, macht er uns noch einmal richtig heiß. Als er einst 18 Jahre alt war, habe er noch davon geträumt, im Monat 5000 Euro zu verdienen. Jetzt sind 5000-Euro-Monate schlechte Monate für ihn. Das heißt nicht, dass es jeder schafft. Natürlich nicht, andernfalls wäre die Firma ja auch nichts Besonderes. Das heißt, nur wenn ich mehr leisten will als andere, bin ich hier richtig. Mehr heißt, mehr als die anderen außerhalb. Bei der Firma lohne sich Leistung also noch.

Bis es aber soweit ist, fängt man an als Vertrauensmann und verschafft der Firma und sich selbst Kontakte aus seinem privaten Umfeld. Dann wird man zum Vermögensberater-Assistenten und begleitet seinen Betreuer zu Kundengesprächen und darf auch erste Analysen vornehmen. Bis man schließlich selbst das Kundengespräch führen darf. Von dort aus arbeitet man sich weiter hoch über den Agenturleiterposten, den Regionalgeschäftsstellenleiter, den Hauptgeschäftsstellenleiter bis hin zum Direktionsleiter. Auf diesem Weg sammelt jeder Karriereeinheiten und nicht Geld. Diese Karriereeinheiten berechnen sich zum Beispiel aus der Laufzeit und der Beitragssumme der verkauften Produkte. Dadurch wird die Beratung angeblich neutral gestellt. Auf diesem Weg legt jeder diverse Prüfungen ab, damit der Erwerb von Fachwissen gesichert sei. Das sei auch als Auslese gedacht, weil nur Leute mit Charakter und Ausdauer sich diesen Prüfungen aussetzen würden. Ohne diese Qualitätsnachweise habe man ohnehin keine Chance auf dem Markt.

Eine Vertrieblerin für Druckertoner zieht zufrieden Bilanz, als wolle sie eine Aufbruchsstimmung verbreiten. »Das gefällt mir hier. Hier muss ich dem Kunden nichts andrehen. In meinem Beruf muss ich unausgesetzt Leute verarschen.«

Mein Erstkontakt und ich vereinbaren, dass ich wegen meiner Wissensvorsprünge Schulungseinheiten überspringen könne. Also doch. Ich soll anscheinend möglichst schnell in den Verkauf. Ein paar Wochen später geht es in mein erstes Seminar. Dort erweist sich, wie verlogen der Slogan unseres Ausbildungsbeauftragten war: »Wir sind keine Produktverkäufer.« Das Schulungsthema ist nicht umsonst der Karriereweg des Vermögensberaters und wie ich ihn zu organisieren habe. Verkaufen? Natürlich. Nur: Verkaufsdruck gibt es angeblich keinen. Warum das so ist, peitscht uns ein ehemaliger Marineoffizier mit zackigem Befehlston in die Köpfe. Für mich als Vermögensberater gebe es keine Produktvorgaben. Ich entscheide selbst, was ich verkaufe. Gerade darin soll meine Eigenständigkeit bestehen. Ich werde bezahlt nach den Karriereeinheiten, und darauf, wie die zustande kommen, werde nicht geschaut. Das ist natürlich größtenteils gelogen. So viel weiß selbst ich als Laie, dass die Firma ein gebundener Vertrieb ist. Der ehemalige Marineoffizier scheint aber überhaupt nicht zu lügen, wenn er das Wissen, und vor allem das Finanzfachwissen diskriminiert.

Als Vermögensberater brauche ich neben dem Können, dem unbeugsamen Willen und der Fähigkeit zur Selbstorganisation auch Wissen, um in meiner Selbstständigkeit Erfolg zu haben. Allerdings: Zwischen Wissen und Können gebe es noch einen feinen Unterschied. Zwischen beiden Feldern bestehe eine klare Trennung, die sich widerspiegle in der Trennung zwischen Finanzfachwissen und Verkaufskönnen. Der Referent ordnet das Finanzfachwissen dem Feld des Wissens zu und die Verkaufsfähigkeit dem Feld des Könnens. Dabei habe Wissen kaum etwas mit einem verwertbaren Können zu tun und besitze deshalb einen geringeren Wert. Finanzfachwissen steht also unter Verkaufskönnen. Und ich dachte immer, das Finanzfachwissen sei eine unverzichtbare Grundlage einer Beratertätigkeit in dieser Branche. Der Referent sieht das anders: Können entstehe erst durch Praxis und nicht durch Wissen. Dass Wissen und Können sich gegenseitig bedingen und dass das eine aus dem anderen folgt, dazu verliert der ehemalige Marineoffizier kein Wort. Er liefert mit dieser Trennung von Wissen und Können die übliche Diskriminierung der Theorie gegenüber der Praxis. Dadurch bestätigt er das oft gebrauchte Vorurteil, dass grau doch alle Theorie sei. Denn vielerorts gilt nur die Praxis als überzeugend und lebenserhaltend und nicht die Theorie. Die Absicht ist leicht zu durchschauen: Die Diskriminierung des Fachwissens soll den Vermögensberater in seinem Tun als Verkäufer aufwerten, und er selbst soll sich dadurch besser fühlen. Er soll sich sagen: Ich bin gut, weil ich Produkte verkaufen kann, und nicht, weil ich etwas über Finanzen weiß. Als Verbraucher auf der Suche nach der besten Altersvorsorge habe ich jetzt schon fast genug von der Firma. Beratung soll also gar nicht stattfinden. Stattdessen bekomme ich es mit Finanzberatern zu tun, die sich an mir abarbeiten sollen. Denn ein erfolgreicher Verkauf ist ihr Charakternachweis, ein wichtiger Baustein zur Karriere, von der ihre Bedeutung abhängt. So als sei Misserfolg ein Nachweis für einen Charakterdefekt.

Nach diesem Vortrag sind mein Erstkontakt und ich uns einig. Es geht weiter. Er will mich auf einer höheren Karrierestufe einsteigen lassen, als es sonst üblich ist, möglicherweise gleich als hauptberuflicher Agenturleiter. Hier scheint er es eilig zu haben. Dabei sieht es so aus, als besitze er die Macht, das Karrieresystem der Firma willkürlich abzuändern. Normalerweise fängt man ganz unten als Vermögensberater-Assistent an. Er scheint aber der Entscheider zu sein und derartige Weisungsbefugnisse zu besitzen. Für das nächste Mal gibt er mir gleich Schulungsunterlagen mit. Inhalt ist das Produkt Vermögensaufbau und Sicherheitsplan, eine Rentenversicherung mit den Zusatzbausteinen Berufsunfähigkeitsversicherung, Todesfallschutz, Pflegeversicherung und Kapitalaufbau. Ein Multifunktionsprodukt, das ich aus meiner Kundensicht in seiner Kombination aus Sparvertrag, Risikodosierung und Risikoabsicherung nicht wirklich durchblicke. Obwohl es sich bei dem Material eher um eine Werbebroschüre handelt. Denn über Kosten und Erträge und deren Abhängigkeit voneinander steht nichts geschrieben. Soll ich das als Berater nicht wissen? Ein Grund mehr, erst einmal zu klären, wie Altersvorsorge für mich überhaupt möglich sein soll, wenn hier ein Finanzvertrieb die fachliche Unkenntnis zur Tugend erklärt.

Altersvorsorge in der Hand von Narren

Zum Glück bin ich flexibel. Mein erstes Gespräch über Altersvorsorge findet auf einer Parkbank statt. In irgendeinem Schrebergartengebiet in Stuttgart. Der Ex-Strukturvertriebler Walter Lechner hat das so festgelegt: Gespräch ja, aber nicht nur über das Telefon, sondern ein persönliches Treffen. Die Firma könnte mich ja geschickt haben, um ihm etwas anzuhängen. Die Firma hängt jemandem etwas an? Was könnte das sein? Nun gut, ich tue ihm den Gefallen und versichere ihm zusätzlich, seinen Namen nicht zu nennen. In Stuttgart verweigert er mir den Zugang zu seiner Wohnung oder seinem Büro. Auch gut. Dann eben die neutrale Parkbank. Dort rät er mir völlig unneutral davon ab, Kunde bei der Firma zu werden. Altersvorsorge geht bei denen schon deswegen nicht, findet Lechner, »weil die Vermögensberater fachlich viel zu schlecht sind, um sicher beurteilen zu können, welche Altersvorsorge in Ihrem speziellen Fall genau passend wäre. Zum Erwerb eines Expertenwissens fehlt dem Vermögensberater die Zeit, weil er Provisionen verdienen muss«. Aha, hier bestätigt sich das Gerede vom minderen Wert des Fachwissens. Wie aber lassen sich ohne wesentliche Fachkenntnisse Kunden zufriedenstellen, von denen es mehrere Millionen gibt? Deswegen will ich alles wissen: über seinen Werdegang, das Milieu und den Produktverkauf.

Im Grunde war Lechners dreijährige Arbeit als Vermögensberater der Firma von Anfang an ein Kulturkonflikt. Und zwar zwischen der häufigen Geistlosigkeit des Vertriebs und Lechners Intellektualität. Der Grund: Er kommt aus bildungsbürgerlichem Hause mit humanistisch gebildeten Eltern. In dieser Tradition aufgewachsen liest er viel – vor allem Bücher über Psychologie. Dazu passt, dass er zusätzlich zu seiner kaufmännischen Lehre auch ein Lehramtsstudium abgeschlossen hat, in Englisch und Philosophie, mit großem Staatsexamen und allem Drum und Dran. Aber auf den Regelschuldienst hatte er nicht so viel Lust. In einer Privatschule mit keinen sonderlich guten Verdienstaussichten fing er nebenberuflich an, als Englischlehrer zu arbeiten. Im Hauptberuf war er als Werbekaufmann tätig. Trotzdem schien das noch nicht seine endgültige berufliche Bestimmung gewesen zu sein. Deswegen war Lechner möglicherweise auch empfänglich für das Werben eines seiner Schüler, der Vermögensberater bei der Firma war und meinte, er müsste für seine Kundenkontakte zum Angeben ein bisschen Wirtschaftsenglisch drauf haben. Im Jahr 2006 war das. »Ein ganzes Jahr hatte mein Schüler darin investiert, mir die Sache schmackhaft zu machen, bis ich dazu bereit war, mir die Sache mal anzuschauen.« Vor allem hatte Lechner auch das Renommee der Firma angezogen. Mit dem Image als eine der Top-Adressen der Finanzvertriebe kann die Firma bis heute reichlich wuchern. »Wenn schon Vermögensberater, dann wollte ich auch zum besten Finanzdienstleister. Man darf auch nicht die prestigeträchtigen Partner vergessen.« Und dazu noch das ganze Drumherum. Die vielen Berufsbildungszentren in ganz Deutschland. Überall gibt es Schulungen mit prominenten Referenten. Das machte schon Eindruck auf Lechner.

Kritik am Finanzstrukturvertrieb? Die ist auch Lechner nicht entgangen. »Aber man muss bedenken«, so rechtfertigte er sich, »dass erfolgreiche Unternehmen wie die Firma auch viele Neider haben.« Der Gebrauch dieser billigen Neidkeule als Totschlagargument deutete für mich an, dass Lechner bereits geblendet war von der Aussicht, bei der Nummer eins zu sein: »Hier bei den Besten kann ich mir finanzielle Unabhängigkeit erarbeiten.« So malte er sich das aus. Zumal auch der Einstieg für einen Neuling wie ihn mehr als verführerisch war. »Man kommt in eine Institution, und alle scheinen begeistert zu sein und geben einem das Gefühl: Ich bin wichtig.« Es herrschte eine Atmosphäre des Lächelns. Das Betriebsklima schien wirklich anders zu sein. »Denn in diesem Bereich gibt es kaum vorzeigbare Unternehmen in Deutschland«, gibt Lechner zu bedenken. »Egal in welche Firma Sie gehen und die Leute interviewen: Wie ist das Betriebsklima? Ach scheiße, lass mich in Ruhe!« Trotzdem waren seine anspruchsvollen Eltern dagegen, dass er dort anfing. Lechner hätte auf seine Eltern hören sollen.

In der ersten Testphase schaute sich Lechner vor allem an, wie sein Englischschüler, der nun ironischerweise zu seinem Betreuer wurde, als Vermögensberater arbeitete. Dabei merkte er schnell, dass er fachlich nicht viel zu bieten hatte. Obgleich er schon 20 Jahre in dem Job war. »Das habe ich ihm auch gezeigt. Du müsstest doch eigentlich schon Professor sein. Selbst wenn man einen Esel 20 Jahre durch die Uni treibt, sollte er wenigstens das Bachelor-Niveau erreicht haben.« Dieser Hinweis kränkte den Schüler natürlich. Die Firma sei doch viel mehr als nur das Fachwissen, appellierte Lechners Betreuer. Das ganze Drumherum, der sportliche Ehrgeiz, der Gemeinschaftsgeist oder die Motivation, Karriere zu machen. Jeder solle sich für sich selbst das Passende aussuchen. Und wenn Lechner das Fachliche so wichtig sei, auch dafür gebe es bei der Firma attraktive Bildungsangebote. Doch dieses Zugeständnis stellte Lechner nicht zufrieden: »Was heißt hier für mich? Das Fachliche müsste für jeden wichtig sein. Denn ein Vermögensberater hat die Verantwortung für die Kundengelder.« Das schien für seinen Betreuer jedoch nicht zu gelten.

Lechner war in dieser Phase auch bei einigen Beratungen dabei. »Oh je, oh je«, dachte er sich. Sein Betreuer sei bei den Verständnisfragen der Kunden immer wieder rhetorisch ausgewichen. Kaum eine Detailfrage der Kunden habe er präzise beantwortet. Ihm ging es gar nicht darum, den Kunden genau über das Produkt aufzuklären. Im Gegenteil. Ziel sei allein gewesen, den Kunden durch spezielle Fragetechniken in die Kaufbereitschaft zu lenken. »Zum Beispiel den Kunden durch geschlossene Fragen auf eine Ja-Straße zu bringen«, erklärt Lechner. »Wenn ein Kunde mehrmals hintereinander auf die Fragen des Vermögensberaters mit Ja antwortet, ist sein Unterbewusstsein auf Zustimmung eingestellt.« Lechner blieb trotzdem erst einmal dabei. Doch der Grundkonflikt blieb bestehen. Zum Beispiel bei der Frage: Wie erlerne ich meinen Beruf als Vermögensberater überhaupt? Wie analysiere ich beispielsweise den Vermögensbestand der Kunden und ermittle ihre jeweiligen Bedürfnisse? Der Betreuer hatte dazu nur gesagt, Lechner solle Finanzanalysen von seinen Kontakten machen, und schon gehe es los. »Doch wie funktioniert das?«, fragte Lechner. »Ich kann auch nicht sagen, nun repariere mal ein Auto, das Getriebe hat einen Schaden, wenn du gar nicht weißt, wie ein Getriebe funktioniert.« Als Antwort kam nichts von dem Betreuer. Nur ein knappes: Mach einfach! »Und dann hat er immer einen ganz blöden Spruch gebracht«, erinnert sich Lechner: »Die Intelligenten überlegen, und die Dummen stürmen die Burg.« Was aber ist, wenn es die falsche Burg ist? Doch seine Fragen führten zu nichts. Deshalb verzichtete er auf weitere Diskussionen. »Gib mir das Material und die Bücher, und ich werde mich selbst um alles kümmern.« Aus Neugier rief er aber bei der Zentrale an und fragte nach, wie er sich am besten für seinen Job schulen könne. Dort sagte man ihm nur: Na ja, im Grunde müsste sein Betreuer ihm die Sachen zeigen. Hatte er aber nicht.

Seitdem wurde Lechners ständiges Nachfragen zum Problem.

> *»Das wurde gebrandmarkt. Ich gehörte damit zum Persönlichkeitstyp, der Zahlen, Daten und Fakten haben möchte. Typ 4 nach der Psychologie von Werner Correll, dessen Einteilung von fünf Persönlichkeiten unter Vertrieblern sehr beliebt ist.[7] Neben Typ 4 sucht Typ 1 Anerkennung, Typ 2 will Sicherheit, Typ 3 ist der Kumpeltyp und Typ 5 sucht Chancen und Unabhängigkeit. Das Etikett Typ 4 hat man mir in der Firma zugeordnet, aber unterschwellig in negativer Weise.«*

Auch Kunden, die dieser Persönlichkeitssorte angehören, würde man eher skeptisch betrachten. Denn dieser Persönlichkeitstyp sei nicht so leicht zu beeinflussen.

> *»Wenn aber jemand wissbegierig ist und Zahlen, Daten, Fakten braucht, so habe ich es mal in einem Seminar gelernt, dann gib sie ihm. Dann schütte ihn so lang zu, bis er platt ist. Der Spruch, Fachidiot schlägt Kunden tot, gilt auch hier.«*

Das klingt in meinen Augen nach einer Erstickungsstrategie, mit der ein Vermögensberater die unliebsamen kritischen Geister unter den Kunden wohl zum Schweigen bringen soll. Kunden sollen funktionieren und nicht informiert werden. Was bedeutet das erst für meine Altersvorsorge!

Möglicherweise erschwerte Lechners Vorliebe für die fachliche Seite sein berufliches Vorankommen ganz anders als bei denjenigen, die gar nicht fachlich interessiert waren – so wie sein Betreuer. Auch die Seminare hatten seinen Hunger nach Informationen und Fachwissen nicht gestillt.

> *»Bei den Seminaren, bei denen ich war, wurde meistens nichts Verwertbares vermittelt. Ein Großteil des Unterrichts bestand in der Motivation. Auch gab es jede Menge triviale Anleitungen, wie man als Vermögensberater erfolgreich wird. Mit Phrasen wie: Das Erfolgsrezept liegt im Tun. Das Ziel ist ein Riese, Angst ein Zwerg. Kann die Angst überwunden werden, dann bin ich über dem Berg. Auch die Anleitungen für den Umgang mit den Kunden waren häufig trivial. Ich meine Sprüche wie: Lächle mehr als andere. Lobe den Kunden. Denn Lob kommt aus dem Herzen, Schmei-*

chelei kommt aus dem Mund. Oder mache es einfach, sonst geht es einfach nicht. Einfach ist problemlos. Einfache Menschen brauchen einfache Argumente. Einfach gefällt, weil es beruhigt. Wer einfach ist, wird vertrauen. Einfach ist mühelos. Einfache sind in der Mehrheit.«

Ich als Kunde finde das nicht nur trivial. Es zeigt auch, dass ich als Kunde nicht ernst genommen werde. Teilweise wirkt das sogar menschenverachtend. »Ich war jedenfalls verwundert«, ergänzt Lechner, »wie die Nummer eins in Sachen Vermögensberatung oder Vermögensverwaltung so ein primitives Level haben kann. Teilweise waren esoterische Dinge wichtiger als Finanzfachwissen. Gerade deswegen habe ich mehr als einmal gefragt: Wo kann ich Substanz bekommen? Wer ist hierfür der passende Ansprechpartner? Das ist wie bei MLM-Unternehmen wie Herbalife oder Nu Skin. Ich musste mich allein durchkämpfen.« Erst recht, weil bei der Firma eher Typ 3 der Persönlichkeiten, der Kumpeltyp, geschätzt wird; derjenige, der die Nähe zur Gemeinschaft sucht und sich anpasst. Das hat natürlich auch einen Hintergrund, erklärt Lechner. Mit Leuten, die nur wenig hinterfragen, lasse sich eine Gruppe viel leichter kontrollieren.

»Deswegen«, so behauptet er, »kommen zur Firma besonders Menschen aus Berufen, in denen die tiefgreifende Analyse und intellektuelles Format nicht gefragt sind, sondern im Gegenteil eher störend sind. Uns wurde im Seminar beigebracht, dass der Typ 3 vor allem Berufen wie Handwerker, Friseur, Arbeiter und Angestellter nachgeht und dass der Typ 4 die Harmonie in einer Gruppe am meisten gefährdet. Zu sehr gerät Typ 4 mit seiner Selbstbezogenheit mit den Persönlichkeitstypen in Konflikt, die Zugehörigkeit und Anerkennung suchen.«

Beim Verkauf von Produkten konzentrierte sich Lechner zunächst auf die guten Produkte und nicht so sehr auf die provisionsstarken oder auf die leicht verkäuflichen. Zu den provisionsstarken zählte zum Beispiel die Wunschpolice, eine fondsgebundene Rentenversicherung der Aachen Münchener Leben und mit 22 Prozent Grundprovision unter den Spitzenreitern, und zu den leicht verkäuflichen die Vermögenssicherungspolice mit 15 Prozent Grundprovision, eine Bündelversicherung im Sachversicherungsbereich, bei der die Vermögensberater Rabatte geben konnten.[8]

»Durch den Vertrieb provisionsstarker und leicht verkäuflicher Produkte kommt man schnell hoch«, erklärt Lechner. »So habe ich das in Seminaren gelernt.[9] Zum Beispiel bei der Vermögenssicherungspolice. Denn wenn man kundenorientiert arbeitet, dann dauert es wesentlich länger, nach oben zu kommen, beziehungsweise es geht einfach nicht. Sie müssten fachlich so viel dazulernen und sich täglich vier Stunden damit befassen. Das ganze System ist darauf ausgerichtet, dass man mit der Ein-Produkt-Strategie schnell nach oben kommt.«

Wegen der Konzentration auf die provisionsstarken und leicht verkäuflichen Produkte läuft die Beratung häufig nach Schema F ab:

»Das heißt, ich erzähle dem Kunden irgendetwas von Individualität und von Zielen, die nehme ich dann auf, ganz aufwendig, und hinterher drücke ich ihm ein Produkt auf wie die Vermögenssicherungspolice oder die Wunschpolice. Das war's. Aus meiner Sicht sind aber für die Altersvorsorge provisionsstarke Produkte wie die Wunschpolice mager.[10] Das gibt wenig her. Ich habe versucht, bessere Produkte zu finden.«

Lechner hatte auch nie wahllos bei seinen neu gewonnenen Kunden die alten Finanzprodukte der Konkurrenz rausgeschmissen und anschließend seine Produkte des Strukturvertriebs platziert. So wie das angeblich viele andere Vermögensberater tun, ohne dabei großartig zu analysieren, was das für Folgen für die Kunden hat. »Möglicherweise können die meisten Berater wegen ihrer fachlichen Defizite diese Analyse auch gar nicht vornehmen«, mutmaßt Lechner.

Mit seinem wachsenden Fachwissen fiel Lechner aber auch positiv auf. Mit seiner Redegewandtheit setzte er sich von den meisten anderen Vermögensberatern ab. »Manche haben gesagt, der führt das Schwert im Munde«, erinnert sich Lechner. Ziemlich bald nach seiner Registrierung und einigen Seminaren wurde er in den Referentenkreis für die Schulungen und das dazugehörige Traineeprogramm aufgenommen. Hier zahlte sich sein pädagogisches Vorwissen aus. Auch Regionalgeschäftsstellenleiter wurde er ziemlich schnell. Allerdings war er zunächst offiziell als Vermögensberater gar nicht richtig registriert. »Ich war dabei, mit Gewerbeanmeldung und allem, was dazu gehört, ohne jedoch registriert zu sein. Das war so ein Zwischending. Ich wusste es nicht. Der

Betreuer hat mir das nicht gesagt. Erst andere Vermögensberater haben mich aufgeklärt. Im Nachhinein hat sich herausgestellt, dass er an mir zusätzlich verdienen wollte, weil die Provision umso höher ist, je größer der Abstand in der Hierarchie ist zwischen dem einzelnen Betreuer und seinem Mitarbeiter. Sofern der Mitarbeiter ein Geschäft schreibt.« Lechners Betreuer jedoch hatte zunächst verhindert, dass Lechner überhaupt eine Provision verdiente. Das Schema war dabei folgendes: »Der registriert dich nicht. Du machst deine Analysen bei deinen Kunden und bringst dem Betreuer den Stapel. Dann macht er die Beratung und gibt dir 50 Euro, und er sackt die Provision ein. Normalerweise bekommt man nichts für die Fertigstellung einer Analyse. Wenn es danach zum Abschluss bei der Vermögensberatung kommt, kommt schon ein bisschen Geld zusammen. In dem Fall bekommt man auch die Provisionseinheiten, um in der Hierarchie klettern zu können.« Da Lechner selbst nicht registriert war, konnte er auch keine Provisionseinheiten für den nächsten Karriereschritt sammeln. »Das ist nicht offiziell, was mein Betreuer gemacht hat, sondern eigentlich schwarz. Und mit den 50 Euro hält er dich eine Weile hin, bis du das Muster durchschaust. Und so machte er das schon 20 Jahre.«

Nach meinem Verständnis schloss der Betreuer Lechner demnach so lange wie möglich aus dem Provisionssystem aus, um so lange wie möglich für das von Lechner ermöglichte Geschäft allein die Provision zu kassieren. Dadurch bleibt Lechner möglichst lange ganz unten auf der Karriereleiter. Normalerweise besteht bei einem Vermögensberater das Provisionssystem darin, die unteren Linien seiner Struktur für sich arbeiten zu lassen und Differenzprovisionen für die Arbeit der anderen zu kassieren. Ein Agenturleiter zum Beispiel bekommt für jede verdiente Karriereeinheit 9 Euro Grundprovision und ein Hauptgeschäftsstellenleiter 12 Euro für seine verdiente Einheit. Darüber hinaus kassiert ein Hauptgeschäftsstellenleiter noch 3 Euro zusätzlich für jede einzelne Karriereeinheit des Agenturleiters seiner Struktur, errechnet aus der Differenz von 12 und 9. Aus diesem Grund will der ranghöhere Vermögensberater den Abstand zum rangniedrigeren auch so lange wie möglich bewahren.[11]

Weil Lechner schwer zu betreuen war, kam er in andere Direktionen. »Ich war zum Schluss bei einem der erfolgreichsten Vermögensberater, einem der Urgesteine der Firma. Er war damals ED 11.« Das heißt, er war ein Direktionsleiter mit elf Direktionen. »Der hat angeblich fünf selbst aufgebaut und der Rest wurde ihm immer wieder zugeteilt, weil Leute ausgestiegen waren. Das ist auch ein kleiner Vorteil, wenn man durchhält. In dem Fall werden einem immer wieder Mitarbeiter und Direktionsleiter unterstellt.« Und das Urgestein scheint durchgehalten zu haben. Er wurde aber nicht direkt Lechners Betreuer. Den Job übernahm einer der Direktionsleiter, die ihm untergeordnet waren. Den Namen seines neuen Betreuers und Direktionsleiters will Lechner aber nicht preisgeben. »Mein Gewissen lässt das nicht zu«, entschuldigt sich Lechner.

Dieser Direktionsleiter machte Lechner immerhin vor, wie man als Vermögensberater ohne besonderes Finanzfachwissen innerhalb der Firma Geld verdienen kann. Wenn schon nicht im Interesse des Kunden, dann zumindest im eigenen Interesse. Dafür gibt es laut Lechner zwei Wege: »Entweder baue ich eine Direktion auf oder einen Kundenstamm. Entweder bin ich Gruppenleiter oder Eigenumsetzer. So wird das auch in den Lehrmitteln dargestellt. In der gesamten Direktion galt aber die erste Methode als der Königsweg:

> *»Dementsprechend umfangreich ist dazu mein Schulungsmaterial. Ich kenne Direktionsleiter, die haben sich ihre Direktion aufgebaut, indem sie jedem, den sie rekrutierten, einen 50-Euro-Sparer aufdrückten, eine Wunschpolice. Das kann der Rekrutierte in der Regel immer bedienen. Wenn es einer nicht bedienen kann, dann hat der Gruppenleiter die 50 Euro vorgestreckt, um die neuen Vermögensberater bei der Stange zu halten. Nach dem Motto: finden und binden. Und irgendwann war die Direktion da.«*

Was die einen konnten, konnten aber auch andere Vermögensberater, und zum Teil sogar besser. Lechners neuer Direktionsleiter kopierte diese Methode, gleichwohl sehr individuell und in noch größerem Maßstab. Nur wie ging das? Denn gerade er fiel nur durch seine Fachunkenntnis auf. »Dennoch gehörte er zu den Kollegen«, erzählte Lechner, »die jedes Mal mit einem dickeren Wagen vorgefahren sind. Wie kann das sein? Der Typ hat keine Ahnung, er hat keine Endkunden. Er hat nur Mitarbeiter und Struktur und wird reicher und reicher. Er steht immer vorn auf der Bühne bei irgendwelchen Ehrungsmeetings und hat keine Ahnung vom Fach.« Tatsächlich verwendete er im Gegensatz zu anderen Direktionsleitern zum Strukturaufbau häufig Produkte mit einem höheren Volumen von zum Beispiel 400 Euro Sparbeitrag im Monat. Die hätten aber die finanziellen Möglichkeiten mancher neuer Mitarbeiter überfordert. Zum Ausgleich ließ er Verträge stauchen.

> *»Das bedeutet: Der neu geschlossene Vertrag wird in der Zentrale eingereicht, dann wird er verprovisioniert und dann kommt ein Schreiben hinterher: Bitte für sechs Monate stauchen! Das heißt, der neue Mitarbeiter muss diesen Monatsbeitrag für sechs Monate nicht zahlen. In der Zeit coacht man den Neuling so, bis er selbst wieder neue Leute rekrutiert und Geld verdient und die Zahlung nachholt.«*

Diese Stauchungsmethode verstieß nicht gegen die Regeln. Sie war als Notfalllösung anerkannt, sogar als Stornobekämpfungsmaßnahme. Allerdings:

> *»Mein Direktionsleiter hat diese Notfallmethode zum Prinzip erklärt. Und die Firma hat diese Verträge auch angenommen. Sie hat nicht gesagt, das können wir nicht annehmen. Sie hat nicht gesagt, spart nur 100 Euro an oder 5 Euro.«*

War bei dem schnellen Wachstum der Direktion jetzt alles gut? Nein.

> *»Ich habe dem Direktionsleiter mehrfach gesagt, da wir uns auf den Gruppenaufbau konzentriert hatten, dass wir eine Herde von fachlichen Nieten sind. Hier kann keiner erklären, was ein Fonds ist und wie der funktioniert oder wie eine Rechtsschutzversicherung funktioniert oder eine Berufsunfähigkeitsversicherung. Es kann doch nicht sein, dass man als Vermögensberater für jede Sparte eigentlich einen Fachmann dabei haben müsste bei der Beratung. Was macht das für einen Eindruck bei dem Kunden? Selbst wenn Sie sich ausschließlich mit Versicherungen beschäftigen, brauchen Sie Jahre an Ausbildung, um fachlich sauber beraten zu können. Nach dem Gesetz in Deutschland braucht man als Mindestanforderung die IHK-Prüfung, den Sachkundenachweis zum Versicherungsfachmann IHK. Den braucht jeder, um beraten zu dürfen. Doch es gibt bei der Firma für die vielen Quereinsteiger keine Prüfung, die der IHK-Sachkundeprüfung von der Qualität her entspricht.«*

»Deshalb frage ich mich«, legt Lechner nach. »Wie kann es sein, dass wir an den Gesetzesvorgaben vorbeigehen? Und in dem Zusammenhang wäre es vielleicht mal interessant herauszufinden, was die BaFin dazu sagt, (die Bundesanstalt für Finanzdienstleistungsaufsicht). Bei der Firma gibt es zwar auch Prüfungen. Es gibt die Vermögensberaterassistentenprüfung. Die ist so ähnlich wie die Sachkundeprüfung. Aber sie entspricht vom Niveau eben nicht der IHK-zertifizierten Sachkundeprüfung. Für mich ist das einfach nur ein Imitat, das nicht vollständig ist. Ich bin das beste Beispiel dafür. Um nach meiner Zeit bei der Firma auf dem Markt der Finanzberater konkurrenzfähig zu sein, habe ich bei der IHK die Sachkundeprüfung für Versicherungskaufleute nachgeholt. Und: Ich bin durchgefallen. Nicht etwa knapp, sondern nach Strich und Faden. Das Wissen, das ich bei der Firma erworben hatte, hat nicht ausgereicht.[12] Und das kann nicht sein.«

Das kann es sicher nicht, aber man muss zugestehen, dass für Quereinsteiger mittlerweile die Agenturleiterprüfung dazugekommen ist. Obendrein gibt es noch die Vermögensberaterprüfung Stufe 1 für die Regionalgeschäftsstellenleiter und die Vermögensberaterprüfung Stufe 2 für die Geschäftsstellenleiter.[13] Und ab Praxisstufe 5 wird ein IHK-Zertifikat verlangt.[14] Obendrein muss man sich seit 2015 nach § 34 F einer Sachkundeprüfung für den Verkauf von Finanzanlagen wie Investmentfonds unterziehen. 2016 kam auch noch § 34 i hinzu, wonach ein Berater einen Sachkundenachweis für Darlehensvermittlungen vorweisen muss. Das alles gesteht auch Lechner zu. Dennoch: Die Neutralität und damit die Qualität eines Großteils der Prüfungen scheinen tatsächlich fragwürdig zu sein. Denn wer ist der Vorstandsvorsitzende der Institution welche die Prüfungen abnimmt? Einer, der auch gleichzeitig Aufsichtsratsmitglied der Firma ist. Diese Verflechtung des Vorstandspersonals unterstützt Lechners Eindruck, dass die Firma sich möglicherweise bei der Ausbildung ihres Beratungspersonals eher selbst kontrolliert.

Für mich als Kunden rufen solche Verbindungen Misstrauen hervor. Und bei dem von Lechner beschriebenen Menschen- und Kundenbild denke ich an eine organisierte Unkenntnis. Ein Kunde wie ich hätte beim Aufbau seiner Altersvorsorge nur Nachteile. Wie soll gerade ich 250.000 oder 300.000 Euro für meine Rente ansparen oder zumindest Summen, die dieser Höhe am nächsten kommen? Für Lechner »ist ein Ansparen einer solchen Summe schon wegen der Kostenstruktur der Produkte unmöglich. Nicht zu vergessen die niedrigen Zinsen.« Und die fachlichen Defizite der Vermögensberater verschlimmern das. »Es gibt vielleicht in der Produktpalette der Firma irgendwo bei der DWS Investments, dem Fondslieferanten der Deutschen Bank, ein Produkt, mit dem dies vielleicht möglich ist. Dieses Produkt müssen Sie aber suchen. An der Oberfläche sehen Sie solch ein Produkt nicht. Da es an der Fachkompetenz deutlich fehlt, können auch die meisten Berater solch ein Produkt nicht finden.« Ohnehin sind für Lechner die meisten Produkte schlecht – wenn auch nicht alle. »Ein paar DWS-Fonds waren ganz gut. Die Rechtsschutzversicherungen bei der AdvoCard waren ebenfalls ganz gut.« Warum aber ist der Rest so schlecht? Lechners Antwort bietet einen unerwarteten Zusammenhang: »Weil das Niveau der meisten Berater so schlecht ist. Ein gutes Produkt ist viel anspruchsvoller zu erklären.« Folglich sind die Produkte in ihrer Gestaltungsdichte bei der Firma selten besser als die Berater in der Komplexität ihres Fachwissens. Lechner zählt dazu vor allem Kopplungsgeschäfte, bei denen Produkte miteinander kombiniert werden. Rentenprodukte mit einem Pfändungsschutz zum Beispiel. »Alles außerhalb des Garantiefondsbereichs ist relativ komplex, wenn man es mit einem Rentenprodukt kombiniert.«

Ich muss eingestehen, dass ich nicht genau weiß, wie ein Garantiefonds funktioniert. Deshalb kann ich nicht einschätzen, ob das Produkt anspruchsloser ist als andere. Für Lechner stehen die fachlichen Defizite aber nicht allein. Bei der Firma fehle auch die Ehrlichkeit. Denn dazu kommen noch die ständigen Produktwechsel. Noch ein Grund, warum ich mich als Kunde mit meiner Altersvorsorge von der Firma fernhalten sollte: Auf den ersten Blick betrachtet und unabhängig von den fachlichen Defiziten, findet Lechner das Geschäftsmodell des Strukturvertriebs ziemlich clever und sogar legitim. Das Konzept beruht darauf, zu jenen Leuten zu gehen, die bei der Konkurrenz als Kunden nicht sehr beliebt sind. In Lechners Augen zielen solche Vertriebe wie Banken immer wieder auf die Besserverdiener ab. Aus diesem Grund hat sich die Firma auf den Otto Normalverbraucher konzentriert. »Der hat viele Vorteile«, begründet Lechner. Vorteile, »die der Besserverdienende nicht hat: nämlich zum Beispiel eine einfachere Bildung und weniger Konkurrenz. Die Gefahr ist geringer, dass die Konkurrenz kommt und ihre Produkte platziert. Dafür ist er nicht attraktiv genug.« Wie sieht nämlich seine Einkommenslage aus? »Der Mann verdient 1400 oder 1500 Euro. Die Frau hat einen 400-Euro-Job und ein bisschen Kindergeld, und das war's. Und dann platziert man dem ein paar Produkte, und er zahlt 100 Euro im Monat. Und die Konkurrenz taucht nicht auf, weil er eben nicht der Besserverdiener ist. Das ist schlau durchdacht.« Doch jetzt kommt für Lechner das große Aber: »Wenn man es sauber durchführen würde. Wenn die Produkte aufeinander abgestimmt wären. Und wenn es hier eine ehrliche Betreuung gäbe. All das fehlt, und deswegen ist der Kunde häufig der Dumme: Was passiert nämlich alle fünf Jahre bei der Firma?«, fragt Lechner rhetorisch. »Ich beobachte das ja immer noch von Weitem. Und ich habe das während meiner Zeit mitbekommen: Nach fünf Jahren trachten die Vermögensberater danach, bei ihren Kunden einen Neuabschluss zu machen und Altverträge aufzulösen, egal ob der Kunde davon etwas hat oder nicht.« Warum tun sie das? »Ja, weil dann der alte Vertrag aus der Stornohaftung raus ist.« Das heißt, der Vermögensberater ist ab diesem Zeitpunkt nicht mehr für gekündigte Verträge haftbar. Er hat sich somit seine Provision für das jeweils verkaufte Produkt verdient. Vorher gab es nur einen Vorschuss von 85 Prozent. Nun kann er seine Kunden dazu beschwatzen, neue Verträge abzuschließen, da er vom Neugeschäft lebt. Er kann folglich zum Umdeckungsverfahren schreiten.

Umdeckung? Ein Begriff, den ich bisher kaum wahrgenommen habe. Vielleicht bin ich mal in einer Zeitung darüber gestolpert. Aber jetzt muss ich mich damit auseinandersetzen, wenn ich verstehen will, wie ein provisionsgesteuerter Finanzvertrieb funktioniert. Zumal Umdeckungen auch Teil der firmeninternen Macht- und Verteilungskämpfe sind, wie Lechner mir erklärt. In diese Konflikte wird der Kunde häufig mit hineingezogen, ohne dass er die Zusammenhänge durchschaut. Ein weiterer Grund, warum die Altersvorsorge bei einem Finanzstrukturvertrieb nicht gut aufgehoben ist. Auch Lechner war von einem dieser Kämpfe betroffen. Zu diesem Zweck erklärt er mir das System der Stornohaftung als wesentlichen Knackpunkt dieser Konflikte. Für jeden Vermögensberater richtet das Unternehmen ein Versicherungskonto ein. Darauf werden dann 10 Prozent aller Provisionen eingezahlt und als Haftungsausgleich für denkbare Storni verwendet. Eigentlich eine gute Idee, glaubt Lechner, »gerade weil der Vermögensberater fünf Jahre lang für alle Stornierungen der Verträge haften muss«. Uneigentlich aber gilt diese Haftungsverpflichtung so lange, bis die Haftungszeit für das Letzte von ihm verkaufte Finanzprodukt nach fünf Jahren abgelaufen ist. Selbst wenn er nicht mehr für die Firma tätig ist. Das Versicherungskonto oder auch Rückstellungskonto gerät ins Minus, wenn die Haftungsverpflichtungen das angesammelte Rückstellungsvolumen übersteigen, weil zu viele Kunden ihre Verträge stornieren. Die Stornierung eines Vertrages ist keine Seltenheit, und sie ist sozusagen bei den Kosten einkalkuliert. Auch wenn es keine offiziellen Statistiken gibt, sprechen Insider in verschiedenen Foren von Stornoquoten von 20 Prozent und höher.[15] »Jetzt gehen wir mal davon aus, das passiert mehrfach«, rechnet Lechner vor. »Heutzutage halten ja die Ehen nicht mehr, die Arbeitsplätze sind unsicher. Es ist generell eine Unsicherheit in der Welt. In diesem durchaus wahrscheinlichen Fall bei einer Kündigung von 20, 30 oder noch mehr Kunden, sind Sie von heute auf morgen mehrere Tausend Euro im Minus. Das können 50.000, 60.000 oder 100.000 Euro sein, je nachdem, was abgeschlossen wurde.« Lechners Rechnung prüfe ich nach, und sie scheint zu stimmen. Die Altersvorsorgeprodukte einschließlich der Wunschpolice und alles, was den Lebensversicherungsbereich angeht, schaden dem Vermögensberater besonders. Bei einer Lebensversicherung mit einer Laufzeit von 30 Jahren und einem Monatsbeitrag von 200 Euro, bekommt ein Vermögensberater im Schnitt schon bis zu 2000 Euro Provision. Wenn dann 30 Kunden kündigen, könnten daraufhin rund 60.000 Euro zusammenkommen.[16]

Die zum Teil hohen Stornoquoten nutzt der Konzern anscheinend für sich aus. Dafür setzt er seine juristische Macht ein, so Lechner: »Ehemalige Vertriebler hatten mir erzählt, dass sie verklagt werden wegen der Stornohaftung, und dass der Gerichtsvollzieher bei ihnen war. Damals erkannte ich auch, dass diese Manöver nach Schema F abliefen.« Lechner begriff, was diese Stornohaftung bewirkt und welche Gefahren damit verbunden sind: »Die Firma sagt, entweder Sie zahlen das in sieben oder 14 Tagen zurück oder es gibt ein Verfahren vor Gericht. Mit diesem Verfahren vor Gericht kommt natürlich der Gerichtsvollzieher, Sie müssen eine eidesstattliche Versicherung abgeben. Mit der Abgabe der eidesstattlichen Versicherung ergeht ein Berufsverbot. Die eidesstattliche Versicherung bedeutet, Sie müssen die Hosen runterlassen über Ihre Vermögensverhältnisse. Haben Sie etwas verschwiegen oder haben Sie eine verkehrte Angabe gemacht, und wenn es eine verkehrte Angabe gab, selbst wenn es ein Versehen war, dann wandern Sie in den Knast für ein halbes Jahr. Dann geht die Abwärtsspirale schon los, Sie haben eine negative Schufa und eine negative AVAD, die Schufa der selbstständigen Finanzdienstleister. Das heißt, in der AVAD steht plötzlich drin: Strukturvertrieb XY Minus 50.000 Euro, Fall noch nicht geklärt. Sie können also nicht sagen: Leute, Ihr könnt mich alle mal, ich gehe zur Provinzial. Denn die Leute der Provinzial sagen nun: Bringen Sie Ihre Gewerbeanmeldung und den übrigen Papierkram vorbei, dann können Sie bei uns anfangen. Dann kommt aber bald ein Anruf, wir können Sie leider nicht annehmen, Sie haben eine negative Schufa oder eine negative AVAD. Als Lösung bleibt häufig nur die Unterwerfung gegenüber der ehemaligen Firma: Deshalb sagt sie, Sie arbeiten die Schuld ab und Sie sorgen wieder für Neugeschäft. In dem Fall wird das Unternehmen den Gerichtsvollzieher nicht schicken. Wenn Sie sich aber weigern oder das irgendwie im Sande verlaufen lassen, dann kommt der Gerichtsvollzieher natürlich.«

Hier kommen wieder die Umdeckungen ins Spiel: So mancher scheidende Vermögensberater ohne einen negativen Saldo auf dem Rückstellungskonto musste häufig nach ein paar Monaten Storni auf seinem Konto feststellen. Ohne dass er angeblich etwas dafür konnte. Der Konzern nutzt diese negativen Saldi geschickt für sich aus. Wie das? »Tatsächlich standen die wegen Stornogeschäft vor Gericht und wussten nicht, wie ihnen geschah«, erläutert Lechner. »Denn die Firma hatte zum alten Kunden einen anderen Berater geschickt. Viele Berater hatten das von ihren zurückgelassenen Kunden erfahren.« Jeder Berater lasse bei seinem Abgang die Kunden zurück. Und der neue Berater möchte natürlich bei dem übernommenen Kunden neue Produkte verkaufen, weil er vom Neugeschäft abhängig sei. »Und der Kunde durchschaut das nicht«, klagt Lechner. »Dabei gilt auch hier das Schema F: Lieber Herr Kunde, Ihr alter Vermögensberater hat sich beruflich neu orientiert. Ich wurde nun mit der Aufgabe betraut, Sie weiter zu beraten. Machen wir doch gleich mal einen Termin. Es gibt auch gesetzliche Änderungen. Es ändert sich ja immer irgendetwas. Ich nehme die Unterlagen einfach mal mit und dann aktualisieren wir das gemeinsam. Manche kommen auch schon vorbereitet und haben die neuen Verträge schon in der Tasche. Nach dem Muster: Jetzt brauche ich hier ein paar Unterschriften.[17] Der Kunde kündigte daraufhin seine alten Verträge.« Damit seien die alten Verträge zulasten des alten Vermögensberaters storniert. Und zulasten des Kunden, der neue Abschlusskosten zu zahlen und möglicherweise einen geringeren Garantiezins zu tragen habe. Das funktioniere zwar nicht bei jedem Kunden. Aber bei vielen, die das nicht verstünden. »Gerade weil die Philosophie der Firma darauf ausgerichtet ist, sich den Kundentyp auszusuchen, der nicht viele Fragen stellt. Den Typ 3 nach der Correll-Psychologie.«

Im Angesicht dieser Konflikte schien für Lechner die Arbeit in seiner Direktion zunächst noch eine heile Welt zu sein. Sein Direktionsleiter erklärte sich bereit, die Stornohaftung für den einzelnen Vermögensberater zu übernehmen. Bei den Meetings versicherte er regelmäßig, bei den Storni einzuspringen, erzählt Lechner: »Fahrt das Gruppenaufbausystem weiter. Ich habe über die 20 Jahre so ein hohes Stornorückstellungskonto aufgebaut, da kann nichts passieren, und bitte macht so weiter. Und wenn es zu Storni kommt, stehe ich hinten dran und hafte dafür.« Und dann wurde das auch so gemacht. Nur leider waren die Worte des Direktionsleiters wenig wert. Denn es kam der große Knall: Die Konzernleitung warf Lechners Direktionsleiter raus. Dabei ging es laut Lechner gar nicht um seine Praxis, die Stornohaftung aus eigener Tasche zu bezahlen. Vielmehr soll seine schnell wachsende Direktion zu Eifersucht und Neid unter den anderen Direktionsleitern geführt haben. Er sei zu groß geworden. Und nicht nur das: Es lohne sich für einen Direktionsleiter mit mehreren Direktionen, einen Direktionsleiter seiner Unterstruktur abzusägen. Dadurch könne er das einkassieren, was der andere Gruppenleiter an Verträgen erarbeitet habe.

Von dem Tag an wollte Lechner aufhören. Bei seiner Kündigung hatte er einen negativen Saldo von 4000 Euro. Nicht aufgrund von Umdeckungen, sondern weil Mitglieder seiner Struktur bei ihrem Abgang ihre Verträge gekündigt hatten. »Ich hatte kurz darauf einen Schufa-Eintrag, und der Gerichtsvollzieher kam auch. Zumal ich mich geweigert hatte, die 4000 Euro zu zahlen.« Während Lechner deswegen die rechtliche Klärung anstrebte, machte gleichzeitig die Firma die komplette Direktion platt. Als ginge es um eine innere Säuberung. Die anderen 2000 Mitglieder wurden größtenteils rausgeschmissen. Eine absurde Veranstaltung, findet Lechner. »Wenn man bedenkt, dass so viele Vermögensberater aus seiner Direktion einen Lauf hatten. Anschließend wurden die Mitglieder der Direktion kollektiv mit Klagen übersät wegen Stornogeschäften und Schuldeintreibung.« Jetzt setzte also das Unternehmen ihre juristischen Möglichkeiten auch bei dieser Direktion ein. Das Tragische war daran, so Lechner: »Viele Vermögensberater hatten das Pech, dass die Kundenbindung außerhalb der Struktur nicht so stark war und dass andere Berater reingegangen sind und neue Abschlüsse getätigt haben.« Sie haben also umgedeckt. Dieser neue Berater hatte damit die Einheiten kassiert und den Kontakt eingefahren. Dagegen hatte der andere Vermögensberater, der gegangen war, nun die Storni am Hals. »Und der ist daraufhin juristisch belangt worden. Das heißt, die Firma hat hier auf der einen Seite das Geschäft durch die Umdeckung und auf der anderen Seite auch durch den Prozess.« Möglich wurde das, erklärt Lechner, »weil der Direktionsleiter nun aber gerade nicht mehr mit seinem Rückstellungskonto die Verantwortung für die Storni übernehmen wollte. Nicht wie er uns das glaubhaft machte. Wie es schlussendlich gelaufen ist, ob die Zentrale geblockt hat, ob er das tatsächlich so machen wollte, und die Firma hat es dann verhindert, das kann ich nicht beantworten.«

Daraus entstand ein Problem bei der Prozessführung. Die Gerichte erkannten nicht an, dass der Direktionsleiter versichert hätte, er sei für die Storni gesamtschuldnerisch haftbar zu machen. Darauf konnten sich Vermögensberater wie Lechner nicht mehr berufen.

Dadurch konnte die Firma die bestehende Rechtslage für sich ausnutzen. Lechner musste zahlen. Das Gericht sah es als erwiesen an, dass Lechner einige Provisionsvorschüsse wegen geplatzter Verträge zurückzahlen musste. Verträge, die die finanziellen Möglichkeiten der Kunden als Ergebnis der Stauchungspraxis überforderten. Deswegen warf die Firma Lechner vor, seine Kunden nicht seriös beraten zu haben. So als sei die Provisionsrückzahlung auch aus moralischen Gründen gerechtfertigt. Doch für mich als Kunde ist die Haltung der Firma verlogen, trotz des Erfolges bei Gericht. Was mit der Stauchungspraxis vor dem Ausbruch des Verteilungskampfes noch richtig war und angenommen wurde und in den Bestenlisten auftauchte, weil es dem Wachstum der Struktur diente und hohe Volumen dem Konzern einbrachte, war nun ein Beleg fachlicher Falschberatung. Obgleich es das schon vorher war.

Warum aber hat Lechner sich darauf eingelassen? Kann es sein, dass sich Lechner trotz seiner Intellektualität von der Goldgräberstimmung in seiner Direktion hatte mitreißen lassen und er deswegen Verträge abschloss, die fachlich unsinnig waren? »Nein. Das würde ich so nicht unterschreiben«, erklärt Lechner. Ich halte das dennoch für möglich. Auf jeden Fall will ich nicht als Kunde an einen Berater geraten, der mir Geldanlagen vermittelt, die nur Mittel zum Zweck sind für den Strukturaufbau, indem ich selbst Mitglied einer Struktur sein soll. Mit durchdachter Altersvorsorge hat das nichts zu tun. Zumal die vielen juristischen Konflikte zeigen, dass die Beteiligten des Strukturvertriebes vor allem mit sich selbst beschäftigt sind und nicht mit mir, dem Kunden. Obendrein erwecken die Konflikte bei mir den Eindruck, dass egal was passiert, immer der Strukturvertrieb gewinnt. Verlierer sind die Kunden und vielleicht ein paar Vermögensberater. Für Lechner scheinen die vielen juristischen Erfolge seines ehemaligen Arbeitgebers ein Teil des Geschäftsmodells geworden zu sein. Warum glaubt er das? »Das eigentliche Geschäft, der Produktverkauf, scheint an Wachstumsgrenzen gestoßen zu sein«, meint Lechner. »Die Kundenzahlen stagnieren. Durch die Siege bei Gericht aber kommen aus meiner Sicht Renditen zustande, die jeden Aktienfonds in die Tonne treten. Das Ganze läuft ja so ab, dass sie immer mehr Rechtsanwaltskosten um die Ohren gehauen bekommen. Aus meinen 5000 Euro Verbindlichkeiten sind sehr schnell 10.000 Euro geworden: Die Rechtsanwaltskosten oder die Verzugszinsen mit eingerechnet. Das bringt mehr als jeder Fonds, bezogen auf ein einzelnes Produkt. Kein Trader kann Ihnen das einbringen, was die juristischen Siege einbringen.«

Inzwischen sind es bei ihm bereits 15.000 Euro. Deshalb scheint möglicherweise sein Vorwurf, die Eintreibung der Provisionsrückzahlung sei ein Teil des Geschäftsmodells, auch durch seine Verbitterung begründet zu sein. Trotzdem stellt sich die Frage, ob ich auch auf fachlich qualifizierte Berater treffen kann, bei denen ich der Mittelpunkt bin und nicht der Strukturaufbau oder ein Verteilungskampf, ein Berater, der meine Verträge nicht bei nächster Gelegenheit umdeckt, weil der Einheitendruck ihn dazu zwingt.

Und tatsächlich. Gute Leute gibt es teilweise auch in den Strukturvertrieben. Doch auch qualifizierte Berater sind nicht vor Verteilungskämpfen sicher. Sie sind nicht davor sicher, dass nach ihrem Abgang die neuen Berater bei ihren zurückgelassenen Kunden Umdeckungen vornehmen. Zu sehr scheinen sie einer Systemlogik zu unterliegen, wie es Lechner behauptet. Das erklärt mir ein ehemaliger Berater, den ich in seiner Wirtschaftskanzlei in Bad Oeynhausen aufsuche. Er hält sich für das beste Beispiel dafür, dass selbst Mitarbeiter, die sich vorbildlich verhalten, Teil eines Verteilungskampfes werden können und abgeschossen werden. Selbst der Bundesverband Deutscher Vermögensberater musste zugestehen, dass er sich nichts zu Schulden kommen ließ, nachdem er zu Unrecht aus dem BDV geworfen worden war. Er wurde 2008 aus seiner Firma gemobbt. Denn er drohte als Regionaldirektionsleiter zum Direktionsleiter aufzusteigen. Damit hätte er seinen Betreuer, auch ein Direktionsleiter, eingeholt und die gleiche Vergütungsstufe erreicht. Die Differenzprovision wäre damit weggefallen. Dabei war er nicht nur Gruppenleiter einer von ihm aufgebauten Struktur, sondern auch Praxismann, der es verstand, Kunden zu gewinnen. 1200 Kunden ließ er zurück, mit einem Bestand von über 3000 Verträgen. Diese Zahl erreicht man nicht, wenn man sein Fach nicht versteht. Für den Gewinner des Verteilungskampfes ist das jedenfalls eine erkleckliche Zahl. Sogleich wurde nach seinem Abgang ein Umdeckungsprozess in Gang gesetzt – auch bei laufenden Verträgen für die Altersvorsorge. Um Gründe für einen Produktwechsel vorzugeben, verleumdete der neue Berater ihn bei seinen alten Kunden. Doch der klagte gegen diesen Rufmord und gegen die unberechtigte Kündigung und gewann. Bis zum Bundesgerichtshof gingen die Verfahren.

»Wenn man die eigenen Leute über die Klinge springen lässt, wann immer man es möchte«, beklagt er, »dann ist die Kundenbenachteiligung nicht ausgeschlossen. Man kann als Vermögensberater sauberste Arbeit abliefern und trotzdem abgeschossen werden. Selbst wenn man so wie ich 18 Jahre lang alles richtig gemacht hat. Darunter leidet in der Folge der Kunde, weil selbst der kompetente Berater keine verlässliche Größe ist. Weil dann ein anderer Berater kommt und umdeckt und so weiter und so sofort. Man hat mir sogar Provisionshascherei beim Kunden vorgeworfen, obwohl es nicht eine Kundenbeschwerde gegen mich gegeben hat. Obendrein hat man mir unterstellt, ich würde Mitarbeiter abwerben und zu einer Konkurrenzfirma locken wollen. Dabei habe ich nur auf Wunsch der Konzernleitung Kontakt zu ihr aufgenommen und daraus hat die Firma mir einen Strick drehen wollen. Aber weder mit den Verleumdungen noch mit den Unterstellungen ist die Firma vor Gericht durchgekommen. Ich habe vor Gericht die ganze Klage gewonnen. Die Kündigung war unrechtmäßig und willkürlich. Wenn die aber auf die Art mit jemandem umgehen, der noch 30 Jahre für die Firma arbeiten

kann – ich war ja damals bei meinem Abgang 38 Jahre alt –, wenn die sich über die eigenen Regeln hinwegsetzen, was machen sie dann erst mit Kunden? Was ist man dann bereit, mit Kunden zu machen, die noch viel schwächer sind und die noch viel weniger Kenntnisse haben über die Verträge, zum Beispiel über die Aufteilung der Beiträge für Provisionen? Ich selber habe einen Rürup-Vertrag fondsgebunden. Die Werte sinken laufend. Ich bekomme auch mein Geld nicht raus. Ich bin auch gespannt, wie dieser Vertrag sich in Zukunft weiterentwickeln wird. Abgesehen von den Abschlussprovisionen, die weggegangen sind, wird das Vermögen immer weniger. Die Börse ist aber gerade oben. Deswegen frage ich mich schon irgendwo, was die denn mit dem Geld machen.«

Worin besteht nun die Systemlogik dieser Kämpfe, vor denen selbst qualifizierte Mitarbeiter nicht gefeit sind? In einer knallharten Kosten-Nutzen-Kalkulation, führt er auf: »Gerade in den höheren Karrierestufen ist es ja so, dass die Firma Organisationsleistungszuschüsse, Bürokostenzuschüsse und sonstige Zusatzleistungen umsatzabhängig zahlt und durch jede Stufe zahlt. Zum Beispiel bekommt der Hauptgeschäftsstellenleiter einen Bürokostenzuschuss. Und der Regionaldirektionsleiter, der über ihm steht, bekommt auch noch einmal einen Bürokostenzuschuss, je nachdem, was er an Einheiten bringt. Das Ganze gilt dann auch für den darüber stehenden Direktionsleiter.« Folglich stellt jede Ebene in einer Struktur einen Kostenfaktor dar. Diese Kosten werden umso höher, je mehr der einzelne Vermögensberater auf seiner Ebene an Karriereeinheiten erwirtschaftet. Auf genau diese Art stellte auch er einen Kostenfaktor dar. »Denn wenn ein Regionaldirektionsleiter wie ich rausfällt, braucht die Firma viele Zuschüsse nicht mehr zu zahlen – und das über Jahrzehnte.« Das sind für den Konzern attraktive Einsparpotenziale. »Deswegen sind solche Konflikte vorprogrammiert«, stellt er fest. »Die Frage ist immer nur: Wer muss gehen? Muss der Direktionsleiter gehen? Oder muss der Regionaldirektionsleiter gehen? Und in meinem Fall war es so, dass der Direktionsleiter nicht gehen konnte, weil er als Gründungsmitglied Privilegien besaß. Ich dagegen war derjenige, der sich finanziell nicht abhängig gemacht hatte von der Firma, und damit war ich für die nicht interessant genug.« Es geht darum, Abhängigkeiten zu schaffen. »Das macht die Masse führ- und auch lenkbar«, erklärt er.

Wer aber ist der größere Kostenfaktor, der Eigenumsetzer oder der Strukturleiter? Für meinen Gesprächspartner ist der Fall klar: »Das Eigentliche ist das Wegschießen von Strukturleitern, weil sich das auf die Organisationszuschüsse auswirkt.« Denn ein Eigenumsetzer hat ja nicht viele Organisationszuschüsse. Der Extremgewinn entsteht, wenn die Leute aus dem mittleren Management ständig rausgekickt werden, denn die hinterlassen funktionierende Strukturen. Daher liefert das mittlere Management die höchsten Einsparpotenziale. Der Direktionsleiter bekommt auf den Umsatz an Karriereeinheiten bei allen ihm untergeordneten Mitgliedern seiner Struktur als Organisationszuschuss 80 Cent. Und der Regionaldirektionsleiter bekommt auch 80 Cent auf die Umsätze seiner Vertriebsmannschaft in seiner Struktur.« Dazu führt er folgendes Beispiel an: »Die Direktion macht 10.000 Einheiten Umsatz. Davon macht der Regionaldirektionsleiter – ich sage jetzt einfach mal eine Summe – 4000 Einheiten Umsatz. Und jetzt muss man sich vorstellen, wenn jetzt der Regionaldirektionsleiter gekündigt wird, bleibt der Organisationszuschuss bei der Firma. Das sind 3200 Euro.« Das mal 12 gerechnet ist schon eine beachtliche Summe von 38.400 Euro, die die Firma einspart. Jetzt wird der Regionaldirektionsleiter zum Direktionsleiter und seine neue Direktion macht 10.000 Einheiten. Das heißt, der neue Erstdirektionsleiter bekommt jetzt weiter die 80 Cent als Organisationszuschuss. Das sind für den neuen Erstdirektionsleiter 8000 Euro im Monat von der Firma. Und wenn das jetzt ein junger Erstdirektionsleiter ist, so wie ich es mit 38 Jahren gewesen wäre, hätte die Firma dem Erstdirektionsleiter längstens bis zum 60. Lebensjahr den Organisationszuschuss zahlen müssen. In meinem Fall die nächsten 22 Jahre. Also bei 8000 Euro ergibt das multipliziert mit 12 Monaten 96.000 Euro, und wenn man dieses Produkt noch mal mit 22 für die Jahre multipliziert, dann kommt ein Organisationszuschuss von 2.112.000 Euro heraus. Jetzt weiß man, was die Firma sich spart. Sie spart sich das Geld für den Regionaldirektionsleiter auf dem Weg zur Direktion ein – 3200 Euro im Monat mal 12 gleich 38.400. Und sie spart sich danach das Geld, die 2.112.000 Euro. Man kann meinetwegen auch von 60 Cent ausgehen. Bei den Zuschüssen ändert sich ja häufig etwas. In dem Fall sind das für den Direktionsleiter bei 10.000 Karriereeinheiten 6000 Euro im Monat. Das mal 12 sind 72.000 Euro für das Jahr, und das mal 22 ergibt immer noch 1.584.000 Euro für die gesamte Laufzeit.« Die Einsparpotenziale für die Firma werden umso sichtbarer, wenn man davon ausgeht, dass der Regionaldirektionsleiter und seine Mannschaft sich nicht nur auf 4000 Karriereeinheiten als Umsatz beschränken wollen, sondern vielleicht 8000 Einheiten Umsatz erreichen wollen. »Man will ja Direktion werden«. »Dann sind das 6400 Euro im Monat an Organisationszuschuss. Das Ganze mal 12 sind 76.800 Euro. Und dann braucht ein Regionaldirektionsleiter mit seiner Mannschaft auch manchmal zwei, drei, vier oder fünf Jahre, bis er überhaupt zum Direktionsleiter geworden ist, weil zum Beispiel Mitarbeiter unten rausgekündigt werden. Oder weil es der eine oder andere vielleicht doch nicht so gut kann. Dann muss die Firma die ganze Zeit die Organisationszuschüsse bezahlen und wird den Typen nicht los. Wenn der modellhafte Regionaldirektionsleiter schließlich selber Direktionsleiter ist, muss die Konzernleitung auch noch eine Zusatzausgabe tätigen, nämlich die Erstdirektionsleiter-Provision. Das Entscheidende ist: Wenn der Regionaldirektionsleiter hochsteigt zur Direktion, muss die Firma dem neuen Erstdirektionsleiter die Erstdirektionsleiter-Provision zahlen, und zwar auf den Gesamtumsatz, den die neue Direktion gemacht hat. Und bei mir hätte die Firma die Erstdirektionsleiter-Provision noch mal 20 Jahre zahlen müssen. Zumindest damals war das so.«

Für meinen Gesprächspartner ergibt sich daraus die Schlussfolgerung von selbst: »Die Firma macht ihre Gewinne aufgrund der gewünschten Konflikte in den Strukturen.«

Ich frage ganz naiv nach: Ich verstehe ja, dass ein erfolgreicher Vermögensberater den Konzern Geld kostet. Doch sollten seine Erfolge nicht seine Kosten aufwiegen? Gehört es nicht auch zur Logik eines Unternehmens, gute Leute, die viel Profit bringen, zu fördern? Mein Gesprächspartner gibt zu, dass der Sachverhalt kompliziert ist. »Aber gerade deswegen ist das System auch so schwer angreifbar. Bei mir ist es so gewesen, dass sich zur damaligen Zeit mein Einkommen zu einem Drittel aus dem Eigenumsatz und zu zwei Dritteln aus der Struktur ergeben hat. Bei den Endkunden trat für mich als einzelner Berater eine Sättigung ein. Der Aufwand für die Bestandspflege ließ kaum noch Neukundengewinnung zu. Wenn ein Kunde pro Jahr ein Problem hat, dann habe ich als Vermögensberater schon vier Service-Termine am Tag. Man kann als Einzelberater bei 1200 Kunden den Bestand zwar halten, aber nicht beliebig erweitern.« Im Vergleich dazu verdiente er als Gruppenleiter sein Geld, indem die Leute seiner Struktur neue Kunden gewannen.

> *»Aber das meiste sind wiederum die Bürokosten- und Organisationszuschüsse gewesen. Natürlich immer für erfolgreich vermittelte Verträge. Als Berater macht man 5000 Einheiten und als Gruppenleiter macht man 50.000 Einheiten Umsatz. Und bei solchen Umsätzen können die Strukturen aus sich selbst heraus existieren. Doch in dem Moment, wo funktionierende Strukturen da sind, ist derjenige entbehrlich. Das betrifft vor allem den Regionaldirektionsleiter. So wie bei mir damals. Durch den Aufbau einer aus sich selbst heraus existenzfähigen Struktur ist der Regionaldirektionsleiter als Betreuer dieser Struktur nicht mehr nötig. Der Direktionsleiter könnte deswegen die Struktur kapern und höhere Differenzprovisionen kassieren. An Zuschüssen würde er den Konzern nicht mehr Geld kosten, da der Gruppenumsatz der Struktur des geschassten Regionaldirektionsleiters auch schon vorher Teil seiner Direktion war. In dieser Hinsicht wäre es für ihn egal, ob der Regionaldirektionsleiter noch da ist oder nicht. Mit der Entbehrlichkeit des Regionaldirektionsleiters ist der Punkt erreicht, an dem sich der Konzern überlegt, ob er diesen Vermögensberater in den inneren Zirkel aufnehmen möchte oder nicht. Wenn er das nicht möchte, kann er Kosten sparen, indem er sich dieses Vermögensberaters entledigt.«*

Und bei meinem Gesprächspartner hatte der Konzern diese Aufnahme verweigert. Dadurch wurde er um die Früchte seiner Arbeit gebracht. »Mein Eigenumsatz ist auf andere Berater übertragen worden, sodass dem Konzern nichts verloren gegangen ist. Durch das Hinterlassen der funktionierenden Strukturen hat sich der Konzern, so wie ich es eben vorgerechnet habe, die Kosten gespart. Die Einnahmen liefen ja weiter, weil die gefestigten Strukturen die Einnahmen verursacht haben – auch ohne mich. Ich war gerade in der Situation, in der ich wie ein Bauer hätte ernten können. Die Ernte hat man mir stehlen wollen. Ich durfte roden, ich durfte säen und den Boden düngen und wässern, aber die Ernte hat der Konzern eingestrichen. Jeder Bauer hat ein Recht auf seine Ernte. Der Vermögensberater nicht. Der hat nur ein Recht auf einen Gerichtsprozess. Wenn er den durchsteht, kriegt er etwas.« Er hat ihn durchgestanden.

Warum greift von außen niemand ein – wenigstens zum Schutz des Kunden? Der Schutz der Altersvorsorge sollte Grund genug für eine derartige Maßnahme sein. Der Bundesverband Deutscher Vermögensberater wäre dafür zuständig. Aber er übernimmt nicht die ihm zugedachte Rolle, so wie es auch in der Satzung dieses Verbandes steht: »Eigentlich«, erklärt mein Gesprächspartner, »müsste man prüfen, ob das rechtlich überhaupt in Ordnung ist, wenn z.B. ein Vorstandsvorsitzender zwei Herren dient.« Auch aufgrund dieser Personalkonstellation sieht mein Gesprächspartner den BDV eher als Lobbyverband, »der für die Firma Prominente ins Boot holt. Und die Firma versüßt das denen noch mit Geld.«

Ich als Verbraucher weiß jetzt, dass mir diese Verteilungskämpfe nicht egal sein können. Zu sehr hängt die Altersvorsorge von dem Zufall ab, nicht zur Verschiebemasse zwischen konkurrierenden Vermögensberatern zu werden – selbst wenn ich an einen fachlich qualifizierten Berater geraten sollte. Denn innerhalb der Strukturvertriebe scheint es wichtiger zu sein, Leute aus dem System zu schießen, als dem Kunden verlässliche Berater bereitzustellen. Deshalb habe ich kein Interesse mehr daran, mir von diesen Firmen irgendwelche Produkte vorstellen zu lassen. Ich käme mir vor wie beim Arzt, der nur an mir verdienen und mich nicht heilen will. Heilung, Ratgeberschaft und Orientierung, auf all das kommt es im Provisionsvertrieb nicht an.

Ein Gesprächsleitfaden für den Kundenbetrug

Meine erste Finanzfachschulung im Berufsbildungszentrum bestätigt genau meine Erwartung. Sie ist auf den Verkauf ausgerichtet und nicht auf Fachwissen für die Beratung. Das Thema heißt: Bausparen. Rund 30 angehende Vermögensberater sitzen in dem Unterrichtsraum, und der Dozent eicht uns darauf, zu wissen, was der Kunde alles erhält, wenn er einen Bausparvertrag abschließt: die Wohnungsbauprämie, die Arbeitnehmersparzulage, die Riester-Förderung und die Vorteile des gemeinsamen Sparens. Und überhaupt sei Bausparen gerade in dieser Niedrigzinsphase ein cooles Produkt. Nach dem Motto: Sicher dir doch einfach den günstigen Zinssatz von heute für irgendwann später, wenn du ihn brauchst. Im Optimalfall für den Fall, wenn die Immobilien wieder günstig sind, weil die Zinsen wieder hoch sind. Mit dieser ganzen Vorteilsargumentation kann der Vermögensberater umso leichter das Potenzial fürs Bausparen in Deutschland ausschöpfen. Zumal Deutschland zusammen mit der Schweiz im europäischen Vergleich absolutes Schlusslicht ist, wenn es um das Wohnen in den eigenen vier Wänden geht. Differenzierungen liefert der Dozent nicht. Wir erfahren nicht, was dem Kunden alles genommen wird durch Abschlusskosten und niedrige Guthabenzinsen. Verluste, über die der Kunde anscheinend nicht aufgeklärt werden soll. Deswegen lautet das Fazit des Dozenten wie ein Verkaufsauftrag: Jedem Kunden müsse nach der Analyse Bausparen genauso wie ein Riester-Produkt angeboten werden. Für den Vermögensberater sei das ein lohnendes Geschäft, weil Bausparen ein stornosicheres Produkt sei und deshalb für die Jagd nach Karriereeinheiten gut geeignet. Der Erwerb von Karriereeinheiten sei ohnehin das, worauf es ankomme. Deshalb gibt der Dozent mir und den anderen Schülern einen Rat auf den Weg: Wir sollen uns nicht zum perfekten Vermögensberater schulen. Wir sollen raus zum Kunden gehen! Lechner hatte also recht mit seiner Einschätzung.

Genau wie diese Pseudo-Schulung fallen die geplanten Rollenspiele aus. Mein Betreuer hält sie aufgrund meines Vorwissens nicht für nötig. Er beschränkt sich darauf, mit mir die Materialien durchzugehen, die ich bisher durchgearbeitet habe, vor allem den Gesprächsleitfaden für die Finanzanalyse mit dem Kunden. Jeder Vermögensberater bekommt diesen Leitfaden an die Hand. Zunächst mime ich den selbstbewussten Experten und mache den Leitfaden schlecht. Mal sehen, wie mein Betreuer darauf reagiert. Nach so einem Leitfaden könne ich nicht arbeiten. Der zwinge mich dazu, dem Kunden mit übertrieben unterwürfigen Fragen in den Hintern zu kriechen. Besonders, wenn es darum gehe, vom Kunden Empfehlungen zu gewinnen. Ich soll fragen: Gefällt Ihnen die Art und Weise des Beratungsablaufes auf der Grundlage Ihrer Wünsche und Ziele? Ist dieser Beratungsablauf aus Ihrer Sicht weiterempfehlenswert? Gibt es jemanden, dem Sie eine solche Beratung wünschen? So kriecherisch träte ein Profi wie ich niemals auf. Schließlich hätte ich etwas zu bieten, gute Produkte und mein Know-how als Berater. Das würde ich dadurch entwerten. Mein Betreuer erlaubt mir, im Kundengespräch so selbstsicher aufzutreten und von dem Gesprächsleitfaden unabhängige Wege zu gehen. Ich sage ihm jedoch nicht, dass ich den Gesprächsleitfaden als absolut unehrlich empfinde. Er soll vortäuschen, dass es nicht um den Verkauf von Produkten wie Riester oder Rürup geht. Vielmehr soll ich den Eindruck erwecken, den Kunden in den Mittelpunkt zu stellen, weil ich als Berater seine Wünsche zu erfüllen habe. Es ist aber genau umgekehrt: Der Kunde soll sich um den Vermögensberater drehen, weil der ihm ein Produkt verkaufen will und muss. Die Finanzanalyse dient allein dazu, Anknüpfungspunkte für den Produktverkauf zu finden und das Gegenteil zu behaupten. Zu diesem Zweck soll sich der Vermögensberater zunächst selbst aufwerten, indem er sich als Teil des größten Finanzdienstleisters Deutschlands darstellt. »Was glauben Sie, lieber Kunde, sind die Gründe, warum wir in wenigen Jahrzehnten so viele Kunden gewinnen konnten?«

Na warum wohl?

Es ist das übliche Beweismittel der großen Zahl, das dem Kunden in den Mund gelegt werden soll. Sechs Millionen Kunden können sich nicht irren. Im zweiten Schritt geht es darum, den Kunden an den Begriff Vermögensberatung heranzuführen. Dabei ist das Ziel, dem Kunden das Gefühl zu geben, er tue das Richtige, wenn er sich mit dem Thema Vermögensbildung beschäftigt. Gleichzeitig soll er erfahren, was zur Vermögensbildung alles gehört. Zu diesem Zweck soll ihm ein Berater seine Versäumnisse ins Bewusstsein rücken. Aber auch das schlechte Gewissen. In erster Linie hat der Kunde Ansprüche, von denen er gar nichts weiß. Zum Beispiel gegenüber dem Staat. Ihm geht also Geld verloren, und die Aufgabe des Vermögensberaters ist es, ihn daran zu erinnern.

Wie freundlich von ihm.

So baut der Vermögensberater allmählich seine Rolle als Helfer auf. Ohne ihn gehe es nicht. Zu unübersichtlich sei der Markt. Zu zahlreich sei die Konkurrenz. Es gibt den Bankberater, den Versicherungsberater und den Bausparkassenberater. An jeden könne sich ein Kunde wenden. Führe das jedoch dazu, die Verwirrung zu überwinden, die der unübersichtliche Markt stiftet? Nein. Denn die böse Konkurrenz wolle nur eines: dem Kunden ein Produkt verkaufen. Doch wo bleibe da der Kunde mit seinen individuellen Bedürfnissen? Nirgendwo. Doch es gibt eine Lösung. Der Vermögensberater: »Was uns von allen Anbietern unterscheidet, ist, dass nicht die Produkte im Vordergrund stehen, sondern Ihre persönlichen Wünsche und Ziele.« Nach dem Bericht von Lechner erscheint diese Gesprächsstrategie umso mehr wie eine dreiste Täuschung des Kunden. Sobald sich der Vermögensberater mit dieser Methode beim Kunden eingeschmeichelt hat, geht er dazu über, die Kreise immer enger zu ziehen. Deshalb stellt er den Beratungsfahrplan vor: 1. Bestandsaufnahme, 2. Auswertung, 3. Beratung, 4. Vermögensrealisierung und 5. Kundenpflege. Dabei soll der Vermögensberater auch das Bild des Navigators platzieren, der den Kunden an die Hand nimmt und ihn Schritt für Schritt zur Vermögensbildung führt. Dienlich ist auch der Vergleich mit einem fürsorglichen Arzt. »Was erwarten Sie denn von einem Arzt, bevor er Ihnen ein Rezept ausstellt? Richtig. Eine gründliche Untersuchung. Das ist bei uns eine Finanzanalyse.« Anschließend legen beide los wie ein Arzt und ein Patient. Ich jedenfalls werde mich nicht auf einen Finanzvertrieb für meine Altersvorsorge einlassen, von dem ich weiß, dass er seine Berater anleitet, mich als Kunden in seinem Verkaufsinteresse zu manipulieren. Mit einer ehrlichen Findung meiner Bedürfnisse hat das nichts zu tun. Doch warum wird der Kunde manipuliert? Weil die Produkte nicht gut genug sind? Eine Manipulation ist nach meinem Verständnis die Einflussnahme gegen die Interessen des Beeinflussten, und die ist im Vertrieb nötig, wenn ein Verkäufer etwas zu verbergen hat. Ein gutes Produkt muss nicht durch Manipulation an den Kunden gebracht werden. Es verkauft sich von selbst.

Vermögensberater ohne ein professionell ausgebildetes Sprachbewusstsein, also die rekrutierten Fliesenleger und Schreiner, klammern sich wahrscheinlich an diesen Leitfaden und hangeln sich an ihm entlang. Deswegen kann der Strukturvertrieb von sich behaupten, wie gründlich sie ihre Vermögensberater auf ihren Job als Allfinanznavigator vorbereitet: Schaut doch, wir haben einen ausgearbeiteten Gesprächsleitfaden! Dadurch verschafft sich die Firma mit diesem Leitfaden die Möglichkeit, bei Misserfolg dem Vermögensberater selbst die Schuld zu geben. Du hast doch alles! Warum hast du es denn nicht geschafft? Tausende haben es bereits geschafft. Nur du nicht. Das liegt doch nicht an uns. Der Gesprächsleitfaden habe sich bei den meisten anderen Vertrieblern seit Jahren bewährt. Dadurch erhöht der Konzern noch einmal den Druck auf den einzelnen Berater, als Verkäufer zu funktionieren.

Bewährt hat sich anscheinend auch, dass die frisch angeworbenen Vermögensberater sofort in den Verkauf kommen. Deswegen klopfe ich auf den Busch und deute an, dass ich mir nun erst einmal vertieft Fachwissen aneignen werde. Ich möchte nicht wie ein Bankberater mit einem gefährlichen Halbwissen den Kunden schaden. Davon rät mir mein Betreuer aber ab. Ich solle mich nicht zu lange damit aufhalten, mir Fachwissen anzueignen. Auf die Art käme ich nicht schnell genug ins Geldverdienen. Ein Taktikwechsel wäre deshalb ratsam. Wenn ich möglichst schnell Geld verdienen wolle, solle ich gleich an den Kunden ran und die fachliche Ausbildung begleitend dazu nach und nach ansteuern. Hier gleicht er dem Dozenten, der das Bausparen erläutert hat. Ich schlage ihm vor, mich für den Anfang erst einmal auf Lebensversicherungen zu konzentrieren. Nach meinem Verständnis von Didaktik ist es am ergiebigsten, ein Thema nach dem anderen abzuarbeiten. Er lehnt das ab. Das widerspräche dem Allfinanzgedanken. Wichtig sei es für den Einstieg erst einmal Vermögensanalysen zu schreiben. Deswegen überreicht er mir den Vermögensberatervertrag. Ich könnte als Agenturleiter direkt einsteigen. Sofern ich vorher sechs Finanzanalysen schreibe. Dieses mündliche Angebot bestätigt die bisherige Entwicklung. Sechs Analysen reichen, und schon geht es für mich nach vorn, ohne dass ich ausreichend qualifiziert werde. Zumal ich als Agenturleiter selbst Kunden beraten darf. Auch die üblichen Karriereeinheiten brauche ich dafür nicht zu erarbeiten. Keine 450 Karriereeinheiten, um Vermögensberaterassistent zu werden, und keine 600 Karriereeinheiten in drei aufeinanderfolgenden Monaten, um Agenturleiter zu werden. Genauso bleibt mir die Prüfung zum Vermögensberaterassistenten erspart. Nur die Agenturleiterprüfung muss ich auf mich nehmen. Aber das dürfte für mich wohl kein Problem sein. Das findet zumindest mein Betreuer.

Wenn ich so leicht Agenturleiter werden kann, wird er seine Analysen bekommen. Mit drei Analysen fange ich an. Drei Fake-Analysen mit Namen von Leuten aus meinem Bekanntenkreis, aber mit ausgedachten Finanzdaten wie Lebensversicherungen, Fonds, Renten- und Krankenversicherungen, die nichts mit ihrem Leben zu tun haben. Dazu erfinde ich auch die nötigen Versichertennummern beziehungsweise benutze meine eigenen. Mein Betreuer hat bei unserem nächsten Treffen auch an meinen Analysen nichts zu beanstanden. Ich porträtiere die Leute mit zum Teil ausgeschmückten Berufsprofilen: eine Grafikdesignerin, ein Veranstaltungskaufmann und ein Universitätsdozent. Meine Bekannten werden mir verzeihen, dass ich ihrer Berufsbiografie einiges hinzudichte. Darauf springt mein Betreuer auch sofort an und kombiniert aus meinen Daten denkbare Produktverkäufe mit Planskizze für die Verkaufspotenziale. Eine fondsgebundene Rürup-Basis-Rente für 100 Euro monatlich für die Designerin, eine Riester-Premium-Rente und einen freien Investmentfonds für den Kaufmann und noch einmal eine Riester-Rente für den Dozenten. Alles, was möglichst hoch provisioniert wird, zwischen 20 und 22,5 Prozent der Grundprovision.[18] Die Verbraucherperspektive, nach der Riester- und Rürup-Produkte fragwürdige Produkte seien, scheint nicht Teil der Realität eines Vermögensberaters zu sein. Dabei warnen genügend Verbraucher in dem Wertpapierforum vor der Riester-Premium-Rente der DWS: hohe Kosten in den ersten Jahren, Ansparphase beginnt effektiv später, wesentlich höhere Kosten, als wenn man selbst einen Fondssparplan startet bei seiner Hausbank oder einem Onlinebroker, niedrige garantierte Auszahlhöhe wegen der Unsicherheit des Fondsverlaufs, inflationsbereinigt höchstwahrscheinlich Kapitalverlust trotz Zulagen und Steuervorteilen, nachteilige Sterbetafeln mit sehr hoch angesetzter Lebenserwartung.[19] Auch die fondsgebundene Rürup-Basis-Rente der Aachen Münchener bekommt von den Verbraucherschützern mit fast ähnlichen Vokabeln ihr Fett weg: hohe Abschluss- und Verwaltungskosten, die Rürup-Rente kann man kaum kündigen, der Versicherer garantiert nicht die eingezahlten Beiträge, ein sicheres Einkommen ist notwendig, um die Beiträge dauerhaft stemmen zu können.[20] Hier führt also ein hochrangiger Direktionsleiter vor, dass der Kunde nicht mehr als eine Melkkuh ist. Ohne persönliche Kenntnis der Lebensumstände des Kunden wertet er sie nach Schema F danach aus, wie das Verkaufspotenzial eingeschätzt wird. Also nichts mit Arzt und Navigator, der für den Kunden eine individuelle Bedarfsfindung vornimmt. Das Ergebnis der Beratung steht vorher schon fest.

Um mich noch attraktiver zu machen, stelle ich in Aussicht, wie ich aus den Leuten des Direktionsleiters bessere und selbstsicherere Vermögensberater machen kann, indem ich ihnen die Kunst der Suggestivfragen beibringe. Auch sein rhetorisches Handwerkszeug könnte ich optimieren. »Ich trete Ihnen sicherlich nicht zu nahe, wenn ich sage, dass ich der Eloquentere von uns beiden bin.« Nicht zuletzt könne ich durch mein Netzwerk den Zugang zur Akademikerszene öffnen. Dieser Markt muss ja nicht der Konkurrenz überlassen bleiben. Die Frage ist nur: Wollen Sie daran verdienen oder nicht? Er will und stuft mich sogleich als Agenturleiter ein. Jetzt reichen also für diesen Posten schon drei Analysen aus. »Direkteinstieg aufgrund entsprechender Vorqualifizierung und vorhandener Analysenzahl«, trägt er in dem Formular zur Umstufung unter Bemerkungen ein. Möglichst gleich in der nächsten Woche will er mit mir die ersten Beratungsgespräche führen. So schnell geht das. Ich überspringe einfach ein paar Karrierestufen ohne Fachwissen. Von Finanzen weiß ich so viel wie ein Frosch vom Schminken. Mit dieser absoluten Unkenntnis werde ich ab jetzt auf Kunden losgelassen – von einem Mitglied des Prüfungsausschusses der IHK für Sachkundeprüfungen. Zunächst noch in seiner Begleitung, aber in Kürze schon in eigener Regie. Finanzfachliche Unkenntnis spielt keine Rolle. Entscheidend ist mein Wissen über diverse Verkaufstechniken und die Aussicht auf mein Netzwerk. Deshalb vereinbaren mein Betreuer und ich für die nächste Sitzung den Abschluss des Vermögensberatervertrages. Gleichwohl weist er mich darauf hin, dass ich als Agenturleiter meine Coaching-Tätigkeit größtenteils aufgeben müsse. Mein Status als Handelsvertreter ließe das nicht zu.

Ein merkwürdiges Verständnis von Selbstständigkeit ist das. Ich darf demnach nicht nebenbei in der Bildungsbranche tätig sein, obwohl ich damit nun wirklich nicht in Konkurrenz zur Finanzdienstleistung der Firma trete. Wenn ich in meiner Schule Abiturienten auf die Abschlussprüfung vorbereite und mit ihnen *Im Krebsgang* von Günter Grass durcharbeite, stehe ich damit wirklich nicht im Wettbewerb mit Vermögensberatern, die Versicherungen verkaufen. Mein Betreuer allerdings zwingt mich dazu, nur für einen Auftraggeber tätig zu sein. Nun ist eine Nebentätigkeit laut Vermögensberatervertrag nicht gänzlich ausgeschlossen.

Nach Paragraph 1 Absatz 5 des Vertrages muss jeder Vermögensberater des von mir besuchten Strukturvertriebs eine Nebenbeschäftigung schriftlich genau darlegen, bevor er diese Tätigkeit aufnimmt. Zudem muss er die Verträge darüber der Firma vorlegen. Beginn frühestens 21 Tage nach Anzeige bei der Firma. Die unabhängige Interessenvertretung der Handelsvertreter der Firma, kurz IHD, nennt das »eine völlige informatorische Selbstentblößung des Beraters bezüglich anderweitiger Tätigkeiten«. Ob das gegen Vertrauenstatbestände in Bezug auf den Arbeitgeber der Nebentätigkeit verstößt, kann ich nicht beurteilen. Ob hier der Tatbestand einer Scheinselbstständigkeit vorliegt, ebenso wenig. Das ist Sache der Juristen. Aber eines scheint gewiss: Die Kontrolle, die die Konzernleitung hier ausübt, erhöht wahrscheinlich den Verkaufsdruck bei dem einzelnen Vermögensberater.

Und an wen gibt der Berater diesen Druck weiter? An mich, den Kunden. Deswegen kann er erst recht kein fürsorglicher Arzt, Lotse und Navigator für mich als Kunden sein, vor allem nicht bei der Altersvorsorge. Warum also soll ich mich als Kunde bei meiner Vorsorge auf einen Berater einlassen, der nicht frei ist und nicht neutral beraten kann? Die Antwort darauf soll mir ein einst erfolgreicher Vermögensberater geben.

Was Vorsorge alles kaputt macht

Wie wandelt man das Nein seines Gesprächspartners in ein Ja um? Eine Frage, die nicht nur Finanzberater interessiert. Man soll dem Neinsager ins Bewusstsein rücken, dass es bessere Gründe für eine Zustimmung gibt als für eine Ablehnung. Nach dieser Methode habe ich bei einem ehemaligen Vermögensberater argumentiert. Denn er will zunächst nicht über seine Vergangenheit in der Bande der Strukturvertriebe sprechen. Bis 2010 war er dort als hochrangiger Praxisberater und Geschäftsstellenleiter tätig. Dann zwang ihn eine Depression zur Aufgabe.

»Ich bin sehr vorsichtig geworden, wenn es darum geht, über meine Vergangenheit und meine Erlebnisse zu sprechen. Leider ist die Depression nicht mehr gewichen, und solch ein Seelenstriptease belastet mich sehr.« Ich versichere ihm jedoch, dass es nicht nur darum gehe, auf gierige Vermögensberater einzuprügeln. Zumal der mörderische Umsatzdruck auf die Vertriebler nicht nur ihn allein in den Trübsinn getrieben hat. Nicht umsonst ist die Depression die Volkskrankheit Nummer eins in Deutschland. Doch wenn es dem Vertriebler so schlecht geht, warum sollte es ausgerechnet dem Kunden besser gehen? Besonders wenn er seine Altersvorsorge aufbauen muss, so wie ich. Daraufhin ändert Kübler seine Meinung:

> *»Es wird wirklich Zeit, dass man darüber aufklärt, wie krank die Beziehung zwischen Berater und Kunde ist. Deswegen kann die Altersvorsorge bei einer provisionsgesteuerten Vertriebsmaschine nicht funktionieren.«*

Am Anfang seiner Tätigkeit als Vermögensberater schien es noch eine heile Welt zu geben. Er war schnell erfolgreich und wurde herumgereicht wie der Gewinner einer Casting Show. »Sie werden aufgepumpt und aufgeblasen«, erklärt Kübler. »Sie werden behängt als Vorbild. Sie werden präsentiert und auf Seminare geschickt.« Seminare mit bekannten Persönlichkeitstrainern, die viele Jahre als Stammeinpeitscher den Vertrieblern beigebracht haben, wie sie zum Charismatiker, zur Führungsfigur und zum Vorbild werden können. In der Konsequenz denkt man dann: »Ich bin doch wer, ich kann doch was.« In diesen Momenten macht der gehypte Vermögensberater umso lieber mit beim kollektiven Lächeln der Firma. Alle lächeln – auf den Seminaren, auf den Agenturleiterkonferenzen oder auf den Sommerfesten, wo der Gründer als Übervaterfigur seine Ansprachen hielt. Man macht mit und hilft so dabei, eine Atmosphäre der Freundlichkeit zu errichten. »Man macht mit, weil man glaubt, so Macht zu haben«, gesteht mein Gesprächspartner. »Denn man sagt sich: Was mache ich schon kaputt mit dem Lächeln?«

In dieser Atmosphäre des Lächelns lassen sich den Vermögensberatern umso leichter Wohlstandsversprechen vermitteln. Auch er hat dabei mitgemacht, in seiner Rolle als Schulungsleiter Heilsversprechen zu geben. Er hat mitgemacht, neue Berater einzunorden und auf eine feindliche Umwelt einzustellen. »Vermögensberater werden quasi geschult, dass sie sich für ihr Tun nicht zu schämen brauchen«, erklärt er. »Das nennt sich immunisieren. Denn die Mehrzahl aller Berufsanfänger springt ab, weil das soziale Umfeld warnend den Finger hebt und den Verein googelt. Uns wurde gesagt, dass neue Vermögensberater nichts zu Hause sagen sollen und dann die Empfehlungsliste schreiben müssen. Auch beim Kontaktgespräch mit den ersten Kunden sollen sie am Telefon nur Andeutungen machen: Es gibt da was Neues, das ich dir zeigen möchte, oder es geht um tolle Tipps rund ums Thema Geld.« Heute jedoch ist für Kübler diese Abrichtung der Vermögensberater reine Unredlichkeit.

Für meinen Gesprächspartner haben sich die Heilsversprechen nicht eingelöst. Vielleicht ist er deswegen auch so zornig. Er ist es umso mehr, weil obendrein in der Not, als es ihm richtig schlecht ging, die Berufsfamilie nicht da war. So ging es ihm angeblich nicht allein: »Viele Leute sind zornig, weil die Chancen und Hoffnungen, die sie uns verkauft und mit denen sie uns gepeitscht haben, nicht erfüllt werden.« Wer sind *sie*? »Die Macher des ganzen Vereins«, erklärt er, »die Direktoren, die ihre unteren Linien antreiben.«

> Diese Hoffnungen können sich auch gar nicht erfüllen, ist er sich sicher: Sie können nicht eintreten, »weil viel zu wenig Leute genug Arschloch für dieses Geschäft sind. Leute ohne Arschlochcharakter dagegen brechen früher oder später zusammen«. Das passiert den Arschlöchern nicht. »Denn die sind berechnend und kalt und lassen nicht zu, dass ihr Innerstes berührt wird.«

Ganz anders seien die drauf, die wirklich brennen und sich begeistern lassen. Für die würden nach Einschätzung meines Gesprächspartners die Seminare deshalb auch zur Gehirnwäsche, »weil sie lehren, dass Erfolg durch seine sogenannten Naturgesetze entsteht«. Dazu zählen Leitsätze wie: »Was du heute willst, kannst du morgen erreichen. Lang und schwierig wird der Weg durch Ratschläge, kurz und erfolgreich durch das Beispiel. Werdet zu psychologischen Alchemisten und verwandelt Probleme in Glück. Wir müssen ein Meister in der Kunst der Wandlung werden. Hört auf nachzudenken, sondern fangt an vorauszudenken. Der Einzige, der uns daran hindert, unsere Ziele zu erreichen, sind wir selbst. Nur große Ziele motivieren.« Und so weiter, und so weiter. Für meinen Gesprächspartner sind derartige Ermunterungen, in großen Reichtumskategorien zu träumen, gefährlich. Die Erfolgsformel lautet: Think big and you get big: »Hat aber jemand keinen Erfolg, dann liegt der Fehler bei ihm selbst. Er war zu schlecht, zu faul oder hat nicht durchgehalten.« Auf die Art aber funktioniert Wettbewerb nicht. »Bei jedem Wettbewerb, zum Beispiel beim Sport, gibt es nämlich nur einen Gewinner«, stellt der ehemalige Vertriebler klar. »Die Seminarleiter dagegen verkünden, dass alle Gewinner sein können.«

Nach den ersten Erfolgen merkte er recht schnell, dass sich trotzdem bei ihm keine Ruhe einstellte. Den versprochenen Flow von Geld und Kapital gab es nicht. »Es ist immer wieder aufs Neue ein Kampf. Jeder, der ein paar Wochen dabei ist, weiß genau, der nächste Monat ist leer.« Keine Termine, keine Empfehlung, kein Abschluss. Er fragte sich daher ständig: »Wen rufe ich an? Wen habe ich nicht schon viermal angerufen und mir viermal ein Nein abgeholt? Ich muss aber jemanden anrufen.« Die nächste Beförderung ist sonst außer Reichweite, und Beförderungen gibt es viele, die man sich verdienen muss, um aufzusteigen. Es gibt auch immer einen Wettbewerb, den man gewinnen muss. Einen Bonus, den man sich holen muss. »Doch selbst wenn man dem Direktionsleiter einen Verkauf zu melden hat, gibt es keine Erholung. Vielmehr hat man als Vermögensberater die Frage zu bewältigen: Welche Termine hast du noch in dieser Woche? Nein, ich habe keinen einzigen. Also bleiben nur die zehn oder zwanzig Kunden, die ich schon immer angerufen habe. Und je weniger Termine man hat, desto unangenehmer werden die Kontrollen durch die Direktionsleiter und desto drückender wirkt das Diktat des Aufstiegssystems.«

Leider kann ich als Kunde nicht sagen: Egal, dann steht der Vermögensberater eben unter ständigem Druck, Zahlen vorzulegen. Solange ich ertragreiche Produkte für meine Altersvorsorge vermittelt bekomme, braucht mich das nicht zu kümmern. Doch es muss mich kümmern, betont er: »Denn der Vermögensberater gibt seinen Druck an den Kunden weiter.«

Wie diese Weitergabe aussieht, zeigt beispielhaft eine Vertriebsoffensive von 2004. Zu diesem Zweck hielt eine Vertriebsikone, ein Direktionsleiter, eine Einschwörungsrede. Anlass sind die Änderungen, die sich damals für die Finanzindustrie andeuteten, weil 2005 das Alterseinkünftegesetz in Kraft trat. Das legte fest, dass Renten besteuert werden, zunächst zu 50 Prozent ab 2005, bis sich stetig steigernd im Jahr 2040 die vollen 100 Prozent erreicht sind. Daraus folgte die Frage, wie man diese Neuerungen für den Vertrieb ausnutzen könne. Dazu gelte es, die Verkaufsanstrengungen noch einmal zu intensivieren, damit der einzelne Vermögensberater nicht 50 Kilometer für mickrige fünf Karriereeinheiten verfahren müsse. Dafür bieten vor allem die Riesterrente und die Kindergeldanlage die besten Möglichkeiten. Eine Methode für den Verkauf solcher Produkte wäre, die Kunden dazu zu beschwatzen, ihre Lebensversicherungen zu beleihen. Das Darlehen könne man in ein Altersvorsorgeprodukt anlegen oder in eine andere Lebensversicherung, die neben der ersten parallel weiterläuft. Oder man könne das Geld in ein Kindergeldanlageprodukt investieren. Jedes Geschäft gelte es mitzunehmen – angeblich gemäß der Losung der Führung: »Wir sollen erbarmungslos zuschlagen.« Für meinen Gesprächspartner waren solche Einschwörungen fester Bestandteil von Großveranstaltungen, wie zum Beispiel dem Jahresstartertreffen:

> *»Der Typ ist ein Umsatzbulle. Er führt eine der stärksten Direktionen. Und da wohl damals die Umsätze nicht ganz so zufriedenstellend waren trat er als Einheizer und Motivationsredner an. Viele Berater haben sowieso zu wenige Neukunden und auch zu wenige Empfehlungen. Sie arbeiten viel im Bestand, und nun ruft man hier offen dazu auf, die vorhandenen Kunden aggressiv anzugehen. Diese Rede spiegelt nach meiner Auffassung zu 100 Prozent das Denken und Handeln der Firma wider. Aus Sicht eines notleidenden Vermögensberaters ist das der Marschbefehl, beim Kunden alles umzustellen, zu erhöhen, zu verändern, ob er das will oder nicht. Es werden kurze und knackige Verkaufs- und Telefontexte eingeübt, und dann ran ans Telefon. Ich erinnere mich gut an diese Zeit.«*

Das alles habe für ihn nichts mehr mit dem Hochglanzprospekt zu tun, in dem die tolle, neutrale und kundenorientierte Vermögensberatung angepriesen werde:

> *»Hier geht es schlicht um das Melken des Kunden. Es hat auch nichts mit den Richtlinien des Bundesverbandes deutscher Vermögensberater und der IHK zu tun, wie ein Vermögensberater arbeiten soll. Das ist einfach nur Umsatz herauspressen.«*

Und damit diese Umsatzpresse besonders wirksam funktioniert, werden die Kunden in der Datenbank nach Ertragstauglichkeit sortiert. Selektionen laufen oder fahren lassen, heißt das im Jargon. Dafür habe die Firma im Intranet extra Selektionsmodule eingerichtet, mit denen der einzelne Vermögensberater ermitteln könne, bei welchem Kunden er am ehesten zum Beispiel die Bausparsumme des Bausparvertrages verdoppeln könne. Wer hat noch Reserven? Wer hat Kinder, für die sich dann eine zusätzliche Kindergeldanlage einrichten lässt? Gibt es nicht noch eine Oma, die 50 Euro für den Enkel springen lassen könnte? Welcher Kunde ist geeignet, ein Darlehen aus seiner Lebensversicherung zu nehmen und das Geld in einer Fondspolice anzulegen? »Man kann auch alle Geburtstage der Kunden heraussortieren«, erklärt mein Gesprächspartner, »um Geburtstagskarten zu senden. Oder man kann alle Kunden mit Investmentfonds oder Lebensversicherungen, egal ob fremd- oder eigenvermittelt, selektieren, um eine Verkaufsaktion zu starten. Auch hat man die Möglichkeit, eigene Selektionen laufen zu lassen, zum Beispiel alle Singles über 40 Jahre ohne Berufsunfähigkeitsversicherungsvertrag. Dass die Firma diese Selektionsmodule in ihr Computersystem einspielt, zeigt, dass dies keine Einzelfälle von gierigen Vermögensberatern sind, sondern ein Aufruf zum Umsatzrekord um jeden Preis – und das von ganz oben. Ich habe das damals schon verabscheut und tue es heute noch.«

An dieser Stelle fange ich an zu überlegen, wie ich das als Kunde der Firma finden würde. Ich stelle mir vor, ich habe bereits eine Lebensversicherung erworben, was ja auch tatsächlich so ist, und meinetwegen auch schon eine Fondspolice. Daraufhin will mich mein Vermögensberater überreden, meine Lebensversicherung, die Teil meiner Altersvorsorge ist, zu beleihen und das aus diesem Kredit geschöpfte Geld in ein anderes Produkt zu investieren. Warum macht er das? Weil er aufgrund meiner

Finanzdaten, die in seiner Datenbank stehen, diese Verkaufsmöglichkeit zu erkennen glaubt. Er denkt dabei aber aufgrund des Verkaufsdrucks nur an sich und nicht an meine Vorsorgeinteressen, und mit den einstudierten Verkaufstricks versucht er mich zu diesem Geschäft zu bewegen. Ist das anklagbar? Ist es das, weil ich als Kunde das Risiko nicht durchblicke? Ist es das, weil ich nicht durchblicke, dass die Renditen des neuen Produkts den Kreditzins für das Darlehen bei dem alten Produkt nicht übersteigen? Diese Frage stelle ich mir besonders, wenn das neue Produkt eine niedrigere Garantieverzinsung besitzt als das alte, und vielleicht auch noch höhere Kosten.

»Anklagbar ist das durchaus«, erklärt mein Gesprächspartner. Es könne nach seiner Ansicht bei derartigen Geschäften aber auch fair zugehen. »Dafür gab es bei der Aachen Münchener extra ein Produkt: den Anlage- und Sicherheitsplan. Eine Lebensversicherung wurde durch einen Einmalbeitrag bespart, zum Beispiel von dem Geld der alten beliehenen Versicherung. Der Zinssatz, natürlich nicht garantiert, lag nach meiner Erinnerung bei ungefähr 4 bis 4,25 Prozent. Wenn man den Todesfallschutz herausnahm, errechnete sich nach beispielsweise 20 Jahren eine bestimmte garantierte Summe. Wenn ein Kunde eine schlecht laufende Lebensversicherung hatte, die zum Beispiel nur 2,75 Prozent Zinsen bot, dann konnte sich so ein Transfer für den Kunden lohnen. Wenn der Kunde zudem noch eine günstige neue Todesfallabsicherung bekam, die der Absicherung in seinem alten Vertrag entsprach, dann blieb ja alles beim Alten. Nur: Er muss eben 20 Jahre warten. Der Nachteil bei dieser fairen Variante: Wenn der Kunde in vier Jahren Geld braucht, zum Beispiel wegen eines Autounfalls oder wegen einer Scheidung, dann ist sein neu investiertes Geld wegen der Abschlussgebühren noch fett im Minus. Also ist es nicht per se schlecht, von einer Anlage mit garantierter niedriger Verzinsung zu einer Anlage mit höherer Verzinsung ohne Garantie zu wechseln. Es kostet den Kunden in jedem Fall aber Flexibilität und Zeit – und Abschlussgebühren. Hält er die 20 Jahre aber durch, was er ja bei seinem alten Vertrag auch gemacht hätte, kann sich das positiv rechnen. *Kann* wohlgemerkt. Es ist wie immer eine Wette auf die ungewisse Zukunft beim Kunden.«

Möglicherweise könnte es sich für mich als Kunden tatsächlich rechnen. Aber ist es nicht eher so, dass es sich für die meisten nicht rechnet? Zumal die Zielgruppe von Finanzstrukturvertrieben größtenteils gar nicht die Finanzkraft besitzt, um derartige Verträge durchzuhalten. Auch bei mir als Selbstständigem läuft es beruflich bei wechselnder Auftragslage häufig unterschiedlich. Gibt es nicht deswegen teilweise hohe Stornoquoten? Jene Storni, die sich so negativ für die Vermögensberater auswirken? Begeht die Firma also nicht ein anklagbares Geschäft? Besteht die Anklagbarkeit nicht darin, dass die Firma aufgrund ihrer Analysen und Selektionen genau weiß, welche Finanzkraft ihre Kunden besitzen? Bietet deshalb die Firma jenem Typ Kunden Chancen an, von denen sie ganz genau weiß, dass sie sich für die meisten Kunden mit großer Wahrscheinlichkeit nicht rechnen können, weil es für die Deckung der Rentenlücke niemals ausreicht? Mein Gesprächspartner widerspricht nicht. »Es ist in den meisten Fällen einfach ein Gemauschel«, findet er. Dort »läuft ein Kreislauf der Gier an. Die Versicherer, die Vermögensberater und die Kunden wollen aus verschiedenen Gründen mehr haben. Wenn sich die Kunden an die Grundempfehlungen der Beratung halten würden, hätte jeder drei bis fünf Monatsgehälter in Rücklage. Einen Teil soll man liquide haben und eine gewisse Summe auf das Sparbuch legen, damals noch mit Zins, oder in Rentenfonds investieren. Den Rest soll er in Altersvorsorgeprodukte investieren oder in Aktienfonds oder in beides. Die Kunden haben aber keine Rücklagen gebildet. Und man kann sie ja auch nicht dazu zwingen. Daher kollabiert immer wieder die gemachte Zielplanung, und der Kunde muss Verträge stoppen«.

Mein Gesprächspartner weiter:

> *»Meine Kritik setzt da ein, wo zum Beispiel alte steuerfreie Verträge geopfert werden, um sie durch neue steuerpflichtige Verträge zu ersetzen. Das ist nahe am Betrug. Zumindest ist das meine Meinung.«*

Solche Vertriebsoffensiven, wie 2004 angestoßen, sind in der Finanzindustrie aber gang und gäbe. Er bestätigt damit das, was ich bereits gelernt habe. Es geht demnach nicht darum, für mich als Kunden einen Sparplan vernünftig durchzuziehen, was für die Altersvorsorge so wichtig wäre. Denn der Finanzmarkt ist ein Verdrängungsmarkt:

> *»Dies als Bild vor Augen habend, geht es vor allem darum, die Sparkraft des Kunden in die Produkte des Konzerns zu leiten, von dem ich meine Provision erhalte. Das Spiel geht eigentlich als immerwährendes Ping-*

Pong-Match hin und her. Der Kunde beziehungsweise sein Geld wird permanent von Produkt A zu Produkt B gelotst, konzernübergreifend und auch konzernintern. Die Direktionen und Gruppen setzen deswegen immer wieder Verkaufsaktionen in die Welt. Ob es die Kfz-Kündigungschance zum Jahresende ist oder die steuerfreie Lebensversicherung. Es wird immer versucht, das Maximum des Kuchens zu erhalten. Die Banken machen das ebenfalls, und alle anderen Anbieter auch. Es wird also an dem Kunden von allen Seiten regelrecht gezerrt. Und da fängt meiner Meinung nach die Unterscheidung von seriöser und unseriöser Beratung an. Wenn ich mit allen Mitteln die Konkurrenz schlecht mache, um den Fuß in eine Produktsparte beim Kunden zu bekommen, ist das schon grenzwertig. Diesen Fuß in besagter Tür muss ich in einen Rundumschlag verwandeln, um Umsatz zu generieren. Allfinanzkonzept heißt das dann.«

Durch solche Begriffe wie Allfinanzkonzept wird aber in meinen Augen das Gezerre am Kunden ins Positive umgedeutet. Lieber Kunde. Wenn ich Ihnen mit diesem einen Vertrag (angeblich) so viele Einsparungen verschafft habe, macht es doch auch Sinn, Ihre anderen Verträge anzuschauen. Für meinen Gesprächspartner ist der Zweck klar: »Alles soll zur Firma gezogen werden. Drei Jahre später kommt der nächste, der Banker oder ein Versicherungsmensch zum Beispiel, und das Spiel beginnt von Neuem. Alles soll zu ihnen gezogen werden. Das ist die Stelle, wo Millionen Kunden Unsummen verlieren. Sie bezahlen immer und immer wieder die Abschluss- und Vertragskosten. Aber weshalb? Weil beide am Tisch gierig sind. Der Berater muss und der Kunde will. Die Kunden sind in den wenigsten Fällen die Opferlämmer. Es sind leichte Opfer – keine Frage. Aber nur, weil sie ebenfalls gierig sind oder eine Schnäppchenmentalität besitzen. Oder die Möglichkeit, Steuern zu sparen, beeinflusst ihre Kauf- oder Kündigungsentscheidung.«

Man kann es auch so ausdrücken: Der Berater lebt davon, dass er meine Gier als Kunde entfachen kann.

Allerdings: Die berufliche Realität eines Vertrieblers beim Produktverkauf besteht nicht nur darin, die Gier des Kunden anzustacheln und auszunutzen. Für Kübler begeht ein Berater beim Produktverkauf wiederholt Akte der Selbsterniedrigung. Bei ihm selbst machte der ständige Kampf gegen die Unsicherheit der Lebensverhältnisse die Selbsterniedrigung für ihn umso spürbarer: »Ja, als Vertriebler sind Sie Bittsteller, Sie sind unterste Schublade.« Nur wenige Leute seien dabei schmerzfrei. Das betreffe auch die Jagd nach Empfehlungen.

»Das geht dann so: Herr Müller, da Sie ja mit meiner Dienstleistung zufrieden zu sein scheinen, kann ich davon ausgehen, dass Sie mich weiterempfehlen. Am besten speichern Sie mich in Ihrem Handy gleich ein. Und dann sagt der Kunde Ja oder Nein oder schauen wir mal. Da kommt es dann auch schon mal vor, dass Vermögensberater die unterschriebenen Verträge zerreißen – nach dem Motto: Das Produkt gibt es erst, wenn Sie mich weiterempfehlen. Die Werbebotschaften für die angehenden Vermögensberater auf der offiziellen Homepage lauten natürlich anders. Unter der Sparte Karriere sieht man in Interviews Kommentare von Vermögensberatern mit Sätzen wie: Ich glaube, dass eine Niederlage ganz wesentlich für den Erfolg ist. Das ist pure Heuchelei«. »Kein Wort dazu, dass man in Wirklichkeit den Kunden irgendetwas aus den Rippen leiern muss. Ein Vermögensberater muss ja an das soziale Umfeld des Kunden heran. Dabei mache ich natürlich viel kaputt, wenn ich weiterbohre. Aber ich muss weiterbohren, weil ich sonst kaputtgehe.«

Die Bohrbereitschaft benötigte der ehemalige Vertriebler besonders bei Umdeckungsaktionen. Eine Aktion, die der Konzern mit einem Schnellbrief anstieß, betraf die Umdeckung hin zu einem Riesterprodukt. Dabei schulen die Leute von der Versicherung das Vertriebspersonal darin, was ein einzelner Vermögensberater bei der Umwandlung der Tarife machen muss, was er in das Änderungsformular schreiben soll und wie er das angesammelte Guthaben bei den alten Produkten, also die Einzahlungen abzüglich der Kosten plus Prämiengutschriften, in den neuen Tarif übertragen soll. Nötig war die Umdeckung, »weil die Versicherung wohl viele 100.000 teure Altverträge loswerden wollte«. »Denn würde das Kapital in den alten Tarifen verbleiben, müsste die Versicherung zum einen den Vertrag weiterführen und pflegen und zum anderen müsste sie höhere Garantiezinsen zahlen. Das will sie nicht. Deswegen wird der Altvertrag plattgemacht und alles in den neuen Vertrag übertragen, der fondsgebunden ist und keine Garantieverzinsung bietet. Aber er hält eine Gewinnchance offen. Der Kunde kann auch nicht später kommen und auf Falschberatung pochen«, »denn er erteilt dem Vermögensberater einen Freibrief, indem er das Beraterprotokoll unterzeichnet. Gleichzeitig wurde den Umstellungen der Riester-Tarife dem Beratungsprotokoll ein vorformulierter Anhang beigefügt, ausgefertigt vom Strukturvertrieb und der Versicherung. Darin ist zu lesen, dass der Kunde freiwillig auf den festen Zins verzichtet und zugunsten einer höheren Ertragschance in die fondsgebundene Variante wechselt. Die Risiken seien ihm bekannt – dennoch wolle er das. Der Kunde verzichtet auf Garantien und will die Chance auf höhere Gewinne und das Risiko eines Verlusts unbedingt haben. Natürlich wird dem Kunden eine Berechnung mit tollen Zahlen vorgelegt. Da steht im Altvertrag eine garantierte Rente von 56,32 Euro monatlich. Im Neuvertrag steht dagegen eine Rente von 233,44 Euro monatlich bei 6 Prozent jährlicher Fondsrendite oder bei 8 Prozent eine Rente von 353,22 Euro. Das sind Fantasiezahlen von mir, aber sie sind nahe an der Realität. Dann hat der Berater den Kunden gefragt: Welche Rente ist Ihnen lieber? Bingo! Natürlich die höhere. Ich hab das alles schon mal vorbereitet, sagt daraufhin der Vermögensberater. Bitte unterzeichnen Sie an den angekreuzten Stellen. Fertig.« Eine Vorteilsargumentation wie aus dem Lehrbuch. »Ich selbst war damals auch noch so gläubig, dass ich eine Rendite von 4 bis 6 Prozent über die Laufzeit als gottgegeben hinnahm und eine Nicht-Umstellung beim Kunden als unterlassene Hilfeleistung ansah. Das wurde auch so geschult. Wenn Sie jetzt nicht zum Kunden gehen, dann ist das unterlassene Hilfeleistung. Diese Formulierung habe ich bei Trainern gelernt und später meine Leute gelehrt. Also habe ich auch umgestellt! Ich selbst habe meine eigene Altersvorsorge, die keine Riester war, von meinem eigenen Vermögensberater von einer kapitalbildenden zu einer fondsgebundenen umstellen lassen. Schließlich war ich auch Kunde der Firma. Ich kenne demnach Umdeckungen sowohl als Kunde als auch als Berater. Bei lang laufenden Verträgen bin ich aber heute noch der Meinung, dass der Kunde einen Vorteil hat. Im Gegensatz zu den ungefähr 2,5 Prozent Garantiezinsen. Die Förderung vom Staat erhält er ja in beiden Tarifen.«

Dazu frage ich nach: Besteht in der Vorteilsargumentation als Einflussnahme auf den Kunden nicht gerade die Falschberatung? Ist die Anwendung der Vorteilsargumentation nicht der Beleg dafür, dass Beratung gar nicht stattfinden soll, sondern nur ein Produktverkauf in Gestalt eines Produkttausches? Warum wandelt der Produktlieferant das Produkt um? Tut er das nicht, weil er sich etwas davon verspricht, wenn er den Garantiezins wegfallen lässt? Er will Kosten sparen. Zumal ein Finanzprodukt kein Almosen ist. Deshalb lässt der Lieferant ein Sicherheitsmerkmal des Produkts wegfallen. Der Köder für diesen Wegfall ist die Aussicht auf eine höhere Gewinnchance. Die Masche, die Alternativfrage zu stellen, »Welche Rente hätten Sie gern?« ist charakterisiert durch die Ausblendung der anderen Möglichkeit, dass die Gewinnchance sich nämlich nicht erfüllen könnte. Bei der Unberechenbarkeit der Börse wegen der Unberechenbarkeit von Märkten ist diese Möglichkeit nicht einmal klein. Besteht folglich diese Verkaufsmasche nicht darin, mit der Entscheidungsfrage den Kunden von wichtigen Informationen abzulenken beziehungsweise sie ihm zu verschweigen? Zumal das Risiko allein der Versicherte trägt. Nun kann man natürlich sagen, jeder, der zocken will, ist selbst schuld, wenn er verliert. Das stimmt sogar teilweise. Aber das darf den Auslöser dieser Zockergier nicht enthaften. Der Kunde, der zur Zockerei verführt wurde, kann die Risiken seiner Zockerei gar nicht einschätzen. Nun kann man natürlich auch sagen, dass der Vermögensberater häufig das Risiko genauso wenig einschätzen kann, weil ihm das Fachwissen fehlt. Aber er ist trainiert darin, die Manipulationstechniken anzuwenden.

»Ich stimme da in großen Teilen zu«, bekennt mein Gesprächspartner. »Die Firma muss Umsatz produzieren, immerfort! Die Versicherung muss Verträge loswerden, die hohe Zinsen haben. Der Vermögensberater muss Umsatz generieren, da er keine Bestandsprovision hat. Und der Kunde wird verführt. Mal schob man ihn, mal sank er hin. Wie die juristische und moralische Beurteilung dieser Kausalkette und ihrer Akteure ist, überlasse ich den Fachleuten.«

Gewiss: Die juristische Beurteilung liegt in der Hand der Fachleute. Aber ein moralisches Urteil fällte mein Gesprächspartner dennoch für sich. Denn so leicht das Geld manchmal auch zu verdienen war, bald konnte Kübler das eigene Spiegelbild wegen der ständigen Betteleien nicht mehr ertragen: »Ich habe nach einiger Zeit mein Spiegelbild zerbrochen. Und wenn das Telefon klingelte, hatte ich Angst, dass irgendein Kunde widerrufen könnte. Die Angst vor dem Telefon wurde so groß, dass ich kotzen konnte. Nicht dass es keine Erfolgserlebnisse mehr gab. Die gab es, und sie führten bei einem Kundengespräch manches Mal zu einem Gefühl der Überlegenheit.« Doch wie beim Schnupfen von Kokain folgte auf den Kick ganz schnell die Depression. Zunächst »fühlt man sich groß, unglaublich wissend und mächtig«, gesteht Kübler. »Und außerdem hat man noch einen guten Abschluss – sprich Umsatz – an dem Abend gemacht. Man fährt ins Büro, trifft dort auf Kollegen, und dann entsteht ein Gefühl der Gruppendynamik, der Unverwundbarkeit. Man redet sich in Rage und alles scheint möglich. Der nächste Morgen, wenn der Kunde per Anrufbeantworter widerrufen hat, holt einen dann wieder hart auf den Boden zurück. Dann schlägt das Gefühl des Kicks in Wut, Hass und schiere Panik um. Denn man hat eigentlich viel zu wenige Termine, um diesen Storno auszugleichen. Dennoch muss nun schnell Umsatz her. Der Direktionsleiter legt einem eine Auswahl aus dem Kundenstamm vor und sagt: Wenn du deine Kunden nicht kontaktierst und auf einen neuen Tarif umstellst, dann mache ich das. Bei mir ist das so passiert.«

Irgendwann konnte er diese tägliche Maskerade nicht mehr ertragen. »Ich kam mir vor, als würde ich mir jeden Tag mit dem Anzug eine Rüstung anlegen. Denn irgendwann fingen wie beim Sport die Muskeln an zu übersäuern. Trotzdem habe ich mich immer wieder dazu überreden können: Mach es noch ein halbes Jahr. Dann werden die großen Verträge noch kommen. Ohnehin war die Angst vor einem Absturz noch größer. Irgendwie mussten das Haus, die Familie und die Altersvorsorge ja finanziert werden. Wie sollte er auch einen Abgang erklären? Vor sich selbst und seinem Umfeld? Eine Kapitulation käme einem Eingeständnis gleich, dass das Bild des erfolgreichen Geschäftsmannes, das er nach außen vor sich hertrug, eine Lüge war. Trotzdem kamen die großen Verträge nicht. Um sein miserables Gefühl bei dem Job zu kompensieren, hatte sich mein Gesprächspartner eine Helferidentität gegeben. Wie so viele andere. Er redete sich ein, ein Gutmensch zu sein. »Ich tue meinen Kunden etwas Gutes und habe so meinen ranzigen Job in Goldpapier verpackt, in das Goldpapier der sozialen Fürsorge.«

Dabei ging es natürlich nicht darum dem Kunden etwas Gutes zu tun. Es ging auch nicht um die Allfinanzberatung. »Es ging nur darum, wie gewinnst du den Wettbewerb, wie viel Umsatz musst du produzieren und wie bringst du den Kunden dazu zu unterschreiben. Entweder durch Umtausch im eigenen Konzern, also durch die Umleitung der Gelder von Produkt A zu Produkt B oder man geht an die Fremdkunden von Banken heran. Also hol dir den Ordner von den Kunden und tausche die Produkte aus.« Die Manipulationstechniken sind dabei vielfältig, erinnert er sich. Gerade bei Altersvorsorgeprodukten. Der Kunde solle zwar merken, dass er es nötig hat, für das Alter vorzusorgen, aber er solle nicht merken, dass er Verträge eingeht, mit denen er sein Rentenziel nicht erreichen kann. Bei dieser Einflussnahme wird auch mit haptischen und erlebnisorientierten Mitteln gearbeitet. Präsentationsgimmicks, die durch ihren Spielcharakter dem Kunden ein gutes Gefühl geben sollen. Für den Ex-Vertriebler galt es, gegen das wachsende Misstrauen der Kunden gegenüber Finanzberatern argumentativ anzugehen. Das habe er beispielsweise gemacht, indem er sich als der Gute gegenüber der bösen Konkurrenz präsentierte, die immer nur verkaufen wolle. Oder er verschwieg gar nicht erst, dass er ein Verkäufer war:

»Viele glauben nicht mehr, dass man nichts verkaufen will«, bekennt Kübler. »Deshalb ist es wichtig, dem Kunden das Gefühl zu geben, er habe das Heft in der Hand. Herr Müller, wir machen einfach mal einen Testlauf und schauen uns Ihre Situation genau an. Lassen Sie sich mal überraschen. Dann können Sie entscheiden, ob Sie die Einsparungen, die ich vorschlage, annehmen oder ob Sie alles so lassen, wie es ist. Dann kann Ihnen ja nichts passieren. Sie bekommen maximale Informationen und ich stecke drei Stunden Arbeit rein, aber das ist ja mein Problem. Selbst ein skeptischer Kunde sagt und denkt: Dann kann mir nichts passieren. Es gibt natürlich einige, die fragen: Wie verdienen Sie denn Ihr Geld? Sie wollen mir doch bestimmt nur etwas verkaufen. Der Vermögensberater muss darauf natürlich reagieren. Deshalb entgegnet er: Ich bin selbstständig. Das ist mein Risiko. Das mache ich aber gern. Bevor ich Ihre Situation nicht kenne, kann ich Ihnen ohnehin nichts verkaufen. Also warten wir doch erst einmal ab. Zumal ich sicher bin, dass ich Sie positiv überraschen kann. Lassen wir es doch mal darauf ankommen. Den Empfehlungsgeber, der uns zusammengebracht hat, konnte ich schließlich auch überraschen, sonst hätte er mich nicht empfohlen. Wichtig ist, das Wort ›verkaufen‹ möglichst wenig zu gebrauchen, aber auch nicht zu verleugnen, dass man verkauft. Sprüche wie ›Nein, ich will nichts verkaufen‹ glauben die meisten sowieso nicht mehr. Das alles macht der Vermögensberater, um an den Ordner des Kunden zu kommen, mit all den Finanzdaten über seine Versicherungen und Einkünfte. Je mehr Umstände man als Berater um diesen wichtigen Schritt macht, der die komplette Intimsphäre betrifft, desto weniger wird der Kunde diesen Schritt zulassen. Deshalb sagt der Berater: Ich brauche Ihre Daten. Genau das ist mein Job. Ich schaue mir Ihren Ordner an, um zu prüfen, ob Sie irgendwelche Förderanträge noch nicht eingereicht haben. Wenn der Kunde den Ordner an den Berater übergeben hat, dann ist die Rollenverteilung wie bei Patient und Arzt abgesteckt. Der Kunde ist wie ein Patient bereit, sich vor dem Berater auszuziehen. Die Behandlung kann beginnen und der Berater kann seine Gimmicks einsetzen. *Herr Müller, ich habe bei unserem ersten Gespräch gemerkt, Sie waren an einer besseren Geldanlage interessiert als das Tagesgeld.* Der Kunde sagt Ja. *Sie waren auch daran interessiert, Ihre Altersvorsorge prüfen zu lassen.* Der Kunde antwortet Ja. *Und auch die Sache mit den Zulagen ist Ihnen wichtig, nicht wahr?* Der Kunde sagt erneut Ja. Mit diesem dritten Ja befindet sich der Kunde auf der Ja-Straße, ein Zustimmungsmodus, der das Gefühl verrät: Der Berater kennt mich und meine Situation. Er hat mich ernst genommen. Er weiß, dass ich diese und jene Bedenken geäußert habe. Wenn diese Hürde genommen ist und der Berater die Basisprodukte wie die Sachversicherungen verkauft hat, kommt er zur Altersvorsorge: *Herr Müller, nach Prüfung Ihrer Unterlagen habe ich Ihnen einfach mal ein für Sie passendes Riester-Produkt mit den entsprechenden Zulagen mitgebracht.* In dem Moment gibt es häufig den nächsten Widerstand. Der Kunde zuckt und sagt: *Oh, am Stammtisch haben die gesagt, dass das alles ganz schrecklich ist.* In dem Moment kann der Vermögensberater nicht wie ein Buchhalter argumentieren und über Kostenstrukturen sprechen. Das wird den Widerstand nicht brechen. Dafür sind die Gimmicks da. Deswegen sagt der Berater zum Kunden: *Holen Sie mal zwei 1-Euro-Stücke und ein Glas. Ich erkläre Ihnen jetzt mal, wie Riester funktioniert. Hier bekommen Sie das erste 1-Euro-Stück und werfen Sie das in das Glas. Das ist ihr Beitrag zum Vertrag. Nehmen Sie jetzt das zweite Stück und legen es dazu. Das ist der Beitrag des Staates zu Ihrem Vertrag. Jeder gibt die Hälfte. Wollen Sie das so haben oder wollen Sie das nicht so haben?*[21] Die meisten wollen das natürlich genauso haben und kaufen das Produkt. In manchen Fällen ist das tatsächlich so, dass jeder die Hälfte gibt. Wenn er zum Beispiel einen Jahresbeitrag von 500 Euro zahlt und er hat zwei Kinder, dann bekommt er vom Staat auch

500 Euro. Der Kunde soll dadurch das Gefühl haben, das mit dem Riester kann ja so schwer nicht sein, wenn der Berater das so einfach erklären kann. Das ist aber nur auf dem Papier so. Von Gebühren und von den Steuern, die er im Alter zahlen muss, wenn er die Rente ausbezahlt bekommt, erzähle ich als Berater nichts.

Auch der Klöckner-Rechner kann Teil der Beratung sein. Ein Finanzrechner, den der Wirtschaftspsychologe Bernd W. Klöckner zusätzlich zu seinem Verkaufstraining entwickelt hat. Gerade wenn der Kunde sagt: Altersvorsorge und Rente, das macht mir alles Angst. Ich glaube dem Staat nicht. Und auch die Bankberater wollen nur an mein Geld ran. Dann sagt der Berater: Holen Sie mal Ihren Rentenbescheid! Wir berechnen mal Ihre monatliche Rente. Tipp, tipp, tipp, drücken Sie mal auf das Gleichheitszeichen. Siehe da: Die prognostizierte Rente bei 2 Prozent Steigerung ist 937,65 Euro. Daraufhin macht der Kunde ganz große Augen und sagt: Das gibt es doch nicht. Wie kann man das berechnen? Der Kunde fragt das, weil das auf seinem Formular Deutsche Rentenversicherung steht, ein Formular, das nur für ihn personalisiert ist. Damit verbreitet der Berater Magie. Ab dem Punkt glaubt er diesem Klöckner-Rechner. Deshalb kann der Berater jetzt die Rentenlücke berechnen: Welchen Inflationsbereich möchten Sie wissen? Was stellen Sie sich vor, Herr Müller, in den nächsten 25 Jahren bis zur Rente? Wollen wir für Ihre 937 Euro vom Rentenbescheid 1,5 Prozent nehmen? Dann drücken Sie mal auf die Taste. Oh, 645 Euro. Wie lange wollen Sie leben als Rentner? Wahrscheinlich möglichst lange, vielleicht 20 oder 30 Jahre. Die Inflation hört ja mit der Rente nicht auf. Wir müssen das noch mal ausrechnen. Dadurch kann der Berater den Kunden weiter runterrechnen. Am Ende landet er bei 300 oder 400 Euro Kaufkraft. Diese Rechenprozedur soll dem Kunden signalisieren, dass großer Handlungsbedarf besteht. Besonders wenn jemand 2000 Euro netto hat und eine Rentenprognose von 937 Euro, fehlen ohne Inflation 1063 Euro. Mit Inflation auch an die 1500 Euro. Der Rechner selbst rechnet dabei richtig. Das ist kein Trick. Das ist eine Zinseszinsrechnung hoch und runter. Jemand hat eigens für Klöckner das Programm geschrieben. Sie können damit auch einen Auszahlplan berechnen oder ein Bankanlageprodukt. Sie fragen dann den Kunden: Wie viel Kapital haben Sie denn eigentlich? Wie lange oder wie viele Jahre soll das laufen? Wie viel im Monat können Sie bezahlen? Und dann drücken Sie auf den Knopf für die Verzinsung. Deshalb macht der Berater nun ein Angebot und setzt den Kunden mit Suggestivfragen unter Druck: Sie haben ein paar Insellösungen wie eine angefangene Lebensversicherung. Die haben Sie stillgelegt. Dann haben Sie eine Risikolebensversicherung gemacht, da ist eine veraltete Berufsunfähigkeitsversicherung drin. Also wenn Sie mich fragen, dient ihnen weder das eine noch das andere so richtig. Möchten Sie nicht etwas Gescheiteres machen? Machen wir wieder nur Stückwerk oder wollen Sie endlich mal eine zielgerichtete Altersvorsorge? Sie haben ja die Wichtigkeit der Altersvorsorge erkannt. Sie haben gesagt, Sie können 350 Euro im Monat wegsparen. Wollen Sie die auch wegsparen? Ja, ist die Antwort ... und weiter geht's: Die 350 Euro werden wir nicht ganz brauchen. Aber 275 für einen ordentlichen Altersvorsorgevertrag sollten es schon sein. Und ich habe Ihnen noch eine kleine Dynamik eingebaut, sodass Sie entscheiden können, ob Sie später noch erhöhen wollen.

Die Absicht für den Einsatz des Klöckner-Rechners ist für meinen Gesprächspartner offensichtlich. Dem Kunden soll knallhart die Verdrängungsmaske heruntergerissen werden: »Du bist pleite, du kannst als Rentner keinen Monat überleben. Das ist ein brutales Spiel mit der Angst«, gesteht er. Ist dieses Spiel nicht erst recht brutal, frage ich, wenn die Rentenprodukte wie Riester oder Rürup die Probleme gar nicht lösen? Zu deutlich liegt die garantierte Rendite vieler dieser Produkte für die Altersvorsorge unter der langjährigen Inflationsrate. Zu sehr verhindert die systemlogische Umdeckungspraxis, dass langfristig etwas angespart werden kann. Das heißt: Selbst wenn der Fall eintritt, dass ein Kunde bis zum Ende der Laufzeit durchhält, muss er sich damit begnügen, nur seine eingezahlten Beiträge zurückzubekommen. Viele halten aber ihre Verträge gar nicht erst bis zum Ende durch und bekommen bei Kündigung nicht einmal etwas ausbezahlt und müssen auch noch hohe Stornoabschläge auf sich nehmen. Wie soll also jemand wie ich jemals ein Vermögen aufbauen, das für das Alter reichen kann? Dazu verweise ich auf die Recherchen der Kritiker der Teilprivatisierung der Rente wie den Journalisten Albrecht Müller oder an die vielen Beiträge der ARD-Magazine Monitor oder Plusminus. Er bestreitet das nicht: »Wenn jemand wie Sie in dieser Zeit ohne Zinsen 250.000 oder 300.000 Euro ansparen will oder muss, müsste er schon als 30-Jähriger angefangen haben und bis zum 65. Lebensjahr knapp über 700 € monatlich wegpacken. Ich betone ohne Zinsen! Die wird es wohl auch lange nicht geben. Auch bei nur 200.000 Euro sind schon 24 Jahre erforderlich. Es ist also ein Problem, das losgelöst von den Produkten oder den Finanzgesellschaften generell schon am Sparbetrag liegt. Nun: Die Strukturvertriebe oder die Versicherungen als Produktlieferanten reiten die Zins- und Zinseszinswelle. Also möglichst früh regelmäßig sparen. Generell lügt ja der Klöckner-Rechner nicht. Er spuckt eben das Ergebnis aus, das den Kunden motivieren soll, mit dem Sparen anzufangen. Was aber ist besser? Dem Kunden zu sagen, dass er es nie schafft? Das Scheitern des Ansparplanes liegt nicht nur am Strukturvertrieb oder an den Produkten, sondern auch am kompletten System. Einem System aus Zukunftsangst, Träumen, Konsumterror, Verkauf, Kundenfang, Nullzinsen und dem Verdienstanspruch der Konzerne. Fast alle werden daran scheitern. Die Kunden, aber auch die meisten Berater.«

In seiner Zeit als Vermögensberater glaubte er aber zunächst noch an die Produkte, zumindest teilweise. Heute jedoch nicht mehr. »Das ist ja auch immer das gleiche Spiel. Da gibt es die Ratingagenturen, die überschlagen sich mit ihren Einschätzungen wie: ausgezeichnet, exzellent oder Testsieger. Die Zeitschrift *Finanztest* muss ja ihre Zeitschriften auch verkaufen und haut ihre »Sehr-Guts« raus oder fünf Sterne für Berufsunfähigkeitsversicherungen der Aachen Münchener. Mit solchen Heften bewaffnet, geht man als Vermögensberater zum Kunden. Fünf oder acht Jahre später, so wie jetzt nach der Teilprivatisierung der Rente, wissen letztlich alle, dass das alles blöd war, dass das alles nicht so eingetreten ist, dass die Kosten viel zu hoch sind und dass die Renten, die vielleicht dabei herauskommen, auf die Grundsicherung angerechnet werden und für die vielen kleinen Sparer für den Arsch sind.«

Mein Gesprächspartner macht jedoch klar, dass die meisten Vermögensberater diese Auswirkungen gar nicht durchblicken: »Wenn sie auf diese Produkte geschult werden und darüber in den Prospekten lesen und sich mit den Informationen über das Produkt schlaumachen, das neu auf den Markt gekommen ist, glauben auch viele an das Produkt.[22] Zudem gehen die meisten Vermögensberater mit dem Gefühl ans Vertriebswerk: Wir sind besser als die Konkurrenz. Wir sind besser als die Allianz oder als die Sparkasse. Wir sind der Marktführer. Unter solchen Umständen verkaufen sie das Rentenzeug frohen Mutes. Und natürlich auch mit der Vorfreude auf Umsatz.« Gibt es nicht trotzdem auch ein bisschen Skepsis und Zweifel unter den Vertrieblern? »Natürlich verkaufen die Vermögensberater auch mit ein bisschen Skepsis«, gesteht mein Gegenüber. »Aber zunächst, im Moment des Verkaufs, wird sie unterdrückt, weil die ganzen

Klagen und Prozesse der Verbraucher noch nicht gelaufen sind. Das ist zu dem Zeitpunkt alles noch Zukunftsmusik. Wenn dann irgendwelche Verbraucher Jahre später beim Blick auf die Kontoauszüge sagen: Oh, die Abschlusskosten sind doch nicht korrekt angegeben worden, geht das Gezeter los. Aber für den Vermögensberater ist das in dem Augenblick des Abschlusses noch nicht im Bewusstsein. All diese Komponenten haben mit Beratung nur nichts mehr zu tun. Sie werden allein begründet durch den Zwang, Geld zu verdienen.« Deshalb zählt er auf: »Die Versicherung muss Geld verdienen. Der Strukturvertrieb muss Geld verdienen. Der Direktionsleiter muss Geld verdienen. Der Vermögensberater muss Geld verdienen und der Berater sagt dem Kunden, dass er auch irgendwann ganz viel Geld hat, wenn er diesen oder jenen Vertrag jetzt unterschreibt.«

Für meinen Gesprächspartner hinterlässt diese Art des Vertriebs, wie ihn die Strukturbetriebe betreiben, beim Kunden viel verbrannte Erde. Zum einen durch die schiere Masse der Vertriebler. Der Vermögensberater muss mit dem Versicherungsvertreter, dem Finanzmakler und dem Bankberater konkurrieren. Und zum anderen durch den tabulosen Verkauf der Vertriebler: »Ein Kunde, der zum dritten Mal einen neuen Berater bekommen hat, weil der erste erkrankt ist, der zweite aufgehört hat und der dritte rausgeworfen wurde, hat keine Lust mehr, sich von einem Berater penetrieren zu lassen. Und ich habe oft am Telefon zu hören bekommen, dass ich der Fünfte bin, der ankommt und dass deswegen nie mehr ein Vermögensberater ins Haus kommt. Viele Leute haben deswegen keinen Bock mehr auf das Thema Finanzen.« Gibt es dafür keine Lösung? » Bei dem Denken, das in den Firmen vorherrscht, will nach meiner Auffassung keiner bei denen eine Lösung. Der Kunde ist denen ja im Endeffekt wurscht.«

Eines Tages tat sich jedoch bei meinem Gesprächspartner ein Spalt auf, den er nicht mehr kitten konnte. »Der Spalt, der sich auftut zwischen dem, was ich tun muss, um leben zu können, und dem, was ich tun will, um mich noch im Spiegel anschauen zu können.« Jetzt stand Kübler vor der Frage: »Ziehe ich entweder selbst die Reißleine oder wird sie gerissen, weil ich einfach zusammenbreche.« Bei ihm wurde sie gerissen: Er brach zusammen. Seine Ärztin hatte ihn vor die Wahl gestellt: entweder weitermachen und eines Tages mit einem Herzinfarkt vom Stuhl kippen oder sofort aufhören. Doch auch das wurde ein harter Weg, weil er in eine Klinik gehen musste. »Nach einem halben Jahr der Arbeitsunfähigkeit bin ich entlassen worden«, gesteht er. »Mit dem knappen Kommentar: Deine Kunden übernimmt jetzt dein Betreuer. Die Abschiebung wurde völlig emotionslos abgewickelt. Das verdeutlichte umso mehr der Aufhebungsvertrag. Damit verknüpft war ein zweiseitiges Schreiben mit lauter Paragraphen. Was passiert, wenn ich gegen dies oder gegen das verstoße. 50.000 Euro Strafe da und 100.000 Strafe dort. Da wusste ich, mit was für Leuten ich es zu tun habe und dass die Firmen ihre angeblichen Werte von Familie und Verantwortung überhaupt nicht lebt. Zumindest in meinem Fall. Die haben einfach die Stopptaste gedrückt. Das können wir, die Vermögensberater, nicht so einfach. Wir hängen noch jahrelang in den Fesseln der Stornorückstellungen, Steuernachzahlungen und Haftungszeiten fest. Da spielte es keine Rolle, ob ich mich all die Jahre mit aller Kraft für das Unternehmen eingesetzt hatte oder nicht. Ich habe auch immer noch ein Rückstellungskonto bis zum nächsten Jahr. Obgleich ich ganz zufrieden sein kann, dass ich kaum Storni aufweise.« Deshalb ist er auch nicht von der Firma verklagt worden.

Muss ich als Kunde mit so jemandem Mitleid haben? Muss ich ihn bedauern, dass ihm eine Hoffnung auf Wohlstand verkauft wurde, die sich nicht erfüllt hat? Muss ich ihn bedauern, dass er den Konflikt zwischen der Verpflichtung zum Broterwerb und der moralischen Last, Kunden wie mich unzureichend zu beraten, nicht bewältigt hat? Müsste ich nicht eher sagen, er sei selbst schuld? Er hat sich nun einmal in ein Milieu begeben, das von Gier auf das Geld des Kunden bestimmt ist. Und er war ein Teil davon. Jetzt hackt halt die große Krähe ihm, der kleinen Krähe, das Auge aus. Darüber darf er sich nicht wundern. »Ich verstehe diese Meinung«, räumt er ein. »Das ist Teil meiner Vergangenheit, zu der ich mich bekenne.«

Rentenlücken stopft man nicht wie Löcher in den Strümpfen

Eines muss ich zugeben: Ich habe noch nie mit einem Versicherungsmakler oder Bankberater zusammengesessen und ein Verkaufsgespräch über ein Vorsorgeprodukt geführt. Gründe dafür gibt es viele: meine Vorurteile gegenüber der Finanzbranche, meine Naivität, die Vorsorge hätte noch Zeit, aber auch meine Ignoranz gegenüber den Produkten. Bis vor ein paar Wochen wusste ich noch nicht einmal genau, was ein Fonds ist. Dass es Fonds als Finanzprodukt gibt, war mir natürlich bekannt. Aber ich hätte nicht erklären können, wie ein Fonds funktioniert. Eine Ausnahme gibt es allerdings: Meine Lebensversicherung habe ich mir vor 16 Jahren von einem Freund aufschwatzen lassen, ohne dass ich damals wusste, dass ich erst einmal in ein Kostenabzugsloch hineinspare. Das Wesen von Bewertungsreserven und Überschussbeteiligungen hatte ich gewiss ebenfalls nicht richtig durchblickt. Das lag nicht daran, dass ich damals noch kein Internet hatte. Damals lief halt das übliche Muster zwischen Freunden ab: »Du musst etwas machen, und ich habe da etwas Gutes für dich.« Nun muss ich tatsächlich etwas tun. Deshalb muss ich auch Produkte prüfen. Zwar will ich mich auf einen Vermögensberater eines Finanzstrukturvertriebes nicht einlassen, aber ein Test bei einem Versicherungsmakler kann sicherlich nicht schaden. Da trifft es sich gut, dass ich in einem Verbraucherforum im Internet auf den freien Makler Reinhard Brückner stoße. Die Verschwiegenheitspflicht macht aber auch vor der Maklerszene nicht Halt. Deshalb darf ich Brückners richtigen Namen nicht nennen.

Zunächst sprechen wir über Grundsätzliches. Umdeckungen zulasten der Kunden? Die kennt Brückner natürlich auch und bewertet sie als Markenkern der gesamten Versicherungsbranche: »Das Umdecken von Lebensversicherungen, Rentenversicherungen und Berufsunfähigkeitsversicherungen gehört bei Strukturvertrieben zum Kerngeschäft. Seit Jahrzehnten wird die Politik dazu getrieben, die Voraussetzungen dafür zu schaffen. Stichworte dazu sind die Aufhebung der Steuerfreiheit für Lebensversicherungen oder die Einführung von Rürup und Riester. Das gelingt zum Beispiel mit Spenden. Man kann davon ausgehen, dass fast alle zwei Jahre wieder eine Aktion läuft. In den Jahren 2000, 2004, 2006, 2008, 2010 oder 2015 fanden Umdeckungen statt, die ich noch in Erinnerung habe. Riester wurde schon dreimal umgedeckt von einem Tarif in einen neuen.« 2001 entstanden die Tarife 1RG, 2RG, 3RG. 2007 kam der 4RG auf den Markt und 2013 der 5RG. Für den Kunden hat diese Umdeckerei aus Brückners Sicht verheerende Folgen: »Irgendwann, wenn der Kunde Geld aus seinen Verträgen will, ist kaum mehr Geld da. Zumal er ja immer wieder von vorn anfängt, Geld anzusparen, und für den neuen Vertrag wieder die volle Abschlussprovision zahlt. Auch höhere Verwaltungskosten gegenüber dem Altvertrag muss der Kunde in Kauf nehmen. Dazu sind noch Steuernachteile gekommen, weil durch die Kündigung von Altverträgen die Ertragssteuerfreiheit verloren gegangen ist.«

Und wie funktioniert das?

»Es kann sein, dass der alte Vertrag des Kunden beitragsfrei gestellt wird.« Damit meint Brückner, dass ein Lebensversicherungsvertrag mit regelmäßiger Beitragszahlung umgewandelt wird in einen Vertrag mit gleichem Ablauftermin. Mit dem Unterschied: Der Versicherte zahlt keine Beiträge mehr. Dadurch verringert sich die Versicherungssumme im Verhältnis zu der ausgebliebenen Beitragssumme. »Es kann aber auch sein«, fährt Brückner fort, »dass das angesammelte Kapital des alten Vertrages in den neuen Vertrag übernommen wird. Dabei gilt nur der aktuelle Rückkaufswert. Gleichzeitig sind die neuen Verträge meistens niedriger garantieverzinst. Hierbei macht nicht so sehr der Vermögensberater seinen Schnitt, sondern vor allem die Versicherer und die Strukturvertriebe als Vermittler. »Die bekommen den größten Teil«, beteuert Brückner. »Für den Vermögensberater bleiben allenfalls ein paar Promille als Anteil.«

Warum aber ist das so? Das liegt an einer Sättigung des Marktes:

»Die Strukturvertriebe brauchen pro Jahr etwa 400.000 Neuverträge, um die Gewinnmarge zu halten. Man muss nur mal die Rechenschaftsberichte der Versicherer aus den letzten Jahren hernehmen, dann kommt auch der naivste Kunde darauf, dass dies ein Riesenbetrug ist. Sofern man logisch an die Zahlen herangeht: Hier am Beispiel einer Versicherung. Der Bestand im Lebensversicherungsbereich beträgt circa 5,4 Millionen Kunden, und es werden nicht mehr. Obgleich Milliarden an Umsatz geschrieben werden. Jährlich wächst der beitragsfrei gestellte Anteil der Lebensversicherungen. Zurzeit sind das etwa 1,3 Millionen Verträge. Die gekündigten Verträge wurden nicht einmal mitgezählt.« Es wird also Bestehendes umgedeckt. »Mit den Rechenschaftsberichten lässt sich das alles belegen«, bekräftigt Brückner. »Das heißt, dem Kunden muss endlich einmal bewusst werden, was da mit ihm getrieben wird. Schnell sind bei drei Umdeckungen 5000 bis 10.000 Euro Schaden entstanden.«

Brückner hat recht. Ein Blick in die Geschäftsberichte zwischen 2010 und 2016 erweist, dass der Bestand an Lebensversicherungen von 5.491.926 über 5.210.854 im Jahr 2014 auf 5.112.567 gesunken ist, während der Bestand an beitragsfrei gestellten Versicherungen von 1.124.541 über 1.224.084 im Jahr 2014 auf 1.253.056 gestiegen ist. Brückner zieht daraus folgenden Schluss:

> *»Das Problem daran liegt meiner Meinung nach in der Natur der Finanzvertriebe wie der DVAG oder auch der ERGO Pro: Würden die mehr für die Bestandspflege zahlen und weniger für den Neuabschluss, müsste ein Kunde nur einmal einen Riester abschließen und den einen Vertrag ganz durchlaufen. Selbst wenn der nur kapitalgedeckt wäre, würde mehr herauskommen als bei den ständigen Umdeckungen. Hier versagen der Verbraucherschutz, der Gesamtverband der deutschen Versicherungswirtschaft, der GDV und die BaFin auf der ganzen Linie.«*

Unter diesen Voraussetzungen kann ein Kunde wie ich gewiss kaum etwas solide ansparen. Die Umdeckerei und Produktwechsel würden mich durch ständige Ausgabeaufschläge und Verwaltungskosten finanziell auslaugen. Nehmen wir mal an, diese Umdeckungen finden nicht statt, zum Beispiel bei einem Makler wie Brückner. Kann ein Verbraucher wie ich mit einem soliden Sparplan eine Rentenlücke meiner Größenordnung von 250.000 Euro halbwegs stopfen? Ich frage mich das, weil immer mehr Erwerbsbiografien Brüche aufweisen – so wie meine. Das heißt, die Leute zahlen nicht kontinuierlich ein und haben später eine monatliche Rente von 800 Euro oder nur 600 Euro oder sogar nur 400 Euro oder noch weniger. Bei mir sind es 580 Euro. Das betrifft dann besonders die Rentner in 20 Jahren, also meine Generation. Ein Rentner mit einer monatlichen Rente von 400 Euro müsste dann immer noch über 200.000 Euro ansparen, wenn er nicht beim Staat betteln gehen will. Bei 600 Euro sind das immerhin noch 160.000 Euro. Bei vielen Frauen sind es vielleicht nur 200 oder 300 Euro im Monat, weil die häufig noch mehr Brüche in ihrer Erwerbsbiografie aufzuweisen haben und häufig schlechter bezahlt wurden und werden. Selbst eine Frau, die 35 Jahre durchgehend eingezahlt hat, bekommt im Durchschnitt laut einer Studie der Hans-Böckler-Stiftung aus dem Jahr 2014 eine Rente von 618 Euro. Bei Männern sind das 1037 Euro.[23] Es gibt jedoch immer weniger Leute, die 20 Jahre am Stück einzahlen. Das ist verheerend, besonders wegen der vielen Kürzungsfaktoren, die in den letzten Jahrzehnten in die Rentenformel eingebaut wurden. Ich habe bei meinen Recherchen bei dem Wirtschaftswissenschaftler und Rentenfachmann Professor Winfried Schmähl Folgendes gelesen: Ein Durchschnittsverdiener, der zwischen 25.000 und 30.000 Euro im Jahr verdient – so wie ich –, müsste 35 Jahre durchgehend gearbeitet und gleichzeitig Beiträge in die Rentenkasse eingezahlt haben, sofern er 2030 eine Rente in der Höhe einer Grundsicherung bekommen will.[24] Das betrifft nicht wenige. Denn laut einer Studie der Bundesagentur für Arbeit von 2015 muss jeder Dritte von den derzeit ungefähr 24 Millionen vollzeitbeschäftigten Arbeitnehmern mit einem Bruttogehalt von 2400 Euro oder weniger monatlich auskommen.[25] Wahrscheinlich wird das Jahr 2030 das Jahr sein, in dem die Altersarmut erstmals richtig durchschlägt. Denn ungebrochene Arbeitsleben werden immer weniger. Die gebrochenen Erwerbsbiografien werden stattdessen zur Normalität in unserer flexiblen Arbeitswelt. Folglich kann man bei dieser Normalität nicht mehr behaupten, ein derartiges Schicksal sei grundsätzlich die Folge falscher Entscheidungen bei der Lebensplanung gewesen oder bei der Suche nach dem passenden Brotberuf. Nicht einmal der Mangel an Bildung muss der Grund gewesen sein. Dieser Vorwurf taucht heute noch regelmäßig auf. Das führt dazu, dass die meisten der Betroffenen sich selbst problematisieren. Die Ursache für den unerfüllten Wohlstandstraum und für Altersarmut soll natürlich bei ihnen selbst liegen. Der Einzelne hat schlichtweg die ihm angeblich offen stehenden Möglichkeiten nicht genutzt oder nicht verstanden, wie das Spiel mit dem Geldverdienen funktioniert. Sozioökonomische Zusammenhänge wie die Ungleichverteilung – zum Beispiel der schwächelnde Anteil der Löhne an der Netto-Wertschöpfung in den Unternehmen – und die wachsende Prekarisierung sollen dabei ausgeblendet werden. Folglich hat man auch nicht mehr die Gesellschaft zu problematisieren. Eine ganze Industrie lebt von diesem automatisierten Blick auf sich selbst: die Bewusstseins- und Weiterbildungsindustrie. Sie erklärt ihren Kunden, wie sie sich selbst optimieren und sich mental für die Jagd nach dem erhofften Wohlstand stärken können. Obendrein hat dieser ständige Blick auf sich selbst die Bereitschaft erhöht, sich mit Pharmaprodukten vollzustopfen. Wie also will jemand unter diesen Voraussetzungen mit einer gebrochenen Erwerbsbiografie derartige Summen ansparen können? Wie will jemand ohne staatliche Hilfe im Alter zurechtkommen können? Welches Produkt kann eine Hilfe sein, das zu verhindern?

Brückners Antwort ist zwar enttäuschend, aber ehrlich für einen Makler, der davon lebt, Produkte zu verkaufen:

»Unter diesen Voraussetzungen gibt es kein reelles Produkt, das die Lücke so schließen könnte, wie es einst die gesetzliche Rentenversicherung gemacht hat. Auch die Riester-Rente ist kein solches Produkt. Oder erst recht keines. Unter dem ehemaligen Arbeitsminister Norbert Blüm sollten die Beitragssätze auf 26 Prozent ansteigen und Arbeitnehmer und Arbeitgeber weiterhin gleichermaßen einzahlen. Stattdessen muss man jetzt 4 Prozent seines rentenversicherungspflichtigen Bruttoeinkommens in seinen Riester-Vertrag einzahlen, damit die Lücke gedeckt wird. Hätte man diese 4 Prozent weiter in die Rentenkasse eingespart, und zwar auf beiden Seiten, Arbeitgeber und Arbeitnehmer, dann wäre die gesetzliche Rente weiterhin so stabil. Sofern es mehr Beitragszahler gäbe. Doch durch den Ausbau des Niedriglohnsektors und der Minijobs gehen der gesetzlichen Rentenversicherung jährlich Milliardenbeiträge verloren. Allerdings, wenn die gesetzliche Rentenversicherung weiterhin stabil wäre, dann hätte die Finanzbranche ein Riesenproblem bekommen. Warum müsste man bei einer stabilen gesetzlichen Rentenversicherung noch zusätzlich private Altersvorsorge machen? Jetzt muss der kleine Mann aber etwas tun, und er muss sich das teuer erkaufen. Zumal obendrein die Löhne bei vielen Verbrauchern immer weniger zur privaten Altersvorsorge passen, die dem Einzelnen aufgebürdet wird. Beispielsweise durch die Mietsteigerungen in den letzten Jahren. Deswegen ist bei all den ganzen Riester-Produkten der Punkt doch der: Hier investiert der Staat Steuergelder für die Förderung einer Ansparmethode, die er genauso gut in die Stärkung der gesetzlichen Rentenversicherung hätte investieren können. Wir wissen beide, wer einen Großteil der staatlichen Fördergelder bekommt: nämlich die Finanzindustrie.«

»Betrifft das nicht auch Sie als Makler, dass es ein solches Produkt nicht gibt?«, frage ich Brückner. »Das betrifft auch mich. Deshalb streue ich für meine Kunden stets das Risiko in mehreren Bereichen.«

Muss der Vertriebsaufwand der Versicherungen und Finanzdienstleister nicht umso größer werden, wenn es so ein Produkt nicht gibt, gerade in dieser Niedrigzinsphase? Ich meine die Bereitschaft, die Kunden mit Verkaufstricks zu manipulieren und zu penetrieren, weil die Kunden immer mehr Risiken tragen müssen und ihr Einverständnis dazu erhandelt werden muss. Es wird ja insbesondere deswegen umgedeckt, weil die Versicherungen das Ertragsrisiko wegen der niedrigen Zinsen auf die Kunden abwälzen wollen.

»Das wird so bleiben mit dieser Umdeckmasche«, ist sich Brückner sicher. »Das wird verbrannte Erde hinterlassen. Außer die Politik würde eingreifen und sagen: Passt mal auf! Wir müssen die Arbeitgeber stärker in die Altersvorsorge mit einbinden. Das wird aber nicht passieren.«

Was hält Brückner vor diesem Hintergrund von einer Politikerin wie der CDU-Bundestagsabgeordneten Anja Karliczek, die als Mitglied des Finanzausschusses die Versicherungs- und Finanzwirtschaft auffordert, die Umdeckungspraxis einzustellen? Oder wie sie sagt: »Die Diskussionen um die Umdeckung von Rentenverträgen müssen ein Ende finden.« Gleichzeitig aber will sie das Provisionssystem nicht infrage stellen. »Derjenige, der gut berät, soll auf der anderen Seite auch gut bezahlt werden.«[26] Ist solch eine Politikerin überhaupt glaubwürdig? Denn sie scheint nicht zu wissen, dass es im Provisionsvertrieb, so wie ich ihn bisher kennengelernt habe, nicht um Beratung geht, sondern um den Verkauf.

»Nein, die ist natürlich nicht glaubwürdig. Sie widerspricht sich mit ihrer Aussage. Denn das eine bedingt das andere« meint Brückner.

Was kann ich als Durchschnittsverdiener tun, wenn ich nicht in diese Mühle der Vermögensberatung der Strukturvertriebe oder eines anderen Finanzdienstleisters hinein will? Ich will mich schließlich nicht auslaugen lassen. Was also soll ich als Mittvierziger mit den üblichen Brüchen in der Erwerbsbiografie tun? Mein Leben ging mal so und mal so. Ich verdiene in meiner jetzigen Lebensphase ein Brutto-Durchschnittseinkommen von 30.000 Euro – im Augenblick. Ich hoffe, es wird bald mehr werden, und ich tue auch alles dafür. Aber sicher kann ich mir nicht sein. Es ist wegen der Brüche auch schon anders gewesen, wie bei vielen anderen auch. Gleichzeitig habe ich wegen der Brüche in meiner Erwerbsbiografie auch nicht durchgängig in die Rentenkasse eingezahlt. Von 20 Jahren Erwerbstätigkeit sind das zwölf Jahre gewesen. Die letzten fünf Jahre aber zahle ich konstant ein, auch als Selbstständiger. Das ist mir wichtig. Deshalb ergibt sich bei mir eine Rentenlücke von gut 200.000 Euro, wenn ich eine Rente von ungefähr 1300 oder 1400 Euro netto im Monat bekommen will. Denn ich möchte nicht beim Staat betteln gehen. Laut dem Rechner des BVI, also des deutschen Fondsverbandes (diesen Rechner findet man im Internet) hat ein berufstätiger Mittvierziger wie ich bei durchgängig gezahlten Beiträgen eine Rentenlücke von monatlich gut 400 Euro. Das ist dann hochgerechnet auf die 20 Jahre im Ruhestand eine Rentenlücke schon von rund 100.000 Euro. Aufgrund der wachsenden Lebenserwartung sind diese 20 Jahre nicht zu hoch angesetzt. Danach müsste ich für eine Kapitalanlage monatlich 800 Euro für 20 Jahre investieren, bei einer Verzinsung von 4 Prozent und abzüglich des Ausgabeaufschlages von 5 Prozent. Dabei sind die anderen Kosten noch gar nicht eingerechnet. Wie finde ich eine derartige Kapitalanlage innerhalb der Finanzindustrie mit einem derartigen Zinssatz gerade in der heutigen Niedrigzinsphase? Nun muss ich bei mir aber wegen nicht dauerhaft gezahlter Rentenbeiträge von mindestens 200.000 Euro ausgehen. Wahrscheinlich sind es wegen der steigenden Lebenshaltungskosten eher 250.000 Euro. In dem Fall müssten es laut BVI-Rechner mindestens 1600 Euro monatlich an Einsatz sein. Ich behaupte, dass sowohl der Durchschnittsverdiener ohne Erwerbs- und Beitragsbrüche als auch der Durchschnittsverdiener mit dementsprechenden Brüchen sich diese Summen monatlich nicht wird leisten können. Ein Nettolohn von, sagen wir, gut 1600 Euro oder meinetwegen auch 1700 Euro bei den aktuellen Lebenshaltungskosten – wie zum Beispiel den Mieten – lässt das nicht zu. Die mindestens fünf Millionen Arbeitslosen können das erst recht nicht. Davon sind ungefähr 2,5 Millionen offiziell in der Statistik, plus ungefähr eine Million, die sich in Weiterbildungsmaßnahmen befinden, plus circa eine Million Bezieher von Hartz IV, plus circa eine Million arbeitslose Menschen über 58. Die fünf Millionen Mini-Jobber und die 2,5 Millionen Solo-Selbstständigen oder Scheinselbstständigen können das auch nicht. Was kann ich also tun? Welche Art von Vermögensaufbau würden Sie als Makler jemandem wie mir empfehlen? Sie haben im Gegensatz zu einem Strukturvertriebler zu allen Produkten Zugang. Ich könnte bei meinen aktuellen Mitteln 400 Euro im Monat aufbringen. Sofern wir davon ausgehen, dass ich 600 Euro Warmmiete zahlen muss, 400 Euro für Essen, Trinken, Kleidung, Freizeit und für die Teilnahme am kulturellen Leben. Obendrein muss ich noch 100 Euro Spritkosten für mein Auto einkalkulieren. Wenn es 150 Euro für den Sprit werden, muss ich mich halt bei den Lebenshaltungskosten einschränken. Dazu kommen noch 100 Euro für Strom, Telefon und Internet und Fernsehen und so weiter. Ich habe dann aber so gut wie keine Mittel mehr, um in mich selbst zu investieren. Zum Beispiel in die Weiterbildung für einen besseren Job oder höhere Honorare. Und ich habe inzwischen gelernt, eine Wertschöpfung verlangt Investitionen und nicht nur Sparanstrengungen. Wenn ich mich nun aber auf die 400 Euro festlege, müsste ich nach BVI-Rechner mit diesen 400 Euro 26 Jahre in eine Geldanlage mit 4 Prozent Verzinsung investieren, abzüglich des Ausgabeaufschlages, wenn ich bei den eingesetzten 96.000 Euro knapp 100.000 Euro als Wertzuwachs erwirtschaften will. Nur: Bei welcher Geldanlage oder bei welchen gestreuten Anlagen bekommt man heute noch 4 Prozent? Die anderen Kosten wie die Verwaltungskosten sind da immer noch nicht mit drin. Nicht zu vergessen die Inflation. Das heißt, 4 Prozent werden nicht einmal reichen.

»400 Euro? Das ist ja ein Viertel Ihres Einkommens«, rechnet Brückner vor. »Bei solch einer Investition ist es wichtig, eine risikolose und doch noch attraktive Rendite zu bekommen. Deshalb müssten 4 Prozent da schon das Minimum sein.« Aus diesem Grund empfiehlt mir Brückner das Index-Sparen. Die Bindung durch einen Fonds an die Wertentwicklung eines Aktienindexes. Das sei groß im Kommen. »Weil man bei diesem Spartyp keinen Fondsmanager mehr benötigt und weil das Risiko auf alle Unternehmen verteilt wird, die an einem Aktienindex gelistet sind. Denn wenn es von 30 Firmen, die bei DAX gelistet sind, zehn schlecht geht und 20 gut, habe ich trotzdem noch eine Rendite von guten 6 Prozent.«

Dazu legt mir Brückner ein Rentenversicherungsprodukt des Lebensversicherungsunternehmens LV von 1871 aus München vor. Für ihn ist es das beste Produkt, das er angeblich in seinem Produktkatalog im Angebot hat. Rente Index Plus heißt das Produkt. Ein zweigeteiltes Produkt, bei dem ich die Möglichkeit habe, zusätzlich zur garantierten Verzinsung des eingesetzten Kapitals von 1,25 Prozent an Kurssteigerungen des EURO STOXX 50 teilzuhaben, der Aktienindex, der 50 große Unternehmen Europas beinhaltet. Ich habe die Chance, bei Kursanstieg des Index einen zusätzlichen Wertzuwachs zu erzielen. Darüber hinaus bin ich angeblich vor Verlusten aus einer negativen Wertentwicklung des Index vollständig geschützt. Ich trage lediglich das Risiko, dass der Versicherungswert bei einer negativen Wertentwicklung des Index – bis auf die garantierte Verzinsung – nicht steigt. Das bedeutet, dass die Leistung bei einer guten Entwicklung des Index höher sein wird als bei einer weniger guten Indexentwicklung. Der Versicherungsschutz in Höhe der vereinbarten garantierten Leistungen ist jedoch stets sichergestellt. Bei einem monatlichen Spareinsatz von 398 Euro und einer Beitragszahlungsdauer von 20 Jahren würde ich bei Ablauf dieser Laufzeit eine Kapitalabfindung vorziehen. Dann habe ich die Verwaltung des Geldes selbst in der Hand, anstatt mich einer Verrentung auszusetzen. Sollte ich das Rentenalter erleben, gibt es zwei Teilhabemuster an der Wertsteigerung des Indexsparens, je nach Marktentwicklung.

Bei einer jährlichen Wertsteigerung des EURO STOXX von 3 Prozent bekomme ich 91.759,26 Euro als garantiertes Kapital. Diese Summe ergibt sich aus meinem Einsatz von 95.520 Euro und den abgezogenen Kosten. Dazu bekomme ich noch ein Ansammlungsguthaben, eine Überschussbeteiligung und Anteile an den Bewertungsreserven. Das ergibt dann 118.628,97 Euro.

Bei einer jährlichen Wertsteigerung des EURO STOXX von 6 Prozent bekomme ich als Summe aus dem garantierten Kapital, dem Ansammlungsguthaben, der Überschussbeteiligung und der Teilhabe an den Bewertungsreserven einen Betrag von 154.617,59 Euro. Klingt auf den ersten Eindruck gar nicht schlecht. Zumal der prognostizierte Gewinn bis auf die letzte Kommastelle aufbereitet wird, um Sicherheit vorzutäuschen. Aber erstens ist das Geld nicht garantiert, sondern nur eine Wette auf die Zukunft. Doch wie wahrscheinlich sind derartige Wertsteigerungen des EURO STOXX? Oder verstehe ich das Indexsparen nur nicht richtig? Zweitens reicht der prognostizierte Betrag gar nicht aus, um meine Rentenlücke zu schließen – auch nicht bei 6 Prozent Wertsteigerung. Drittens gibt es die Bindung an eine Versicherung. Deswegen sind die Kosten auch überhaupt nicht transparent. Die Versicherung stellt den prognostizierten Gewinnen keine kalkulierten Kosten direkt gegenüber, sodass ich als nicht-spezialisierter Kunde anschaulich vergleichen kann. Sicher steht da im Produktinformationsblatt etwas von prognostizierten Renditen vor und nach den Kosten. Und auch von einem einmaligen Kostenbeitrag von 2,49 Prozent der Bruttobeitragssumme steht da etwas. Aber die Differenz zwischen dem eingesetzten Gesamtbeitrag und dem garantierten Kapital lässt sich aus den angegebenen Daten für mich überhaupt nicht herleiten.

Sicher ist erst einmal nur eines: Ich werde nach diesen 20 Jahren mit gut 4000 Euro weniger als meine eingesetzten 95.520 Euro in die Rente gehen. Das heißt, die garantierte Leistung besteht in einem garantierten Wertverlust. Nicht einmal die garantierte Beitragsrendite ist für mich noch ableitbar. Wenn ich mich auf dieses Produkt einlassen und es durchhalten würde, müsste ich am Ende doch den Staat anbetteln. Es sei denn, ich werde beruflich noch so richtig durchstarten und Einnahmequelle auf Einnahmequelle auftun. Ich könnte bei dem Anbieter natürlich auch ein anderes Modell des Index-Sparens buchen. Eines für 37 Jahre Einzahlungsdauer. Bei dieser Laufzeitvariante kämen bei 3 Prozent Teilhabe am Index 310.915,07 Euro heraus und bei 6 Prozent 523.680,46 Euro. Das sind natürlich ganz andere Beträge, auch wenn der Wettmodus auf die Zukunft der gleiche ist. Allerdings hätte ich schon mit acht Jahren anfangen müssen. Meine Eltern hätten aber keine 400 Euro für mich übrig gehabt, oder besser gesagt 800 D-Mark. So gut haben sie nicht verdient. Zumal Ende der 70er- und Anfang der 80er-Jahre die Rentenwelt noch eine ganz andere war. Damals galt die Rente noch als sicher, die Erwerbsbiografien waren noch geschlossener, und man wusste noch nichts vom Indexsparen.

Bei den Kosten vertröstet mich Brückner: Bevor die Versicherungsgesellschaft die tatsächlichen Kosten überhaupt darlegt, kann das dauern. Viele Gesellschaften wollen sich hier nicht offenbaren. Es werden nur die Zahlen preisgegeben, die der Gesetzgeber verlangt. Alles andere lassen sich die Gesellschaften teuer bezahlen. Hier könnten die Kunden über Verbraucherschützer schneller an diese Informationen herankommen. Bei der Bewertung des Indexsparens lobt Brückner dieses Modell ausgiebig. »Sie haben ja anhand der Vergleiche gesehen, dass es wichtig ist, so früh wie möglich mit der Altersvorsorge zu beginnen. Ich denke, dass das Indexsparen erst der Anfang ist und hier ein Umdenken bei den Gesellschaften stattfindet. Das kann aber noch ein, zwei Jahre dauern, bis hier alle an einem Strang ziehen, um den Kunden eine wirklich Alternative bereitzustellen.«

Brückners optimistischen Ausblick kann ich nicht teilen. Das soll das beste Produkt sein, das er anbieten kann? Wie kann das sein? Einen Ausgleich meiner Rentenlücke kann ich beim Indexsparen in diesem Rahmen mit den Kosten der LV-Versicherung nicht erkennen. Was soll das für ein Anfang sein, den das Indexsparen angeblich einleitet?

Deswegen muss ich nachfragen: Wenn Sie mit einem Kunden zu tun haben und Sie bemerken, dass keine Anlagestrategie seine Rentenlücke schließen kann, sagen Sie dem Kunden dann, dass er es nicht schaffen wird? »Ja, das mache ich«, versichert Brückner. »Viele Kunden wissen das aber auch schon vorher. Ich zeige ihnen auf, womit sie zu rechnen haben. Das Wichtigste daran ist, erst einmal anzufangen. Aufstocken kann man über den Staat immer noch. Das mag nach Schadensbegrenzung oder nach Elendsverwaltung klingen, aber eine andere Möglichkeit gibt es nicht.«

Keine andere Möglichkeit? Was unterscheidet ihn als Versicherungsmakler dann noch von einem Finanzstrukturvertriebler? Er verkauft Produkte wie das Indexsparen, die intransparent sind, viel kosten und eine Wette auf die Zukunft darstellen. Sicher bekommt er Bestandsprovisionen, die er bei einem Strukturvertrieb nicht bekäme. Auch auf einen größeren Pool von Produkten darf er zugreifen. Das Angebot für den Kunden ist größer. Aber sonst? Was habe ich als Kunde davon, wenn dieser Pool nur so ein Produkt wie das Indexsparen hergibt? Ich frage mich das nur still, um nicht unhöflich zu sein. Oder verlange ich einfach zu viel von einem Finanzprodukt?

Kein Finanzberater kann sauber bleiben

»Mir ist es noch nicht gelungen, eine Versicherung nachzurechnen. Wenn ich mir die Vertragsbedingungen einer Versicherung durchlese und entdecke, was mir der Vertrag an Kosten ausweist, und ich das von dem Guthaben abziehe, das vor den Kosten besteht, komme ich nie auf die Zahl. Nie. Das geht nie auf.«

Diese Verständnislücke gesteht der freie Makler Manfred Wilke ein, immerhin ein Geldanlageprofi. Wenn er es nicht schafft, das Versicherungsvertragswerk zu einem Rentenprodukt zu überblicken und Guthaben und Kosten voneinander abzuleiten, wie soll ich es dann können? Ich suche aber einen Experten, an dem ich fachlich wachsen kann. Im Wertpapierforum im Internet habe ich Wilke angeschrieben und durch Skype konnten wir die Entfernung zwischen Schleswig-Holstein und Potsdam in Brandenburg leicht überbrücken. Zwar ist er auch ein Provisionsmakler, aber er behauptet, unabhängig zu sein. Allerdings will auch er nicht mit seinem richtigen Namen genannt werden.

Für den Anfang macht mir Wilke noch einmal bewusst, was für Kosten auf mich zukommen können, wenn ich mich mit meinen 400 Euro monatlich auf ein Fondsgeschäft mit einer Versicherung einließe. Ich muss zunächst unterscheiden zwischen den Kosten der Versicherung und den Kosten eines Fonds. Bei der Versicherung gibt es die Abschluss- und Vertriebskosten, die laufenden Verwaltungskosten, die Risikokosten und die Stückkosten. Das schmälert bereits die Rendite um bis zu 1,5 Prozent. Die zusätzlichen Fondskosten führen zu weiteren Renditeverlusten von gut 3 Prozent: durch die Verwaltungs- und Managementgebühren, die Performance-Gebühr an den Fondsmanager, die Transaktionskosten, die Marktbeeinflussungskosten und Depotverwahrungsentgelte. Zu all dem kommen auch noch die Steuern und die Inflation. Viel bleibt da nicht mehr für einen Rentensparer wie mich, gerade bei dem heutigen Zinsniveau.

Das Kostenproblem ist eine wichtige Frage für mich, weil ich meine Rente wohl nur über Geld werde regeln können. Eine Immobilie zur Altersvorsorge kann ich mir zum jetzigen Zeitpunkt nicht leisten. Damit fällt eine Variante der Vorsorge schon mal weg, und ich will von dem ausgehen, was tatsächlich gegeben ist. Aus diesem Grund fällt auch die Variante aus, Goldbarren zu erwerben. Es sei denn, ich greife auf meine Rücklagen zurück, die ich für Notfälle angespart habe. Also werde ich mir – wie auch die Mehrheit der anderen Verbraucher – über Finanzprodukte Vermögen aufbauen müssen. Dafür gibt es ein vielfältiges Angebot – zumindest vordergründig: Es gibt Riester- und Rürup-Renten, betriebliche Altersvorsorge, private Lebens- und Rentenversicherungen oder Investmentsparpläne. »Sehr viele dieser Produkte sind inzwischen fondsbasiert«, erläutert Wilke. »Sie legen die Kundengelder also in Investmentfonds an. Für mich fallen in den meisten Fällen Riester- und Rürup-Renten als Basis der privaten Altersvorsorge schon mal weg. Denn da ist mein Geld eigentlich verloren. Ich bekomme lediglich eine Zusage auf eine Monatsrente in Geld. Aber was ist in 20 bis 40 Jahren das Geld wert? Betriebliche Altersvorsorge wird hoch gehandelt. Ich finde sie nicht gut. Es muss eine Versicherung sein, in die das Geld fließt. Und ehe bei der Betrieblichen Altersvorsorge überhaupt das Geld drin ist, was ich eingezahlt habe, sind bereits 25 bis 30 Prozent der Sparzeit um. Rendite entsteht nur dadurch, dass gegebenenfalls der Arbeitgeber etwas dazuzahlt. Oder man bezieht die nicht gezahlten Sozialversicherungsbeiträge in die Rechnung mit ein. Ist das nicht eher Sozialbetrug als Renditeberechnung? Für Otto Normalverbraucher bleiben deshalb nur die privaten Sparverträge. Und auf diesem Feld kämpfen fondsgebundene Versicherungen gegen Investmentdepots.«

Eines steht für Wilke jedoch fest: Die Altersvorsorge auf dem Weg des Geldes kann für Leute wie mich nicht funktionieren, wenn ich auf provisionsgesteuerte Finanzvertriebe wie die DVAG oder die ERGO zugreife. Das sieht er so wie Brückner. »Die Finanzindustrie lebt vom Verkauf«, erklärt Wilke. »In der gesamten Finanzindustrie werden alle zwei, drei Jahre neue Produkte ausgeschrieben. Bei den ganzen Neuabschlüssen bezahlen sich die Kunden an den Gebühren kaputt.« Doch auch die Produkte der Konkurrenz sind beliebte Objekte für solche Produktumwandlungen, findet Wilke: »Eine meiner Kundinnen hatte erst bei der Hamburg Mannheimer einen Riester abgeschlossen. Nachdem sie alle Gebühren bezahlt hatte, kam jemand von der AXA und hat den Vertrag plattgemacht, und sie zahlte wieder volle Gebühren. Die schönen Zulagen, die sie vom Staat bekommen hat, sind im Prinzip für die Gebühren gewesen, für die Berater und ihre Versicherungsgesellschaften. Die Frau hat kaum profitiert von den staatlichen Zulagen bei ihren zwei Riester-Renten. Und wenn keiner der Berater dieser Frau ehrlich sagt, mach mal lieber nichts Neues, bleib jetzt mal dabei, dann hat sie im Alter nichts.« Nur macht das kein Berater.

Daraus folgt für Wilke: Kein provisionsgetriebener Berater kann sauber bleiben. Zu sehr wird er von der Gier bestimmt. Die Konzernleitungen fachen diese Gier ganz bewusst zu einem Rausch an. Ein Finanzvertrieb muss seine Verkäufer derart anstacheln, weil er möglichst viele gierige Vertriebler braucht. Je mehr Verträge sie verkaufen, desto höher ist der Profit für den Vertriebskonzern und für den Produktlieferanten – und desto schlechter für die Kunden. »Ich bin sauber, redet man sich als Berater ein«, sagt Wilke. »Man ist auch überzeugt davon, aber es stimmt nicht. 100 Euro in einem Investmentfonds bringen 2 Euro Verdienst pro Monat, in einer Versicherung bringen 100 Euro circa 1.000 Euro sofort. Was meinen Sie, wie lange bleibt ein Mensch da standhaft? Nehmen Sie die DWS Vermögensmandate. Da bekommen die Vermögensberater geringe Folgeprovision, und schon gehen die weg wie warme Semmeln.« Diese Gier führt häufig dazu, dass sich viele Vertriebler nicht einmal daran stören, dass sie bestimmte Finanzprodukte nicht richtig verstehen. Das betraf zum Beispiel die Flexpension-Fonds, die in den 2000er-Jahren auf einmal als Vorsorgeprodukt aufkamen. »Dennoch setzte bei vielen Beratern das Denkzentrum aus«, behauptet Wilke. »Die nahmen die Fonds massenhaft, ohne zu wissen, was dahinter steht.« Auch Wilke gibt zu, das System Flexpension selbst nicht hundertprozentig verstanden zu haben. Er glaubt, dass das ein Umschichtungsprogramm sei zwischen einer Kapitalerhaltungskomponente und einer Wertsteigerungskomponente. Nähere Erklärungen geben die unklaren Beschreibungen der Produktlieferanten angeblich nicht her. Eines aber ist für Wilke offensichtlich bei der Prüfung der Wertentwicklung der letzten zwölf Jahre: Die Flexpension-Fonds sind hinter anderen Fonds, die den Beratern auch offen standen, zurückgeblieben. Trotzdem wurden die Flexpension-Fonds mehr verkauft als die anderen. »Der hat 30 Prozent Wertsteigerung in zwölf Jahren gemacht«, rechnet Wilke vor. »Das sind 2,5 Prozent pro Jahr. Das Ding steckt jedoch in zahllosen Altersvorsorgeprodukten, die mit geschätzten 6 Prozent Wertsteigerung hoch gerechnet sind. Gute Nacht, Altersvorsorge!«

Nach seinen Erfahrungen findet er es erstaunlich, dass jemand wie ich einen Sparplan sucht, um eine konkrete Rentenlücke zu decken. Das hat er bei seinen Kunden sehr selten. »Die meisten wissen, dass sie ihre Rentenlücke nicht schließen können, aber ihnen geht es am Allerwertesten vorbei. Das hat vor allem zwei Gründe. Der erste ist: In meiner Region ist der Gedanke weit verbreitet, die gesetzliche Rente bringt doch viel. Der zweite ist: Man sieht ja an der jetzigen Rentnergeneration, dass es denen gar nicht so schlecht geht. Da wird viel verdrängt. Und bei den heutigen Sparprodukten ist das meiste gar nicht auf das Alter ausgerichtet. Da sagt keiner, ich brauche jetzt 160.000 Euro. Ich muss jetzt 220 Euro im Monat sparen. Das ist vielmehr umgedreht: Ich habe jetzt 50 Euro, also mach mal etwas draus.« Ist das Selbstbetrug? Ja! Aber nicht nur. »Viele Leute sind müde. Wenn man mal schaut, wo die Gelder angelegt werden, bekommt man von allen Banken gesagt, die Leute legen ihr Geld auf einem Sparbuch an. Obwohl es Unsinn ist, weil es keine Zinsen gibt. Das ist ungefähr so, als würde man das Geld unter das Kopfkissen legen. Aber sie haben ihre Ruhe. Denn sie haben eben auch keinen Berater, der sagen könnte: Oh, jetzt ist nur noch die Hälfte von dem Geld da, aus deinen 5000 Euro sind 2500 Euro geworden. Warte noch ein paar Jahre, dann ist alles wieder da.«

Was aber unterscheidet Wilke als freien Makler von einem gebundenen Vertreter? Kann er im Gegensatz zu den anderen sauber bleiben? Er lebt doch auch von der Provision. Warum ist er für mich besser als Kunde?

»Ich kann meine Provision selbst bestimmen«, verteidigt sich Wilke. »Dabei habe ich für mich folgendes Verfahren gefunden: Wenn wir beide jetzt über ein Produkt ins Geschäft kommen, dann gebe ich Ihnen 100 Prozent Rabatt auf den Ausgabeaufschlag. Wenn Sie 400 Euro pro Monat anlegen, werden auch 400 Euro pro Monat angelegt. Das können Sie monatlich prüfen. Sie bezahlen mir eine Rechnung für meinen Aufwand. Egal, ob Sie nun 20 Euro oder 1000 Euro monatlich anlegen, ich bekomme einmalig 300 Euro von Ihnen. Und pro Jahr 1 Prozent aus dem Depotvolumen inklusive Steuern. Und dann ist die Argumentation so: Ab dem Anlagezeitpunkt informiere ich Sie regelmäßig über die Entwicklung Ihrer gewählten Fonds. Erfüllen die Fonds nicht binnen drei Jahren ihr Ziel, verzichte ich auf die Servicevergütung. Hat sich das also gerechnet? Wollen wir das so weitermachen? Diese Fragen gilt es zu

klären. Auf diese drei Jahre komme ich erstens, weil die Börse schwankt. Das kann ich nicht ändern. Zweitens, weil Sie bei mir keinen Ausgabeaufschlag von 5 Prozent zu bezahlen brauchen. Aber nach drei Jahren sind Sie mindestens so dran, als hätten Sie einen Ausgabeaufschlag bezahlt. Zur besseren Anschauung gehen wir mal von einer Einmalanlage aus: Wenn Sie 100.000 Euro aus einer Erbschaft einmalig anlegen wollen, müssten Sie normalerweise 5000 Euro Ausgabeaufschlag bezahlen. Diesen Aufschlag will ich gar nicht haben. Die 5000 Euro schenke ich Ihnen. Aber ich bekomme jedes Jahr 1000 Euro. Wenn der Vertrag auf 20 Jahre läuft, bekomme ich 20.000 Euro. Ich bekomme statt 5000 folglich 20.000 Euro. Dabei reden wir natürlich von Netto-Anlageprodukten. Sie haben ja zum Beispiel die Erwartung, 4 Prozent Gewinn zu machen. Wenn diese 4 Prozent jedes Jahr kommen, nachdem ich meine Kosten abgezogen habe, haben wir beide unser Ziel erreicht. Als Makler kann ich deshalb ganz für den Kunden arbeiten. Jeder Makler sollte das tun. Als Versicherungsmakler kann ich einfach die Versicherung anschreiben und mir den Versicherungsbestand eines Kunden zuordnen lassen. Ab dann bekomme ich auch die Folgeprovision für die Bestandsbetreuung. Eine Provision, die ein Finanzstrukturvertriebler in der Regel nicht erhält. Deswegen muss er auch immer wieder umdecken. Es gibt nur einige Versicherer am Markt, die das nicht zulassen: beispielsweise die Debeka, die LVM, die Versicherungen der Sparkasse und natürlich die Aachen Münchener.«

Aufgrund dieser Freiheiten darf Wilke auch den Kunden davon abraten, anlagetechnischen Unsinn zu machen. »Ich habe beispielsweise Kunden, die haben bei der Allianz einen Riester-Vertrag. Seit 2002 haben sie etwa 14.000 Euro eingezahlt und jetzt einen Kontostand von 13.500 Euro. Da ist die Rendite nicht so toll. Habe ich deshalb zur Kündigung geraten und provisionsträchtiges Neugeschäft gemacht? NEIN. Denn in den letzten Jahren lässt sich eine Rendite von circa 5 Prozent erkennen. Das schlechte Geschäft kommt noch aus den Anfangsjahren, die mit hohen Kosten verbunden waren. Was würde ein üblicher Produktverkäufer tun? Weg mit dem Ding und neu machen. Dass die Kunden anschließend wieder erst mal keine Rendite erzielen, interessiert den Verkäufer nicht.«

Schön – aber auch gut? Ein bisschen zu sehr wirkt das ganze Verfahren wie Gebührengetrickse. Die Frage ist, ob meine Altersvorsorge bei einem

Makler wie Wilke funktionieren kann. »Als Makler biete ich für die Altersvorsorge nur zwei Produkte an«, verdeutlicht Wilke. »Entweder wähle ich einen Investmentfonds oder eine Fondspolice. Das heißt, ein reiner Fonds oder eine Fondspolice, verklauselt mit einer Beitragsbefreiung bei Berufsunfähigkeit und als Nettopolice ohne Ausgabeaufschlag. Es sollen 400 Euro monatlich gespart werden und am Ende nach 20 Jahren 200.000 Euro herauskommen.« Dafür will ich mir von ihm auch einmal beispielhaft ein Produkt mit einer Verrentung vorrechnen lassen. »Das Rentenlückenziel ist sehr ambitioniert«, findet Wilke. Recht hat er. »Denn nach allen Kosten und Steuern müsste man eine Rendite von 6,82 Prozent erwirtschaften. Vor Kosten und Steuer müssten wir bestimmt eine Rendite von 9–10 Prozent ansetzen.« Sein Vorschlag: »Wir sparen die 400 Euro so, dass flexibel hinzugespart werden kann. Dazu teilen wir die Rate auf zwei Produkte auf.« Das erste Produkt ist eine Bruttopolice der Condor-Versicherung, bei der Wilke mit einem Wertzuwachs von 6 Prozent rechnet, ohne zu wissen, dass sich diese 6 Prozent auch realisieren lassen. »Wir zahlen 200 Euro monatlich in eine Versicherungspolice ein, mit einem Schutz vor Berufsunfähigkeit. Die Versicherung wird also um die Klausel »Beitragsbefreiung bei Berufsunfähigkeit« erweitert. Das bedeutet: Wenn Sie länger als sechs Monate krank sind, egal warum, bespart sich die Police von allein weiter. Das Sparziel würden wir trotz Krankheit erreichen können.«

Ich darf zwischen einer Brutto- und einer Netto-Police wählen. Beim ersten Modell gibt es einen Ausgabeaufschlag, beim zweiten zahle ich Wilke als Vermittler eine Folgeprovision.

Bei der Brutto-Variante bekomme ich nach Wilkes Rechnung als Ablaufleistung 73.612,58 Euro bei einer garantierten Altersrente von monatlich 229,28 Euro, und bei der Netto-Variante 75.111,89 Euro mit einer garantierten Altersrente von monatlich 234,50 Euro. Bei einer Überschussbeteiligung gibt es monatlich jeweils noch 6 Euro mehr. Das sind beim Netto-Modell insgesamt 1499,31 Euro mehr. Sofern Wilke auf die 1200 Euro als Abschlussprovision verzichtet und sich stattdessen von mir eine jährliche Vergütung von 30 Euro zahlen lässt. Deshalb schlägt Wilke vor: »Ich verzichte auf die Provision. Dafür folgt eine Honorarrechnung über 600 Euro und eine Folgeprovision über 30 Euro pro Jahr mit der Gegenleistung eines jährlichen Reporting. Macht im Ergebnis nach 20 Jahren wieder 1200 Euro. Okay, damit haben wir die prognostizierten Endwerte.« Doch wie verlässlich beziehungsweise glaubhaft sind diese Zahlen? Selbst

Wilke hat da seine Zweifel: Dafür ist ein kritischer Blick auf die Kosten notwendig. Von den 200 Euro monatlich kommen nur 171,22 Euro zur Anlage. Dieser Betrag ergibt sich aus den Kosten für die Berufsunfähigkeitsversicherung, den dafür erforderlichen Verwaltungskosten, den laufenden Verwaltungskosten, den Stückkosten und den Zusatzkosten für die Berufsunfähigkeitsversicherung. Dazu entnimmt sich die Versicherung laut den Vertragsbedingungen 0,058 Prozent monatlich aus dem Vertragsguthaben, folglich 0,7 Prozent jährlich aus dem Vertragsvermögen. Das sind noch einmal gut 525 Euro im Jahr. Das macht nach der Ablaufzeit über 10.000 Euro. Gehen die danach von der Ablaufleistung ab? Wilke sagt Nein: »Diese 0,058 Prozent sind in allen Zahlen bereits mit eingerechnet. Was da am Ende herauskommen soll, nach allen Kosten, also auch nach den 0,058 Prozent pro Monat, sind diese 75.111,89 Euro. »So weit, so gut«, kommentiert Wilke.

»Wer es glauben will, kann das ja tun. Aber es bleibt völlig offen, wie die Condor zu dieser Verzinsung kommt, die tatsächlich stattfindet. Laut Versicherungsbedingungen bestehen immer die gleichen Kosten und Überschussbeteiligungen. Doch die mathematischen Zuwachsangaben zeigen einige Schwankungen, die so einfach nicht zu erklären sind. Warum kommt es im ersten Jahr nur zu einer Verzinsung von 1,24 Prozent? Warum kommen im zweiten und dritten Jahr mehr als 6 Prozent an? Genauso unklar ist, wie die Versicherung die Überschussbeteiligungen mit einrechnet. Die Überschussbeteiligung fließt bekanntlich in die Renditeberechnung mit ein. Angaben dazu gibt es aber nicht. In den Verbraucherinformationen des Versicherungsvertrages findet man dazu keine konkrete Zahlenangabe. Man findet Grundsätze und Maßstäbe für die Überschussbeteiligung der Versicherungsnehmer in ihrer Gesamtheit sowohl bei der Überschussbeteiligung vor dem Rentenbeginn als auch nach dem Rentenbeginn. Aber das ist auch alles. Es gibt keine Modellrechnung, in der die Überschüsse mit eingerechnet werden. Ich finde es schändlich, was sich Versicherungen bei Altersvorsorgeberechnungen erlauben können. Aber das steht auf rechtlich sicheren Füßen. Und es hat anscheinend niemand ein Interesse daran, das zu ändern.«

Diese unklaren Rechenwege machen das Produkt in meinen Augen eigentlich unkaufbar. Warum soll ich auch ein Produkt erwerben, dessen Glaubwürdigkeit und Transparenz selbst Wilke als Makler anzweifelt? Gewiss:

Das Produkt bietet die Beitragsbefreiung bei Berufsunfähigkeit. Ich kann auch kostenlos Investmentfonds tauschen lassen. Und die Netto-Variante verlangt keinen Ausgabeaufschlag. »Aber wenn wir schon eine courtagefreie Police haben«, meint Wilke, »bei der alle Kosten ausgewiesen sind, bei der es auch noch Überschüsse gibt, sollten doch, wenn man mit dem Nettobeitrag rechnet, auch bitte 6 Prozent Rendite herauskommen. Die Zahlen dienen zwar nur Illustrationszwecken. Aber sollten Sie nicht nachvollziehbar sein?« Doch, sollten sie. Aber selbst wenn sie herauskommen, sind es 6 Prozent vor Steuern und Inflation und nicht die erforderlichen 9–10 Prozent.

Verlässlich ist erst einmal nur die garantierte monatliche Rentenzahlung von 234,50 Euro. »Gegebenenfalls sogar 240,48 Euro«, so Wilke, »wenn die Überschussbeteiligung so bleibt, wie sie heute prognostiziert wird.« Überschussbeteiligungen kann man nicht voraussetzen. »Diese Werte basieren auf dem Guthaben von 75.111,89 Euro und dem heutigem Rentenfaktor von 31,22 Euro je 10.000 Euro Vertragsguthaben«, fügt er hinzu. »Gezahlt wird die Rente für Sie lebenslang«, versichert er. »Sollten Sie jedoch frühzeitig versterben, wird die Rente insgesamt nur bis zum Ende der Garantiezeit von zehn Jahren ausgezahlt. Wenn Sie beispielsweise nach 5 Jahren sterben, dann bekommen Ihre Erben noch fünf weitere Jahre Rente ausgezahlt. Kosten in der Auszahlungsphase: 1,5 Prozent von jeder Auszahlung, die dem Deckungskapital entnommen werden. Dieses Deckungskapital wird aber nirgends und zu keiner Zeit ausgewiesen, ist also nicht berechenbar. Wenn Sie tatsächlich frühzeitig sterben sollten und die Garantie läuft zehn Jahre nach Rentenbeginn ab, verbleibt der Rest des Geldes bei der sogenannten Versichertengemeinschaft. So lange Sie leben, sollten Sie sich also sehr viele Frühableber wünschen. Das erhält oder erhöht die Überschussbeteiligung. Mit 90 Jahren haben Sie dann Ihr Geld wieder heraus. Damit meine ich das bei 6 Prozent Zinsen aufgebaute Kapital. Wenn wir unterdrücken, dass ab Rentenbeginn auch noch Zinsen flossen.«

Diese Bindung an die Versicherung gefällt mir nicht, auch wenn die Rente mir ein Leben lang gezahlt wird. Mir gefällt es nicht, weil ich mindestens 90 Jahre alt werden muss, um das komplette Guthaben ausbezahlt zu bekommen. Doch ich höre mir erst einmal an, was das ergänzende Produkt für mich bringt: Als Zusatz ist ein normales Fondsdepot möglich. Die Abschlusskosten betragen 0 Euro. Wie bei der Fondspolice soll ein verhandelbares Honorar den Aufwand des Vermittlers bedienen, beispielsweise 600 Euro. Die Vermittlervergütung soll 0,5 Prozent einschließlich der Mehrwertsteuer vom Depotwert jährlich betragen und vierteljährlich entnommen werden. Zusätzlich darf der Vermittler die Kickbacks 0-0,6 Prozent pro Jahr der Fonds behalten. Das Depot wird bei der Fondsdepotbank geführt und kostet jährlich 45 Euro (20 Euro bei nur einem Fonds im Depot, 35 Euro bei bis zu drei Fonds, 45 Euro bei mehr als drei Fonds). Die sonstigen Kosten sind die Kosten der Berufsunfähigkeitsklausel. Das Gute daran ist die nachvollziehbare Berechnung. »Dabei kommt am Ende etwa die gleiche Endsumme heraus, nämlich 77.201,99 Euro«, erklärt Wilke. Dazu sind alle in Deutschland gängigen Fonds verfügbar, und täglich ist der Tausch des Fonds möglich. Allerdings: 75.000 und 77.000 machen in der Theorie nur 152.000. Und nicht nur das: Die 6 Prozent sind rein fiktiv, und die ganze Rendite besteht noch vor Kosten, Steuer und Inflation. Das heißt, reichen wird es lange nicht.

Was so unbefriedigend ist: Es liegen nicht alle Vorteile bei einem einzelnen Produkt. Nur in der Rentenversicherung sind Fondstausche steuerfrei. Nur im Depot besteht Klarheit über die Kosten und Gebühren. In der Rentenversicherung ist die Absicherung gegen Berufsunfähigkeit problemlos machbar, wenn dies gesundheitlich nötig ist. Im Depot kann man das unter Zuhilfenahme eines Versicherers realisieren. In der Rentenversicherung habe ich eine vorgegebene und eingeschränkte Produktauswahl, im Depot ist diese Produktauswahl variabel und uneingeschränkt. Die Police bietet eine lebenslange Rente, egal wie alt ich werde. Dafür liegt eine Garantiezeit vor, innerhalb der jedoch nicht einmal die Hälfte des Vertragsguthabens ausgezahlt wird. Das Depot ist wesentlich flexibler, aber es gibt keine lebenslange Rentengarantie. Gleichwohl steht mein Guthaben mir immer frei zur Verfügung.

Auffällig ist: Wilke bietet mir ein variables Depotmanagement. Hier erkenne ich bei ihm zum ersten Mal so etwas wie eine handwerkliche Beratungsleistung: »In der Sparphase kommt es darauf an, den Markt zu nutzen, um möglichst viel Rendite zu erwirtschaften«, erklärt Wilke. »Es ist nicht sehr sinnvoll, eine fiktive Rendite von 6 Prozent zu unterstellen, wie ich das vorgeführt habe, und einmal eine Fondsauswahl zu treffen. Danach müsste man nur noch abwarten. Stattdessen sollte man eine Strategie verfolgen und auch durchziehen. Wer 6 Prozent oder mehr Rendite erzielen will beziehungsweise muss, kann nicht auf Garantiefonds setzen. Stattdessen benötigt derjenige möglichst stark schwankende Fonds. Man sollte gezielt Fonds nutzen, die Potenzial nach oben haben. Heute würde ich dafür Rohstofffonds nehmen. Je mehr Geld sich dadurch ansammelt, umso wichtiger werden Fonds, die einen Absicherungscharakter haben. Dazu zählen zum Beispiel Mischfonds. Ein Rentensparvertrag, ob Police oder Depot, ist immer eine Sache von vielen Jahren, oft Jahrzehnten! Daher ist die Strategie in der Anlage wesentlich wichtiger als die Erstauswahl des Versicherers.« Wilke schätzt dabei besonders zwei Strategien: »Erstens: Kaufe bei niedrigen Kosten. Das klingt banal, ist aber sehr wirkungsvoll. Das bevorzuge ich bei Einmalanlagen oder wenn höhere Guthaben angespart sind. Zweitens: Die Strategie namens Stop & Go. Zur Veranschaulichung dieser Strategie legt mir Wilke ein Modell vor: Darin hat er zwei Fonds, den DWS Top Europa und den Carmignac Investissement, bespart mit 100 Euro monatlich seit dem 01.01.1999. Beide bekommen bei 8 Prozent Verlust ein Stoppsignal eingebaut. Die Fondsanteile wurden also verkauft, wenn der Fonds von seinem letzten Monatshoch um 8 Prozent oder mehr gefallen war. Und nachdem der Fonds wieder 8 Prozent Gewinn erwirtschaftet hatte, kam das GO-Signal. Das heißt: Wenn sich der Fonds von seinem Tiefpunkt der 8 Prozent erholt hatte, wurde das Geld wieder reingelegt. »Wenn wir uns nun die Wertentwicklung anschauen, werden wir überrascht feststellen: Beide Fonds haben fast die gleichen Guthaben erwirtschaftet. Des Weiteren sind bis dahin alle Kosten berücksichtigt, die anfallen könnten (außer 20 Euro jährliche Depotgebühr). Eine Steuer ist nicht fällig, da der Freistellungsauftrag noch ausreichend ist. Das Guthaben beträgt jeweils rund 50.000 Euro. Und das wiederum entspricht einer Wertentwicklung von 9,44 Prozent pro Jahr.«

Wilkes Schlussfolgerung lautet: Erstens: Man muss die Sparrate von 400 Euro auf mindestens zwei Produktarten verteilen: nämlich eine Rentenpolice mit Berufsunfähigkeitsversicherung und ein Fondsdepot. Zweitens: Man sollte nicht nur die Anlage besparen, sondern eine langfristige Anlagestrategie wählen und verfolgen. Drittens: Leben und leben lassen. Einen langfristigen Berater als Ansprechpartner findet man nur, wenn er auch bezahlt wird. Also gilt es auch, die Folgebezahlung zu regeln. »Man sollte darauf achten«, so Wilke, »dass der Berater auch etwas davon hat. Wäre der Berater ein Verkäufer eines Strukturvertriebes oder ein Bankangestellter, könnte ihm vor allem am Abschluss etwas liegen, nicht jedoch am Vertragsverlauf. Aber dieser Verlauf ist für Sie als Kunde sehr viel wichtiger.«

Ich kann die Qualität der Produkte und Wilkes Strategien als Makler, auf den Markt zu reagieren, noch nicht richtig einschätzen. Einerseits erscheinen mir die Produkte zu undurchsichtig und seine Strategie zu unspektakulär. Andererseits hat Wilke wenigstens eine Strategie, die ein wenig fachliches Know-how andeutet. Doch ist das ein Niveau, das all die Gebühren und Provisionen rechtfertigt? So besonders klingt die Anpassung an die Schwankungsanfälligkeit der Börse nicht. Oder verlangt das ein exklusives Wissen, das für mich nicht zu durchdringen ist? Sicher werde ich ohne Risiko bei meiner anspruchsvollen Rentenlücke nicht auskommen. Allerdings schlägt mir Wilke als Makler Produkte vor, die er selbst infrage stellt. Trotzdem würde er sie an mich verkaufen, wenn ich ihm den Zuschlag geben würde. Er ist nun einmal ein Provisionsverkäufer, und als solcher ist auch er abhängig vom Verkauf. Das schließt den Vertrieb von mangelhaften Produkten mit ein. Darin unterscheidet er sich nicht von einem Vermögensberater oder einem Versicherungsvertreter. Vielleicht ist er deswegen auch selbst bei seinen Kosten nicht ausnahmslos transparent, genauso wenig wie seine Produktvorschläge. Was er an Vergütungen von den Produktlieferanten bekommt, bleibt im Ungefähren. Wie hoch zum Beispiel können die Kickbacks sein, die er von der Condor-Versicherung erhält? Wie er schon sagte: Keiner kann sauber bleiben. Wilke möglicherweise auch nicht. Zumal er sich fachlich zu sehr auf das Fondsgeschäft zu beschränken scheint. Was ist mit Aktien als unternehmerischer Beteiligung? Sind die für die Altersvorsorge bei Leuten meiner Einkommensklasse nicht geeignet? Muss ich mich als Otto Normalverbraucher auf die Fondsprodukte begrenzen? Ich werde mich also weiter umschauen müssen. Fragt sich nur, ob es im Provisionsvertrieb überhaupt möglich ist, Alternativen zu finden.

Wir tun es, solange wir es können

Das sind die Regeln des Provisionsvertriebes, auf die man sich als Otto Normalfinanzproduktkäufer einstellen muss, wenn man in der verkaufenden Finanzindustrie Vorsorgeprodukte erwerben will.

- Eine Produktauswahl, die davon abhängt, wie hoch die Provision ist.
- Verkauft wird das, was am meisten einbringt.
- Eine Ertragsgetriebenheit, die bei den Vertrieblern immer mehr Schamgrenzen zu Fall bringt.
- Umdeckungsorgien, die die Kunden finanziell austrocknen.
- Vertriebszwänge, die Verkaufsfertigkeiten wichtiger machen als das Finanzfachwissen.
- Massenberatung nach Schema F.
- Eine totalitäre Erfolgsideologie, nach der der Wert des einzelnen Vertrieblers von seinen Verkaufszahlen abhängt und ein hoher Zahlenwert als Charakternachweis gilt. So als sei Misserfolg allein das Resultat einer Charakterschwäche.
- Eine Vertriebsweise, die Kunden und Vertriebler zu Gegnern macht und nicht zu Partnern und deren Beziehung total vergiftet.
- Makler, die von ihren eigenen Produkten nicht überzeugt sind.

Zumal sich dadurch die Frage leicht beantworten lässt, ob Riester und Rürup gescheitert sind. Sie sind es. Was spricht dann eigentlich noch für den Provisionsvertrieb? Bevor ich mein Glück bei den Banken versuche, möchte ich dieser Frage nachgehen und Leute grundsätzlich dazu befragen, die in dieser Industrie im Vertrieb etwas zu sagen haben. Am besten Mitglieder der Zentralen großer Versicherungskonzerne wie der Allianz oder der ERGO. Dafür bereite ich mich auch gründlich vor, indem ich mich einlese in die volkswirtschaftlichen Abhandlungen von Joseph Stiglitz, Hans-Werner Sinn, Heiner Flassbeck, Stephan Schulmeister, Peter Bofinger oder Edward und Robert Skidelsky. Ich will mich ja nicht blamieren. Doch meine Anfragen werden von den Häusern abgewimmelt. Die Sekretärinnen, die derartige Anfragen weitergeben, speisen mich mit der Antwort ab, dass die Herren Vorstände Terminschwierigkeiten hätten. Verständlich. Das hatte ich nicht anders erwartet. Warum sollten sie sich auch mit einem Otto Normalverbraucher wie mir zusammensetzen, der nicht einmal das Etikett vorweisen kann, im Namen von Leitmedien wie der *FAZ* oder der *Süddeutschen Zeitung* zu recherchieren. Ich würde es an ihrer Stelle wahrscheinlich auch nicht.

Durch einen Bekannten komme ich jedoch mit Ludwig Franz zusammen, einen Filialdirektor einer großen norddeutschen Versicherung. Er würde sich auskennen und die Branche kritisch reflektieren können. Zudem kann ich in einem Internetforum den gesprächsbereiten ehemaligen Landesbanker Peter Thomas auftreiben. Das ist zwar nicht die Oberliga der Finanzindustrie, aber besser als nichts. Beide stellen jedoch Bedingungen: Sie würden sich nur als Privatperson äußern und nicht als Vertreter der Branche oder gar ihres Arbeitgebers. Eine namentliche Nennung ist selbstverständlich ein No-Go. Kein Problem. Ich habe mich bereits daran gewöhnt, dass die Verschwiegenheitsverpflichtung in dieser Branche groß ist. Ludwig Franz treffe ich in Köln in einem italienischen Restaurant in der Altstadt. Beim Essen beschreibe ich meine Recherchetour und schildere meine Eindrücke: Ich als Otto Normalfinanzproduktkäufer muss mich von Finanzvertrieben wie der DVAG, dem AWD (heute Swiss Life Select) oder der ERGO unbedingt fernhalten, wenn ich meine Altersvorsorge aufbauen will. Aber auch die freien Makler haben bei mir kein Vertrauen wecken können. Als Verbraucher habe ich in der Regel keine Auswahl. Denn vor dem Beratungsgespräch steht meistens schon fest, welches Produkt ich zu kaufen habe. Die Logik des Provisionsvertriebes lässt nichts anderes zu.

»Na und? Ist das eine Neuigkeit?«, fragt Franz trotzig. »Das ist doch überall so. Überall werden Finanzprodukte verkauft, die viel kosten und nur wenig Rendite einbringen. Keine noch so professionelle Aufklärung hat bisher daran etwas geändert. Der Provisionsvertrieb wird deswegen nicht verschwinden. Das lassen die Machtverhältnisse nicht zu. Mal abgesehen davon, dass es dazu keine Alternative gibt.« Nein? Keine Alternativen? Ich bin gerade selbst dabei, sie zu suchen. »Gibt es denn wirklich welche?«, fragt

Franz. »Auch ein Honorarberater ist nicht unabhängig. Auch bei einem Honorarberater steht das Ergebnis vor der Beratung schon fest.«

Zwar habe ich die Honorarberatung gar nicht gemeint, aber ich greife den Gedanken auf: Der Honorarberater könne sich nach meiner Vorstellung vom Provisionsberater unterscheiden. Als Provisionsberater darf man sich gar nicht Berater nennen, weil ein Berater nach soziologischer Definition gar kein Verkäufer sein kann. Bei einer Beratung findet ein Wissenstransfer statt, der für den Empfänger der Informationen vor allem einen Erkenntniswert hat. Der Provisionsberater dagegen tritt jedoch zum Kunden in eine Tauschbeziehung, und die dabei vermittelten Produkte haben einen Warenwert. Deshalb ist ein Provisionsberater abhängig davon, dass er verkauft, sonst bekommt er kein Geld. Ein Honorarberater hingegen, wenn er denn ein echter Berater sein will, sollte davon abhängig sein, dass sein Expertenwissen hoch ist. Sonst wird er nicht als Erkenntnisvermittler gesucht. Das heißt, der Provisionsberater muss sich Verkaufstechniken aneignen. Im Gegensatz dazu muss der Honorarberater nach meiner Auffassung regelmäßige Finanz- und Wirtschaftsstudien betreiben. Sicher muss dieser Beratertyp auch kommunikative Fähigkeiten haben, um dem Kunden sein Expertenwissen anschaulich, geordnet und klar vermitteln zu können. Ohne diese Erklärungskompetenz kann er keinen Kunden von seinem Fachwissen überzeugen. Sicher muss ein derartiger Berater auch vertriebliche Qualitäten besitzen, um Kunden überhaupt gewinnen zu können. Nicht zuletzt braucht ein Honorarberater, wenn er denn ein echter Berater sein will, aber auch die Unabhängigkeit, um zu allen denkbaren Produkten und Finanztransaktionen Zugang zu erhalten. Aus diesem ungehinderten Zugang ergibt sich zusätzlich sein Expertenwissen.

»Diese Unterscheidung, die Sie hier vornehmen, betrifft doch eher die Banken«, relativiert Franz. Meint er das ernst? Der Vermögensberater oder der Versicherungsvertreter ist doch davon nicht ausgenommen. Nicht zu vergessen der Makler. Er darf sich genauso wenig Berater nennen, weil er genauso unter einem Verkaufszwang steht. Der Bankberater geht nach seiner Zielkarte vor, so wie ich von einem mir bekannten Banker weiß.[27] *Was ist heute dran? Ach so, ich muss noch drei Bausparverträge verkaufen, dann bin ich wieder bei 117 Verkaufsprozent.* Der Vermögensberater der Strukturvertriebe ist auf der Jagd nach Karriereeinheiten und nimmt dafür die Produkte, die am meisten Provision abwerfen. Ohne Karriereeinheiten keine Karrierestufen und keine Provisionserhöhungen. So ähnlich ist das auch bei der ERGO. Der Aufstieg in der Vertriebspyramide ist an den Verkauf gebunden. Der Kunde ist bei beiden die Melkkuh. Der Unterschied ist der, dass der Vermögensberater vom Verkauf noch abhängiger ist als ein Bankberater. Demgemäß zeigt doch der Gesprächsleitfaden für Verkaufsgespräche, wie eingeschränkt das Beratungsbestreben eines Vermögensberaters ist und wie groß dagegen die Verkaufsabsicht sein soll. Der Berater geht nach Schema F vor.

»Solch ein Leitfaden ist von denen entwickelt worden, die damit Erfolg hatten«, hält Franz dagegen. »Er ist angepasst an das eingeschränkte Persönlichkeitsprofil dieser Leute.«

Das ist doch kein Gegenargument. Die Entwickler dieses Leitfadens hatten Erfolg im Verkauf und nicht in der Beratung. Das Anwendungsgebot ist ein Symptom für den Verkaufsdruck eines Vermögensberaters. Der Leitfaden liefert die Anleitung für den Verkauf von Produkten, von denen Franz selbst sagt, dass sie der Normalität entsprechen, viel kosten und nur wenige Rendite einbringen. Er ist Symptom eines Verkaufsdruckes, dem nur die Skrupellosesten standhalten. Deswegen ist unter den Vermögensberatern auch die Angst so groß. Dafür stehen die vielen Verteilungskämpfe. Diese Leitfäden gibt es bei Bankern auch, wie ich von einem Berater der Targobank weiß. Er hat mir seine Materialien dazu gezeigt.

»Auch ein Ingenieur bei VW sitzt mit Angst bei der Arbeit. Zum Beispiel, wenn er die Abgaswerte fälscht.«

Das tut er zweifellos. Aber zeigt Franz mit seinem Hinweis auf die Normalität von Angst- und Zwangsgesellschaften an Arbeitsplätzen nicht den üblichen Verteidigungsreflex? Nur: Die Normalität eines Missstandes entschuldigt nicht den Einzelfall. Mit diesem Reflex will der Anwender üblicherweise vermeiden, sich mit dem Gedanken an eine Korrektur beschäftigen zu müssen. Dieser Reflex soll die Versicherung an sich selbst sein, man könne ohnehin nichts an den Verhältnissen ändern, die für alle Berufsbranchen gelten. So verschafft sich derjenige ein ruhiges Gewissen. Genauso verhält es sich mit dem Hinweis, es gebe keine Alternative. Wer sich auf diesen Hinweis zurückzieht, erregt den Verdacht, sich der Schwierigkeit, eine Alternative zu finden, nicht aussetzen zu wollen. Zu groß sind seine Sehnsucht nach Bequemlichkeit und seine Angst vor Veränderung. Da die Alternative nicht so leicht sichtbar ist, erscheint das, was vorhanden ist, so vertraut und deswegen viel attraktiver. Lieber bleibt der Mensch bei dem, was er kennt, selbst wenn es die Hölle ist, wie der Provisionsvertrieb eines Finanzdienstleisters wie der DVAG oder des AWD oder der ERGO.

Ich antworte: Das kann man so sehen. Warum aber gibt es aus dieser Sicht zum Provisionsvertrieb keine Alternative?

Franz: Nach meiner Erfahrung ist der provisionsgetriebene Vertrieb der einzige Weg im Gegensatz zum Honorarsystem, der aufgrund der Bevölkerungszahl von 80 Millionen Menschen die Durchdringung gewährleisten kann. Unter Berücksichtigung der Zahl der Vertriebler, die es heute gibt, ob als Makler nach 92 HGB oder nach 84 HGB.

Krüger: Ist das der einzige Grund?

Franz: Das ist der einzige Grund.

Krüger: Aber ist dieser Grund nicht hinfällig, wenn diese Art Beratung, die als Einzige angeblich nur flächendeckend sein kann, nicht neutral ist? Was nützt die flächendeckende Beratung, wenn sie nicht neutral ist?

Franz: Sie brauchen für den Anteil an Menschen Berater. Die Berater können Sie bei Banken, Sparkassen, Raiffeisenbanken oder wo auch immer finden. Genauso wie in dem Bereich der selbstständigen Versicherungsmakler oder Vertreter. Banken haben momentan genauso wie Versicherungen im Vertrieb die Anzahl der Personen abgedeckt. Ob die nun neutral sind oder nicht, würde ich pauschal nicht mit Ja oder Nein beantworten. Entscheidend ist, dass der provisionsgetriebene Vertrieb der Vertrieb ist, der im Moment auf dem Markt vorhanden ist. Ob das auf Ewigkeit so sein muss, das will ich gar nicht beurteilen.

Krüger: Jetzt relativieren Sie sich aber selbst. Also ist doch eine Alternative denkbar?

Franz: Ja, in dem Moment, in dem es der Bevölkerung zugemutet wird, ein Produkt wie Riester oder Rürup, oder was auch immer vom Staat her kommt, an Stellen zu erwerben, die nicht provisionsgetrieben sind, ist das möglich. Aber das sehe ich momentan noch nicht. Aber daran bin ich selbst sehr interessiert.

Krüger: Diese von Ihnen genannten Produkte sind ja hochgradig entbehrlich und verzichtbar. Die Notwendigkeit der flächendeckenden Versorgung, die Sie sehen, wird hierbei mit Produkten betrieben, die keine Versorgung darstellen, sondern Ausbeutung.

Franz: Bei der Frage der Produkte im Allgemeinen gehört ja ganz viel mit hinein. Der Versicherungsbereich ist – so glaube ich – das älteste Gewerbe der Welt. Das fängt ja schon bei den alten Karawanen an oder bei der Hanse. Das ist ein Uraltthema. Unter den Produkten kann man sicherlich unterscheiden, ob sie der Vermögenssicherung oder dem Vermögensaufbau dienen. Ich halte bei den vermögenssichernden Produkten die Haftpflichtversicherung für unentbehrlich. Ich halte die Unfallversicherung für unentbehrlich und auch eine Kraftfahrzeugversicherung für unentbehrlich. Aber da gibt es sicher auch Themen, also Produkte, die dem Vermögensaufbau dienen. Geschlossene Fonds oder was auch immer Sie da erwerben können, die sicherlich so provisionslastig sind, dass diese Provisionen zulasten des Kunden gehen.«

Ich wende dagegen ein, dass Sachversicherungen im Kern natürlich notwendig sind. Das bestreitet niemand. Die Ertragsgetriebenheit, oder sogar die manische Ertragsgetriebenheit von Vertriebsmaschinen wie der großen Strukturvertriebe betrifft ja vor allem den Vertrieb von Produkten wie Riester und Rürup oder anderer Fondsprodukte. Da sagen nicht nur die Verbraucherschützer, sondern auch die Vertriebler der Strukturvertriebe selbst, dass Riester- und Rürup-Produkte hochgradig fragwürdig sind. Aber nicht nur die allein. Im Gegenteil.

Franz: Selbst die Politik sagt doch, dass die Vertriebsorganisation wie die von Finanzdienstleistern die flächendeckende Versorgung mit diesen Produkten zu leisten hat. In Ermangelung anderer flächendeckender Institutionen.

Krüger: Nun wissen Sie ja besser als ich, wie die Teilprivatisierung der Rente zustande gekommen ist. Das heißt, sie ist das Produkt einer Umlenkung des Gewinnstrebens weg von der Realwirtschaft und hin zur Finanzwirtschaft, die in den 1970er-Jahren eingesetzt und durch die zunehmende Deregulierung des Finanzmarktes und der ungelösten Wachstumskonflikte immer mehr Fahrt aufgenommen hat. Wie ist es dazu gekommen? Ich skizziere dafür einen kurzen Überblick, wenn Sie gestatten. Dabei stütze ich mich auf den österreichischen Wirtschaftswissenschaftler Stefan Schulmeister[28] und auf seinen deutschen Kollegen Heinz-Josef Bontrup.[29] Aufgrund meines Leidensdrucks habe ich mich inzwischen weiterbilden und die volkswirtschaftlichen Zusammenhänge aufarbeiten müssen.

Oder nicht? Sehen Sie das genauso, Herr Franz?

Franz: Das ist korrekt!

1971 wurde das Bretton-Woods-System der festen Wechselkurse aufgebrochen. Bis dahin waren Finanzspekulationen gerade wegen der festen Wechselkurse, aber auch wegen der niedrigen Zinssätze und der betulichen Aktienmärkte noch unattraktiv für die Vermögensvermehrung gewesen. In der Folge änderte sich das jedoch: Zunächst verlor der Dollar 25 Prozent an Wert. Im Herbst 1973 reagierten die Erdölexporteure darauf mit dem ersten Ölpreisschock. Diese Ölpreisexplosion sorgte für einen Preisanstieg in den ölverbrauchenden Ländern. Als Ausgleich für den drohenden Kaufkraftverlust handelten die Gewerkschaften Lohnerhöhungen von bis zu 15 Prozent aus und beschleunigten so die Inflation. Die Weltwirtschaft schlitterte in eine Rezession. Diese ungewohnte Kombination aus Inflation und Rezession nannten die Fachleute Stagflation. Gleichzeitig stieg die Arbeitslosigkeit. Das veranlasste die Notenbanken zu einer massiven Hochzinspolitik. Getragen wurde diese Politik des knappen Geldes von der marktradikalen Wirtschaftsideologie sogenannter neoliberaler Ökonomen um den Nobelpreisträger Milton Friedman. Zumal die andauernde Dollarentwertung und der zweite Ölpreisschock von 1979/80 die Inflation weiter verschärften. Von da an lag der Zinssatz stets über der Wachstumsrate bis in die Neunzigerjahre hinein. In Deutschland sogar noch länger. Diese Entwicklung zur restriktiven Geldpolitik der Notenbanken sowie das günstige Zins-Wachstums-Verhältnis veranlassten immer mehr Konzerne dazu, statt in Realkapital in Finanzkapital zu investieren. Folglich verlagerte sich das unternehmerische Gewinnstreben. Gleichzeitig stiegen die Arbeitslosigkeit und die Staatsverschuldung. Als Reaktion darauf entschieden die Eliten in Europa: So kann es nicht weitergehen. Der Staat musste sparen.

Im Maastricht-Vertrag wurde diese Verpflichtung Anfang der Neunzigerjahre festgeschrieben. Die Sparpolitik dämpfte den Konsum enorm und schwächte damit auch das Wirtschaftswachstum. Diese Schwächung fand am stärksten in den Ländern statt, wo die Staatsquote am meisten sank, so wie in Deutschland. In der Folge stieg die Arbeitslosigkeit bis 1997 massiv an. Die hohe Arbeitslosigkeit, die Schwächung des Sozialstaates und die boomenden Finanzmärkte machten die Verteilung von Vermögen und Einkommen immer ungleicher, sowohl in der Verteilung zwischen Arbeit, Realkapital und Finanzkapital als auch in der Verteilung zwischen unten und oben. Die wachsende Ungleichheit in der Verteilung dämpfte die Konsumnachfrage. Gleichzeitig dämpften die hohen Renditeaussichten aus Finanzveranlagung und Finanzspekulation die Realinvestitionen der Unternehmen.

Beide Phänomene verstärkten die Stagnationstendenzen. Deswegen wurden statt normaler Arbeitsplätze immer mehr atypische Beschäftigungen geschaffen. Der Ausbau von unsicheren Beschäftigungen ließ die Armut steigen und belastete immer mehr die Sozialbudgets. Weitere Kürzungen waren die Folge, zum Beispiel bei der Altersvorsorge und der Arbeitslosenversicherung. Der geschwächte Sozialstaat galt von nun an als Beweis dafür, dass die Menschen insbesondere bei der Rente privat vorsorgen müssen. Deshalb sollte die Umlenkung des Gewinnstrebens auch den kleinen Mann erreichen. Zu diesem Zweck entwickelte die Finanzindustrie Slogans wie: »Lassen Sie Ihr Geld für sich arbeiten«, um den kleinen Mann in diesen Strom mit einzubinden. Und das sollte auch die Altersvorsorge betreffen. Dadurch kam es zu einer Expansion der Pensionsfonds, und die nährten den Aktienboom der 1990er-Jahre. Ab 2002/03 bis zum Kollaps von 2007/2008 gab es einen weiteren Boom, gefördert durch die Anreize zur kapitalgedeckten Altersvorsorge. Und die Produkte, die dazu entworfen wurden, sind Produkte, die diesen Umlenkungsstrom beschleunigen sollten.

Krüger: Das heißt, Sie befürworten eine flächendeckende Versorgung, die dafür sorgen soll, diesen Umlenkungsstrom weiter am Laufen zu halten. Obwohl dieser Umlenkungsstrom nicht dazu führt, den nach wie vor bestehenden Wachstumskonflikt und die damit verknüpfte Verteilungsungerechtigkeit zu lösen. Im Gegenteil. Er beschleunigt ihn weiter. Was hat dann die flächendeckende Versorgung noch für einen Wert? Ich klammere die notwendigen Versicherungen wie die Sachversicherungen und die Kranken- und Unfallversicherung dabei aus. Ich beziehe das auf Produkte wie Riester und Rürup oder auf die anderen Fondsprodukte, die Sie selbst erwähnt haben.

Franz: Es ist ein Stück weit eine Fehlleitung eingetreten. Für Banken, Sparkassen, Versicherungen sind Fondsprodukte oder was auch immer attraktiv und vertrieblich verkäuflich, wenn der Vermittler oder der Bankmitarbeiter eine entsprechende Vergütung erhält. Das hat den ursprünglich guten Ansatz, private Vorsorge treffen zu wollen, ein wenig kaputt gemacht.

Aber es ist ein Stück weit fehlgeleitet worden durch Provisionsanreize. Das Thema ist insoweit spannend, als Haftungen eingeführt worden sind, durch die man die Abschlussprovisionen in der Lebensversicherung auf 60 Monate, also fünf Jahre anteilig verteilt. Das sind Zeiträume, in der auch keine Beitragsveränderungen vorgenommen werden. Und doch ist es so, dass der vertriebliche Impuls sehr attraktiv ist für Vertreter oder für Bankberater.

Krüger: Natürlich ist dieser Impuls attraktiv, weil sich Ihr Geschäftsmodell darauf konzentriert. Die Finanzstrukturvertriebe sind deswegen eine Vertriebsmaschine. Wahrscheinlich sind die Banken deswegen auch nichts anderes. Banken sind das aber auch deswegen nicht, weil es diesen Umlenkungsstrom gibt. Oder sehen Sie das anders?

Franz: Ja, und weil auf ihrem ursprünglichen Geschäftsfeld nämlich in der Realwirtschaft die Margen deutlich eingebrochen sind.

Krüger: Das sehe ich genauso. Weil die Renditen in der Realwirtschaft für die Banken nicht mehr attraktiv sind, wie sie zum Beispiel in Hochzinszeiten mal gewesen sind, hat es diesen Paradigmenwechsel gegeben. Deswegen haben die Banken ihren eigentlichen Auftrag, der Volkswirtschaft zu dienen, aufgegeben. Finanzvertriebe verfolgen diesen Auftrag mit ihrer Ertragsgetriebenheit sowieso nicht.

Franz: Ja. Doch, doch. Das sehe ich genauso. Das ist ein ganz wesentlicher Faktor.

Krüger: Deswegen kann man doch dagegen sein und Finanzvertriebe wie die DVAG oder den AWD in ihrer Funktion als Vertriebsmaschinen ablehnen. Weil sie auf radikale Art und Weise diesen Umlenkungsstrom befeuern.

Franz: Sie sind Nutznießer dieser Umlenkung. Ja.

Krüger: Denn Finanzstrukturvertriebe waren ja auch daran beteiligt, eine Öffentlichkeit herzustellen in den 2000er-Jahren, in der für diesen Paradigmenwechsel geworben wurde.

Franz: Das wird sicherlich so sein. Dazu habe ich keine andere Meinung.

Krüger: Wenn Sie dem aber zustimmen, steht Ihr Argument von der Unverzichtbarkeit des Provisionsvertriebs auf ganz wackligen Füßen, weil diese flächendeckende Versorgung nicht einem volkswirtschaftlichen Interesse dient. Ausgenommen bei den notwendigen Versicherungen der Vermögenssicherung natürlich. Ich fürchte auch, dass die tatsächlichen Machtverhältnisse eine Umkehr nicht mehr zulassen. Es gibt ja dieses in meinen Augen verdienstvolle Buch *Die Vorsorgelüge* von Holger Balodis und Dagmar Hühne.[30] Noch so ein Buch, das ich bei der Suche nach Antworten inzwischen lesen musste. Die beiden Autoren haben für mich auf überzeugende Weise das Zustandekommen der Teilprivatisierung der Rente dargestellt. Doch sie liefern als Konsequenz eine Rückkehr zur Stärkung der gesetzlichen Rentenversicherung. In einer idealen Welt sollte das so sein, und man sollte sich dafür auch einsetzen. Ich fürchte nur, dass die Machtverhältnisse das nicht zulassen. Wenn man als Verbraucher das Spiel mitspielen und privat vorsorgen will, weil die Machtverhältnisse nichts anderes zulassen, dann ist man bei Vertriebsmaschinen wie den Finanzstrukturvertrieben von DVAG, ERGO, oder OVB wegen der mangelnden Ertragsqualität der Produkte schlecht beraten. Allerdings lese ich in den einschlägigen Wirtschaftszeitungen von so manchem Finanzberater den Hinweis auf die Indexfonds. Das sei eine wichtige Anlagealternative. Es mag sein, dass ich das Funktionieren eines Indexfonds noch nicht ganz verstehe, aber ich frage mich: Warum werden derartige Produkte von den Finanzstrukturvertrieben nicht angeboten?

Franz: Es gibt gute Gründe aus der Sicht des Vertreibers, warum die nicht vertrieben werden, nämlich weil die nicht so viel einbringen. Je günstiger die Produkte wären und je sinnvoller sie dann für den Endverbraucher sind, umso schwerer ist es, den Vertrieb durch die Aussicht auf eine geringere Bezahlung bei Laune zu halten. Das ist ganz eindeutig.

Krüger: Wenn also das Produkt in erster Linie dem Vertreiber dient und nicht dem Käufer, dann kann man das doch als ein System bezeichnen, um es mit dem CDU-Politiker Heiner Geißler zu sagen, das krank ist. Oder nicht?

Franz: Es gibt ein Ungleichgewicht. Auf jeden Fall! Da ist ein Ungleichgewicht in der tatsächlichen Ist-Situation. Das anfängliche Interesse war gut gemeint, aber es ist konterkariert worden.

Krüger: Das ist natürlich sehr diplomatisch formuliert. Aber es geht auch nicht darum, recht zu haben. Sondern wir einigen uns darauf, dass wir das unterschiedlich formulieren würden. Sie auf Ihre Art und ich auf meine.

Franz: Natürlich. Es gibt sicher viele schwarze Schafe und es gibt viele gute. Und das ist bei der DVAG genauso ausgeprägt wie beim AWD oder bei Banken und bei Versicherungen. Das Thema des provisionsgetriebenen Verkaufs hört bei den Finanzstrukturvertrieben nicht auf, sondern das ist flächendeckend.

Flächendeckend? Wahrscheinlich ist das so. Deswegen möchte ich wissen, ob ich bei den Banken irgendetwas anderes zu erwarten habe als bei den Finanzstrukturvertrieben. Was sind die Unterschiede zwischen einem Bankberater und einem Finanzstrukturvertriebler? Dazu befrage ich den Landesbanker Peter Thomas, den ich im Hotel Atlantis in Hannover treffe. Dabei hoffe ich, dass Thomas sich weniger einsilbig verhält als Franz. Diese Hoffnung erfüllt sich schnell. Thomas' Redeanteile sind sehr viel größer. Dabei stimmt er mit mir überein, dass der Bankberater genauso einem Zielsystem unterliegt wie ein Finanzstrukturvertriebler: »Der Kundenberater in einer Bank hat eine Zielvereinbarung«, räumt er ein.

> *»Man muss sich als Berater verpflichten, einen bestimmten Deckungsbeitrag im Jahr in den verschiedenen Produkten abzuliefern. Danach wird später der Bonus berechnet oder auch nicht. Das ist die Zielvereinbarung. Es wird ja häufig nicht Zielvorgabe genannt, was natürlich Wortkosmetik ist. Diese Zielvorgabe soll ich als Bankberater durchsetzen. Davon hängt auch mein finanzieller Wohlstand ab als Verkäufer. Ein Bankberater ist auch nur ein Verkäufer wie ein Vermögensberater oder ein Makler.«*

Krüger: Was aber unterscheidet einen Bankberater von einem Finanzstrukturvertriebler aus Ihrer Sicht? Ein Bankberater muss gewiss keine anderen Bankberater rekrutieren und eine Vertriebspyramide aufbauen. Er hat noch ein festes Gehalt, das ihm eine wirtschaftliche Sicherheit gibt.

Thomas: Das ist für mich der entscheidende Punkt bei den Strukturvertrieben. Beispiel OVB, DVAG oder ERGO und wie sie alle heißen. Der Bankberater hat ein Fixgehalt. Der Strucki hat ausschließlich die Provision in Aussicht, die er für seinen Lebensunterhalt erzeugen muss. Er bekommt sie auch nur dann, wenn das Geschäft abgeschlossen ist. Deshalb kann diese Provision über mehrere Jahre rückabgewickelt werden. Das ist in einer Bank nicht der Fall.

Krüger: Müssen Bankberater umdecken? Wegen des Fixgehalts ist der Bankberater möglicherweise nicht derart abhängig davon?

Thomas: Das machen sie aber. Die Banken decken auch um. So kann es einem Kunden der Postbank zum Beispiel passieren, dass er in einer Filiale Wertpapiere kauft und damit auch zufrieden ist. Wenn er aber in eine andere Filiale geht, bekommt er von den dortigen Postbankberatern gesagt: Sie haben aber ein ganz schlechtes Produkt. Damit kann man gar keinen Erfolg haben. Wir müssen Ihnen dringend empfehlen, das Produkt zu verkaufen und stattdessen ein anderes Produkt zu nehmen, was ich Ihnen jetzt anbiete. Dabei kann es vorkommen, dass der Kunde der Postbank gar nicht erkennen kann, dass der Berater gar kein Angestellter der Postbank ist, sondern ein freier Handelsvertreter, der in der Uniform eines Postbankmitarbeiters mit Namensschild auftritt. Zu diesen Umdeckungen kommt es, wenn die Bankberater nicht moralisch handeln und auch kein klares Wertesystem haben beziehungsweise keine Vorgaben haben, so zu handeln wie die Leute in den anderen Filialen auch. Es kommt dazu, wenn ein Bankberater einen Kunden aus einer anderen Filiale sieht, der sich vielleicht beraten lässt. Dabei hat er vor Augen, dass er seine Zielvereinbarung noch gar nicht erfüllt hat. Ich weiß von Kollegen, die denken folgendermaßen: Meine Zielvereinbarung ist so und so. Ich habe 222 Tage im Jahr. Ich habe davon sechs Wochen Urlaub. Ich habe davon zwei Wochen Fortbildung. Ich habe davon zwei Wochen Krankheitstage. Dann bleiben so und so viele Arbeitstage übrig. Wer nicht ganz von gestern ist, rechnet seine Zielvereinbarung mit dem Deckungsbeitrag pro Jahr auf die Tage um und sagt: Mensch, gestern habe ich gar nichts verkauft, heute habe ich nur das verkauft. Jetzt habe ich eine Deckungslücke, wenn ich das pro Tag runterbreche, bin ich im Minus und hänge meiner Zielvorgabe hinterher. Oh, diese Lücke kann ich aber verantworten, wenn ich das Depot eines Kunden einmal ›umdrehe‹. Früher sagten wir immer im Bankerjargon, das Depot umdrehen. Das ist nichts anderes als eine Umdeckung. Das heißt, man schindet Provisionen. Man muss aber auch relativieren. Sofern wir das reine Wertpapiergeschäft im Auge haben. Die alte Philosophie von André Kostolany – Aktien kaufen, liegen lassen und nach dreißig Jahren aufwachen, und dann ist man reich – läuft schon lange nicht mehr. Die Märkte sind sehr volatil. Das heißt schwankend, und je nach Produktart ist die Volatilität sehr unterschiedlich. Da muss man schon einmal regelmäßig draufgehen, wenn man ein größeres Depotvermögen hat, strukturiert in verschiedene Sektoren und Produktgruppen. Genauso wie jeder Privatkunde generell einmal im Jahr ein Versicherungscheck machen sollte. Diesen Anlass halte ich gar nicht für problematisch, sondern für notwendig. Vielmehr ist die Frage, wie man mit dem Anlass umgeht. Wie moralisch verhält man sich. Dass man sich regelmäßig trifft, halte ich für sehr wichtig, indem man sagt: Lassen Sie uns in einem halben oder Vierteljahr wieder zusammenkommen. Dann schauen wir, wie sich das Depot entwickelt hat.

Das halte ich für sehr wichtig. Dazu muss man aber erwähnen, dass das gleiche System auch in einem Autohaus abläuft. An dem Kunden arbeiten die Automobilverkäufer die Zielvereinbarungen ab. Das heißt, Zielvereinbarungen sind nicht banktypisch, sondern in vielen Branchen weit verbreitet.

Krüger: Jetzt machen Sie natürlich das, was alle anderen auch machen. Sie relativieren diesen Missstand, der typisch ist für die Finanzbranche, indem Sie mit dem Finger auf andere Branchen zeigen. Doch die Normalität eines Missstandes enthaftet nicht den Einzelfall.

Thomas: Das ist richtig. Ich möchte aber noch darauf hinweisen, dass man den Bankberater nicht nur mit einem Strukturvertriebler als Versicherungsvertreter vergleichen muss, sondern auch mit einem Honorarberater. Gerade weil die Honorarberater sich als die besseren Berater fühlen. Sie halten sich auch für moralisch besser aufgestellt. Das bezweifle ich ganz erheblich. Ich sehe nämlich gar keinen großen Unterschied zwischen einem Honorarberater und einem Finanzstrukturvertriebler. Warum? Ein Honorarberater, der richtig gut ist, hat das gleiche Problem wie ein Strukturvertriebler. Wenn er ein Büro hat, muss er seine Bürokosten decken. Er muss seine Betriebskosten decken. Er muss seine privaten Lebenshaltungskosten decken. Er muss seine Steuern decken. Zusätzlich die Sozialabgaben, eigene Rentenbeiträge, und wenn er eigene Mitarbeiter hat, muss er sie bezahlen. Er muss also sehen, dass er Kunden gewinnt und sie auch möglichst lange berät. Ein guter Honorarberater – und ich kenne welche, die gut sind – beraten Kunden natürlich nach bestimmten Mustern. Diese Beratungsmuster ergeben sich aufgrund der Routine, die sich in seinem Job einstellt. Es gibt einfach Anlageproblemstellungen bei Kunden, die sich wiederholen. Das ist wie bei einem Lehrer, der wiederholt den gleichen Stoff vermittelt. Bei einer Befragung des Kunden, die sich zum Teil wiederholt, entsteht im Kopf eines gut ausgebildeten Honorarberaters aufgrund seiner Routine ziemlich schnell die Lösung für das Anlageproblem des Kunden. An diesem Punkt geht es aber auch um sein eigenes wirtschaftliches Interesse. Wie schnell kommt er mit seiner Lösung rüber oder wie lange dehnt er das Beratungsgespräch aus, um auf sein Stundenhonorar zu kommen, das er benötigt, um seine Kosten zu decken? Deshalb hat er in seinem Kopf auch seine Kostenstruktur und die Hochrechnung auf den Monat. Deshalb kann ich als Kunde bei einem Honorarberater nicht sicher sein, ob er für seine Beratung den kürzesten Zeitaufwand bemisst. Oder ob er einen zusätzlichen Zeitaufwand konstruiert. Möglicherweise hat der Honorarberater nach einer halben Stunde bereits die Lösung des Kundenproblems entwickelt, doch er dehnt das Gespräch um eine weitere halbe Stunde aus. Denn seine Kosten müssen ja gedeckt werden.

Krüger: Wenn also jeder Berater, ganz gleich welchen Typ er verkörpert, nur auf seinen Vorteil bedacht ist – ein Provisionsberater lebt davon, Produkte zu verkaufen und ein Honorarberater verkauft Minuten –, wie kann ich mich als Kunde unter diesen Bedingungen noch verhalten?

Thomas: Ich erwarte vom Kunden folgendes Verhalten: In der heutigen Zeit ist es so: Wenn Kunden ein Handy oder ein Auto kaufen, investieren sie dermaßen viel Zeit in den Vergleich von Angeboten. Sie verfahren viele Kilometer mit dem Auto, lesen Prospekte, sind im Internet unterwegs und fragen Freunde. Bei Finanzprodukten machen sie das nicht mit dem gleichen Aufwand. Ich erwarte einfach vom Kunden, der sich bei anderen Produkten mit großem Aufwand schlaumacht, dass er das auch bei Finanzprodukten macht. Warum aber ist der Kunde einer Bank so anders aufgestellt? Das habe ich bis heute nicht verstanden. Es wird dem Bankberater immer noch viel zu viel Vertrauen entgegengebracht. Das liegt auch daran, dass das Finanzfachwissen bei den Kunden mehrheitlich erbärmlich niedrig ist. Der Wille ist auch äußerst gering, sich darin schlauzumachen. Deswegen sind nach meinen Erfahrungen viele Kunden auch schlecht vorbereitet, wenn sie die Bank betreten. Das ist vor allem unverständlich, weil das Leben eine ökonomische Basis haben muss. Natürlich muss es neben dem Finanzfachwissen ein Universalwissen geben. Darüber sind wir uns hoffentlich einig. Ich erwarte von einem Kunden, dass er auch mal sagt: Ich gehe zu einer anderen Bank, zu einem anderen Banktypus. Ich gehe vielleicht zu einem Honorarberater. Ich gehe vielleicht zu einem Versicherungsmakler, die auch Versicherungsprodukte verkaufen. Es gibt verschiedene Alternativen. Es gibt Internetportale, wo man sich Wissen anlesen kann. Es gibt verschiedene Banktypen, Sparkassen, Genossenschaftsbanken, Großbanken, Regionalbanken, Privatbanken, zu denen man hingehen kann. Nur, dann muss man seinen Weg als Kunde auch machen und viel fragen. Denn jeder erzählt ein Mosaiksteinchen, und aus den verschiedenen Mosaiksteinchen, die ich aufsammle, setze ich als Kunde das ganzheitliche Mosaik des Wissens zusammen. Anschließend ist man mit Informationen vollgepumpt. Das erworbene Wissen muss man selbstständig sortieren und priorisieren. Aber daran scheitern schon viele. Den Fleiß, den der Vergleich erfordert, wollen viele nicht aufbringen. Das macht aber der berühmte Fliesenleger nicht, den ich hier als Protagonisten gebrauche. Er hat keine Zeit. Er weiß darüber auch nichts. Er liest auch keine *Wirtschaftswoche*, *Capital* oder *Manager Magazin*. Und die Bank weiß, dass er das nicht liest, und das nutzt sie aus.

Krüger: Lässt sich überhaupt ein Beratungsmodus entwickeln, bei dem beide Seiten etwas davon haben? Vorausgesetzt, dass es auch annehmbare Produkte gibt. Welche Beratungsgegebenheiten muss man herstellen, damit der Nutzen eines Produktverkaufs nicht mehr nur einseitig beim Berater liegt und bei der Organisation, für die er das Produkt verbreitet? Müsste dazu nicht die Ausbildung eines Finanzberaters viel umfangreicher sein, damit er tatsächlich ein Berater sein kann und nicht nur ein Verkäufer?

Thomas: Ein Bankberater muss natürlich die Produkte kennen. Das ist eine Selbstverständlichkeit. Er muss in der Tat täglich Nachrichten verfolgen, von morgens bis abends. Er muss auch die Kapitalmärkte sehr gut kennen. Die Veränderungen und die neuen Trends. Zudem gilt: Die Politik gibt die Regeln vor. Deshalb muss auch ein Bankberater, zumindest das Ideal eines Bankberaters, täglich die Politik international verfolgen. Zusätzlich braucht er eine gute Allgemeinbildung. Möglichst Abitur. Studium wäre auch prima und empfehlenswert. Das nützt aber alles nichts, wenn das Grundproblem nicht angegangen wird: die Zielvorgabe. Die Zielvorgabe muss weg. Ich bin unter Verhältnissen groß geworden, wo es noch keine Zielvereinbarung gab. Denn in der heutigen Zeit gibt es nämlich folgendes Problem: Die Banken sind durchreguliert. Zu Recht. Das ist nötig und muss auch weiter so bleiben. Aber wir haben das Problem der Ertragsschwäche der Banken. Das ist das Dilemma. Das Geschäftsmodell ist insgesamt bei allen Banken schwach. Lässt sich dieses Dilemma jedoch lösen, wenn man sagt, dass es keine Zielvereinbarung mehr gibt? Wir stellen uns zum Beispiel vor, dass das Fixgehalt reduziert wird. Das müsste man verhandeln, und alles, was der einzelne Bankberater darüber hinaus verkauft hat, wird bonifiziert.

Krüger: Geht das nicht auch umgekehrt?

Thomas: Wir könnten einem Bankberater ein höheres Fixgehalt zuordnen. Entscheidend ist folgender Zusammenhang: Wenn man die Zielvereinbarung kippt, steht man immer noch vor der Frage, wie eine Bank Kunden gewinnen kann. Kann einem Mitarbeiter das auch ohne Zielvereinbarung gelingen? Zumal die Bank zum Bankberater sagen wird: Du musst auch sehen, dass du für die Bank Geld verdienst. Wir müssen auch dein Gehalt bezahlen können. Denn es ist ja so: Ein Bankmitarbeiter bekommt letztendlich das Gehalt vom Kunden und von niemandem sonst. Egal ob er ein Vertriebsmitarbeiter, ein Schaltermitarbeiter oder ein Analyst ist oder in welcher Position er auch immer in der Bank arbeitet. Das heißt, ein Bankberater muss, wenn er keine Zielvorgabe hat, sein Gehalt stets rechtfertigen. Zumal er sich auch im Wettbewerb mit anderen Mitarbeitern befindet. Kann sich die Bank das leisten unter den derzeitigen Bedingungen des Niedrigzinses und der eigenen Ertragsschwäche? Obendrein ist Deutschland overbankt. Es war im Grunde genommen schon vor 20 Jahren overbankt. Ähnlich wie die Stahlindustrie gesättigt war.

Krüger: Ist die Abschaffung der Zielvorgabe dann nicht eher unmöglich bei dem aktuellen Geschäftsmodell und bei den aktuellen Rahmenbedingungen?

Thomas: In einem System des Overbankings ist das normalerweise nicht möglich. Gerade deswegen ist die Kundengewinnung auch so schwer. Gerade deswegen muss man dem Kunden das Depot umdrehen oder es umdecken. Wie man es auch dreht und wendet. Wir haben, wenn wir die Rahmenbedingungen der Banken betrachten, eine schrumpfende Bevölkerung in Deutschland. Wir haben eine älter werdende Bevölkerung. Wir haben einen Zuzug von Nicht-Deutschen, die überwiegend arm sind und bei denen aus der Sicht einer Bank nichts zu holen ist. Die Leute, die sehr wohlhabend sind, haben ein Family Office. Das heißt, sie schweben in Regionen, die ich als gewöhnlicher Bankberater gar nicht erreichen kann. Zumal diese wohlhabenden Leute mit ihrem Family Office international aufgestellt sind. Wir haben zudem zunehmend gebrochene Erwerbsbiografien. Wir haben ein tendenziell sinkendes Einkommen. Dadurch verteilt sich tendenziell weniger verfügbares freies Einkommen auf die vorhandenen provisionshungrigen Banken, Finanzstrukturvertriebe, Versicherungen und Honorarberater.

Krüger: Führt das nicht dazu, dass umso aggressiver Produkte verkauft werden, um an das weniger werdende freie Einkommen zu gelangen?

Thomas: Das ist sicherlich die Folge. Es sei denn, die Banken verkleinern ihre Betriebsmannschaften entsprechend nach unten. Anders macht es bei diesen Rahmenbedingungen keinen Sinn. Ich muss als Bank weniger Bankberater haben, die sich um die wenigen Kunden bemühen, die noch freies Geld zur Verfügung haben und es anlegen können und auch wollen. Wie soll ich sonst die Bankberater bezahlen? Also müssen welche weg. Das heißt, die Banken müssen sich gesundschrumpfen, sich also auf eine ökonomisch angemessene Größe reduzieren. Die Digitalisierung trägt vielleicht dazu bei. Der Kostendruck der Banken wird durch die Digitalisierung erträglicher; so hoffen sie. Um Dienstleistungen mit Ertragspotenzial überhaupt anbieten zu können, werden die Banken diese als Online-Produkte anbieten, wie in der Versicherungswirtschaft auch, aktuelles Beispiel sind die Digitalisierungspläne der ERGO. Aber die Produkte werden dadurch nicht transparenter. Es ändert sich lediglich der Verteilungskanal – stationärer Vertrieb über die Filiale oder Onlinevertrieb. Der Onlinevertrieb senkt für Banken die Kosten immer weiter. Der Kunde bleibt ohne eigenes Know-how genauso abhängig wie vorher auch. Eine Scheinwelt, in die sich der Kunde begibt, ohne es zu wissen.

Krüger: Ist die Gesundschrumpfung der Banken wegen der Teilprivatisierung der Altersvorsorge nicht umso notwendiger? Gerade weil das System des Overbankings die Tabubrüche im Vertrieb zulasten des Vorsorgenden mit herbeigeführt hat? Ist deshalb nicht umso bedenklicher, dass es der Wunsch der Politik war, die Teilprivatisierung der Rente durchzusetzen?

Thomas: Vor diesem Hintergrund ist es natürlich bedenklich, dass die Politik diese Teilprivatisierung der Rente nach wie vor für richtig hält. Sie will das nicht ändern. Doch die Grundidee, dass man die Privatisierung der Altersvorsorge nicht ändern möchte, ist falsch. Gerade bei den zunehmenden gebrochenen Erwerbsbiografien. Gerade bei den tendenziell geringeren Festeinstellungen. Auf diesem Feld ist Crowdworking eines der neueren Stichwörter. Das heißt, es gibt Internetplattformen für digitale Freelancer oder Tagelöhner, auf denen ein Entwickler für Flugzeuge aus Deutschland mit einem aus Mexiko konkurriert. Plattformen, wo nur die zehn Besten ihres Faches Geld bekommen. Die ganze Welt tritt dabei in Konkurrenz zueinander und die Unternehmen können sich die besten und gleichzeitig preisgünstigsten Crowdworker heraussuchen. Der Mexikaner ist dabei bei gleicher Qualifikation im Vorteil. Denn von dem Geld, das er für seine Entwicklungsarbeit bekommt, die 512 Euro, kann er in Mexiko sehr gut leben. Der Deutsche kann davon nicht einmal seine Miete bezahlen. Das ist der Trend, nach dem neue Unternehmer, Start-ups und neue Beschäftigungsformen entstehen. Man hat gar kein Festeinkommen mehr und muss sich mit ständig unsicherer Auftragslage herumschlagen.

Die Internationalisierung der Arbeit wird eine immer größere Bedeutung haben. Damit die Leute das tragen, wird nach dem Prinzip Brot und Spiele aus dem alten Rom das Angebot der Spiele immer größer werden. Bei gleichzeitiger Verknappung der Brotverteilung. Das sehen Sie schon an den ganzen Browserspielen, die im Fernsehen beworben werden. Man gibt den Leuten ein Handy oder ein iPhone. iPhone statt Rente, heißt die Lösung.

iPhone statt Rente. Eine bedrückende Vorstellung. Doch was ist, wenn mir die Rente lieber ist? Deshalb muss ich mir bei meiner Rentenlücke etwas einfallen lassen und, wie der Landesbanker sagt, Mosaiksteinchen auf Mosaiksteinchen zusammensammeln. Das nächste Steinchen sind die Banken.

Wenn's um Vorsorge geht, eben nicht Sparkasse

Die Gespräche über den Provisionsvertrieb haben meinen Glauben nicht gerade gestärkt, dass ich bei den Banken eine bessere Altersvorsorgeberatung bekommen könnte als bei einem Finanzstrukturvertriebler oder bei einem Versicherungsmakler. Dennoch wage ich den Versuch. Irgendwem muss ich mein Geld ja anvertrauen. Ohnehin besitzen Banken immer noch eine natürliche Autorität, weil es ohne sie nicht geht. Das verleiht ihnen eine Art Unverzichtbarkeitsmacht. Denn ohne Konto komme ich in dieser Geldwirtschaft nicht aus. Es sei denn, ich führe ein Leben ohne Geld und verzichte auf den gewohnten materiellen Wohlstand.

Meine erste Station ist eine Sparkassenfiliale in der Kieler Innenstadt. Dort stelle ich mich als unzufriedener Bankkunde vor. Angeblich habe ich Ärger mit meiner Hausbank, weil ich mich in der Altersvorsorgeberatung vernachlässigt fühle. Ich sei zwar interessiert an einem Wechsel, aber ich mache eine Kontoeröffnung davon abhängig, ob ich bei der Altersvorsorge gut betreut werde. Vielleicht motiviert das die Verantwortlichen in der Bank, es besonders gut zu machen. Doch das ist ein Irrtum. Die Bankberaterin, die mir zugeteilt wird, ist zwar jung, charmant und hübsch, aber sie bietet mir nur ein einziges Rentenprodukt an. Hat die Sparkasse nicht mehr? Ist die Altersvorsorge derart alternativlos? Oder ist dieses Produkt das Produkt der Woche, das die Beraterin zu verkaufen hat? Gewiss hängt ein Vorsorgeplan davon ab, welches persönliche Profil der jeweilige Sparer hat. Deshalb ist sicher nicht jedes Rentenprodukt für mich geeignet. Zum Beispiel sind für mich als aktuell Selbstständiger die meisten Riester-Produkte ziemlich sinnlos. Da ich eine Kapitalabfindung vorziehe, passt auch eine Rürup-Variante eher nicht zu mir. Wieso aber nur ein einziges Produkt? Ich habe auch nichts davon, dass ich mit meinem Budget von 400 Euro in die Gruppe der Individualkunden eingeteilt werde. Die meisten anderen Kunden investieren eher nur 250 Euro und noch weniger pro Monat, wie mir die Beraterin versichert. Ich diktiere der Beraterin in den Notizblock, dass ich für meine Rentenlücke von 200.000 bis 250.000 Euro einen konkreten Vorsorgeplan erhalten möchte.

Dazu gibt sie keinen Kommentar. Kein »Wir-packen-das« oder »Schminken-Sie-sich-das-ab«. Sie lächelt nur. Möglicherweise freut sie sich, weil mein Anlagevolumen ihrer Zielkarte als Individualkundenberaterin so gut tut.

Als die alleinige Lösung stellt sie mir die GarantRente Vario vor. Eine Hybridpolice, die Garantieleistungen mit Fondsanlagen kombiniert. Nur dass die Bankberaterin diesen Fachbegriff nicht verwendet. Stattdessen redet sie von einem doppelten Überlaufsystem. Doch diese Bezeichnung kenne ich nicht. Zum besseren Verständnis malt sie mir drei Rechtecke auf ein Notizblatt. Doch ihre Formulierungen sind zu umständlich, als dass ich die Funktionsweise der Police als Drei-Topf-System verstehen könnte. Deshalb greife ich mir ihr Notizblatt und schreibe selbst meine Übersetzungen ihrer Erklärungen unter jedes einzelne Rechteck. Es gibt einen Garantiezinstopf, einen Wertsicherungstopf und einen Aktientopf. Der erste Topf sammelt die monatlichen Einzahlungen von 400 Euro über 20 Jahre und verzinst das Geld um den Garantiezins von 1,25 Prozent. Zumindest einen Teil davon, so wie ich die Beraterin verstehe. »Wir wollen ja keine Augenwischerei betreiben«, gesteht sie immerhin. »Davon bleibt nicht alles übrig.« Bleibt es tatsächlich nicht. Zwar wirbt die Provinzial damit: »Bei der GarantRente Vario geht nichts verloren.« Doch es geht etwas verloren. Ich verzeichne keinen Zinsgewinn. »So wissen Sie heute schon, womit Sie morgen rechnen können«, heißt es dazu bei der Provinzial. Ja, ich darf damit rechnen, erst einmal nur Kosten zu bezahlen. Das heißt, der garantierte Rückerhalt des eingesetzten Gesamtkapitals ist in Wirklichkeit ein garantierter Wertverlust, weil ich keinen Schutz gegen die Inflation geboten bekomme. Meine investierten 96.000 Euro haben nach 20 Jahren Ablaufzeit des Vertrages nicht den gleichen Wert wie vor Vertragsbeginn. Diese Feinheiten erläutert die Bankberaterin nicht. Ein Teil dieses Kapitals wird währenddessen aus dem Garantiezinstopf umgeschichtet in den Wertsicherungstopf, der einen geschlossenen Fonds enthält. Deka-EuropaGarant 80 heißt der Fonds. »Das ist der erfolgreichste Fonds Europas«, wirbt die Bankberaterin. Entworfen hat ihn Deka Investments, die Tochter der Sparkassen. Einen Beweis dafür liefert die Beraterin mir nicht. Was für ein Fonds das überhaupt ist, sagt sie auch nicht. Möglicherweise glaubt sie, allein die Behauptung, dieser Fonds sei der beste, könnte mich schon beeindrucken. Ganz und gar nicht beeindruckt mich, dass ein Computer diesen Umschichtungsvorgang steuert. Wonach richtet sich das? Das verstehe ich nicht, und die Beraterin kann das auch nicht erklären. »Das ist halt so.« Von dort jedenfalls wandert bei entsprechenden Überschüssen ein vertretbarer Anteil meiner Mittel in den Aktientopf. Darin befindet sich ein freier Fonds, die Deka BasisAnlage A 100. Ich schließe aus dem Begriff Aktientopf, dass es sich um einen Aktienfonds handelt. Welche Anlageidee dieser Fonds beinhaltet, erklärt sie mir aber nicht. Und warum muss es ausgerechnet dieser Fonds sein? Das sagt sie mir auch nicht. Nicht zuletzt: Was heißt eigentlich vertretbarer Anteil? Wie das bestimmt wird, erklärt sie mir ebenso wenig. Überhaupt erklärt die Bankberaterin nicht viel. Die genaue Aufteilung der Kosten verschweigt sie gänzlich. Nicht ein einziges Mal fällt in unserem Gespräch bei ihr das Wort Kosten. Darf sie das aus verkaufspsychologischen Gründen nicht verwenden? Haben Kosten einen zu negativen Empfindungswert für mich als Kunden? Wird ihr das in der Verkaufsschulung so beigebracht? Nun gut, beim Strukturvertrieb habe ich gelernt, dass ein Verkäufer eines Finanzproduktes dem Kunden demonstrieren soll, was er durch das Produkt alles gewinnt. Das wäre bei der GarantRente Vario die Dread Disease Option, die besagt, dass ich bei schwerer Krankheit das zur Verfügung stehende Kapital ausgezahlt bekomme. Aber nicht einmal das schlachtet die Beraterin für sich aus.

Über Kosten darf ich anschließend im Produktinformationsblatt etwas nachlesen. Obgleich ähnlich wie bei den Makler-Produkten der LV 1871 oder Condor Versicherungen keine Transparenz erkennbar ist. Abschlusskosten muss ich einmalig 2083,20 Euro bezahlen, verteilt auf fünf Jahre. Das entspricht 2,17 Prozent der Beitragssumme von 96.000. Obendrein fallen jährlich über die Vertragsdauer 264,00 Euro als Kosten an. Darin sind 96,00 Euro Verwaltungskosten enthalten. Das war es aber noch nicht mit den Verwaltungskosten. Es fallen noch monatlich zusätzliche Verwaltungskosten von 0,20 Euro pro 1000 Euro Vertragsguthaben an. Das wären auch noch einmal 4608 Euro über die gesamte Vertragsdauer gerechnet. Die Auswirkung der Kosten auf die Wertentwicklung wird mithilfe der Effektivkostenquote ausgedrückt. In diesem Fall beträgt sie 1,19 Prozent. Wie sich diese 1,19 Prozent aus den vorher genannten Kosten ableiten, ist für mich nicht nachzuvollziehen. Überhaupt ist nicht genau gegenübergestellt, inwieweit die Kosten in den genannten Gesamtleistungen schon enthalten sind. Ich schätze mal gar nicht. Wenn ich das aber falsch beurteile, spricht das nicht gegen mich, weil das Produktinformationsblatt nicht eindeutig darüber aufklärt. Mal abgesehen davon gibt es ja auch noch die Fondskosten. Aufgrund Manfred Wilkes Hilfestellung schaue ich jetzt genauer hin. Für den freien Fonds habe ich pro Jahr 2,17 Prozent von meinem Jahresbeitrag zu zahlen. Das sind 104 Euro und hochgerechnet auf die gesamte Vertragslaufzeit 2083 Euro. Dazu kommen dann noch 2,02 Prozent für den Wertsicherungsfonds mit noch einmal knapp 2000 Euro. Durch die Überschussbeteiligung wird sich das aber noch verringern. Wie gesagt: Zu diesem kompletten Kostenblock hat die Bankberaterin nicht ein erläuterndes Wort investiert.

Was sie dagegen tut, ist, mir die Zahlen der möglichen unverbindlichen Leistungen zu präsentieren. Und das mit konkreten Zahlen. Es gibt eine prognostizierte Wertsteigerung des Fonds von 3, 6 und 9 Prozent. Im ersten Fall bekomme ich als Kapital 126.000 Euro, im zweiten Fall 165.000 Euro und im dritten 225.000 Euro. In meinem Fall müssten es schon 9 Prozent an Wertsteigerung sein. Doch wie realistisch ist eine solche Rendite? »3 Prozent sind konservativ kalkuliert, 6 Prozent schon großzügig und 9 Prozent risikoreich.« Aha. Dass 9 Prozent eher eine unwahrscheinliche Wertentwicklung sind, sagt die Bankberaterin nicht. Auch welchen Wertverlust diese prognostizierten 225.000 Euro infolge der Inflation in den nächsten zwei Jahrzehnten haben werden, veranschaulicht sie nicht. Umso schlimmer, dass sie mir keine Produktalternative bietet, damit ich vergleichen kann.

Bekomme ich dieses Produkt auch, wenn ich weniger als 400 Euro zur Verfügung habe? »Dieses Produkt ist so gut«, schwärmt die Bankberaterin. »Es passt auf fast jeden Kunden. Sie können schon ab 25 Euro einsteigen. Nicht umsonst hat *Focus Money* dieses Produkt 2009 mit einem Innovativpreis ausgezeichnet.« Nur worin ist das Produkt so innovativ? Das erschließt sich mir nicht. Welchen Wert ein derartiges Zertifikat von *Focus Money* besitzt, kann ich nicht einschätzen, da ich diese Zeitung nicht lese. Ein Qualitätsnachweis ist ein solches Prädikat jedenfalls nicht für mich. Deshalb fühle ich mich nicht wirklich beraten. Wie auch? Zu sehr erweckt die Bankberaterin mit ihrer Produktauswahl den schlechtesten Eindruck, den für mich eine Beratung nur machen kann. Das Ergebnis steht vor dem Beratungsgespräch bereits fest. Das scheint für die Finanzindustrie typisch zu sein: Bei dieser Bankberaterin heißt es GarantRente Vario. Was unterscheidet demnach diese Sparkassendame von einem Vermögensberater der großen Strukturvertriebe, der stereotyp eine Wunschpolice verkauft? Nicht viel. Zu deutlich verkauft diese Bankberaterin nach

Schema F. Zu deutlich fehlt bei ihr die notwendige Erklärungsbereitschaft bei einem uninformierten Kunden wie mir. Möglichweise fehlt ihr auch die Erklärungskompetenz. Im Grunde aber ist auch eine Sparkasse beim Produktverkauf gebunden an ihre bestimmten Produktlieferanten. Damit wird sie zu einem Ausschließlichkeitsvertrieb. Bei den Sparkassen sind das die Provinzial und die Deka Bank.

»Soll ich Sie anrufen oder muss ich solange die Füße stillhalten, bis Sie sich melden?«, fragt die Bankberaterin neugierig. Mich als Kunden hätte sie anscheinend schon ganz gern. Sie wird stillhalten müssen. Zu groß ist bei mir das Gefühl, das Produkt nicht ganz durchschaut zu haben. Warum sollte ich meine Altersvorsorge auf einer Ungewissheit aufbauen, ohne andere Vorschläge zu kennen? Erst recht, wenn dieses Produkt meine Rentenlücke nicht schließen kann.

Wenn die Altersvorsorge für die Mittagspause zum Problem wird

Möglicherweise haben die Bankberaterin der Santander Bank und ich uns einfach zur falschen Zeit verabredet. Denn sie erklärt noch weniger als die Sparkassendame. Ich komme zur Mittagszeit in die Bank. Mein Gespräch ist das letzte einer langen Reihe von Kundengesprächen, die die Bankberaterin an diesem Vormittag zu absolvieren hatte. Jetzt hätte sie eigentlich ihre Mittagspause. Deswegen knurrt ihr Magen, wie sie eingesteht. Doch auch insgesamt wirkt die Bankberaterin als Mittvierzigerin müde. Müde von der Routine eines Jobs als Kundenberaterin, den sie anscheinend seit gut 20 Jahren macht. Vielleicht ist sie bisher karrieremäßig nicht richtig von der Stelle gekommen. Immerhin bekomme ich von ihr schon mal zwei Altersvorsorgeprodukte angeboten: einen Fondssparplan und eine Fondspolice. Ich nenne ihr die gleichen Rahmendaten wie den beiden Maklern und der Sparkassenberaterin. Zusätzlich bestimme ich erneut ganz offen das Ziel, dass bei mir eine Rentenlücke von rund 250.000 Euro zu schließen sei. Darüber hinaus frage ich mit neugieriger Unbedarftheit, ob ich bei ihr auch über Aktien beraten werde. Schließlich will ich alle Möglichkeiten kennenlernen. »Das machen wir nicht«, sagt die Bankberaterin. »Das ist eine Marktentscheidung. Die Nachfrage nach Aktien ist bei den Kunden viel zu gering.« Aha, ich habe mich demnach danach zu richten, ob andere Kunden auch Aktien haben wollen. Das Geschäft ist also nicht für die Kunden da. Stattdessen wählt sie mir zunächst einen Fondssparplan aus über den Fonds Santander AM Euro Equity A, ein Fonds der höheren Risikoklasse 3. Wegen meiner Rentenlücke bin ich zu einem höheren Anlagerisiko bereit. Etwas anderes bleibt mir auch gar nicht übrig. Doch was heißt eigentlich Risikoklasse 3? Was ist das für eine Qualitätsaussage? Warum ist ein Fonds der Risikoklasse 4 für mich nicht besser geeignet? Was unterscheidet die Klasse 3 von der Klasse 4? Oder von der Klasse 2? Wie wird dieser Klassenunterschied bemessen? Wo liegt die Grenze? Gerade bei meiner klaffenden Rentenlücke muss ich das wissen. Warum ist ausgerechnet dieser Fonds für mein Vorsorgeziel besonders geeignet? Gibt es nicht noch andere Fonds der gleichen Risikoklasse?

Die Auswahl der Bankberaterin kommt mir ziemlich beliebig vor. Das Fondsvolumen von 111,84 Millionen Euro scheint mir zudem nicht besonders hoch zu sein. Möglicherweise ist es ein Anlagegeheimtipp. Sofern man bei Fonds mit solchen Begriffen überhaupt arbeiten darf.

Zur weiteren Veranschaulichung bekomme ich von der Bankberaterin ein Informationsblättchen vorgelegt. Dort steht etwas über das Anlageziel des Fonds: Das eingesammelte Vermögen soll er in europäische Aktien investieren. Von einem diversifizierten Portfolio ist die Rede. Das ist für mich aber nur ein hohler Begriff, der nichts über die Qualität des Fonds aussagt. Auf dem Blatt ist noch eine Grafik abgebildet zur Brutto-Wertentwicklung des Fonds. Doch wie ich diese Grafik zu deuten habe, erklärt mir die Bankberaterin nicht. Die Wertentwicklung der letzten fünf Jahre liest sich mit 14,09 Prozent nicht gerade so, als würde ich euphorisch werden. Doch auch hier gilt: Wie habe ich diese Zahl für mein Vorsorgeziel zu deuten? Keine Erklärung. Ich bekomme zwar das Gesicht des Fondsmanagers zu sehen, José A. Montero heißt er und trägt einen Bart. Aber welchen Aussagewert hat das, wenn die Bankberaterin darauf hinweist, Montero habe mit seinem Management den Vergleichsindex überboten. Was für ein Qualitätsnachweis ist das, wenn ich nicht einmal weiß, welcher Index damit gemeint ist? Der EURO STOXX? Dazu gibt es keine Angaben. Die Bankberaterin druckt mir als Ergänzung noch eine Seite der Internetseite fondsweb aus. So kann ich den Santander AM Euro Equity A mit dem Fonds Santander Select Defensive A aus der Risikoklasse 2 vergleichen. Auf mich wirkt es aber unprofessionell, dass sich die Bankberaterin im Internet bedient. Als hätte sie selbst nichts Erklärendes zu dem Fonds zu sagen und müsste wie ein unkundiger Professor vor seinen Studenten im Seminar erst einmal einen Wikipedia-Aufsatz lesen, um sich schlauzumachen. Zumal bei fondsweb die Kennzahlen der Fonds unkommentiert aufgelistet sind. Als Laie kann ich damit nichts anfangen. Okay, ich weiß in der Theorie, dass die Volatilität die Schwankungsbreite eines Fonds ausdrückt. Aber was sagt mir der Vergleich der Angabe von 14,26 Prozent für eine Dreijahres-Spanne des Equity A Fonds und der von 3,76 Prozent für den Defensive A Fonds? Welche Information über die Leistungskraft dieses Fonds kann ich daraus entnehmen? Dazu erzählt mir die Beraterin nichts. Das Gleiche gilt für die anderen Kennzahlen: Sharpe Ratio, Information Ratio, Treynor Ratio, Alphafaktor, Jensens Alpha genannt, und Betafaktor. Wie kommen die dazu aufgeführten Werte zustande? Durch Glück, durch Können des Fondsmanagers oder durch unkalkulierbare äußere Einflüsse auf dem Markt? Diese Zusammenhänge müsste mir die Bankberaterin eigentlich erklären. Oder wird sie darin nicht ausgebildet?

Spätestens an dieser Stelle würde die Erkenntnisvermittlung einer echten Beraterin anfangen. Wie soll ich sonst die Kompetenz erwerben, einen Fonds zu analysieren und zu bewerten? Diese Fähigkeit benötige ich, um eine fundierte Kaufentscheidung zu treffen. Oder muss ich mir das alles in Eigenregie erarbeiten? Wenn ja, wozu brauche ich dann noch eine Bankberaterin? Irgendwie scheint die Beraterin auch überfordert zu sein. Nur, was schüchtert sie so ein? Mein Rentenlückenziel? Sie fragt mich, wie ich die wirtschaftliche Zukunft Europas einschätze. Wie bitte? Was die Experten kaum vermögen, soll ich als Otto Normalfinanzproduktkäufer aus dem Stegreif beurteilen können? Daraufhin gebe ich ein bisschen Zeitungswissen zum Besten über die auseinanderlaufenden Wettbewerbsfähigkeiten zwischen Nord- und Südeuropa, die den Euro-Raum zerreißen könnten. Inwieweit dieser Konflikt die Ertragskraft des Equity A Fonds negativ beeinflussen werde, könne ich nicht einschätzen. »Ich werde aus Ihnen nicht schlau«, gesteht die Bankberaterin. »Sie scheinen mehr als andere Kunden zu wissen.« Na und? Was nützt mir das bei meiner Rentenlücke? Irgendwie scheint die Bankberaterin an den von ihr ausgewählten Fondsparplan selbst nicht zu glauben. Zumal sie mir mit dem Fondsrechner aus dem Internet vorrechnet, wie sehr ich die Schließung dieser Lücke verfehlen werde. 549,68 Euro müsste ich nach dem Fondsrechner monatlich 20 Jahre bei einem Fondssparplan einzahlen, um das Rentenlückenziel zu erreichen. Unter einer angenommenen Wertentwicklung von 4 Prozent im Jahr. Ich habe aber nur 400 Euro. Von den 200.000 Euro müsste ich aber noch die Depotgebühren abziehen, den Ausgabeaufschlag und die Verwaltungskosten. Nicht zu vergessen die Fondskosten. Folglich werden nicht einmal die 549,68 Euro reichen.

Weil der Fondssparplan nicht weiter ergiebig zu sein scheint, stellt mir die Bankberaterin nun eine Fondspolice der AXA-Lebensversicherung vor. Zu den Versicherungsdaten gehören die Angabe des Tarifs AF2 und der Tarifklasse TK 2 (A1011). Was diese Angaben bedeuten, kann ich nicht sagen. Sie mir aber auch nicht. Diese Police ist gebunden an den Fonds Santander Select Moderate, ein Dachfonds der Risikoklasse 3. Doch auch bei diesem Produkt stellen sich die gleichen Fragen: Warum gerade dieser Fonds? Warum kein anderer? Und was ist überhaupt ein Dachfonds? Da die Bankberaterin immer mehr auf ihre Mittagspause drängt, peitschen wir die Bedingungen dieses Produkts zügig durch: Ich habe die Möglichkeit, den Fonds dieser Anlage zu wechseln. Sofern die Fonds dem gleichen Tarif angehören. Diese Police hat auch eine Garantie-Option. Das heißt, ich darf mein Fondsvermögen in einen konventionellen Deckungsstock übertragen, dessen Deckungskapital mir bei Rentenbeginn zur Verfügung steht. Nur: Dieses Kapital erhält keine Garantieverzinsung. Warum nicht? Das erscheint mir willkürlich. Im Verlauf des Gespräches ist mir das aber nicht bewusst. Deswegen frage ich nicht nach. Von sich aus sagt die Bankberaterin nichts dazu. Und was ist, wenn ich sterbe? Dann bekommen meine Erben immerhin das Fondsguthaben zugesprochen.

Die Beraterin präsentiert mir die Leistungen je nach Rentenwahl. Bei einer Verrentung gibt es monatlich 748,74 Euro. Vorausgesetzt es kommt zu einer Wertentwicklung von 8 Prozent. So viel müsste es auch schon sein. Nach Fondskosten, versteht sich. Bei einer Kapitalabfindung gibt es 195.696 Euro. Die Fondskosten belaufen sich nach dem Produktinformationsblatt auf jährlich 2,52 Prozent vom Beitragsvolumen, also 120,96 Euro, auf 20 Jahre gerechnet sind das 2419,20 Euro. Neben diesen Depotgebühren und Verwaltungskosten gibt es noch die Transaktionskosten. Zusätzlich kommen noch die Versicherungskosten: Die Abschluss- und Vertriebskosten betragen 2400 Euro. Sie werden wie üblich auf die ersten fünf Jahre der Vertragsdauer verteilt. Dazu kommen jährliche Verwaltungskosten von 600,26 Euro. Zusätzlich werden dem Investmentvermögen jährlich 95,16 Euro entnommen. Während des Rentenbezuges gibt es weitere Kosten von monatlich 1,60 Euro pro 100 Euro Altersrente. Das sind auch noch einmal rund 12 Euro im Monat. Auch bei diesem Produkt werden die Kosten nicht den möglichen Leistungsdaten gegenübergestellt. Ich kann die Kosten und das Guthaben nicht aufeinander beziehen und nicht voneinander ableiten. So bestätigt sich der Eindruck, den ich bereits bei Wilke gewonnen habe: Eine Fondspolice ist nicht das richtige Vorsorgeprodukt für mich. Sie ist es schon deswegen nicht, weil ich mit viel zu vielen Fragen von der Bankberaterin alleingelassen werde. Selbst wenn ich aufgrund eigener Unkenntnis oder Missverständnisse die Produktqualität falsch bewerten sollte. Vielleicht ahnt die Beraterin deshalb, dass ich nicht zum Kunden ihrer Bank werde. Möglicherweise will sie mit einem guten Gefühl in die Mittagspause gehen und macht mir am Schluss noch ein Service-Angebot: Ich könnte doch mit den Produktvorschlägen der Konkurrenz zu ihr in die Bank kommen. Dann würden wir einen Produktvergleich vornehmen. Hält sie etwa die Produkte der AXA-Versicherung für besser als die der Konkurrenz? Wie kommt sie darauf?

Die Bank an keiner Seite

»Bringen Sie Zeit mit«, sagt die Dame am Empfang der Kieler Commerzbank. »Kontoeröffnungsgespräche dauern bei uns eine gute Stunde und Sitzungen zur Altersvorsorge mindestens zwei. Wollen Sie eine weibliche Beraterin oder einen männlichen?« Das Geschlecht sei mir egal, antworte ich. »Nehmen Sie den Berater, den Sie für den besten halten. Mir kommt es auf Qualität an.« Sie teilt mir daraufhin einen Herrn zu.

Der Bankberater ist ungefähr so alt wie ich und wirkt jungenhaft wie ein braver Internatsschüler. Von Anfang an unterzieht er mich einer professionell durchstrukturierten Beratungssitzung, die haptische und visuelle Reize anbietet. Zu diesem Zweck entblättert er vor mir ein sechseckiges farbiges Faltblatt, auf dem die Commerzbank die Einhaltung all ihrer Leistungsversprechen garantiert. *Wir arbeiten an Ihrem Erfolg. Wir bieten Ihnen die besten Lösungen. Wir unterstützen Sie schnell und effizient.* Da bemüht sich jemand, mich als Kunden zu gewinnen und seine Bank als Diener meiner Interessen zu verkaufen. Gemäß der Imagekampagne der Commerzbank um die Hamburger Filialleiterin Lena Kuske, die als Langstreckenläuferin in mehreren Werbeclips seit 2012 ins Marketingrennen geschickt worden ist. Ein raffiniertes Spiel mit der Metapher von der Einsamkeit der Langstreckenläuferin. Der schweißtreibende Lauf im Jogginganzug durch die Frankfurter City wird gestaltet als Metapher für den Lauf der Commerzbank zu sich selbst, ein Lauf, der Leistungsbereitschaft symbolisieren soll und damit den Sieg über den Gier-Kapitalismus. Hier besiegt also die Bank den eigenen inneren Schweinehund und geißelt sich selbst. Deshalb beginnt Lena Kuske ihren Lauf auch mit dem Bekenntnis der Bank, selbst schuld an dem Vertrauensverlust zu sein. Denn man war nun einmal Teil dieses Systems. Doch Lena Kuske verspricht den ersten Schritt zur Besserung: »Wir haben etwas getan, was für uns bisher vielleicht nicht typisch war. Wir haben die Gründe bei uns gesucht und uns gefragt: Braucht Deutschland eine Bank, die einfach so weitermacht?«[31] Mit hartem Provisionsvertrieb zulasten der Kunden zum Beispiel? Oder mit Nahrungsmittelspekulationen? Natürlich nicht. Welcher Deutsche kann zu so einer rhetorischen Frage schon Ja sagen? Und weil das niemand kann, läuft auch die deutsche Fußball-Nationalmannschaft seit einiger Zeit mit bei den Commerzbank-Spots.

Dazu liefert die Commerzbank in ihren Strategiepapieren eine Art Selbstvergewisserung ihrer neuen sozialen Identität: als Bank, die ihre Kunden durch Fairness und Kompetenz überzeugt; als Bank, die auf allen Plätzen der Welt präsent ist, aber trotzdem den Kunden nicht nur als Unternehmer betrachtet, sondern auch als Privatperson. Hier verspricht eine Bank also so etwas wie wertschätzende Kommunikation, weil sie den Kunden fortan in seiner Ganzheit als Menschen betrachten will. Rhetorisch garniert sie dieses Strategieziel mit der reizvollen Funktionsbeschreibung, ein Nischenplayer zu sein.[32] Die Commerzbank scheint also nicht mehr am großen Rad des Kasinokapitalismus drehen zu wollen.

Doch bereits beim ersten Rentenprodukt, das mir der Bankberater vorstellt, habe ich schon keine Lust mehr. Zur Abwechslung ist es eine Rürup-Rente, weil ich mich dieses Mal nicht auf die Kapitalabfindung festgelegt habe. BasisRente Index Select heißt das Ding, das an Index EURO STOXX 50 gebunden ist. Indexsparen im Gewand einer Rürup-Rente. Angeblich ideal für Selbstständige, Freiberufler und Besserverdienende, wie die Allianz verspricht. Allerdings verleidet das Produktinformationsblatt mir das Produkt sofort auf der ersten Seite. Dort heißt es: »Das Prinzip ist sicher und einfach. Ihre gezahlten Beiträge zur Altersvorsorge sind bei Ablauf sowie im Todesfall garantiert. Garantiegeber ist die Allianz Leben. Monatliche Indexveränderungen (maximal bis zur Höhe des Caps) werden aufsummiert. Ist die Summe negativ, wird sie auf Null gesetzt. Die jährlichen Gewinne werden festgeschrieben (Lock-in) und sind ebenfalls zum Ablauf Ihrer Versicherung und im Todesfall garantiert.«

Was soll das bedeuten? Als Englischlehrer verstehe ich die Anglizismen Cap und Lock-in. Aufgrund meiner ersten Erfahrungen mit dem Indexsparen der Versicherung LV 1871 habe ich auch schon den Begriff Cap kennengelernt. Das ist eine Rendite-Obergrenze, die bestimmt, dass ich nur bis zu dieser Grenze monatlich an der Wertsteigerung des Index beteiligt bin. Wahrscheinlich wird durch diese Begrenzung die Garantie finanziert. Denn mit dieser Garantie lockt die Allianz. Bei Rentenbeginn stehen mir 100 Prozent meiner eingezahlten Beiträge zur Altersvorsorge zur Verfügung, unabhängig von der Entwicklung des Kapitalmarktes. Das Gleiche gilt für meine Hinterbliebenen, falls ich vor Rentenbeginn sterben sollte. Aber was wäre, wenn ich dieses Vorwissen nicht hätte?

Ich würde nicht verstehen, was die Deckelung beim Indexfonds bedeutet. Sicher, auf den Folgeseiten ist die Funktionsweise eines Caps erklärt. Aber zu eindeutig übt die Allianz im Verbund mit der Commerzbank mit ihrer Begriffswahl Herrschaft aus. Der Leser wird nicht abgeholt und an die Hand genommen, sondern eingeschüchtert.

Immerhin stellt mir der Bankberater der Commerzbank einen persönlichen Vorsorgeplan zusammen. So erweckt er zumindest die Illusion, als folge er einem bestimmten System, um meine Rentenlücke zu schließen. Dort ist gemäß meiner Rahmendaten vermerkt, dass mir Flexibilität wichtiger ist als staatliche Förderung. Demgemäß sollen meine Gelder beleihbar, vererbbar, übertragbar und kapitalisierbar sein. So weit, so gut. Aber, und das ist ein großes Aber: Mein heutiger monatlicher Nettoverdienst von circa 1700 Euro würde in 20 Jahren bei einer angenommenen Inflation von 2 Prozent einem Betrag von 2526 Euro entsprechen. Wenn ich 80 Prozent dieses Einkommensniveaus halten will, damit ich noch von einer Lebensstandardsicherung sprechen kann, müssten es schon 2000 Euro sein. Bei 1700 Euro wären das 1360 Euro. Bei meiner monatlichen Rente von 580 Euro hätte ich eine Versorgungslücke von 1420 Euro zu schließen. Das wäre eine Rentenlücke von über 300.000 Euro mit eingerechnetem Inflationsausgleich. Kann ich diese Versorgungslücke mit der BasisRente Index Select schließen? Nein. Nicht zu den Konditionen, von denen ich bisher auszugehen habe, mit einem Einsatz von 400 Euro monatlich. Garantiert wird mir eine Mindestrente von 339,74 Euro monatlich. Ich muss halt ins Risiko gehen. Bei einer Wertentwicklung von 8 Prozent nach Kosten bekomme ich monatlich eine lebenslange Rente von 947,80 Euro ausbezahlt. Dadurch verbleibt für mich eine Versorgungslücke von 472 Euro. Wenn ich die vollen 2526 Euro erreichen will, hätte ich noch eine verbleibende Lücke von knapp 954 Euro zu stemmen. Ich kann demnach nur darauf hoffen, dass mir in meinem Job noch zusätzliche Erfolge glücken und ich dauerhaft zahlungskräftige Kunden an Land ziehen kann. Doch sind diese 8 Prozent Wertentwicklung überhaupt realistisch? Wohl nicht. Zwar scheint der Bankberater mit der Erstellung meines persönlichen Vorsorgeplans seriös zu sein. Aber von Kosten spricht er in dem ganzen Beratungsgespräch nicht. Auch in dem Produktinformationsblatt gibt es keine Kostentransparenz. Es gibt Abschluss- und Vertriebskosten von 2400 Euro. Es gibt fixe Verwaltungskosten von 216,00 Euro pro Jahr vor dem Rentenbeginn und die sind Teil eines Kostenblocks von 336,00 Euro, bei dem der

Restbetrag in seiner Funktion nicht bestimmt wird. Dazu kommen noch die Verwaltungskosten nach dem Rentenbeginn von 1,75 Euro je 100 Euro gezahlter Rente. Nicht zu vergessen die variablen Verwaltungskosten von 0,50 Euro je 100 Euro Deckungskapital. Damit ist wohl das Vertragsguthaben gemeint, und zusammen macht das 9600 Euro. Doch wie bei den anderen Produkten ist an keiner Stelle der Produktinformationen zu erkennen, wie man Kosten und Gesamtleistungen voneinander ableiten kann. Zu den Steuererleichterungen sagt der Bankberater auch nichts. Erst recht nicht, ob die Steuererleichterungen bei dieser Rürup-Rente die späteren Steuerbelastungen zumindest ausgleichen.

Als Alternative schlägt der Bankberater eine Fondspolice vor, die Privat-Rente Index Select. Indexsparen im Versicherungsmantel, so wie ich das bei Reinhard Brückner schon kennengelernt habe. Darin ist eine dynamische Beitragserhöhung von 5 Prozent pro Jahr eingerechnet. Gesetzt den Fall, ich bin dazu imstande. Bei einer Wertentwicklung von 8 Prozent käme ich auf eine monatliche Rente von 1276,68 Euro oder bei einer von mir bevorzugten Kapitalabfindung auf 267.984,11 Euro. Dabei würden mir in der Rente nur noch rund 150 Euro fehlen. Das wäre vielleicht verschmerzbar. Trotzdem ist das mit allen Voraussetzungen, die erfüllt sein müssten, schon ein Fantasieprodukt. Da man Anlagen auch streuen soll, könnte man die beiden Produkte auch miteinander kombinieren, mit kleineren Monatsbeiträgen. Es ist auch denkbar, eines der beiden Produkte mit einem Fondssparplan zu kombinieren. Gute Gelegenheit für den Bankberater, mir einen Fonds vorzustellen. Dafür füllt er mit mir zusammen ein Beratungsprotokoll aus. Die Vorstellung des Fonds bereitet der Bankberater visuell auf. Es ist nicht ohne Reiz, dass die Hinführung zu dem Fonds einem Persönlichkeitstest gleicht, mit Ankreuzen von Ja- oder Nein-Fragen. Zu welchem Risikoverhalten bin ich bereit? Setze ich auf Stabilität, Einkommen, Wachstum oder Chance? Ich wähle das Wachstum, weil ich bei meiner Rentenlücke ins Risiko gehen muss. Und siehe da: Der dafür passende Fonds heißt auch noch Wachstum. Angeblich hat er allen Widrigkeiten des Marktes getrotzt, sei es die Griechenlandkrise oder seien es die Kurseinbrüche durch die Ukraine-Krise. 29 Prozent Wertsteigerung in den letzten fünf Jahren sind der Beweis. Doch auch bei diesem Fondsvorschlag gelten die gleichen Fragen: Warum gerade dieser Fonds? Warum erklärt der Bankberater mir nicht die Funktionsweise dieses Fonds? Wie habe ich die Angabe zur Volatilität mit einem Wert von

6,86 Prozent für die letzten drei Jahre zu deuten? Welche Kostenanteile sind in der Gesamtkostenquote des Fonds nicht enthalten? Mein Hinweis, die Angabe der Gesamtkostenquote sei nicht besonders transparent, bestreitet der Bankberater vehement. »Wie soll man das sonst anders ausdrücken?«, lautet seine Totschlagfrage. Aus Höflichkeit schlage ich ihm vor, es bei dieser unterschiedlichen Sichtweise zu belassen. Und was bedeutet überhaupt die Risikokategorie E? Warum bekommt dieser Fonds einen Buchstaben zur Risikoklassifizierung und keine Zahl wie bei der Santander Bank? Warum ist diese Typbezeichnung nicht einheitlich? Diese Fragen nehme ich mit und komme zu dem Schluss, dass ich bei den Banken immer das Gleiche geboten bekomme. Nur die Beratungsverpackung ist anders. Bei der Commerzbank scheint sie bunter und umfangreicher zu sein. Doch scheint sie im Ergebnis nicht besser zu sein, wenn sich die Produkte so gut wie nicht unterscheiden. War die ganze Beratung also eine Bewertung von 9 oder 10 Punkten wert? Diese Punktvergabe möchte der Bankberater gern von mir bekommen. Er bettelt geradezu darum. Angeblich benötigt er das für sein Standing als Berater. In diesem Moment kommt er mir vor wie ein Vermögensberater der großen Strukturvertriebe, der seine Kunden um Empfehlungen anfleht. Aus Höflichkeit gebe ich ihm eine 7,5. Für eine ehrliche Bewertung dieser Art müsste ich aber das Gefühl haben, schlauer zu sein als zuvor. Doch das habe ich nicht.

Blaue Anzüge und nichts dahinter

Blau ist die Farbe des Vertrauens. Möglicherweise tragen die Banker der Deutschen Bank deswegen so oft dunkelblaue Anzüge, um Verlässlichkeit auszustrahlen. Auch bei meinem Besuch in der Filiale am Rathausplatz in Kiel ist das so. Gleich mit zwei Herren bekomme ich es zu tun, und beide sind in Blau gekleidet wie Zwillinge. Obgleich ihre Funktionen alles andere als zwillingshaft sind. Der eine ist ein Anlageberater, der andere ein Vorsorgespezialist. Der eine fest angestellt, der andere ein selbstständiger Finanzberater nach HGB § 84. Anscheinend will die Deutsche Bank Geld sparen. Deshalb lässt sie wie ein Finanzstrukturvertrieb den Produktverkauf auch von selbstständigen Handelsvertretern abwickeln, die alle Risiken selbst tragen müssen. Folglich stehen sie umso mehr unter Verkaufsdruck. Wahrscheinlich ist dieser Verkaufsdruck der Grund dafür, dass die beiden Bankberater nicht die Verlässlichkeit einhalten können, die ihre Anzüge versprechen. Denn mit ihrer doppelt auftretenden Beratungsmacht erreichen sie nicht die doppelte Beratungsqualität. Die paar Kekse, die mir die beiden Bankberater im Besprechungszimmer anbieten, können das auch nicht rausreißen. Im Gegenteil.

Wie bei einem festgeschriebenen Ritual holen die beiden Bankberater die üblichen Produkte hervor: eine fondsgebundene Rürup-Rente und eine Fondspolice. Nur das Etikett des Produktlieferanten ist anders. Statt Provinzial, AXA oder Allianz ist es nun die Zurich Deutscher Herold Lebensversicherung. Zudem scheinen die beiden Deutschbanker zu spüren, wie sehr mir ihre Produktvorschläge bereits vertraut sind und mir wie eine fade Einheitskost vorkommen. Sie machen auch keine Anstalten, ihr Engagement zu erhöhen. Vielmehr zeigen sie die gleichen Beratungsunzulänglichkeiten wie die Berater der anderen Banken. Kein Wort zu dem Fonds DWS Top Dividende LD, in den die Beitragsgelder des Rürup-Produktes BasisRente invest der Zurich Deutscher Herold Lebensversicherung gehen. Kein Wort zur Funktionsweise des Fonds und kein Wort dazu, warum ausgerechnet dieser Fonds Teil der Anlage ist. Nur im Produktinformationsblatt investiert die Zurich Lebensversicherung einen mickrigen Satz als Erläuterung: Der Fonds biete eine weltweite Anlage in Aktien von

Unternehmen, die eine höhere Dividendenrendite als der Marktdurchschnitt erwarten lassen. Soso. Das klingt nicht nach etwas Besonderem. Dieses Anlageziel verfolgen bestimmt viele andere Fonds auch. Also völlig beliebig. Auch die Informationen zur Risikoklasse des Fonds sind mehr als dünn. Die drei Sterne, die im Produktinformationsblatt beim Namen des Fonds angegeben sind, deuten auf die Risikoklasse 3 hin. Doch auch hier gibt es keine Informationen, was konkret die einzelnen Risikoklassen definiert.

Die Vertragslaufzeit ist gestaffelt. Ich kann sie nach 20 Jahren enden lassen oder nach 25. Eingeschränkt vererbbar ist das Ding auch. Zumindest das vorhandene Guthaben wird vor Rentenbeginn ausgezahlt. Sterbe ich nach Rentenbeginn, gibt es für die Hinterbliebenen nur Geld bis zum Ende des zehnten Jahres nach dem Rentenbeginn. Beim ersten Ablauftermin nach 20 Jahren beträgt die monatliche Rente inklusive Überschussbeteiligung 716,43 Euro und beim zweiten 1005,38 Euro bei einer angenommenen Wertentwicklung des Fonds von 6 Prozent. Doch erst ab 8 Prozent wird meine Rentenlücke gedeckt, ohne Inflationsausgleich. Dann gibt es nach 20 Jahren 897,97 Euro oder nach 25 Jahren 1358,16 Euro. Aber eine Wertentwicklung von 5 bis 6 Prozent ist bei der weltweiten Marktlage wesentlich wahrscheinlicher als 8 Prozent. Das geben selbst die beiden Bankberater zu. Und was ist mit den Kosten? Zu den Kosten sagen die beiden Berater auch nicht viel. Das Wort Ausgabeaufschlag fällt zwar ein Mal. Dafür sind sie aber nicht zu loben, weil die beiden Berater keine konkreten Zahlen nennen. Die darf ich wieder einmal im Produktinformationsblatt nachlesen. Da kommt neben den Abschlusskosten eine Menge zusammen. Vor allem bei den Verwaltungskosten für die Versicherung. Dort heißt es, 0,90 Euro je 100 Euro Guthaben sind jährlich zu zahlen. Das macht bei 20 Jahren Laufzeit und einem Guthaben von 96.000 Euro 826 Euro pro Jahr und 17.280 Euro insgesamt. Wenn ich die anderen vom Beitragsvolumen unabhängigen Verwaltungskosten von jährlich 336 Euro hinzuzähle, komme ich auf Verwaltungskosten von 24.000 Euro. Das ist noch einigermaßen transparent. Aber die Fondskosten sind es nicht. Die Deutsche Bank erklärt sie zur unbekannten Größe, auf die sie keinen Einfluss habe. Bleiben noch die Steuererleichterungen: Gleichen die steuerlichen Entlastungen in der Ansparphase die steuerlichen Belastungen in der Rentenphase aus? Die Frage ist in meinen Augen wichtig, weil ab dem Jahr 2040 Basisrenten voll besteuert werden. »Fragen Sie Ihren Steuerberater«, fordert mich der Vorsorgespezialist auf. Sein Spezialistentum schließt demnach solche Steuerfragen aus. Interessant, weil die Finanzindustrie Rürup-Produkte besonders als Steuererleichterungsprogramme bewirbt.

Bemerkenswert ist auch, dass die Fondspolice auf dem gleichen Fonds beruht wie die Rürup-Rente, dem DWS Top Dividende LD. Eine Erklärung dazu bekomme ich nicht. Genauso wenig, ob ich den Fonds wechseln darf. Wenigstens das Produktionsinformationsblatt klärt darüber auf, dass das möglich ist. Auch die Beträge der unverbindlichen Leistungen sind ungefähr gleich. Sofern ich mich bereit erkläre, mich mit 50 Prozent der eingezahlten Beiträge als garantiertes Guthaben bei Rentenbeginn zu begnügen. Alles was an Garantien darüber hinausgeht, lässt die Erträge schrumpfen. »Garantien kosten Geld«, betonen die beiden Bankberater im Gleichklang. Bin ich also mit der Rürup-Rente besser dran? In einer idealen Welt mit dauerhaft gut 8 Prozent Wertsteigerung und nach den Kosten möglicherweise. Viel mehr sagen die beiden Berater aber auch bei diesem Produkt nicht zu den Kosten. Auffällig ist aber, dass die Versicherungskosten wie bei der Rürup-Rente fast identisch sind. Alles scheint irgendwie gleich zu sein; der Produktlieferant hat nur ein anderes Etikett draufgeklebt. In dem Produktinformationsblatt erscheinen die Kosten sogar recht übersichtlich tabellarisch aufgelistet. Also nicht verklausuliert in sperrigen Satzgefügen mit Nebensätzen zweiter und dritter Ordnung und mit nur schwer entwirrbaren Passivkonstruktionen. Aber schon bei den Fondskosten gibt es diese Übersicht nicht mehr – trotz eines Sehr-gut-Transparenzsiegels vom Institut für Transparenz. Ein paar Angaben zur Gesamtkostenquote und zu den Kick-Backs; das ist spärlich, besonders weil die Gesamtkostenquote in der Regel wenig Aussagekraft hat, wie ich inzwischen gelernt habe. Dabei bleibt es nicht: Ich bekomme eine Tabelle vorgeführt zu den Gesamtkosten meiner Altersvorsorge bis zum Rentenbeginn, die ich absolut nicht verstehe. Dort sind Kategorien aufgeführt wie »durchschnittlicher Anteil des Fonds-Guthabens am Gesamtguthaben«, »durchschnittlicher Anteil des Guthabens zur Sicherstellung der Garantie am Gesamtguthaben« oder »gewichtete Wertentwicklung des Gesamtguthabens nach Fondskosten«. In welchem Zusammenhang diese einzelnen Kategorien und ihre Prozentangaben zueinander stehen, kann ich mir mit der Tabelle nicht erschließen. Obgleich die tabellarische Anordnung den Anschein erwecken soll, die einzelnen Guthaben- und Kostenquoten würden sich voneinander ableiten. Mal ist es eine Summe, dann wieder ein Produkt und zuletzt eine

Differenz. Doch wenn ich nachrechne, stimmen die Ergebnisse nicht. Auf jeden Fall kann ich aus diesen Daten der Gesamtkostenbetrachtung die hochgerechneten Leistungen dieser Rentenversicherung nicht herleiten. Andere Verbraucher mögen das können. Warum aber soll ich meine Vorsorge mithilfe eines Produktes organisieren, das ich nicht durchschaue?

Zu diesen Zusammenhängen haben die beiden Berater ohnehin nichts gesagt. Ich habe sie auch nicht gefragt, weil ich kein Vertrauen zu ihnen habe. Dieses Misstrauen wächst durch das dritte Produkt, das sie mir vorschlagen. Eine Produktvariante, die ich bisher nicht kannte: eine Konsortialversicherung, die 5-Sterne-Basisrente. Obgleich sie den Begriff Konsortialversicherung nicht gebrauchen. Aber auch dieses Produkt entspricht nicht meinen Wünschen. Bei dieser Rentenversicherung in Gestalt einer Lebensversicherung werden fünf Lebensversicherer unter einem Dach vereint: Die Zurich Deutscher Herold Lebensversicherung, die Allianz, die Debeka, die Stuttgarter Lebensversicherung und die Volkswohl Bund Lebensversicherung. Mit dieser Streuung der Anlage auf verschiedene Versicherer sollen Anlagerisiken minimiert werden. Als Kunde wäre ich nicht mehr darauf angewiesen, dass wie bisher üblich ein Produktlieferant gut wirtschaftet. Zudem wird bei fünf Versicherungen zusätzliches Know-how gebündelt. Gute Idee, könnte man meinen. Kostet aber wahrscheinlich auch viel. Abschluss und Vertriebskosten von 2400 Euro und Verwaltungskosten von 334,11 Euro im Jahr sind aufgeführt. Weitere Angaben fehlen, oder ich erkenne sie nicht. Steuerliche Förderung? Die soll es laut den Bankberatern geben. Erklärungen liefern sie aber nicht. Wenn ich nachgefragt hätte, hätten sie wahrscheinlich wieder gesagt: »Fragen Sie Ihren Steuerberater«. Auch im Produktinformationsblatt gibt es nichts Näheres dazu. Für weitere Recherchen bekomme ich eine CD in die Hand gedrückt. Ich verstehe diese Geste als deutliches nonverbales Signal: »Informieren Sie sich!« Dagegen habe ich an sich nichts einzuwenden. Nur warum sollte ich mich überhaupt noch an solche Berater wenden, wenn ich alles selbst machen muss?

Als lebenslange monatliche Rente garantiert mir das Produkt 340,31 Euro. Bei einer Überschussbeteiligung sind es sogar 546,79 Euro. Bei einer Fortsetzung bis zum 73. Lebensjahr bekomme ich 468,75 Euro garantiert, bei einer Überschussbeteiligung sind das 767,75 Euro. Das würde natürlich nicht reichen, um meine Rentenlücke zu schließen. Selbst bei einer angenommenen dynamischen Erhöhung meiner Beiträge von Jahr zu Jahr komme ich am Schluss nach 20 Jahren einschließlich der Überschussbeteiligung nur auf eine monatliche Rente von 631,48 Euro. Es sei denn, ich lasse den Vertrag fünf Jahre weiter laufen, bis ich 73 bin. Dann bekomme ich 1299,39 Euro. Offen bleibt nur, ob ich bis zu dem Alter noch Beiträge von über 1000 Euro zahlen kann. Werde ich derart in meinem Beruf expandieren können? Das wünsche ich mir, und ich arbeite daran. Aber ich kann nicht davon ausgehen. Das ist nur eine von vielen Unbekannten, auf die ich mich nicht einlassen will.

Werde ich mir auch noch eine Wertpapierberatung über Fonds anhören? »Dafür müssten Sie noch einmal wiederkommen«, sagt mir der Anlagespezialist. Die Zeit, die sich der Commerzbanker genommen hat, wollen sich die Deutschbanker an diesem Tag nicht nehmen, mit Beratungsprotokoll und allem Drum und Dran. Wir sprechen ja auch schon gut 70 Minuten. Ich weiß aber schon jetzt, dass ich nicht wiederkommen werde. Warum sollte mir die Deutsche Bank einen ergiebigeren Fondssparplan anbieten als die anderen Berater? Nach meinen jetzigen Erfahrungen bedeutet Massenvertrieb eben Massenabfertigung, und damit auch die Massenvernichtung von Renten. So wie bei meiner. Hat das mit meinem sozialen Status zu tun? Bekomme ich deswegen immer das Gleiche angeboten, weil ich nicht zahlungskräftig genug bin? Hängt Qualitätsberatung vom Portemonnaie des Kunden ab? Die Finanzindustrie muss doch mehr zu bieten haben?

Elite-Banking nur für Elitekunden

Es ist eigentlich ganz einfach. Halte einem Banker den Geruch des Geldes unter die Nase und schon hat er Interesse. Genauso habe ich es versucht, bei der Warburg Bank in Hamburg zu handhaben. Ich habe mich als Millionenerbe ausgegeben: Ein Onkel von mir sei gestorben und ich würde nach qualifizierten Fachleuten suchen, die mich dabei unterstützen könnten, mein geerbtes Vermögen zu verwalten und zu vermehren. Dazu noch ein bisschen Süßholzraspeln: »Ich wende mich an Sie, weil die Berenberg Bank als Anlaufstelle wegen der aktuellen Ermittlungen zu den Panama-Papieren nicht infrage kommt.« Dass die Warburg Bank auch polizeiliche Ermittlungen wegen der Cum-Ex-Geschäfte über sich ergehen lassen musste, verschweige ich natürlich. »Damit haben Sie eine gute Entscheidung getroffen«, lobt mich der Herr am Telefonempfang. Ein paar Tage später bin ich mitten im feinen Hamburger Geschäftsviertel.

Ein Prokurist und ein Fachmann für Private Banking nehmen mich in Empfang. Sie sehen geschniegelt und gestriegelt aus wie zwei Hamburger Patrizier-Bürger. Doch das ist nur die Fassade. Haben die Warburger tatsächlich Zugänge zu bieten, die mir als Normalo bei den üblichen Massenabfertigungsstudios der Finanzindustrie versperrt bleiben? Ich erzähle kurz meine Geschichte und welche Vermögenswerte mich erwarten. So würde ich höchstwahrscheinlich ein Immobilienvermögen von drei und ein Wertpapiervermögen von 4 Millionen Euro zu verwalten haben. Was kann man damit machen? Viel, behaupten meine beiden Gastgeber. Ihre Kompetenz mache es möglich. Die sei besser als bei den anderen Banken mit ihrem üblichen Massenvertrieb. »Hier sind die Leute viel besser ausgebildet«, behauptet der Private-Banking-Fachmann. »Wir sind Profis, kann ich mit berechtigter Arroganz sagen.« Und tatsächlich wird mir der Unterschied zwischen der Warbung Bank und den anderen Banken schnell deutlich: Die Warburg Bank legt mir kein fertiges Produkt vor, das ich mir daraufhin zu kaufen habe oder nicht. Stattdessen entwerfen die Warburger ein Produkt aufgrund meiner finanziellen Voraussetzungen und aufgrund der weltwirtschaftlichen Bedingungen. Das Gute daran: Ich darf die Entstehung dieses Produktes mitverfolgen. Sofern ich die Verantwortung für mein Geld nicht einfach aus der Hand gebe und sage: Nun macht mal, Leute! Deswegen höre ich auch zum ersten Mal bei meiner Bankentour den Begriff Portfolio. Genau solch ein Anlagebündel will die Warburg Bank mir zusammenstellen. Dabei kommt es auf die richtige Zusammensetzung an. Die Investitionsphilosophie der Warburg Bank ist es, sich bei dieser Zusammenstellung auf die Anlageklassen Aktien und Anleihen zu konzentrieren. Wobei die Aktienquote meistens kleiner ist als die der Anleihen. Wie aber finden die Warburger für den Kunden die passende Anlageauswahl, mit der sie dann das Anlagebündel des Kunden bestücken? Die Antwort darauf transportieren der Prokurist und der Private-Banking-Spezialist mit einem beachtlichen Wortgeklingel. Vom dualen Ansatz ist da die Rede. Nach diesem Ansatz ermitteln die Warburger die passende Anlage. Damit meinen sie eine Kombination aus quantitativer und qualitativer Analyse. Die quantitative Analyse bedeutet die grundsätzliche Anwendung von Anlagemodellen, die sich bewährt haben, gestützt auf einen großen Vorrat an Daten über Märkte, Konjunktur und Bilanzen. Welche Modelle das sind, erfahre ich wahrscheinlich nur, wenn ich zum Kunden werde. Die qualitative Analyse meint die Reaktion auf kurzfristige Marktereignisse und auf Veränderungen der rechtlichen und steuerlichen Rahmenbedingungen.

Es fallen weitere Begriffe wie strategische und taktische Allokation. Da ich Latein gelernt habe, kann ich das übersetzen. Die Warburger meinen damit die Aufteilung meines ausgedachten Vermögens auf die verschiedenen Anlageklassen. Die strategische Aufteilung verstehen sie als Anpassung meiner Kundenwünsche an die Erfordernisse der Kapitalmärkte. Gerade in Zeiten der niedrigen Zinsen sei die richtige Allokationsstrategie wichtig. Muss ich wegen der niedrigen Zinsen tatsächlich mehr Risiken eingehen? Sind sichere Anlagen nicht mehr ertragreich genug? Wie kann man Rückschlagrisiken möglichst begrenzen? Die taktische Aufteilung verstehen die Warburger als angemessene Reaktion auf die Trends an den Kapitalmärkten. Wie wirken sich zum Beispiel verbesserte Konjunkturdaten in Europa auf die Gestaltung meiner Anlageauswahl aus? Aus Sicht der Warburger würde das einen größeren Anteil an Aktien erfordern. Solche Manöver dienen auch der Risikosteuerung. Besonders in Zeiten des Abschwungs gehe es darum, Risiken zu minimieren, um das Kapital zu erhalten. Dazu gehöre es, die laufend verfügbaren Nachrichten über die geopolitische Lage und die

Wirtschafts- und Finanzdaten zu sammeln, zu sortieren und nach ihrem Aussagewert über die Kapitalmärkte zu gewichten. Trends am Kapitalmarkt müsse man frühzeitig erkennen. Und je nach Deutung der Lage treffen die Investmentexperten der Warburg Bank daraufhin ihre Entscheidungen. Welche Länder sind auf dem Anleihemarkt besonders geeignet? Muss man eher in Branchen investieren, die abhängig von der Konjunktur sind, wie Rohstoffe und Finanzen, oder unabhängig, wie die Gesundheitsindustrie oder die Telekommunikation? Das hat schon mehr Gehalt als bei der Santander Bank oder der Sparkasse. Aber solche Zusammenhänge klingen nun auch nicht gerade nach der großen Weltfinanzformel. Mit offenem Mund sitze ich jedenfalls nicht da. Von all dem habe ich mehr oder weniger schon einmal gehört oder in der Zeitung gelesen.

Nur: Die Warburger drücken sich viel geschwollener aus. Sie sprechen von zyklischen und defensiven Sektoren oder davon, Aktien überzugewichten oder unterzugewichten. Das ist ein elaborierter Fachjargon, der Autorität demonstrieren soll, als seien sie im Besitz eines Herrschaftswissens.

Deshalb sprechen sie bei der Marktanalyse umständlich »von der flexiblen taktischen Allokation mit intelligenter Umfelderkennung«. Oder von einem »Strukturbruchindikator, der in Echtzeit einen unbestechlichen Blick auf die Märkte ermöglicht«. Und diesen Strukturbruchindikator nutzen die Warburger für eine »fokussierte taktische Allokation«. Ich als Otto Normalverbraucher übersetze das so: Die Warburger wollen sagen, dass sie die Märkte beobachten, und dafür benutzen sie leistungsfähige Instrumente. Mit denen messen sie die Veränderungen der wirtschaftlichen Bedingungen, die zum Beispiel die Politik mit ihren Entscheidungen verursacht. Und wahrscheinlich werden sie auf diese Veränderungen wiederum mit passenden Instrumenten reagieren. Welche Instrumente das bei diesem ganzen Prozess genau sind, verraten die Warburger aber nicht. Was ist zum Beispiel ein Strukturbruchindikator? In ihrer Präsentationsmappe definieren die Warburger einen Strukturbruchindikator »als den Einsatz von technischen Modellen, die die relative Wertentwicklung zyklischer gegenüber defensiver Branchen abbilden«. Gleichzeitig analysiert ein Strukturbruchindikator »die täglichen Veränderungen von Korrelationen des Marktumfeldes, die bei mehr als 50 verschiedenen Paaren von Anlageklassen gemessen werden«. Wie bitte? Bei solch unklaren Formulierungen bleibt ein Laie wie ich natürlich ein Laie. Und möglicherweise soll das auch so sein. Wichtiger als Verständlichkeit scheint die Demonstration von Herrschaftswissen zu sein. Ich google zu Hause den Begriff Strukturbruchindikator noch einmal nach und finde dafür nur einen einzigen Sucheintrag. Dessen Quelle ist die Warburg Bank. Es gibt natürlich einen Strukturbruch und auch Indikatoren. Aber die Verknüpfung dieser beiden Begriffe ist ein Wortkonstrukt der Warburg Bank.

Die Beobachtung des Marktes jedenfalls ist die Basis für die Auslese der Anlageklassen. Ein mehrstufiges Verfahren sei dafür notwendig, erklären mir die Warburger. Besonders bei den Anleihen sei die Auswahl anspruchsvoll. Das betreffe beispielsweise Staatsanleihen, Unternehmensanleihen, Pfandbriefe oder Fremdwährungsanleihen. In Zeiten niedriger Zinsen habe man es als Anleger heutzutage schwer. Mit Anleihen lassen sich heute nur noch wenig Erträge erzielen. Lange Laufzeiten von Anleihen erhöhen die Risiken einer Zinsänderung. Kurze Laufzeiten beinhalten jedoch negative Rendite. So sagen es zumindest die Warburger. Zudem werde es mit zunehmender Laufzeit einer Anleihe immer schwieriger, die Bonität eines Schuldners richtig einzuschätzen. Deswegen führen die Warburger ein Durationsmanagement durch. Die Duration ist die Kennzahl, mit der man die Risiken einer Kapitalbindung an eine Anleihe bewertet. Wie lange sollte ein Anleger sein Kapital an eine Anleihe binden? Und wann droht er sein investiertes Kapital nicht zurückzubekommen? Mit der Duration findet man die Antworten. Obendrein verhilft die Durationskennzahl, Anleihen bei gleicher Laufzeit und Rendite miteinander in ihrem Risiko zu vergleichen. Als Basis muss man die Inflations- und Wachstumsentwicklung sowie die Notenbankpolitik seriös bewerten können. Was ist, wenn die Notenbank in einer Rezession die Zinsen senkt? Was ist, wenn die Notenbank in einer Aufschwungsphase die Zinsen erhöht? In welcher Weise erhöht das die Risiken für die Laufzeit einer Anleihe? Für welche Ratingklasse von Anleihen entscheide ich mich unter diesen Voraussetzungen? Und für welche Anleihe innerhalb einer Ratingklasse entscheide ich mich? Auch Anleihen ohne Rating können Teil der Auswahl sein. Natürlich bietet die Warburg Bank auch Fonds als Anlageelement eines Portfolios an. Das erfordert gleichfalls eine gründliche Auslese unter den Tausenden von Investmentfonds. Dabei reicht es nicht, Rendite und Risiko zu vergleichen. Dies wird den Besonderheiten einzelner Fonds nicht gerecht. Deshalb haben die Warburger zusätzliche Vergleichskriterien entwickelt. Zum Beispiel die Frage: Ist die Investmentphilosophie nachvollziehbar? Oder: Gibt es eine angemessene Kostenstruktur?

Anhand eines Musterportfolios, das mir die beiden Warburg-Banker vorlegen, kann ich ablesen, welche Aktientitel dabei Teil meines Anlageportfolios werden könnten: Da gibt es Titel wie die Continental AG, HeidelbergCement AG oder die Daimler AG. Auch ausländische Titel wie Cisco Systems oder Foot Locker Inc. sind möglich. Bei den Anleihen sind Staatsanleihen aus Frankreich oder Spanien oder Unternehmensanleihen der Hochtief AG und der Dürr AG möglich. Bei den Aktienfonds finde ich Namen wie WBG-MULTI-SMART-BET.AKT.EUROPA oder iShares Core DAX UCITS ETF (DE), die mir natürlich nichts sagen. Und Rentenfonds wie First Private Wealth und Candriam Bonds-Euro High Yield. Auch die sagen mir nichts.

An all diesen Analyseprozessen darf ich teilhaben. Dass sie ihr Handwerk verstehen, veranschaulichen die Warburger anhand ihrer Benchmark: Jene Richtgröße in Gestalt eines Index, nach der sich ein Anlageerfolg bewerten lässt. Und die Warburger überbieten natürlich die von ihnen gewählte Richtgröße. Welche allgemeingültige Autorität diese Benchmark hat, kann ich nicht beurteilen. Möglicherweise ist das mit der Benchmark zu Werbezwecken auch alles nur schöngerechnet. Trotzdem: Bei all dem Selbstdarstellungsgetöse verkörpert die Warburg Bank schon eine andere Qualität. In der Tat bekäme ich dort andere Zugänge geboten als bei einer Sparkasse. Da müsste ich schon viel mehr Geld verdienen. Oder gibt es auch für meine Gehaltsklasse eine ähnlich hochwertige Anlageberatung, ohne auf die Fertigprodukte aus dem Massenvertrieb angewiesen zu sein? Gibt es auch für mich Extraanfertigungen von Produkten? Produkte, die dann auch ertragreicher sind und die Altersvorsorge seriös aufbauen lassen? Sonderanfertigungen schön und gut, wenn sie meine Rentenlücke nicht wenigstens halbwegs schließen können, nützen die mir gar nichts.

Nischen ohne Zugang

Wie geht es jetzt weiter? Ich weiß bisher nur, wie es nicht geht. Den alles entscheidenden schlagkräftigen Kniff wird es sicher nicht geben. Ich kann aber nicht einmal ein neues Anlageverhalten entwickeln, wenn ich immer die gleichen Produkte angeboten bekomme. Wie soll das gehen, wenn die Banken das nicht zulassen? Deshalb brauche ich dringend einen unabhängigen Finanzexperten. Es muss doch für meine Einkommensklasse möglich sein, an einen echten Spezialisten heranzukommen und nicht nur an fachliche Leichtgewichte, die nur ein Rädchen innerhalb einer Vertriebsmaschine darstellen. Deshalb will ich einen Fachmann finden, der aktuell weder mit einem Finanzstrukturvertrieb noch mit einer Bank etwas zu tun hat. Ein Fachmann, den sich nicht nur Vermögende leisten können. Es soll auch kein Makler sein, der an den Produkten verdient, die er verkauft. Einer, der alle Bereiche kennt. Einer, der nicht nur die verkaufende Finanzindustrie kennt, sondern auch die Seite der Produktlieferanten und der Produktgestaltung. Doch selbst wenn er das alles abdecken kann, reicht es nicht aus, wenn er nur die Praxis draufhat. Er muss auch zu deren akademischer Bewertung fähig sein. Kann ich mir solch einen Experten überhaupt leisten? Und wem kann ich trauen und wem nicht?

Zuerst versuche ich mein Glück bei einem Honorarberater und Vermögensverwalter aus München. Dr. Peterklein heißt er und wirbt auf seiner Internetseite damit, dass er Vermögensverwaltung mit Herz betreibt. Dazu stellt er seine Fachbücher vor, und sein Expertenwissen belegt er mit diversen Verweisen auf seine Artikel und Interviews für einschlägige Zeitungen und Magazine wie *Wirtschaftswoche, Manager Magazin* oder *Frankfurter Allgemeine Zeitung*. Der Mann scheint gefragt zu sein. Doch am meisten spricht mich an, dass ihm ein persönliches und freundschaftliches Verhältnis zum Kunden wichtig sei. Leider alles nur leere Worte: Am Telefon schildere ich mein Anliegen, endlich einen echten Experten für meine Altersvorsorge zu finden. Sein erster Satz aber müsste eigentlich jeden Kunden vergraulen: »Ich sage Ihnen gleich, ich bin Honorarberater und bei mir tickt die Uhr.« Das heißt, wenn ich Sie kennenlernen will, um herauszufinden, ob Sie meine Ansprüche erfüllen, kostet das

Geld. »Ja!« Ich kaufe aber nicht gern die Katze im Sack. »Sie können beim Arzt auch nicht vorher einen Leistungscheck machen. Das macht keinen Sinn.« Macht es tatsächlich keinen? Wie kommt Peterklein auf diesen Unsinn? Insbesondere in der heutigen Zeit ist der Leistungscheck von Ärzten geradezu unverzichtbar. Ärzte werden immer mehr zu Händlern, anstatt Heiler zu sein. Deshalb muss ich sorgfältig prüfen, welchem Arzt ich mich anvertraue. Ansonsten tappe ich in diesem Gesundheitssystem in eine Falle. Und in der Finanzindustrie möchte ich auch in keine Falle tappen. Peterklein sieht das anders: »Wenn wir uns zusammensetzen und ich über Fachliches spreche, sind wir schon mittendrin in einem Geschäftsgespräch. Das ist meine Ware. Ich komme Ihnen aber meinetwegen entgegen: Sollten Sie nach zehn Minuten feststellen, das wird nichts mit dem, bin ich so kulant und berechne das nicht.« Kulant nennt Peterklein das. Ich nenne das kleinkarierte Minutenzählerei. Was ist, wenn ich mehr als zehn Minuten benötige, um mir ein Urteil zu bilden? Wie soll ich unter diesen Bedingungen Vertrauen zu diesem Mann als Berater aufbauen? Ich lehne dankend ab. Das war Honorarberatung zum Abgewöhnen. Nach nur einem Telefonat.

Ich weiß: Ich darf mich nicht wundern, wenn ich unter der Elite der privaten Finanzberater auch auf den einen oder anderen Kotzbrocken stoße. Diese Leute können sich ihre Kunden aussuchen, weil ich nicht der Einzige bin, der nach renditeträchtigen Anlagen für seine Altersvorsorge sucht. Der Vermögensmanager Dirk Naumann aus Wiesbaden scheint diese Nachfrage auch zu kennen. Deswegen wirbt er im Internet auch damit, dass er ein Renditefinder sei. Er könne Renditen entdecken, die andere leichtfertig übersähen. Zu diesem Zweck investiert er vor allem in Sachwerte, zum Beispiel Energiehölzer wie Eukalyptus oder strategische Metalle wie Indium, Hafnium oder Gallium. In diesen Kategorien hatte ich noch gar nicht gedacht. Dass man in Gold investieren kann, ist mir natürlich bewusst. Aber Metalle wie Tantal waren bisher nicht auf meinem Anlageradar. Also trete ich an Naumann heran. Vielleicht bietet er mir eine Chance, wegzukommen von dem Massenvertrieb der Banken, Finanzdienstleister und Versicherungen. Naumann empfängt mich auch und behandelt mich ohne Arroganz in einem saloppen Outfit ohne Sakko und Krawatte. Obgleich seine übliche Kundschaft bestimmt viel betuchter ist als ich.

Als erfahrener Geldanlageberater beklagt er, dass es in Deutschland keine Finanzkultur gebe. Deshalb sähen die Deutschen auch eher die Risiken und nicht die Chancen. An dieser Haltung seien die Banken mitbeteiligt. Viel zu oft sei das, was sie anböten, nur Mainstream. Mainstream heißt in seinen Augen standardisierte Ware, mit der die Banken die Kunden mit ihrem sicherheitsorientierten Gedankengut abholen. Das ermögliche den Banken, mit ihren Geschäften schnell Umsatz zu machen mit geringen Kosten. Je schneller eine Bank den Kunden wieder vom Schreibtisch weg habe, umso besser für die Bank. Der Massenmarkt sei deshalb auch eher für die einfacher gestrickten Kunden. »Die Erfolgreichen sind meistens eine Minderheit«, findet Naumann. »Wenn Sie eine andere Strategie fahren als die Masse, dann fahren Sie meistens besser, wenn Sie die richtigen Partner haben. Die Erfolgreichen investieren nicht in die Mainstreamprodukte der Geschäftsbanken und Sparkassen.« Deshalb verspricht Naumann Anlagen, die unabhängig von den Banken seien: »Wir reden über eine Rendite, die nach Kosten, nach Steuern und nach Inflation noch etwas einbringt. Eine Rendite, die einen Nettorealwert hat, wie man so schön sagt. Wenn Sie also eine Rendite brauchen von 5 Prozent aufwärts, dann erreichen wir das, indem wir zum Beispiel abseits der Börse arbeiten, und zwar in jeder Marktlage.« Für Naumann können derartige Geschäfte gar nicht anders stattfinden als abseits der Börse. »Die Börse ist heute durch den Millisekundenhandel viel gefährlicher, als sie das vor zehn oder fünf Jahren war. Gerade, wenn man dem Grundsatz folgt, dass jemand, der an der Börse Geld investieren will, einen Zeitraum von acht bis zehn Jahren einplanen können sollte.« Sein Grundsatz lautet deshalb: »Wir machen kein Massengeschäft, sondern bedienen eher eine Nische. Hochrentable Dinge können Sie nicht im Massengeschäft darstellen. Aber wir können nicht alle glücklich machen.«

Betrifft das auch mich mit meinen 400 Euro im Monat? Naumanns Antwort ist ernüchternd. »Mit 400 Euro können Sie nicht in der Liga der Perlen unter den Anlagen mitspielen. Ich investiere mit Kunden zum Beispiel in Parkhäuser, in eine Pipeline oder in Spielbanken. Das sind alles relativ sichere Anlagen. Eine Spielbank beispielsweise geht kaum in Konkurs. In solche Anlagen kommen Sie mit 400 Euro im Monat nicht rein.« Auch die Investition in strategische Metalle komme für mich als Kleinanleger nicht infrage. Ein Sparplan über 400 Euro mache hier keinen Sinn. Ich hätte dort keine planbare Rendite. »Das ist eine Spekulation oder eine Wette auf die Zukunft«, erläutert Naumann. »Das ist ein Spezialsegment, das sich anders als Gold verhält. Gold ist nicht so volatil, und man kann Gold mit kleineren Summen kaufen. Bei den strategischen Metallen nimmt Ihnen die Industrie kleinere Mengen für kleines Geld nicht ab. Sie müssten schon in der Regel 50.000 Euro investieren. Erst ab solchen Summen kann man sich Mengen kaufen, die die Industrie auch bereit ist zu verarbeiten. Und die Diversifizierung der Metalle verlangt noch mehr Geld. Es gibt zwar Metallhandelsgesellschaften, die auch für Kleinanleger Warenkörbe mit verschiedenen Metallen für 3000 oder 5000 Euro zusammenstellen. Das ist dann zwar eine Streuung, aber man kann in der Praxis solche Warenkörbe in der Industrie nicht verkaufen. Nur die vermögenden Kunden können in diesem Spezialsegment diversifizieren.«

Das heißt also, für einen Durchschnittssparer sind die Möglichkeiten, eine Nische abseits des Massenmarktes zu finden, mehr als begrenzt. »Ja«, entgegnet Naumann trocken. »Es gibt einfach Gesetzmäßigkeiten, die können Sie nicht außer Kraft setzen. Wenn es um das Problem Altersarmut geht, ist für Leute wie Sie ein Aktiensparplan ein sehr vernünftiger Baustein.« Naumann meint einen Aktiensparplan über zehn Jahre und länger, einen Sparplan zum häppchenweisen Erwerb von Unternehmensanteilen. Die Marktrisiken und Gefährlichkeit der Börse scheint man als Anleger dabei vernachlässigen zu können. Der Grund dafür ist, so Naumann, der Cost-Average-Effekt: »Wenn Sie monatlich einen Betrag investieren, sind Sie an dem Durchschnittskurssystem beteiligt. Das heißt, an dem Cost-Average-System. Wenn ich monatlich meinen Beitrag investiere, kaufe ich mal bei niedrigen Kursen und mal bei hohen Kursen. In Zeiten der Krise werden sogar die besten Renditen erwirtschaftet, weil sie bei einem schwachen Markt billiger einkaufen können. Dagegen wird am wenigsten Geld verdient, wenn der Aktienmarkt ständig nach oben geht. Wenn Sie immer teurer einkaufen, kriegen Sie auch immer weniger Anteile. Sie werden also, wenn Sie einen Aktiensparplan haben, kein Geld verlieren und eine Versicherung um ein Vielfaches schlagen. Man kann damit eher gutes Geld verdienen als mit einer Lebensversicherung. Die Lebensversicherung ist die legale Geldvernichtung. Dabei muss man sich gar nicht auf die heutige Zeit beschränken. Man kann dabei auch auf die guten alten Zeiten zurückblicken, als die Grundverzinsung noch bei 4 Prozent lag.« Naumann behauptet, von dem ersparten Geld einer Lebensversicherung bleibe auch in guten Zinszeiten wegen der gleichzeitig steigenden Lebenshaltungskosten weniger als die Hälfte übrig. »Damit hat die Lebensversicherung als Sparvorgang überhaupt keine Berechtigung auf dem Kapitalmarkt«, findet er. Gibt es diese Gefahr aber nicht auch bei einem Aktiensparplan? »Nein«, erwidert Naumann. »Die Aktie ist Produktivvermögen, zumindest bei einem guten Management. Sie ist ein Sachwert. Und Sachwerte entwickeln sich in der Regel oberhalb der Inflationsrate.«

Ich kann nicht beurteilen, ob Naumanns Erläuterungen des Cost-Average-Effektes wissenschaftlich belegt sind. Genauso wenig kann ich beurteilen, ob ein Aktiensparplan aufgrund dieses Effekts renditeträchtiger ist als andere Sparpläne. Es ist aber schon ein Fortschritt, dass er diesen Fachbegriff immerhin ins Spiel bringt und ihn mir erklärt. In den anderen Beratungsgesprächen sind solche Zusammenhänge nicht aufgetaucht. Aber ist ein Aktiensparplan nicht auch wieder nur ein Teil des Massenmarktes? So viel anders als ein Fondssparplan erscheint er mir nun auch wieder nicht. »Zweifellos ist so ein Sparplan Teil des Massenmarktes«, erläutert Naumann. »Aber Massenware muss nicht automatisch schlecht sein. Nur: Massenware ist nun einmal leider keine Spitzenware.« Gilt das auch für Indexfonds? Über die weiß ich immer noch zu wenig, und in den Banken sind sie mir nur in Gestalt des Indexsparens angeboten worden, so wie bei dem Makler Brückner. Immerhin verraten die zahlreichen Berichte in den Wirtschaftssparten der Zeitungen wie *Die Zeit*, dass dieser Fondstyp zu einem Massenphänomen werden könnte.[33] Ja, das gilt auch für Sie, findet Naumann. »Warum soll ich einen Indexfonds kaufen? Soll ich ihn kaufen, nur weil er etwas günstiger ist? Indexfonds sind etwas für die nicht aufgeklärten Kunden. In Märkten, wo es keine Fondsmanager gibt, wo die Liquidität sehr eng ist, in Spezialmärkten, kann man den Index mal nehmen, weil man nicht anders in den Markt reinkommt. Aber in breiten Märkten wie Europa oder USA brauche ich keine Indexfonds.«

Naumann spürt, dass mir seine Einschätzung zum Massenmarkt nicht gefällt. Deswegen versucht er mir Hoffnung zu machen: »Wenn Sie eine tatsächliche Alternative suchen, müssen Sie in kryptische oder digitale Währungen investieren. Das können Sie auch mit wenig Geld.« Digitale Währung? Ach ja, Bitcoins und so. Noch so ein Thema, das ich bisher vernachlässigt habe. Naumann scheint es aber am Herzen zu liegen. Denn er hält sogleich einen Vortrag dazu, welchen Mehrwert digitale Währungen bieten können: Sie können uns Menschen von dem Zwangssystem des Geldsystems befreien und uns mehr Autonomie geben. Man denke nur an die Gefahr des Euro-Problems, das drohende Bargeldverbot, das die Verbraucher zu gläsernen Kunden macht, die Last der negativen Zinsen und den Druck der Gebühren. Gerade deswegen liege in den digitalen Währungen ein großer Wachstumsmarkt.

Es sei ein Währungssystem, das so konstruiert sei, dass niemand dafür verantwortlich sei – und gleichzeitig jeder. Keine Zentralbank, keine Regierung halte den Daumen drauf. Das mache sie zu einer demokratischen Währung, die über dem Staat und über den Banken stehe. Die Nutzer selbst würden ihre digitale Währung in einem Netzwerk verwalten und organisieren, und schützen sich mit Offline-Konten vor Hacker-Angriffen. »Kryptische Währungen sind 2009 entstanden«, erklärt Naumann, »infolge des Zusammenbruchs des Bankhauses Lehman, und die erste Währung dieser Art hieß damals Bitcoin.« Um damit bezahlen zu können, brauche man nur ein virtuelles Konto, eine Wallet. Das lasse sich ganz schnell im Internet über eine App einrichten. Bitcoins selbst könne man an der Börse erwerben. Für Bitcoin-Transaktionen benötige man den öffentlichen Schlüssel des Empfängers, also sozusagen seine Kontonummer. Dabei müsse man sich mit einem privaten Code identifizieren, eine Art Passwort. Alle diese Codes seien kryptografisch verschlüsselt. Die Vorteile dieses Zahlungsverkehrs sind für Naumann jedenfalls beträchtlich: »Diese Währungen sind wie Gold und Silber nicht unbegrenzt produzierbar. Nur 21 Millionen Bitcoin sollen in Umlauf kommen. Die Endlichkeit dieser Währungen ist die Gewähr dafür, dass sie im Wert steigen werden, im Gegensatz zu dem unbegrenzten Papiergeld. Sie funktionieren also gut als Wertspeicher. Aufgrund der kryptischen Verschlüsselung ist es für Diebe nicht nutzbar. Alle Transaktionen sind in Datenblöcken, den sogenannten Blockchains, eingetragen und nachvollziehbar, ohne die persönlichen Daten preisgeben zu müssen.«

Naumann glaubt, dass diese Währungen wegen ihrer Auswirkungen nicht gern gesehen werden.

> *»Wir leben in einer Welt, in der wir zu viele Banken haben. Dementsprechend haben wir derzeit ein Transaktionsvolumen für Überweisungskosten von rund 50 Milliarden. Dazu haben wir im Kreditkartenbereich ein Volumen von rund 150 Milliarden. Das sind rund 200 Milliarden, die den Menschen weggenommen werden. Durch die digitalen Währungen können die Banken an Einfluss verlieren. Bezahlstationen wie Paypal und Western Union werden zwangsweise ihre Berechtigung verlieren. Zugleich werden Regionen und Länder, die über keinen Bankzugang verfügen, wirtschaftlich prosperieren und profitabler werden. Durch die weltweite Verfügbarkeit von kryptischen Währungen über Smartphone und PC wird der Einfluss der Bürger gegenüber Banken gestärkt.«*

Deswegen müssten Leute wie ich jetzt zugreifen: »Wir leben ja immer nach dem Prinzip, hätte ich das bloß gewusst«, mahnt Naumann. »Der Deutsche sucht erst einmal einen Grund, warum er etwas nicht tut. Da sind andere Nationen anders aufgestellt. Deswegen hat so mancher versäumt, eine Google- oder Amazon-Aktie zu kaufen. Und darüber ärgern sich die Leute heute noch, weil sie heute 30.000 oder 40.000 Prozent im Plus wären. Die digitalen Währungen können aber immer noch eine neue Chance sein, die man nicht verpassen sollte. Aufgrund der positiven Auswirkungen ist mit erheblichen Kurssteigerungen zu rechnen, so wie es bei Amazon oder Google oder dem Bitcoin der Fall war. Das zeigt das Potenzial dieses jungen Marktes, ohne dass wir dabei vom Bitcoin ausgehen müssen. Im Vergleich dazu werden wir in den nächsten fünf Jahren den deutschen Aktienmarkt nicht verfünffachen können. Bei den kryptischen Währungen dagegen ist diese Chance gegeben. Selbst eine Verdreifachung wäre noch ein gutes Ergebnis. Der Bitcoin zeigt nur einen Trend. Genauso wie Nokia damals als Marktführer auf dem Handymarkt. Heute ist Nokia weg. Ich glaube nicht, dass der Bitcoin in zehn Jahren noch so relevant sein wird. Bisher wird weniger als 1 Prozent auf dem Währungsmarkt mit kryptischen Währungen gehandelt. Währungen wie Ethereum, Litecoin oder Capricoin. Eine Steigerung auf einen Anteil von 5 Prozent des Zahlungsverkehrs kann man als realistisch ansehen. Täglich werden über 5,3 Billionen Euro an Währungen gehandelt. Währungen sind somit der größte Finanzmarkt. Deshalb sollte man in diese Währungen investieren. Ein Engagement in kryptische Währungen ist bereits ab einmalig 300 bis 600 Euro möglich. Erkennen Sie das unheimliche Potenzial? Solche historischen Momente ergeben sich nicht oft.«

Nun, es hört sich zumindest nach Potenzial an. Dennoch habe ich jede Menge Fragezeichen im Kopf. Ist die Investition in Kryptowährungen nicht eher Zockerei? Ist dieser Markt überhaupt planbar? Werden kryptische Währungen jemals so viel Vertrauen in ihren Wert als Zahlungsmittel erhalten wie das Papiergeld? Ist diese Tradition überhaupt zu brechen, trotz Internetzeitalter? Ich kann mir vorstellen, dass es gerade meiner Generation schwerfällt, sich von dieser Tradition zu lösen, weil sie in der Zeit vor der Digitalisierung aufgewachsen ist. Den Digital Natives oder den sogenannten Millennials dagegen könnte dieser Kulturwandel eher gelingen. Nicht so sehr, weil sie einen politischen Antrieb haben und die Dezentralisierung des Geldsystems durchsetzen wollen, zulasten des Einflusses der

Banken und des Staates. Sondern weil die Kultur der Digitalisierung für sie bereits zur Tradition geworden ist. Die entscheidende Frage ist jedoch: Auf welches Pferd bei dem Rennen der verschiedenen digitalen Währungen soll ich setzen? Wie kann ich den Vollblüter unter den vielen Währungen erkennen? Zieht ein neuer Markt nicht auch jede Menge unseriöser Geschäftemacher an? Die Kryptowährungen Onecoin[34], Swisscoin[35] oder Gemcoin[36] sind bereits als Fake-Währungen in Verruf geraten, weil sie zentral organisierte Pyramidensysteme darstellen. Nicht nur dass diese Vertriebsform ihre Mitglieder vor allem viel Geld kosten, als möglicher Investor schreckt mich vor allem ab, dass Pyramidensysteme die Neigung haben, wegen der Endlichkeit des Marktes früher oder später zusammenzubrechen. Für die Suche nach der größten Chance müsste ich mir schon ein Spezialwissen aneignen. Doch wenn ich das habe, müsste ich schon Spielgeld übrig haben, um mich dieser Spekulation auszusetzen. Zudem ist es mir etwas unheimlich, dass Kryptowährung kein öffentliches Gut ist, sondern ein privates. Genauso wenig verwirrt es mich, dass der Wert einer Kryptowährung nicht als Spiegel einer Volkswirtschaft nachvollziehbar ist. Deshalb sollte ich die Reihenfolge einhalten. Zuerst muss ich das traditionelle Finanzsystem begreifen. Ich will also noch einen anderen Fachmann finden. Es muss doch für mich noch mehr Möglichkeiten geben, dem Massenmarkt zu entkommen. Nur was mache ich, wenn das nicht geht?

Das Vorsorge-Dilemma: Der Zwang der Banken zum Plündern

Bei der Suche nach dem richtigen Kniff habe ich mir angewöhnt, auch die Finanz- und Wirtschaftsspalten in den Zeitungen zu lesen. Das gilt auch für Fachmagazine wie *Capital* und *Handelsblatt*. Ich ignoriere sie nicht mehr, um urteilsfähiger als früher zu werden. Beim Stöbern im Internetmagazin *Cash Online* stoße ich auf Alexander Schmidt, einen ehemaligen Vertriebsdirektor der Deka Bank. Dort äußert sich Schmidt in einem Interview in seiner Funktion als Geschäftsführer des Beratungsnetzwerks »Die Alten Hasen« zur Beratungskultur in der Finanzindustrie. Oder besser gesagt zu ihrer Unkultur:[37] Die in der Finanzindustrie gebotene Beratung sei nur Mittel zum Zweck des Verkaufs eines Produktes. Nur wenn der Kunde zum Kaufabschluss gebracht werde, verdiene die Bank oder Sparkasse beziehungsweise der Finanzdienstleister. Daran habe sich bis heute nichts verändert. Im Gegenteil. Der Druck auf die Finanzindustrie wachse immer mehr, weil sie die fehlenden Margen und Erträge auf der Zinsseite durch das Provisionsgeschäft ausgleichen müsse. Somit seien die Berater gefordert, den Produktabsatz zu erhöhen. Wie bitte? Es wird alles nur noch schlimmer in der gesamten Branche. Der tabulose Produktverkauf geht immer so weiter. Wer so redet, scheint eine kritische Distanz zur Branche zu haben und kann mir vielleicht aufzeigen, wie ich dem Massenmarkt entkommen kann.

Auf seiner Internetseite entdecke ich, dass Schmidt selbst Portfolios entwickeln kann. Dort hat er ein Musterportfolio ausgestellt. Mit diesem Depot aus verschiedenen Indexfonds will Schmidt die Sinnhaftigkeit der breiten Vermögensstreuung demonstrieren und seine eigene Kompetenz ausweisen. Trotz aller Turbulenzen, wie zum Beispiel der Brexit-Entscheidung, hat dieses Musterdepot im Jahr 2016 ein Plus von 11,07 Prozent erwirtschaftet. Aus 100.000 Euro sind 111.066,35 Euro geworden. Schmidt bietet eine Depotaufteilung von 50 Prozent in Aktien, 30 Prozent in Anleihen und 20 Prozent in Gold, alles abgedeckt durch Indexfonds. 11,07 Prozent? Ich merke, wie es in meinem Kopf rattert. Bei 10.000 Euro sind das 111,07 Euro, bei 20.000 Euro 222,21 Euro. Das sind meine Größenordnungen. So ganz frei von gierigen Gedanken bin auch ich nicht. Doch erst einmal muss ich wissen, wie das System funktioniert und warum mir so etwas in einer Bank oder von einem Makler nicht angeboten wird. Wie gut, dass Schmidt mir ein Treffen gewährt. Sein Standort ist jedoch nicht die noble Hamburger Altstadt, sondern die Schleswig-Holsteinische Provinz in Krummbek nahe der Ostsee. Nie gehört von dem Ort. Aber das ist kein Nachteil. Ganz bodenständig und gerade heraus führen wir in seinem Zuhause unsere Finanzgespräche in seiner rustikalen Wohnküche statt in einem Büro mit Designermöbeln. Und das Wichtigste: Bei Schmidt tickt keine Uhr.

Deswegen lege ich Schmidt auch jene Finanzprodukte vor, die ich bisher angeboten bekommen habe, wie die Fondspolicen oder das Indexsparprodukt. Bei seinem Vortrag erhärtet Schmidt seine Thesen aus dem Cash-Online-Interview: Wegen der allgemeinen Vertriebszwänge in der Finanzindustrie kann ich als Kunde Banken genauso wenig trauen wie Finanzstrukturvertrieben. Auch Banken sind Vertriebsmaschinen und denken bei der Jagd nach Provisionen, Kickbacks und Ausgabeaufschlägen nur an sich. Zu welchem Zweck holen Bankberater sonst die Kunden in die Bank? Diese Holgeschäfte sind ihr Jagdinstrument. Die Finanzkrise hat daran nichts geändert. Dabei wäre eine andere Anlageberatung für den Kunden in den Banken möglich, mit ertragreicheren Produkten. Die Banken wissen das. Aber ihre Profitinteressen, ja die der gesamten Finanzindustrie, verhindern das. Für die Banken kann es gar kein Zurück mehr geben; schon gar nicht für die großen Geschäftsbanken wie die Deutsche Bank oder die Commerzbank. Ein Zurück wohin eigentlich? Ein Zurück zu den Zeiten, als die Banken überwiegend noch mit den Kunden reich werden wollten und nicht gegen sie; als noch das Prinzip des Stakeholder Value des Industriekapitalismus galt, das Prinzip des langfristigen Wachsens und Werteschaffens. Obwohl Schmidt diese Zeit mit diesem Hinweis alles andere als verherrlichen will. Heute jedoch werden die Banken wie viele andere Unternehmen, die auf fremde Geldgeber angewiesen sind, getrieben von den Gesetzmäßigkeiten des Shareholder-Value-Prinzips. Danach wird der Wert eines Unternehmens durch die Maximierung des kurzfristigen Börsenwertes bestimmt. Bei Sparkassen und Genossenschaftsbanken finden die Bankkunden bedauerlicherweise kaum Alternativen. Denn auch diese Bankhäuser sind erfüllt vom Geist kurzfristiger Gewinne ohne Blick auf Nachhaltigkeit. Zwar steht in der Satzung einer Sparkasse oder Genossenschaftsbank drin, dass die Gewinnmaximierung nicht das vordergründige Ziel ist. Zwar gibt es bei beiden keine Shareholder. Aber es gibt den Gewährträger wie den Verwaltungsrat einer Sparkasse – und der hat Ansprüche.

»Im Grunde sind die Sparkassen die Schlimmsten, weil sie sich das Mäntelchen der Anständigkeit umhängen und damit werben, sie seien gut für Deutschland. Wie sehr die Sparkassen von der Gemeinwohlorientierung entfernt sind, symbolisiert beispielhaft der ehemalige Sparkassenpräsident Georg Fahrenschon. Dessen Versäumnis, Steuererklärungen über Jahre rechtzeitig einzureichen, ist eine Ohrfeige für die vielen Sparkassenkunden, die sich korrekt verhalten.«

Ist denn eine andere Anlageberatung überhaupt möglich? Schmidt meint Ja und verweist nicht ohne Eitelkeit auf sein Musterportfolio. Nun gut, davon lebt er. Zuerst jedoch will ich weitere Belege seiner Fachkompetenz. Ohne diesen fachlichen Nachweis kann ich keinen Finanzberater als Autorität anerkennen. Wie sehr kennt er sich in der Produktentwicklung aus? Was weiß er über Märkte und Börse? Kennt er volkswirtschaftliche Zusammenhänge? Und wie sieht sein Vergleich zwischen Banken und Finanzdienstleistern aus? Deshalb will ich seinen ganzen Werdegang kennenlernen.

Schmidt: Mein beruflicher Traum war geprägt vom Mythos Finanzindustrie. Diesen Mythos von sich selbst hat die Finanzindustrie bewusst aufgebaut, den Mythos, im Besitz eines Herrschaftswissens zu sein. Meine Bankerkarriere ist ganz eng gekoppelt an die Wandlung der Banken zu Vertriebsmaschinen. Nach meiner Bundeswehrzeit war meine erste Station eine Sparkasse in Schleswig-Holstein. Damals lebten wir in der Sparkasse noch in einer Welt der Glückseligen. Ohnehin war das System Bank noch nicht flächendeckend durch die Holgeschäftspraxis definiert. Obgleich die ersten Anfänge des Holgeschäftes sich schon abzeichneten. Wir müssen bedenken, wir reden über das Jahr 1997.

Krüger: Was aber hat diese Rollenmetamorphose der Banken bewirkt?

Schmidt: Da war zunächst einmal der Zusammenbruch des Neuen Marktes Anfang der 2000er-Jahre, der die Entwicklung hin zum Holgeschäft so richtig ins Rollen gebracht hat. Damals, mitten im Börsenboom des Neuen Marktes, sprach die Deutsche Bank noch davon, man brauche eigentlich keine Kunden in den Filialen mehr. Das Investmentbanking würde mehr als genug Ertrag abwerfen. Wegen dieser Nachlässigkeit gegenüber dem Otto Normalbankkunden hatten die Analysten und Aktienhändler die Geschäftsbanken auch immer wieder kritisiert. Sie fürchteten, das Standbein der Privatkunden bringe zu wenig Ertrag ein und so eine Nachlässigkeit würde Potenzial für bessere Börsennotierungen vergeuden. Nun brach unter genau jenen Otto Normalbankkunden anlässlich des florierenden Neuen Marktes ein Börsenboom aus. Ähnlich intensiv wie bei den Profis. Ungefähr 300 Börseneingänge gab es zu der Zeit an der Frankfurter Börse. Dadurch breitete sich eine Gier aus, als wäre ein neuer Klondike-Goldrausch entflammt. Die Banken stachelten diese Gier noch zusätzlich an, indem sie Kunden Anteile an Unternehmen des neuen Marktes aufschwatzten, obwohl sie keine dem Börsenwert entsprechende Wertsubstanz besaßen. *Also Herr und Frau Schulze, wenn Sie jetzt nicht an die Börse gehen, wann dann? Zögern können Sie ein anderes Mal. Bequemer lässt sich heute kein Geld verdienen. Die Gewinntrends lügen nicht.* Allerdings waren bei vielen dieser Start-up-Unternehmen die Geschäftsideen noch viel zu unausgereift. Deren Wirtschaftsleistung konnten in der Folge die Zukunftserwartungen der Anteilseigner gar nicht bestätigen. Trotzdem haben die Banken derartige Unternehmen an die Börse getrieben, im Interesse der eigenen Ertragsmaximierung. Doch nicht nur die Banken haben den Neuen Markt gehypt. Auch die Medien haben sich unkritisch daran beteiligt und immer wieder neue Börsennotierungsrekorde als Sensation verkaufen wollen. Zudem führte in Deutschland der Börsengang der Deutschen Telekom zu einer stark gestiegenen Popularität des Investmentobjektes Aktie. Das war sonst unüblich. Umfangreiche Werbemaßnahmen hatten diese Beliebtheit angestoßen. Der Schauspieler Manfred Krug war als Identifikationsfigur ein Teil davon und wurde zur Werbe-Ikone aufgebaut. Allerdings waren die Kunden an der Befeuerung dieses Booms nicht ganz unbeteiligt. Derart angespitzt, waren die Kunden nicht mehr aufnahmebereit für eine seriöse Vermögensbildung mit Geldanlagen, die aus mehreren Anlageklassen bestehen. Das führte dazu, dass immer mehr Kunden nun ihrerseits Druck auf ihre Bankberater ausübten. Gutmeinende Bankberater hatten kaum noch eine Chance, ihre Kunden in Richtung einer sinnvollen Vermögensstruktur zu beraten. Sie wurden abgeblockt, nach dem Muster: Wir gehen sonst zur Konkurrenz, wenn das mit den Aktien nicht wunschgemäß funktioniert. Danach aber platzte die Blase des Neuen Marktes, und viele Kleinanleger trennten sich wieder von ihren Aktien oder Aktienfonds. Es ist bezeichnend, dass die meisten Unternehmen des Neuen Marktes heute nicht mehr existieren oder bedeutungslos geworden sind. Wer kennt zum Beispiel noch Firmen wie Gigabell, Popnet, Intershop oder Brokat? Alles abgestürzte Überflieger auf dem überhitzten Neuen Markt.

In der Folge jedoch hatten es Banken sehr schwer, ihre Produkte abzusetzen. Die Kunden kamen nicht mehr von allein, wie sie es noch mitten im Boom des Neuen Marktes getan hatten. Um den Kundenabfall zu stoppen, wurden sie zunehmend in die Bank hereintelefoniert. Sie wurden geholt. Die Inspiration dafür lieferte die Bankenkultur in den USA. Dort war bei den Banken die Methode, Anlagegespräche zu inszenieren, bereits etabliert. Es vollzog sich also in Deutschland nach und nach ein Wandel: weg von der sinnigen und dem Anleger dienenden Anlageberatung, bei der der Kunde selbst der Auslöser war, und hin zur Anlageberatung, die auf Initiative der Bank entsteht.

Es war aber nicht nur der Zusammenbruch des Neuen Marktes, der diese Entwicklung anschob. Auch die Folgen des 11. September beschleunigten die Vertriebsoffensive der Banken. Die Börsen brachen damals ein und die Banken reduzierten daraufhin den Eigenhandel mit Aktien an der Börse sehr stark. Börsenhändler wie ich waren deshalb bei den Banken nicht mehr so gefragt. Das bekam ich besonders bei meinem kurzen Intermezzo bei der Hamburgischen Landesbank zu spüren. Aus diesem Grund konzentrierte ich mich auf die Geschäftssparte, die nun im Kommen war: den Vertrieb. Zuerst aber noch außerhalb der Bankenwelt bei MLP. Wir reden über das Jahr 2002. Damals war MLP, die Maschollek, Lautenschläger und Partner AG, das muss man so deutlich feststellen, als Finanzdienstleister für Akademiker von Akademikern doch sehr renommiert. Die Aktienkurse von MLP bewegten sich zu der Zeit noch irgendwo im Bereich 80, 90, manchmal auch 100 Euro. Heute reden wir über 3,50 Euro. MLP bekam damals als erster Finanzdienstleister überhaupt eine Vollbanklizenz. Das heißt, man konnte damals auch Girokonten bei MLP haben. Das gab es und gibt es bei den anderen Finanzdienstleistern wie DVAG oder auch AWD nicht.

Ähnlich wie bei der DVAG ist man bei MLP nach dem Handelsgesetzbuch Paragraph 84 selbstständig als Handelsvertreter. Und man bekommt für die erste Zeit bei MLP einen Vorschuss. Man hat ja noch keine Kunden und dementsprechend kein Einkommen. Anschließend geht es darum, die Vorschüsse schnell ins Verdienen zu bringen. Das heißt, wenn man sich so wie ich 2300 Euro im Monat zahlen lässt, dann ist das ein Vorschuss vom Unternehmen. Und diesen Vorschuss muss man zur Hälfte wieder zurückzahlen. Gelingt das, ist es gut. Gelingt das nicht, ist man relativ schnell wieder draußen und hat in der Folge je nachdem 10.000 oder 12.000 Euro an Schulden, die man wieder zurückzahlen muss.

Als Börsenhändler und diplomierter Bankbetriebswirt war ich bei MLP ein Unikum. Denn die anderen, die dort angefangen hatten, waren Juristen, die vielleicht keine Lust auf Selbstständigkeit hatten oder in ihrer Selbstständigkeit gescheitert waren. Es gab auch viele Marketing-Leute, ich erinnere mich auch an einen Bauarchitekten. Aber in der großen Minderheit waren wir Banker. Für all diese Leute ging es nun los mit der Kundenakquise. Darauf wurden wir in einer dreimonatigen Ausbildung intensiv vorbereitet. Der fachliche Teil der Ausbildung zum Financial Consultant, zum Finanzberater, war gering. Überwiegend ging es um die Frage, wie bringe ich die Lebensversicherung, den Investmentfonds, die Geldanlage oder die Berufsunfähigkeitsversicherung, die Renten- oder Krankenversicherung oder die Krankenzusatzversicherung und dergleichen mehr an den Mann und an die Frau. Teilweise hatten wir bei den Verkaufsschulungen absolute Spitzenleute – vertrieblich betrachtet wohlgemerkt. Und diese Spezialisten brachten mir bei, wie man Kunden aus den Akademikerkreisen manipuliert.

Krüger: Wie bringt man zum Beispiel einen Arzt dazu, sich in einem Beratungsgespräch für das angebotene Produkt zu interessieren?

Schmidt: Man bringt ihn dazu zu glauben, er müsste das angebotene Produkt kaufen, weil es seine Ärztekollegen auch schon längst gekauft haben.

Krüger: Das klingt, als ob hier das Prinzip der sozialen Bewährtheit wirkt. So wie es der amerikanische Sozialpsychologie Robert Cialdini in seiner Psychologie der Beeinflussung regelmäßig lehrt:[38] Leute tun das, was andere auch tun. Und je mehr Leute eine bestimmte Idee richtig finden, umso mehr nimmt der Einzelne die Idee als richtig wahr; insbesondere je ähnlicher dem Einzelnen diese Leute sind. So wie dem Arzt seine Berufskollegen.

Schmidt: Heute muss ich sagen, das waren keine Beratungsgespräche, die wir zu führen hatten, sondern reine Verkaufsgespräche, bei denen am Ende der Verkaufsabschluss herauskommen sollte. Nur mit dem Abschluss hat man verdient.

Krüger: Ist aber ein Verkauf an sich schon abzulehnen? Egal ob man nun einen Finanzvertrieb wie MLP oder die Banken betrachtet. Der Verkauf eines Produktes ist doch nicht schlecht, solange das Produkt gut ist. Und wenn das Produkt gut ist, sind die Überzeugungsmittel, die ein Verkäufer für den Verkauf anwendet, Mittel, die dem Kunden dienen. Man muss unterscheiden zwischen der Manipulation, das ist die Einflussnahme gegen die Interessen des Beeinflussten, und der Edukation, das ist die Einflussnahme im Interesse des Beeinflussten.

Schmidt: Idealtypisch ist das so. Zweifellos ist es so, dass ein gutes Produkt, auch wenn es verkauft wird, dem Kunden nützlich sein kann. Meine Erfahrung zeigt aber, dass von Anfang an die Ausrichtung auf den Verkauf vorhanden ist und auch da sein muss. Andernfalls hat man nichts verdient. Es ging nicht um die Frage, ist das Produkt gut oder schlecht für den Kunden. Sondern man hat versucht, das Produkt für den Kunden rhetorisch gut zu reden. Dass ein Produkt für den einen oder anderen Kunden auch mal in Ordnung sein kann, stelle ich gar nicht infrage. Wobei wir in der Regel nicht die Produkte ausgewählt haben, die inhaltlich die besten waren, sondern man hat als Berater die Produkte ausgewählt, deren Provisionierung entsprechend hoch war. Auch wenn MLP behauptet hat, die Firma sei unabhängig und ganzheitlich und könne sich am Markt der besten Partner bedienen, so hat man als Berater doch die Produktkonzepte genommen, von denen man wusste, dass sie sich gut verkaufen lassen und am Ende auch eine gute Provision erbringen. Das heißt, man wusste in der Regel vorher, was hinten rauskommen soll. Aber prinzipiell stimmt das natürlich: Ein gutes Produkt wird nicht per se deswegen schlecht, weil mit ihm eine Provision zu verdienen ist. Über die Höhe der Provision kann man natürlich sprechen. Man kann auch darüber sprechen, warum 5 Prozent Ausgabeaufschlag für Investmentfonds verlangt werden. Man kann auch über das sehr wichtige Ertragsstandbein der Finanzindustrie sprechen: den sogenannten Skaleneffekt. Das heißt, die Finanzindustrie verdient nicht an der Beratung, sondern am Verkauf. Sie verdient da umso mehr, je höher die Summe ist, die anzulegen ist. Aber die Leistung, die inhaltliche Leistung, bleibt die gleiche. Dieser Skaleneffekt gilt natürlich auch für MLP oder für die DVAG. Auch damals als MLP-Berater verdiente ich deutlich weniger, wenn ich einen jungen Assistenzarzt hatte, der vielleicht nur 50 oder 75 Euro in seine Berufsunfähigkeitsversicherung, in seine Lebensversicherung oder Rentenversicherung zahlen konnte – jetzt auf 30 Jahre betrachtet –, als wenn ich einen Oberarzt von der Universitätsklinik Düsseldorf akquiriert hätte. Dieser Oberarzt war nämlich in der Lage, monatlich 300 Euro in seine Versicherungen reinzustecken, oder 400 Euro in seine Fonds-Opus-Lebensversicherung oder in seine Rentenversicherung zu investieren. Aber ich habe den gleichen Beratungsaufwand. Das heißt, die Versicherungspolice, in die der Kunde 50 Euro oder 400 Euro monatlich einzahlt, hat den gleichen Beratungsaufwand. Also ich berate mit der gleichen Leistung. Nur der Verdienst ist aufgrund des Skaleneffektes um ein Vielfaches höher. Das ist der ganze Reiz der Finanzindustrie. Auch bei einer Geldanlage ergibt eine Stunde Gespräch bei einer Geldanlage über 10.000 Euro weniger Ertrag als bei einer Stunde Gespräch bei einer Geldanlage von 100.000 Euro. Von der Leistung her ist das gleich. Viel mehr als eine Stunde oder eineinhalb Stunden braucht man nicht, um 10.000 Euro anzulegen oder 100.000 Euro.« Warum ist das so? »Die gesetzlichen Regelungen sind natürlich die gleichen, egal bei welcher Summe. Selbst wenn ich 1000 Euro für einen Kunden anlege, habe ich die gleichen gesetzlichen Bedingungen oder Bestimmungen zu erfüllen: Beratungsprotokolle und dergleichen mehr. Allein schon deswegen ist der zeitliche Faktor ein Stück weit vorgegeben. Ich brauche eine bestimmte Zeit, um mit dem Kunden Beratungsprotokolle zu besprechen. Nur: Die Geldanlage über 100.000 Euro ist natürlich sehr viel lukrativer, wenn ich für eine oder eineinhalb Stunden Gespräch 5 Prozent Provision verdiene, als bei 10.000 Euro. Im Ergebnis heißt das 5000 Euro oder 500 Euro für eine Stunde Arbeit.

Ich will Ihnen ein konkretes Beispiel einer Transaktion geben, um das zu verdeutlichen: Einer meiner Mandanten hat im Jahr 2002 die Aktie einer Kupferhütte gekauft. Gesamtbetrag 40.000 Euro. Die Aktie ist im Depot der Deutschen Bank gewesen und ist von 2002 bis 2017 um 450 Prozent gestiegen. Als Erlös gab es ungefähr 180.000 Euro. Die Deutsche Bank hat für den Verkauf der Aktie einen Anteil von 0,25 Prozent berechnet. Diese 0,25 Prozent hat die Bank auch 2002 verdient, als sie die Aktien für 40.000 Euro gekauft hat. Der handwerkliche Vorgang eines versierten Beraters beim Kauf von Aktien dauert eine Minute. Das heißt, für diese Arbeitsleistung von einer Minute im Jahr 2002 hat der Bankmitarbeiter von 40.000 Euro, einen Anteil von 0,25 Prozent, verdient. Jetzt ist die Aktie glücklicherweise gestiegen. Für die gleiche handwerkliche Leistung von einer Minute verdient die Bank 0,25 Prozent von 180.000 Euro.

Das ist der Skaleneffekt einmal an diesem trivialen Beispiel festgemacht. Das heißt, die Bank macht sich fett für etwas, wofür sie nichts kann. Der Anleger hatte das Risiko, und er hatte das Glück, dass der Kurs um 450 Prozent gestiegen ist. Die Bank kann für diesen Kursanstieg nichts und verdient jetzt auf das gewachsene Volumen 0,25 Prozent. Das ist ein Skandal, den da draußen nicht genügend Leute verstehen.

Denn mit welcher Berechtigung nimmt die Bank mehr Geld für eine handwerkliche Leistung, die keine Qualitätssteigerung darstellt? Zumal der Anleger auch noch das Risiko getragen hat. Das heißt, die Bank nimmt Geld, das ihr gar nicht zusteht. Für einen Fliesenleger ist das ein Schlag ins Gesicht. Stellen Sie sich vor, Sie lassen Ihr Bad neu fliesen. Sie haben die Auswahl zwischen Fliesen, bei denen der Quadratmeter 100 Euro oder bei denen der Quadratmeter 30 Euro kostet. Der Fliesenleger bekommt jedoch nicht mehr Geld für eine Stunde Arbeitsleistung, wenn er das teure Modell der beiden Fliesen verlegt. Die Bank dagegen schon. Für die Finanzindustrie ist der Skaleneffekt die Cash-Kuh schlechthin. Wie groß dieser Reiz ist, zeigt so mancher Honorarberater. Ich kenne beispielsweise einen Honorarberater, der die meisten seiner Depots mit Templeton-Fonds bestückt. Das sind Fonds der gleichnamigen amerikanischen Fondsgesellschaft. Für die Depotzusammenstellung nimmt er nun ein halbes oder ein Dreiviertelprozent von seinen Kunden. Den Rest macht die Fondsgesellschaft, und er braucht sich um nichts mehr zu kümmern. Das ist natürlich keine Honorarberatung. Aber er rechtfertigt sich damit, das würde ihm ermöglichen, eine entspannte Woche zu haben und sich auch mal um Work-Life-Balance zu kümmern. Und trotzdem würde er Geld verdienen.

Wenn ich einen Prozentsatz von 0,5 Prozent vom Volumen nehmen würde, das ich zu verwalten habe, hätte ich ein Jahresgehalt von 250.000 Euro. Wenn ich weiter im Volumen wachse und vielleicht 100 Millionen hätte, hätte ich zwar ein fünffach größeres Gehalt. Ich erbringe aber nicht um den Faktor fünf eine höhere Leistung. Doch da draußen zucken die Leute mit einem großen Selbstverständnis mit der Schulter und sagen: Es ist halt so. Die Finanzindustrie hat aber Angst, dass ihr diese Ertragsquelle verloren geht. Zumal sie umso abhängiger davon ist. Die Zinsen sind niedrig, sodass das Kreditgeschäft nicht mehr die Erträge abwirft. Auch das Provisionsgeschäft nimmt ab, aufgrund der Indexfonds. Was das genau ist, werde ich noch erklären. Und wenn jetzt dieser Skaleneffekt transparenter würde, weil die Menschen außerhalb einer Bank merken, wofür sie da eigentlich zahlen, bekäme die Finanzindustrie ein Problem. Davor hat die Industrie Angst. Die Deka Bank, mein ehemaliger Arbeitgeber, hat Schweiß auf der Stirn. Denn dort wurde wegen sinkender Erträge eine neue Dienstwagenregelung eingeführt. Deshalb dürfen die heutigen Vertriebsdirektoren keinen Mercedes E-Klasse und keinen 5er-BMW mehr fahren, sondern nur noch einen 3er-BMW und einen Mercedes C-Klasse.

Krüger: Die Frage ist, inwieweit davon meine Altersvorsorge betroffen ist.

Schmidt: Na, das ist doch klar. Sie zahlen mehr, für Leistungen, die keinen höheren Wert darstellen. Ihre Rendite wird dadurch eingeschränkt.

Krüger: Hat es Sie damals berauscht, Leute zu manipulieren? Sei es bei MLP oder bei den Banken? Haben Sie den Abschluss als Kick-Erlebnis wahrgenommen?

Schmidt: Das stand zu der Zeit gar nicht im Vordergrund. Es kommt eher darauf an zu untersuchen, mit welcher Muttermilch man als junger Banker in seiner Ausbildung gefüttert wird. Das ganze Lebensgefühl in einer Bank ist durch den Glauben geprägt, wir seien Teil einer Elite und verfügten über Herrschaftswissen. Dabei macht man sich nicht ansatzweise Gedanken darüber, ob das gut ist für den Kunden. Es geht ausschließlich um die Wirtschaftlichkeit. Es geht darum, dass Kunden idealerweise nicht nerven sollen. Das heißt, die Kunden sollen funktionieren, indem sie sich beraten lassen, indem sie das tun, was ich als Berater von ihnen will. Zum Beispiel, wenn ich jemanden anrufe und sage, Herr Krüger, der Fonds A ist besser als der Fonds B, dummerweise haben Sie den Fonds B im Depot. Entweder machen wir das jetzt am Telefon, oder Sie kommen vorbei. Denn wir müssen das Ding umtauschen, damit Sie mehr Rendite haben. Bei diesem kurzen Termin, der wieder 5 Prozent Ausgabeaufschlag für die Bank bringt, war es damals absolut unverständlich, wenn ein Kunde gesagt hat: Nein, das will ich nicht. Denn wir hatten das Herrschaftswissen. Und so wird man Stück für Stück aufgesogen als Banker und durch das System vereinnahmt. Und man sieht dabei natürlich die finanziellen Möglichkeiten.

Krüger: Besteht daher die Sozialisation als Banker darin, dass man den Glauben annimmt, man sei Teil einer Elite, weil man einen Informationsvorsprung hat? Und lebt man dieses Elite-Denken auch an dem Kunden aus, der einem Banker aufgrund seiner Informationsrückstände unterworfen ist?

Schmidt: Ja, das kann man so stehen lassen. Und das galt vor allem für die Zeit damals. Und selbst die Sparkasse war eben eine Bank. Oder anders formuliert: Sparkassen haben immer noch den größten Marktanteil, und wir sind deshalb als Sparkässler durchaus selbstbewusst aufgetreten. Die Deutschbanker haben sich in der Tradition des Hauses noch als etwas feiner betrachtet in ihren meist dunkelblauen Anzügen. Aber de facto waren und sind die Sparkassen in der Summe das größte Kreditinstitut Deutschlands. Später als Landesbanker fühlte ich mich sowieso noch deutlich elitärer.

Krüger: Und wie war das bei MLP?

Schmidt: Bei MLP dagegen fühlte man sich nicht als Bankerelite, sondern es ging nur um knallharten Vertrieb. Deswegen sah man sich dort als die Vertriebselite. Damals hatte ich nicht viel gegen MLP einzuwenden. Heute ist das natürlich anders. Mir ist damals nur diese permanente Kaltakquise auf die Nerven gegangen. Ich musste immer wieder neu von vorn meine Kunden über die Jahre aufbauen, ich musste immer wieder in die Uni-Klinik, ich musste immer wieder in andere Krankenhäuser gehen und Ärzte ansprechen. Durch meine ganze Ausbildung habe ich mich selbst als Banker und Börsianer gefühlt. Fachlich waren die MLP-Berater schwach. Sie waren aber verkäuferisch exzellent. Ich habe später in der Bank nie wieder bessere Verkäufer unter den Bankberatern erlebt. Ich bin aber gegangen, weil ich einfach Führungskraft einer Bank sein wollte. Diese Führungsposition habe ich daraufhin auch erhalten: bei der Citibank, die bereits voll im Vertriebstrend lag. Demgemäß bekam ich dort die Verantwortung für das Investmentgeschäft der Filialen im Ruhrgebiet. Kritische Gedanken über den Vertrieb hatte ich mir damals noch nicht gemacht. Bei Citibank ging es nur um Umsatz. Ausgabeaufschläge von Investmentfonds im Speziellen plus Provision. Alles andere war vollkommen irrelevant. Dadurch lernte ich, wie das Spiel der Finanzindustrie funktioniert. Mit diesem Vertriebs-Know-how wurde ich bei meiner nächsten Karrierestation, der GE Money Bank, selbst zur treibenden Kraft dafür, dem aktuellen Geschäftszeitgeist der Banken zu folgen. GE Capital, der Finanzzweig des weltgrößten Konzerns General Electric, hatte in Deutschland die Privatbank Allbank übernommen und mit der GE Bank zur GE Money Bank 2004 verschmolzen. 90 Filialen hatte diese Bank in Deutschland. Doch die Ausrichtung war zunächst auf das Konsumentenkreditgeschäft bezogen. Deswegen setzte ich mich beim Vorstand dafür ein, sich dem Vertriebstrend anzupassen. Mein Idee war: Lasst uns doch das Investment-Geschäft so aufstellen, wie die Citibank das macht. Also lasst uns in jeder Filiale einen Anlageberater installieren. Lasst uns ein Investmentcenter gründen. Lasst uns als zweites Ertragsstandbein der Bank das provisionsgetriebene Beratungsgeschäft nach vorn bringen. Anscheinend hat das den Leuten gefallen und ich bekam die Betreuung übertragen für das bundesweit ganze Vertriebsgeschäft der GE Money Bank mit all seinen Filialen. Von Flensburg bis München. Auch dort ging es infolge der angeschobenen Vertriebsoffensive weder um den Kunden noch um eine gute Beratung. Selbst als 2006 oder 2007 die Beratungsvorschriften, die Beratungsprotokolle, also die europäischen Beratungsrichtlinien eingeführt wurden, haben wir immer versucht, einen Weg zu finden, all das zu umgehen. Mit den Beratungsrichtlinien meine ich MiFID, also die 2007 in Kraft getretene Finanzmarktrichtlinie für einen höheren Anlegerschutz. Wir haben immer versucht einen Weg zu finden, wie man trotz der Verschärfung der Beratungsunterlagen ein gutes Geschäft macht. Beratungsprotokolle und Beratungsinformationen, diese Verschärfungen haben wir immer als lächerlich empfunden. Wir haben versucht, noch mehr Geschäft zu machen, indem wir die Regularien einfach auf die Kunden verlagert haben, um wieder eine Verkaufsgelegenheit zu inszenieren. Also haben wir den Kunden wieder in die Bank telefoniert: Mensch, Herr Krüger, Sie haben wahrscheinlich gehört, der Gesetzgeber hat die rechtlichen Rahmenbedingen rund um das Thema Wertpapierberatung verschärft, wir müssen uns dringend noch einmal zusammensetzen, um hier den rechtlichen Grundlagen Genüge zu tun. Bei MiFID II, der aktuellen neuen Finanzmarktrichtlinie, die mehr Transparenz bringen soll, wird meines Erachtens der gleiche Prozess ablaufen.

Krüger: Transparenz klingt gut. Wird MiFID II dafür sorgen, dass ich als Kunde in einem Produktinformationsblatt auch die prognostizierten Kosten so wie bei den prognostizierten Erträgen bis auf das Komma genau und übersichtlich aufgestellt bekomme? Wird es dazu kommen, dass die Branche nicht mehr mit Prozentzahlen arbeitet wie der Gesamtkostenquote? Wird es durch MiFID II dazu kommen, dass ich Kosten und Erträge voneinander ableiten kann, was ich bei den Produkten, die ich kennengelernt habe, nicht konnte? Werde ich also in ganzen Zahlen lesen können, wie hoch die Abschluss- und Vertriebskosten, die laufenden Verwaltungskosten, die Risikokosten und die Stückkosten sind? Werde ich also nachvollziehen können, wie hoch die zusätzlichen Fondskosten sind durch die Verwaltungs- und Managementgebühren, die Performance-Gebühr an den Fondsmanager, die Transaktionskosten, die Marktbeeinflussungskosten und Depotverwahrungsentgelte?

Schmidt: Es sollte so sein. Aber ich habe Zweifel, dass das so wird. Die Investmentindustrie weiß selber noch nicht, wie sie damit umgehen will. Beispielsweise überlegen sich die Investmentgesellschaften gerade, wie sie höhere Research-Kosten, also zum Beispiel die Kosten für die Marktanalysen, auf den Kunden umlegen wollen oder ob sie es eben nicht tun. Die Deka Bank wird beispielsweise die gestiegenen Kosten an den Kunden weitergeben. MiFID II verlangt einen höheren Research-Aufwand. Natürlich wird die Finanzindustrie versuchen, so weit wie möglich höhere Kosten durch MiFID II auf die Kunden abzuwälzen. In welcher Hinsicht sie das transparent macht oder nicht, muss man abwarten. Man kann auf jeden Fall davon ausgehen, dass die Finanzindustrie wegen MiFID II nicht zu einer Transparenzoffensive blasen wird.

Krüger: Und wie kam es bei Ihnen zum Bruch mit Ihrer Branche, von der Sie sagen, sie könne bei dem tabulosen Vertrieb gar nicht im Interesse des Kunden Produkte verkaufen?

Schmidt: Für diesen Bruch steht meine nächste Station: die Deka Bank, der Produktlieferant der Sparkassen. Obgleich ich dort zunächst noch als Überzeugungstäter und Scharfmacher des Vertriebes wirkte. Noch gänzlich ohne kritische Distanz stieg ich bei der Deka Bank als Vertriebsdirektor ein und trimmte die Sparkassen auf eine aggressive Vertriebslinie. Der Titel Direktor war mir damals wichtig. Der Dienstwagen war größer, das Gehalt war höher und auch der Bonus war höher. Meine Aufgabe als Vertriebsdirektor war es, in einem regional zugeordneten Bereich die Sparkassen zu betreuen. Am Anfang waren es im Osten Deutschlands die knapp 50 Sparkassen des dortigen Sparkassenverbandes. In der Folge kam noch der Norden Deutschlands dazu. Das hatte damit zu tun, dass ich mich bei der Deka Bank um spezielle Fonds gekümmert habe. Das waren Bonus- und Discount-Fonds mit derivativen Strukturen und vermögensverwaltende Fonds. Ich hatte im Verlauf 120 Sparkassen in der Betreuung.

Krüger: Was heißt das, die Sparkassen zu betreuen?

Schmidt: Das heißt schlicht und ergreifend, den Sparkassen Fonds der Deka Bank anzubieten, also vom Vorstand abwärts, über die Führungskräfte, die Vertriebssteuerung bis hinunter zum sogenannten Point of Sale, also bis zu den Beratern in den Filialen in den Vermögensanlagecentern. Ich habe folglich versucht, über den Vorstand der Sparkassen die Absatzzahlen der Deka Bank zu erhöhen. Hatte man den Vorstand auf seiner Seite, konnte man davon ausgehen, dass auch die ihm untergeordneten Führungskräfte auf seiner Seite waren. Und hatte man die auf seiner Seite, gab es intern entsprechende Anweisungen an die Berater, welche Fonds sie zu verkaufen hatten. Ich hatte im August 2008 angefangen, genau zum Ausbruch der Finanzkrise, als die Lehman-Brothers-Bank zusammenbrach. Dabei bewegte ich mich in einem Umfeld, in dem man den Absturz der Lehman-Brothers-Bank als große Überraschung empfand. Als Reaktion darauf brachen bekanntlich die Börsen zusammen. Der deutsche Aktienindex hatte sich in dieser Zeit vom September 2008 bis zum März 2009 mehr als halbiert, von über 8000 Punkten auf nur noch 3400 Punkte.[39] Die Sparkassen hatten deswegen mit Volumenabflüssen zu kämpfen: Viele Sparkassenkunden verkauften ihre Investmentfonds. Jeder Verkauf eines Fonds bedeutete für die Sparkassen ein geringeres Volumen und mit einem geringeren Volumen, hatten die Sparkassen auch geringere Einnahmen. Denn die Einnahmen werden in einem Prozentsatz gerechnet auf das Volumen. Dieser Entwicklung musste ich als Vertriebsdirektor natürlich gegensteuern: Unsere Aufgabe war es in den Jahren 2009 und 2010, die Bankberater davon zu überzeugen, dass es trotzdem Sinn macht, Fonds zu verkaufen. Wir haben uns dann verlagert auf Immobilienfonds, als wir merkten, Aktienfonds laufen nicht mehr so gut. Aber auch auf Rentenfonds. Wir haben uns auch verlagert auf Garantiefonds. Dabei muss ich klar sagen, dass Garantiefonds inhaltlich aus Kundensicht schwachsinnig sind. Sie machen absolut keinen Sinn, außer dass sie viel Geld ins Portemonnaie der Bank spülen. Aber zumindest waren die Zinsen damals noch relativ hoch, sodass die Konstrukte der Garantiefonds funktionierten. Wir haben nicht zuletzt versucht, den Bankberatern die Angst davor zu nehmen, der Fondsabsatz könne nicht weiter so gut laufen wie vor der Krise.«

Allerdings hatte die Verkaufskultur innerhalb vieler Sparkassen noch nicht den Grad der Tabulosigkeit erreicht, die Schmidt von den amerikanischen Großbanken, Citibank und GE Money Bank, her kannte:

»Ich musste feststellen, dass viele Sparkassen im Vergleich zu den beiden amerikanischen Großbanken vertrieblich noch ganz weit zurück waren. Viele Sparkassen haben den aggressiven Vertrieb gegenüber den Kunden zunächst noch abgelehnt. Die wollten das so nicht. Das hat sich aber im Lauf der Zeit verändert. Vor allem auch, weil sich bei den Sparkassen wegen der fallenden Zinsen die Ertragssituation änderte. Der aggressive Vertrieb dagegen bot den notwendigen Ausgleich für diesen Ertragsausfall. Diese niedrigen Zinsstände werden sich auch so bald nicht ändern. Auf den Punkt gebracht: Mit Blick auf 2017 und 2018 werden die Sparkassen aufgrund der andauernden Niedrigzinsphase erhebliche Ertragsprobleme bekommen. Das wiederum verstärkt den Druck auf den Provisionsvertrieb.

Damals aber habe ich mit meiner Rolle als Einpeitscher auch polarisiert. Nicht jede Sparkasse wollte sich dem aggressiven Vertrieb der anderen Banken anpassen. Das habe ich auch beim Coaching gemerkt, wenn ich den Beratern die Produkte erklärt und ihnen die Verkaufsargumente an die Hand gegeben habe. Zum Teil war ich auch bei Kundengesprächen als Wachhund anwesend. Ich war mal in einer großen Schulungsrunde bei der Sparkasse Magdeburg im Saal des Verwaltungsrates. Alle Anwesenden standen noch unter dem Eindruck der Finanzkrise und waren vollkommen destruktiv. Nicht nur die Berater, sondern auch die Führungskräfte. Irgendwann platzte mir dermaßen der Kragen, dass ich ganz aggressiv in die Runde gefragt habe. »Haben wir oben auf dem Dach der Sparkasse das rote Kreuz oder das rote S? Wollen Sie Geld verdienen mit Ihren Kunden oder wollen Sie kein Geld verdienen?«

Krüger: Wie verkaufe ich aber als Berater Produkte? Muss ich den Kunden durch Renditeversprechen gierig machen?

Schmidt: Beim Verkauf von Produkten wie zum Beispiel von Fonds kommt es gar nicht so sehr darauf an, Renditeversprechen abzugeben. Es kann damit nicht gelockt werden, weil keiner Aktienmärkte in der Rendite prognostizieren kann. Wenn ein neuer Fonds auf den Markt kommt, kann der Betreiber dieses Aktienfonds natürlich nicht mit Renditen werben. Wie zum Beispiel der Fondsmanager Dirk Müller, der im Mai 2015 einen Fonds auf den Markt gebracht hat, den Dirk Müller Premium Aktien Fonds. Wir kennen Müller aus dem Fernsehen, und er weiß natürlich nicht, welche Renditen der Aktienmarkt nach vorn gerichtet haben wird. Werben aber kann er damit, dass sein Ansatz, diesen Fonds zu managen, anders sei als bei anderen Fonds und dass sein Fonds diese oder jene Besonderheit habe. Was man zudem machen kann, ist, den Fonds zurückzurechnen, um den sogenannten Tracking Record zu erstellen, die Aufzeichnung der vergangenen Ertragsentwicklung eines Fonds.

Das haben wir auch gemacht. Das ist aber eine große Täuschung des Kunden. Stellen Sie sich vor, Sie erstellen ein Konzept für einen neuen Fonds. Sie wollen ihn auf den Markt bringen und ihn über die Sparkassen und Ihre Vertriebsorganisation verkaufen. Gleichzeitig liefern Sie ein Hätte-Wäre-Wenn-Modell dazu: Dieser Fonds hätte in den letzten 20 Jahren das und das gebracht. Das heißt, unser Fonds-Konzept funktioniert. Man simuliert diesen Fonds nach hinten. Bei älteren Fonds liefert der Tracking Record für die Anleger üblicherweise den Verweis darauf, ob er etwas taugt oder nicht. So kann der Kunde überprüfen, wie sich der Fonds die letzten fünf Jahre geschlagen hat. Bei jungen Fonds gibt es diese Vergleichsdaten noch nicht. Wir haben aber bei der Deka Bank einen Tracking Record erstellt, um den Berater in den Sparkassen argumentativ zu unterstützen. Wir haben also zurückgerechnet, was wäre in der Vergangenheit gewesen.

Krüger: Und worin besteht dabei die Täuschung?

Schmidt: Dass ich die Vergangenheit kenne, aber nicht die Zukunft. Fachlich habe ich kein Problem damit, wenn man in der Theorie durchspielt, wie wäre der Fonds gelaufen, wenn man ihn schon vor 20 Jahren gehabt hätte. Ich habe aber ein massives Problem damit, wenn man diesen Vergangenheitstest benutzt, um beim Verkauf Kunden zu überzeugen. Nach dem Muster: *Schauen Sie, Herr Krüger, mit diesem Fonds wären Sie hervorragend bedient gewesen. In den letzten 20 Jahren hätte der Fonds eine Wertentwicklung von 8,3 Prozent erwirtschaftet.* Hier verkauft die Industrie etwas als eine Realität, was tatsächlich eine Fiktion ist.

Krüger: Wenn Sie die Berater der Sparkassen darauf gecoacht haben, die Produkte der Deka Bank verkaufen zu können, stellt sich für mich die Frage, wie man die Berater auf die häufig mindere Produktqualität der Deka Fonds einstellt. Beziehungsweise: Wie verkauft man ein schlechtes Produkt? Verkauft man die minderwertigen Produkte, indem man die Produkte der Konkurrenz schlechtmacht?

Schmidt: Das Konkurrenzprodukt schlechtzumachen, kommt bei vielen Kunden nicht so gut an. Der Punkt ist: Wenn man zu sehr draufhaut, beschämt man als Berater am Ende den Kunden. Wenn ich sage: *Herr Müller, also Ihr Produkt ist ja unmöglich,* dann bedeutet das für den Kunden: *Oh, da habe ich wohl einen Riesenfehler gemacht.* Das heißt, man erzeugt beim Kunden negative Gefühle. Das muss nicht sein. Das war und ist natürlich nur möglich, weil die Produkte nicht zu schlecht waren, sodass sie über die Vorteilsargumentation immer noch verkäuflich waren und sind. Aber sie sind fachlich betrachtet häufig unnütz. Sie haben keinen Mehrwert. Die Banken nutzen dabei ihre Informationsvorsprünge aus, indem sie dem Kunden verheimlichen, was eigentlich möglich wäre, wenn man die Produkte anders gestalten würde. Dieser Trick funktioniert, weil die meisten Kunden es nicht besser wissen. Das würde die Finanzindustrie natürlich ganz anders darstellen. Natürlich hat man vonseiten der Bank oft argumentiert: Na ja, der Fonds hat immerhin letztes Jahr 5 Prozent gebracht. Schauen Sie, 5 Prozent haben Sie nun. Dass aber bei einer anderen Form der Geldanlage mit sehr viel weniger Kosten und einer anderen Struktur nicht nur 4 oder 5 Prozent, sondern 7 oder 8 Prozent möglich gewesen wären, davon sprach und spricht keiner. Die Banken verheimlichen demnach dem Kunden die Opportunitätsverluste. Opportunitätsverlust bezeichnet die Differenz zwischen der tatsächlichen Auszahlung und der Auszahlung, die man erhalten hätte, wenn man eine andere Vorgehensweise gewählt hätte.

Krüger: Können Sie ein Beispiel nennen?

Schmidt: Die Garantiefonds sind ein gutes Beispiel. Ein Garantiefonds scheint die ideale Kombination aus Sicherheit und Rendite zu sein. Besonders damals schien das so zu sein, als die Zinsen noch deutlich höher waren. Der Fonds wurde so gestaltet, dass man mit dem Großteil des eingesetzten Kapitals festverzinsliche Wertpapiere gekauft hat, also in der Regel eine Bundesanleihe. Doch erst wenn sicher ist, dass die daraus erzielten Erträge ausreichen, um das Garantieniveau abzudecken, hat man den Rest in Aktien investiert. Diesen Restanteil hat man in Derivate gesteckt auf einen steigenden DAX. Damit ergab sich rechnerisch auch eine Partizipationsrate. Das bedeutet, wenn der DAX um eine bestimmte Punktzahl steigt, hat der Garantiefonds in einem bestimmten Ausmaß einen Anteil an dem Anstieg. Der beträgt aber nie über 100 Prozent. Das ist fachlich der absolute Schwachsinn. Wenn ich schon eine vernünftige Geldanlage kreiere, bei der Aktien ein wichtiger Bestandteil sind, dann überlege ich mir, welche Aktien, welche Branchen, welche Fonds, welche Länder. Dabei geht es darum, einen qualitativ guten Aktienanteil auszuwählen und natürlich noch weitere Anteile in anderen Anlagetypen. Aber ich würde niemals einen Aktienanteil über einen Garantiefonds abbilden, weil es einfach keinen Sinn macht, wenn man sich als Kunde bei steigenden Märkten mit immer niedrigeren Teilhaberaten die Erträge beschneidet. Doch die Banken haben immer argumentiert: *Schauen Sie, Herr Müller, Sie brauchen Aktien im Depot, aber um hier kein Risiko einzugehen, nehmen wir ein-*

fach einen Garantiefonds. Was heißt denn Garantiefonds? Garantiefonds heißt schlicht und ergreifend, Sie können nichts verlieren. Wenn man das gegenüber dem Kunden so formuliert, setzt bei ihm eine sichtbare Entspannung ein. Das Geschäft ist an der Stelle schon gemacht. Dass der Kunde erhebliche Opportunitätsverluste hatte in Gestalt eines Ausgabeaufschlages von 3, 4 oder 5 Prozent, hat man dem Kunden nicht erzählt. Das heißt, das hat die 100.000-Euro-Investition bei 3 Prozent Ausgabeaufschlag um 3000 Euro gemindert. Folglich hat der Kunde seine Garantie selbst bezahlt. Nur dass er das gar nicht durchschaut. Stattdessen hat man dem Kunden erzählt: *Mensch, Herr Müller, seien Sie froh, der Garantiefonds hat genau das gemacht, was er machen sollte, nämlich er hat Ihr Kapital geschützt.* Das ist jedoch nur ein Teil des Opportunitätsverlustes: Dass der Kunde aber drei, vier oder fünf Jahre lang einen Garantiefonds hatte in der damaligen Zeit der sinkenden Zinsen, der eben aufgrund der fallenden Märkte nichts gebracht hat, hat man ihm ebenso wenig dargelegt. Aus der Kombination aus Ausgabeaufschlag, laufenden Kosten, entgangenem Zinsgewinn und aus der Inflationsrate entsteht der gesamte Opportunitätsverlust.

Der Kunde hat natürlich nur das gehört, was er hören wollte. Nämlich: *Ihr Kapital ist geschützt, und gleichzeitig haben Sie bei steigenden Aktien die Chance nach oben, also auf eine Rendite.* Natürlich haben wir dem Kunden oft nicht gesagt, dass er nicht die volle Partizipation nach oben hat bei einer Laufzeit des Garantiefonds von drei, vier, fünf Jahren. Wenn sich die Börsen nach dem Einstieg des Kunden in den Garantiefonds nicht so entwickeln wie erhofft, kann der Bankberater natürlich nichts dafür. Er kann aber was dafür, dass er Informationen vorenthält oder verschleiert. Das ist ohnehin der Knackpunkt des Verkaufs. Wenn nämlich in den nächsten fünf Jahren die Börse fällt, so wie es passiert ist, hat der Kunde nicht nur keinen Gewinn, sondern er hat einen Verlust wegen des Ausgabeaufschlages und wegen des entgangenen Zinsgewinns. Das wird dem Kunden meistens nicht erklärt. Darin liegt die Crux.

> Natürlich würde jede Sparkasse sagen: Selbstverständlich haben wir den Kunden darüber aufgeklärt. Das stimmt aber nicht, weil der gesamte Produktvertrieb davon lebt, wichtige Informationen vorzuenthalten beziehungsweise sie so zu verpacken, dass der Kunde das überhört.«

Krüger: Funktioniert das bei jedem Produkt so, dass dem Kunden Opportunitätsverluste beigebracht werden oder, anders ausgedrückt, verschwiegen werden?

Schmidt: Das funktioniert immer so. Nehmen Sie zum Beispiel den Produkttausch, den ein Bankberater vornimmt. Auch der basiert darauf, dem Kunden Opportunitätsverluste zuzufügen. Nun muss es prinzipiell nicht schlecht sein, wenn ein Berater zu einem Produkttausch anregt. Zum Beispiel, weil das eine höhere Rendite verspricht. Banken, die so etwas vorschlagen, verweisen dabei auf ihre Beratungspflicht. Auch kann es durchaus sinnvoll sein, den Kunden vom Sparer zum Investor zu machen. Nur: Dieser Rollenwechsel wird häufig mit Produkten verwirklicht, die zu viel kosten, intransparent sind und nicht der Kunst der Geldanlage, der Anlagestreuung, entsprechen. Dieser Produkttausch ist also selten Teil einer individuellen Anlagestrategie oder einer sinnvollen Depotgestaltung. Das heißt, meistens steckt dahinter kein missionarischer Eifer, sondern ein knallhartes Vertriebsinteresse. Sonst würde der Berater keine vorgefertigten Konzepte und Produkte aus dem Produktuniversum seiner Bank anbieten. Gerade in dieser Niedrigzinsphase ist die Bank sehr froh, wenn sie die passiven Bestände der Tagesgelder und Sparbücher in Provisionserträge umdrehen kann. Bezogen auf die Sparkassen haben die Kunden viel Liquidität auf ihren Sparbüchern und Tagesgeldkonten. Deswegen sind die Schulungen auch darauf ausgerichtet, frisches Geld in Fonds zu bringen. Es gilt zu klären, wie ein Bankberater einen Sparbuchkunden in die Deka-Basisanlage bekommen kann oder in das Deka-Vermögenskonzept. Das heißt, man bietet dem Kunden zwei oder drei Produkte an, die möglicherweise als Ersatz für das Tagesgeld taugen. Dabei argumentiert der Berater, dieser Fonds sei ähnlich sicher wie das Tagesgeld. Das haben wir so gemacht und dabei mit der Performance des Fonds in der Vergangenheit geworben. Obgleich es fachlich schwachsinnig ist, das miteinander zu vergleichen. Es ist nur eine Beruhigungspille für den Kunden.

Krüger: Sind das gezielte Manipulationsstrategien? Und welche gibt es noch davon? Ich nenne das Manipulation, weil ein Bankberater diese kommunikativen Mittel dazu einsetzt, Produkte zu verkaufen, die durch andere ersetzt werden könnten.

Schmidt: Zweifellos gibt es viele dieser Strategien. Zunächst muss sich der Bankberater beim Kunden die Genehmigung holen, dass er ihn anrufen darf. Dafür gibt es Formulare, die der Kunde zu unterschreiben hat. Das begründet der Berater auf folgende Weise: *Herr Müller, wir müssen über unsere Kommunikationswege sprechen. Ist es Ihnen recht, wenn irgendetwas sein sollte, dass ich Sie anrufen kann? Ja, ja natürlich,* sagt daraufhin der Kunde. Eine andere Methode bei einer Kontoeröffnung zum Beispiel ist es zu sagen: *Sagen Sie, Herr Müller, wie erreiche ich Sie eigentlich, wenn irgendetwas sein sollte?* Welcher Kunde würde mir sagen, nein, Herr Schmidt, ich möchte nicht von Ihnen angerufen werden? Zu mir sagt das so gut wie keiner. Wenn ich so frage, ist meine Trefferquote 99,9 Prozent. Sollte ein Kunde fragen, warum sollten Sie mich anrufen, dann würde ich sagen: *Herr Müller, es kommt schon mal vor, dass es zu Fehlbuchungen auf der Kreditkarte kommt, dass es zu Belastungen unberechtigterweise auf Konten kommt. Das müssen wir natürlich korrigieren, und dazu muss ich zu meinen Kunden Kontakt aufnehmen.* Das ist natürlich alles erstunken und erlogen, was ich gerade gesagt habe. Aber welcher Kunde würde nach meinem Einwand noch sagen: *Nein, das möchte ich nicht?* Wenn ein Berater auf diese Art die Einwilligung des Kunden bekommen hat, muss man als Berater nur noch die Chuzpe haben und den Kunden anrufen: *Herr Müller, ich sehe gerade, Sie haben einen Geldeingang von 20.000 Euro auf dem Sparbuch. Wollen wir mal darüber sprechen, was wir damit machen? Sie wissen ja, der Sparbuchzins beträgt nur 0,1 Prozent.* Es gibt bei diesen Formularen auch den Kniff mit vorgefertigten Kreuzchen. Auf dem Formular stehen zwei Kreuze an der entscheidenden Stelle, und das ist relativ klein gedruckt. Ein geschickter Berater nimmt dieses Formular ganz zum Schluss, wenn er ohnehin merkt, dass der Kunde ungeduldig ist und eigentlich aufbrechen möchte, und schiebt ihm das Formular unter mit den vorgefertigten Kreuzchen. *Herr Müller, nur noch eine kleine Formalität. Das ist die Anlage Kommunikation, die die Frage klärt, wie wir Kontakt aufnehmen können. Ich nehme an, dass das in Ordnung ist, wenn ich Sie gegebenenfalls anrufe?* Wer kann dann noch sagen, dass es ein Schutz des Kunden ist seitens des Gesetzgebers, sodass die Banken die Produkte nicht proaktiv an den Mann oder die Frau bringen können?

Wenn ein Berater dann mit der Einwilligung zur Kontaktaufnahme die passiven Bestände des Kunden in Provisionserträge für die Bank umdrehen will, gibt es das beliebte Manipulationsmittel, den Kunden unter einen Konformitätsdruck zu setzen. Das heißt, der Kunde soll die Überzeugung gewinnen: Ich muss das tun, was die anderen Kunden auch tun.

Zum Beispiel beim Verkauf eines Immobilienfonds. Ich betone noch einmal, dass der Berater keine individuelle Anlagestrategie oder eine sinnhafte Depotgestaltung dabei verfolgt. Es geht nur um den Verkauf eines Fertiggerichts. Deshalb sagt er beim Anruf zum Kunden: *Mensch, Herr Müller, ich habe mir die Sparbuchguthaben sämtlicher Kunden angeschaut. Und wir versuchen aus dem Sparguthaben derzeit, eine deutlich größere Rendite zu generieren. Aber haben Sie keine Sorge, wir müssen dafür nicht mehr ins Risiko gehen. Ich schlage Ihnen vor, wir besprechen das mal.* Hierbei hat der Kunde kaum eine Chance Nein zu sagen, weil der Berater sagt, er bespreche das mit allen Kunden. Sollte ein Kunde tatsächlich dem Berater unterstellen, er wolle ihm ja nur etwas verkaufen, würde ich als Berater antworten: *Herr Müller, mit Verlaub, das ist mein Job. Das ist wie beim Hausarzt. Das ist meine Pflicht, dass ich Ihre Daten, Guthaben, Verträge, Bestände und dergleichen kenne. Ich bin Ihr Berater. Das heißt, ich bin Ihr Hausarzt in finanziellen Dingen. Wenn Sie das nicht wollen, Herr Müller, müssen Sie zu einer Direktbank gehen.* 95 Prozent würden dann den Schwanz einziehen und sagen: *Herr Schmidt, so war das aber nicht gemeint.* Diese Abwehrrhetorik dient dazu auszudrücken, dass es eine Gunst ist, Kunde dieser Bank zu sein.

Wenn der Kunde dann in der Bank ist, kommt erst einmal der Small Talk: *Herr Müller, schön, dass Sie da sind. Möchten Sie einen Kaffee? Ich habe jetzt bis 11 Uhr Zeit für Sie.* Ein solcher Hinweis gibt dem Kunden das Gefühl, dass sich der Berater Zeit nimmt. Dann fängt das Geplauder an. *Mensch, und was denken Sie über den Brexit?* Natürlich will ein Bankberater das Beratungsgespräch möglichst kurz halten. Ich als Bankberater habe keinen Bock auf den Kunden. Er hält mich davon ab, im Internet zu surfen, eine Zigarette zu rauchen oder mit meiner Kollegin zu flirten. Trotzdem weiß ich, dass ich mit ein bisschen Geplauder den Kunden weichmachen kann. Deswegen ist jeder weitere Satz von mir Berechnung. Mir ist es völlig egal, ob es dem Kunden gut geht oder ob es dem Kunden schlecht geht. Aber ich gebe ihm ein gutes Gefühl. Ich bin als Berater auch völlig zielgerichtet. Deshalb interessiert mich auch keine detaillierte Finanzanalyse oder Vermögensaufstellung. Wenn der Small Talk überhandnimmt, so nach 20 oder 25 Minuten, schaut der Berater dem Kunden in die Augen und danach auf seine Uhr. Mehr muss er nicht machen. Mit dieser Geste setzt er den Kunden unter Druck. Der Kunde spürt das. Er merkt plötzlich, er erzählt zu viel. Mit dieser kleinen Dominanzgeste kann der

Berater den Kunden disziplinieren. Der beste Moment für das eigentliche Verkaufsgespräch:

Nun kommt der Berater auch zum Punkt. *Herr Müller, jetzt noch mal der Grund meines Anrufes. Ich habe ja angesprochen, dass ich mir die Sparbuchguthaben meiner Kunden angeschaut habe, die teilweise sehr umfangreich sind. Bei Ihnen sind es ja immerhin 50.000 Euro. Und ich bin gerade dabei, reihenweise mit den Kunden zu sprechen, wie man aus diesem Guthaben mehr machen kann.* Dabei streut der Berater das Mittel der Verbrüderung ein: *Die meisten meiner Kunden beklagen sich, dass die Zinsen so niedrig sind. So wird das wahrscheinlich auch noch längere Zeit bleiben. Leider denkt Herr Draghi nicht an uns deutsche Sparer.*

Die meisten Kunden stimmen dem Berater zu, weil sie fachlich ahnungslos sind. So hat der Berater den Kunden erst einmal auf seiner Seite. Also leitet er dazu über, den Konformitätsdruck aufzubauen: *Ich kann Ihnen sagen, die meisten meiner Kunden haben sich gegen eine Anlage an den Börsen entschieden. Zu sehr schwanken die Aktienmärkte. Und auch im Zinsbereich ist es eher schwierig. Eine zehnjährige Bundesanleihe hat auch nur noch 0,1 Prozent Rendite. Deswegen wollen die meisten meiner Kunden einen Teil ihres Geldes in Immobilien investieren. Denn hier kann man eine Rendite von 2,5 oder 3,5 Prozent generieren. In den letzten 20 Jahren übrigens ohne Verlustjahr bei unseren international anlegenden Immobilienfonds. Ich gehe davon aus, dass das auch für Sie spannend ist, oder?*

Der Berater hat hierbei das erste Mal das Wort Fonds, das verschrecken könnte, platziert, und zwar in einem positiven Zusammenhang. Denn die Aufmerksamkeit des Kunden ist größtenteils auf die 2,5 oder 3,5 Prozent gerichtet. Bei der anschließenden suggestiven Vorannahme kann der Kunde aufgrund des Konformitätsdrucks nichts dagegen sagen. Was die anderen Kunden wollen, kann nicht schlecht sein. Damit hat der Berater den Kunden in den Kaufmodus gedrängt. Aus diesem Grund formuliert der Bankberater nun einen Anlagevorschlag: *Deswegen sollten wir für einen Teil Ihres Sparbuches überlegen, wie wir ihn aus der Nullzinsecke bekommen. Mein Vorschlag ist: Wir nehmen ungefähr die Hälfte, also 25.000 oder auch 30.000 Euro und investieren in die global anlegenden Immobilienfonds. Bei der Ausschüttung halte ich das für eine sehr gute Alternative.* Mit dieser Vorgehensweise hat der Berater den Kunden gleich bei seiner Not abgeholt, dass er null Zinsen auf dem Sparbuch hat. Von Kosten allerdings ist so gut wie nicht die Rede. Und wenn, dann kommt es darauf an, wie der Berater zum Beispiel den Ausgabeaufschlag verpackt. *Lieber Kunde, der Ausgabeaufschlag, den wir Ihnen in Rechnung stellen, das ist keine Strafgebühr. Damit machen wir uns auch nicht reich. Das ist der Eintrittspreis in das professionelle Fondsmanagement. Das heißt, ein Fondsmanager kümmert sich jeden Tag um Ihr Geld.* Das ist natürlich glatt gelogen, weil der Ausgabeaufschlag gar nicht der Preis für das professionelle Fondsmanagement ist. Der Preis dafür ist die Gesamtkostenquote.

Es gibt auch andere Berater, die sagen: *Wir können den Ausgabeaufschlag auch rabattieren. Dann machen wir statt 5 Prozent nur 4 Prozent.* Aber dieses Mittel ist eher die letzte Argumentationsreserve.

Den gleichen Ablauf wendet der Berater auch beim Verkauf des bereits angesprochenen Garantiefonds an. Nur hierbei argumentiert der Berater vor allem über die Sicherheit. Allerdings: Dieses Mal macht der Berater aus der Not der schwankenden Börsen eine Tugend und tut so, als ginge es um eine tatsächlich professionelle Anlagestrategie. Deshalb gibt er vor, Aktien müssen sein, und erklärt das dem Kunden im Verkaufsgespräch: *Herr Müller, Sie haben ja gesehen, wie stark die Aktien an den Börsen schwanken aufgrund der Euro-Krise. Auf der anderen Seite gehören Aktien durchaus zur Geldanlage mit dazu. Wir können bei der Geldanlage nicht nur auf einem Standbein stehen. Wir brauchen verschiedene Anlageklassen. Das Blöde ist nur, dass man als Anleger wegen der Schwankungen der Aktienbörse auch Geld verlieren kann. Wie wäre es dann, Herr Müller, wenn wir Ihr Geld in Aktien investieren, ohne dass Sie Ihr Geld verlieren? Das wäre doch sicherlich gut. Deshalb haben wir überlegt mit unserem Partner, der Deka Bank, wie wir eine Aktienanlage so gestalten können, dass Sie auf der einen Seite nach oben nur Chancen haben, auf der anderen Seite nach unten aber nichts verlieren können. Zu diesem Zweck sind wir auf die Idee gekommen, einen Garantiefonds zu machen. Das heißt, Ihr eingesetztes Kapital bleibt auf jeden Fall erhalten. Sie bekommen von uns auch eine Urkunde, unterschrieben vom Vorstand der Deka Bank.* Der Kunde hat nur gehört, ich kann nichts verlieren, ich kann nur gewinnen.

Wenn ein Berater anschließend dem Kunden die Partizipationsrate erklärt, tut er das, ohne den Begriff zu benutzen: *Herr Müller, stellen Sie sich Folgendes vor: Die Börse steigt um 10 Prozent und Sie sind nicht mit vollen 10 Prozent dabei, sondern mit 8 oder 7 Prozent. Würde Ihnen das ausreichen, Herr Müller?* Was sagt darauf der Kunde? Da der Kunde die Zusammenhänge nicht versteht, sagt er Ja. Damit hat der Berater dem Kunden die

Partizipationsrate fachlich unzureichend erklärt. Trotzdem sagt kaum einer Nein. Selbst der gebildete Hochschulprofessor würde das nicht tun. Vielleicht würde jemand fragen: *Was machen Sie denn mit den anderen 3 Prozent?* Darauf würde ein Berater sagen: *Schauen Sie Herr Müller, die anderen 3 Prozent brauchen wir, um Ihnen die Garantie zu finanzieren, um Ihnen zu garantieren, dass wir für Sie kein Geld verlieren.* Dann sagt der Kunde: *Oh ja, das verstehe ich.* Nein, das versteht er natürlich nicht. Er sagt nur, dass er das versteht. Die Opportunitätskosten, die mit diesem Produkt verbunden sind, wie den Ausgabeaufschlag und die schlechte Performance des Fonds, stehen auf einem ganz anderen Blatt, und die erklärt der Berater von sich aus nicht.

Eine weitere Manipulationsmethode ist die Argumentation über die Autorität: So etikettiert die Finanzindustrie ihre Produkte häufiger mit dem Begriff »Stiftungen«, um die Anziehungskraft für die Kunden zu erhöhen. Wie zum Beispiel den Frankfurter Aktienfonds für Stiftungen oder den Fonds Deka Stiftungen Balance. Beim Verkaufsgespräch gibt es auch hierbei den gleichen Ablauf: *Herr Müller, Moin, schön, dass Sie da sind. Wenn Sie einmal mitkommen wollen, ich habe ganz viel zu tun. Ich habe ganz viele Kundengespräche. Wir haben ganz viele Kunden, die aus ihrem Sparbuch rauswollen und Alternativanlagen suchen. Deshalb bieten wir Kunden das an, was große Stiftungen gern machen. Sie wissen ja, Stiftungen müssen auch viel Geld verdienen.* Was bleibt beim Kunden hängen? Es bleibt das Wort Stiftungen hängen, und Stiftungen sind absolut positiv besetzt, weil sie für die Zivilgesellschaft nützliche Projekte finanzieren. Danach kommt das gleiche Spiel mit dem Small Talk und dem Blick auf die Uhr: *Lieber Kunde, es ist tatsächlich so. Sie wissen, wir haben eine Niedrigzinsphase und haben große Probleme mit der Geldanlage. Das betrifft allen voran auch die Stiftungen. Denn Sie wissen, bei der Geldbeschaffung für den Stiftungszweck leben die Stiftungen von der Geldanlage. Das heißt, es darf nicht die Substanz angegriffen werden. Ich meine damit das Stiftungskapital. Nur so kann der Stiftungszweck erfüllt bleiben.* Jetzt kommt der fachlich unzulängliche Satz, mit dem der Berater aber das Produkt verkaufen kann: *Herr Müller, uns ist es gelungen, unseren Kooperationspartner Deka Bank davon zu überzeugen, dass sie den Stiftungsfonds für unsere Privatkunden ein kleines Zeitfenster weit öffnet. Das heißt, wir sind in der Lage, die Fonds anzubieten, in die normalerweise große Stiftungen investieren. Das ist der Deka Fonds Stiftungen Balance, geringes Risiko, große Rendite.* Das ist fachlich falsch, weil der Fonds immer offen ist.

Man hat nie ein Fenster, innerhalb dessen die Kunden kaufen können. Doch dieses Zeitfenster soll die Besonderheit des Fonds erhöhen und den Kunden unter Druck setzen. Gibt es Kunden, die das besser wissen? Nein, so gut wie nicht.

Natürlich gehört auch die Argumentation mit der Angst zum Manipulationsarsenal: Dafür setzt der Bankberater beim Verkaufsgespräch die Suggestivfrage als Mittel der unfairen Gesprächsführung ein. Ziel ist es, den Kunden durch eine Stigmatisierung unter Druck zu setzen. In der Folge soll beim Kunden das Bedürfnis entstehen zu beweisen, dass er dieser Brandmarkung nicht entspricht. Besonders Lebensversicherungen lassen sich so immer noch verkaufen. Die meisten Kunden weisen bei der Altersvorsorge Versorgungslücken auf, und auf die kann der Bankberater leicht mit einer Suggestivfrage anspielen, um bei Kunden das schlechte Gewissen zu wecken. Ein leichtes Opfer für den Berater sind bei diesem Manipulationsspiel Ehepaare. Dabei gilt die Regel: Als Bankberater hat man immer über die Frau zu argumentieren, wenn sie mit am Tisch sitzt. Schon verkauft sich die Lebensversicherung von ganz allein. *Also, lieber Herr Müller, wie wir bei der Analyse Ihrer Vermögenswerte herausgefunden haben, haben Sie also immer noch eine Unterdeckung der Altersvorsorge. Wichtig ist, sollte Ihnen etwas passieren, dass natürlich Ihre Frau abgesichert ist und dazu noch die Kinder. Oder wollen Sie, wenn Ihnen etwas passiert, dass Ihre Frau relativ mittellos dasteht?* Bei solch einer Suggestivfrage kann der Mann nicht mehr dagegen argumentieren, um nicht den Familienfrieden zu riskieren. Diese Blöße kann er sich vor seiner Frau nicht geben. Also sagt er: *Nein, das möchte ich natürlich nicht.* Die ganze Vertriebsrhetorik dient dazu, den Kunden in eine Rolle zu drängen, aus der heraus er bei einem Beratungsgespräch alles akzeptiert. Eine Beratung, bei der das Ergebnis vorher schon feststeht. Weil Berater und Kunde in ihrem Beratungsmikrokosmos unbeobachtet sind, kann der Berater mit dem Kunden alles machen. Das heißt, er kann mit allen Mitteln beim Kunden das Gefühl erwecken, es ist richtig, was ich hier mache, und deswegen unterschreibe ich jetzt. Deshalb kann der Berater hinterher das Gegenteil behaupten.

Krüger: Die Industrie wird wahrscheinlich sagen, dass das schwarze Schafe seien, die mit solchen Mitteln vorgehen.

Schmidt: Davon können Sie ausgehen. Sie werden auch sagen 2,5 oder 3 Prozent Rendite bei einem Immobilienfonds sind doch nicht schlecht. Dem kann man natürlich folgende Fragen entgegenhalten: Warum lassen die Banken oder andere Institute wie MLP ihre Berater verkäuferisch schulen? Die Methoden haben Sie ja auch beim Strukturvertrieb erlebt. Warum gibt es Vertriebstrainer bei der Deka Bank, so wie mich? Liegt das vielleicht daran, dass die Produktqualität doch nicht so gut ist, und ihre Berater diese Mängel mit verkäuferischen Tricks verschleiern müssen? Deswegen sage ich: Ein guter Vertriebler, ob nun Sparkasse, Volksbank oder Geschäftsbank, wird immer vorher wissen, worauf er am Ende des Gesprächs hinauswill. Dafür legt er sich sein »Argumentarium« entsprechend zurecht, um den Kunden dorthin zu manipulieren, wohin er ihn haben will. Dagegen verkaufen diejenigen Berater nichts, die offen in ein Gespräch gehen, nach dem Muster: *Herr Müller, wir müssen mal einen Vermögenscheck machen, wir müssen mal ein Jahresgespräch führen.* Die Berater, die so vorgehen, werden schnell zurechtgestutzt.

Diese Schulung von Beratern zu Verkäufern ist auch der Grund, warum die neue Finanzmarktrichtlinie MiFID II an der eigentlichen Lösung vorbeigeht. Mal abgesehen davon, dass das Gejammer der Finanzindustrie über MiFID II selbst verschuldet ist. Denn ohne die Vertriebsexzesse hätte es diese Regulierungen nicht gegeben. Zweifellos versucht der Gesetzgeber, Missbrauch zu verhindern. Beispielsweise durch die Geeignetheitserklärung, die ein Berater von nun an verfassen muss, indem er erklärt, warum das verkaufte Versicherungsanlageprodukt für den Kunden geeignet ist. Dieser Versuch ist jedoch nicht zu Ende gedacht. Als gut geschulter Verkäufer kann ich in einem Vier-Augen-Gespräch einem Kunden alles einreden. Die Kunden sind, wenn sie dem Berater vertrauen, sehr willfährig. Das heißt, der geschickte Verkäufer kann manipulieren, wo und wie er will.

Davor schützt auch nicht MiFID II. Das heißt, der Gesetzgeber zieht die Schraube an. Aber er löst das tatsächliche Problem nicht. Denn trotz verschärfter Regularien wird am Ende immer noch der Provisionsverkauf stehen. Folglich wird immer noch ein Wertpapier gegen eine Provision verkauft. Die wirkliche Lösung wäre nur gewesen, den Provisionsvertrieb abzuschaffen. Dann ist kein Interesse am Produkt mehr da. Das wäre ein Durchbruch, gerade weil die meisten Produkte wertlos und schwachsinnig sind. Dann bekomme ich auch keine E-Mails mehr von kleinen Fonds-Klitschen, die mir irgendwelchen Total-Return-Fonds anbieten, damit ich sie an meine Kunden vertreiben soll. Das hat der Gesetzgeber nicht gemacht, weil er genau weiß, dann fliegt ihm der Bankenbereich um die Ohren.

Krüger: Kann man also sagen, es ist viel Glitter und Flitter, aber die Systemfrage will keiner stellen? Kann man also sagen, hier wird der Verkauf von sinnlosen Produkten schärfer reguliert, die auch durch die schärfere Regulierung sinnlos bleiben?

Schmidt: Das ist genau der Punkt.

Krüger: Wenn also MiFID II die Manipulation des Kunden ein wenig erschwert, aber den Verkauf sinnloser Produkte trotzdem nicht verhindert, was entgegnen Sie Startrainern, die reihenweise Vertriebler für den Verkauf abrichten oder abgerichtet haben?[40] Diese Leute trimmen ihre Zuhörer darauf, jeden Zweifel an ihrer Verkäuferexistenz abzulegen. Dafür stärken sie ihr Verkäuferselbstbewusstsein bei ihren Trainings und Vorträgen und bieten Einschwörungssätze wie diese: »Der Kunde hat ein Recht auf Abschluss. Niemand hat seine Konsumfähigkeit im Alter gesichert von einem Verkäufer, der nicht verkauft.« Ich finde solche Einflüsterungen gefährlich. Nach dem, was Sie erzählen und nach dem, was ich von anderen Beratern gehört habe, gleicht insbesondere das Holgeschäft, wenn ein Bankberater einem Kunden in die Tasche fassen will, einem Selbsterniedrigungsakt. Damit das dem einzelnen Produktverkäufer nicht bewusst wird, braucht er ein besonders wirksames mentales Doping. Hierbei macht sich die Weiterbildungsindustrie mit ihren Startrainern zum Komplizen der Organisatoren des Produktverkaufs. Sie liefert zum großen Teil den mentalen Rohstoff. Nicht nur mit Leuten wie dem Wirtschaftspsychologen Bernd W. Klöckner, sondern ich zähle dazu auch das Vater-Tochter-Trainerpaar Nikolaus B. Enkelmann und Claudia Enkelmann oder die Verkaufstrainerin Ruth Watty. All diese Coaches stählen die Vertriebler für diese Vertriebsochsentour und reden ihnen ein, sie müssten leiden können. Darüber hinaus predigen diese Trainer den Vertrieblern, sich nicht selbst im Wege zu stehen beim Streben nach Erfolg. So, als sei Misserfolg allein das Resultat einer Charakterschwäche. Sozioökonomische Umstände wie soziale Zufälle, die Unwägbarkeiten des Wettbewerbs oder die Grenzen des Wachstums spielen keine Rolle. Doch der Zwang, erst durch Verkaufserfolge einen Wert als Mensch zu erwerben, lässt schnell jedes Mittel des Verkaufs als recht und richtig erscheinen – solange es erfolgreich ist. Demgemäß lehrt Klöckner bei seinen Vorträgen und auf seiner Webseite immer wieder die Unterschiede zwischen Gewinnern und Verlierern. Ein Gewinner unter den Finanzberatern sei bereit, alles anders zu machen als andere Vertriebler. Dazu zählt, jeden Tag einen Schritt mehr zu machen. Einen Anruf mehr oder einmal mehr nach einer Empfehlung gefragt. Dann werde der Ertrag exponentiell anwachsen im Gegensatz zu denen, die diesen Mehraufwand nicht betreiben.[41]

Ohnehin hätten die Sieger keine Scheu, mit Leuten über Geld zu sprechen. Der Abschluss sei für den Kunden etwas Gutes und jeder Zweifel daran verhindere den Erfolg. Denn Erfolg sei Kopfsache. Auch das Vater-Tochter-Trainerpaar Enkelmann verkauft den Glauben, wie sehr Erfolg von der Charakterstärke abhänge. So viele Energien kosten die Investitionen in die eigene Persönlichkeit. Das Leben bedeute nun einmal Kampf. Doch der Preis für den Fleiß sei viel niedriger als der Preis für Unmotiviertheit und Passivität. Deswegen solle sich jeder, der Erfolg haben wolle, an Glaubenssätze halten wie: »Was du heute willst, kannst du morgen erreichen«, oder »werdet zu psychologischen Alchemisten und verwandelt Probleme in Glück.« In der gleichen Weise puschen auch andere ihre Kunden. Think big and you get big! Der Fleißige setze sich langfristig immer gegen den Talentierten durch, und aus Fleiß werde irgendwann Stolz. Aus diesem Grund erklären Persönlichkeitstrainer wie auch Christian Bischoff den Umgang mit Niederlagen zur Tugend. Denn wir Menschen verändern uns angeblich nur im Schmerz. Deswegen forme einen erfolgreichen Verkäufer nichts mehr als Mitmenschen, die einen bremsen wollen. Zum Beispiel Menschen mit Einwänden. Wer es bei diesen banalen Erfolgsformeln nicht schafft, sei eben zu faul gewesen oder habe nicht durchgehalten. Was bedeutet das für die Finanzberatung gerade bei der Altersvorsorge? Als Verbraucher sitzt man häufig Beratern gegenüber, die genau dieses Weltbild besitzen.

Schmidt: Die Zusammenhänge, die Sie hier beschreiben, werden diese Trainer bestimmt bestreiten. Auch die meisten Vertriebler werden sich diese Art der Selbsterniedrigung nicht eingestehen. Ich habe aber mit den von Ihnen genannten Leuten nie etwas zu tun gehabt. Auch bei MLP nicht. Die Sparkassen werden gecoacht von Leuten des Instituts Triple A um den Leiter Andreas Kambach. Damit sage ich nicht, dass die besser sind. Ich habe über Triple A mein Trainer-Zertifikat erworben. Mit diesem Zertifikat habe ich Vertriebler geschult und entsprechend gepuscht und motiviert. Denn entscheidend sind die Vertriebszahlen. Wahrscheinlich werden sich solche Trainer damit herausreden, dass sie nicht kontrollieren können, was ein einzelner Bankberater aus den bei ihm erlernten Inhalten macht. Und zu den Opportunitätsverlusten werden sie wahrscheinlich sagen: In so gut wie jeder

Branche versuchen Unternehmen und Verkäufer ihre Produkte und Dienstleistungen möglichst teuer und im eigenen Interesse zu verkaufen. Deren Verkäufer sind auch geschult und nehmen ebenfalls wenig Rücksicht auf mögliche Opportunitätsverluste der Kunden.

Krüger: Wie viele Kunden wissen überhaupt, was Opportunitätsverluste sind? Ich frage das gerade vor dem Hintergrund, dass 2,5 oder 3 Prozent Rendite wie bei einem Immobilienfonds nicht die schlechteste Rendite ist. Obgleich für mich in meiner Situation 2,5 Prozent natürlich nicht ausreichen, um mein Problem zu lösen oder zumindest zu verkleinern. Ich frage das, weil derartige Verluste von vielen nicht als Falschberatung empfunden werden. Ohnehin findet dieses Thema in den Medien kaum Beachtung. Dort finden vor allem Falschberatungen statt, bei denen ein Berater einen Otto Normalverbraucher wie mich in einen ruinösen Schiffs- oder Immobilienfonds lockt, ohne dass mich der Berater über alle Risiken aufgeklärt hat. Im Fernsehen müsste man dazu ein altes Rentnerehepaar präsentieren können, das in Tränen aufgelöst vor laufender Kamera das Publikum rührt. Solche Emotionalisierungen werden verlangt. Komplexe Opportunitätsverluste sind nicht spektakulär genug.

Schmidt: Kaum ein Schwein versteht, was Opportunitätsverluste sind. Es sei denn, man erklärt es dem Kunden. Eines darf man nicht vergessen: Die Leute da draußen sind nicht blöd. Viele sind aber naiv und haben mit der Finanzindustrie nichts am Hut. Dabei ist das allgemeine Unverständnis auch die Stärke der Finanzindustrie: Man hat über Jahrzehnte diesen Mythos aufgebaut, den Mythos von der Komplexität. Das nutzt die Finanzindustrie aus, indem sie diesen Mythos pflegt. Sie nutzt diesen Mythos aus, um Kunden zu manipulieren, die auch wegen des Anscheins der Komplexität die Banken als Autorität betrachten. Nehmen wir mal das Produkt GarantRente Vario, das Ihnen die Sparkasse angeboten hat. Der Punkt ist doch der: Ich kann das Produkt noch einigermaßen durchblicken. Sie aber waren bei der Beratung. Sie müssten doch eigentlich dazu in der Lage sein, nach Hause zu fahren und Ihren vertrauten Leuten zu erklären: Das und das hat mir die Sparkasse angeboten, und so und so funktioniert das. Das sind Sie aber nicht. Zumindest nicht vollständig. Obgleich Sie ziemlich gebildet sind. Trotzdem können Sie das Produkt nicht erklären. Das heißt, hier geht es gar nicht um Inhalte. Die Beraterin als Teil der Finanzindustrie will Ihnen etwas verkaufen, sie kann es Ihnen aber nicht so eindeutig erklären, dass Sie das Produkt nachvollziehen können. Das ist aber nicht abhängig von der Beraterin, sondern das ist systemimmanent. Die Beraterin wird geschult. Zu diesem Zweck kommt ein Vertreter der Provinzial zur internen Schulung in die Bank. Sie lernt Vertriebsargumente, wie man das Produkt verkaufen kann, welche Einwandbehandlung möglich ist oder welche Vorwandbehandlung. Anschließend soll sie das Ding erklären, um es zu verkaufen. Doch sie kann es nicht. An dieser Stelle ist die Qualität des Produktes schon nicht mehr entscheidend. Die Finanzindustrie verkauft Ihnen etwas mit einem wahnsinnigen Druckwerk, wie Sie anhand der Produktmaterialien sehen können. Das Gefährliche daran ist: Ein Sprachwissenschaftler wie Sie mag das noch lesen und einigermaßen verstehen. Doch im Gegensatz zu einem Akademiker wie Ihnen versteht das der Werftarbeiter oder der Fliesenleger nicht mehr. Bitte nicht falsch verstehen! Ich habe große Achtung vor handwerklichen Berufen.

Wir können auch ganz unabhängig vom Produkt argumentieren und die Qualität des Produktes auf neutral setzen: Sie sind hingegangen und haben ein konkretes Problem: eine Rentenlücke von 200.000 oder 250.000 Euro. Und Sie kommen wieder und haben ein Produkt in der Hand und sind so schlau wie vorher. Wenn die Organisation Sparkasse sagt, wir sind gut für Deutschland, wir sind in der Region verhaftet, wir kümmern uns um die Menschen, dann muss die Organisation auch sicherstellen, dass sowohl der Baggerfahrer als auch der Sprachwissenschaftler die Dinge versteht. Doch Sie kommen nach Hause und haben ein Produkt in der Hand und haben nicht viel verstanden. Und jetzt kommt der Punkt, an dem viele Leute, denen es ähnlich geht wie Ihnen, sagen: Na, die werden schon wissen, was sie tun, und unterschreiben. Hier greift der Mythos Finanzindustrie, mit dem diese Industrie arbeitet. Weswegen immer noch viel zu viele Kunden Vertrauen in die Banken haben und sagen: Die werden mir schon nichts Schlimmes erzählen. Das ist moralisch nicht mehr vertretbar. Das heißt, Sie bauen Ihre Zukunft auf ein Produkt auf, das Sie kaum verstehen, das die Berater kaum erklären können, weil es nicht transparent ist. Obendrein bietet die Finanzindustrie Produkte proaktiv an, die neben der fehlenden Transparenz auch noch viel zu wenig Mehrwert besitzen. Die Industrie verspricht aber Ihnen als Kunden, das sei Ihre Lösung. Und wenn Sie darauf setzen, kann es für Sie später ein böses Erwachen geben.

Krüger: Warum aber stöhnen so viele Berater selbst über die angebliche Komplexität? Der Makler Manfred Wilke hat zum Beispiel zugegeben, dass er das Produkt Flexpension richtig immer noch nicht genau erklären könne oder keine verlässlichen Erklärungen finde. Will er damit nur von seiner Unkenntnis ablenken? Zumal ich nach Ihren Erklärungen davon ausgehen muss, dass Bankberater, Makler oder Vermögensberater nur die Marionetten von den Produktlieferanten sind, die ihnen die Erklärungen für die Produkte an die Hand geben. Wenn das wirklich Unkenntnis sein sollte, wie viele betrifft das?

Schmidt: Ja, sie sind Marionetten. Die Bankberater verkaufen die Produkte als Fertigmenüs, die die Produktlieferanten zusammengestellt haben. Aber man darf nicht den Stab über alle brechen. Es gibt auch Unterschiede. Es gibt den normalen Privatkundenberater. Dann gibt es den Individualkundenberater. Dann gibt es den Vermögensanlagecenterberater, je nach Struktur der Bank. Dann gibt es vielleicht noch den Private Banker. Dort ist die Chance größer auf einen fachlich qualifizierteren Berater zu treffen, weil die Private Banker mit vermögenderen Kunden zu tun haben. Und je vermögender die Kunden, desto komplexer müssen ihre Geldanlagen sein. Allerdings gibt es auch im Private Banking flächendeckend keine besonders fachlich qualifizierten Berater. Das sind oft Berater, die sich nicht täglich mit Börsen und Kapitalmärkten beschäftigen. Stattdessen liefern auch sie nur die vorgefertigten Argumente der Produktlieferanten gegenüber dem Kunden ab. Da sitzen keine wirklichen Experten, die man als Kunde zu Kapitalmärkten befragen kann. Sie haben ja bei Ihrem Selbstversuch gesehen, mit wie wenig fachlicher Qualität Sie es zu tun bekommen haben. Hätten Sie zwei oder drei Fragen zu den Kapitalmärkten gestellt, hätten Sie bestimmt keine Antwort bekommen. Allerdings sollte man genau das von einem Berater erwarten. Ich erwarte von einem Berater schon, wenn er in Geldanlagen berät, dass er eine gewisse fachliche Kompetenz hat, dass er mir Börsen und Kapitalmärkte erklärt, dass er mir Finanzstrukturen erklärt, dass er mit mir Vermögensanlagekonzepte erarbeitet, die auf der Erfahrung der Vergangenheit beruhen, die aber auch Ausblick nach vorn beinhalten und die meinem persönlichen Risiko gerecht werden. Ich erwarte demnach jemanden, der sich auch privat, weil das sein Job ist, mit Börsen, mit Kapitalmärkten und mit Geldanlagen beschäftigt. 75 Prozent der Berater, das behaupte ich, tun das aber nicht, egal ob er nun ein Standardprivatkundenberater ist, der die Kunden mit kleinem Einkommen betreut, ein Individualkundenberater, der die mittleren Einkommen betreut, oder später auch ein Private-Banking-Berater, der die Besserverdiener betreut.

Krüger: Das lässt den Schluss zu, dass ein Berater, der wirklich gut sein will, die umfangreiche Produktwelt auch überblicken und verstehen kann und muss. Zumal die Produkte so komplex gar nicht sind, wie Sie andeuten.

Schmidt: Die Finanzindustrie verkauft sie nur nach außen als so furchtbar komplex. Wenn zum Beispiel der von Ihnen angesprochene Makler behauptet, er habe die Flexpension nicht verstanden, dann zweifle ich nicht nur an seinem Sachverstand, dann zweifle ich ein Stück weit an seinem Intellekt. Denn die Produkte sind zu verstehen; sie sind simpel. Es ist nur die Frage, wie man sie erklärt. Auch derivative Konstrukte sind nicht schwer zu verstehen. Die breite Masse der Berater interessiert sich aber überhaupt nicht für Details der Produkte. Für die ist der Verkauf ein Job – mehr nicht. Die verkaufen ihre Beratungsgespräche und verkaufen ihre vorgefertigten Meinungen und Konzepte. Es kommen immer wieder neue Produkte auf den Markt mit neuen Ansätzen. Es sind aber keine Innovationen. Wo sollen die auch herkommen?

Es sind im Grunde nur Variationen. Und die Vielfalt der Variationen lässt die Produktwelt so unübersichtlich erscheinen. Das ist sie aber gar nicht. Ein neu gestaltetes Produkt, das auf den Markt kommt, wird nur als Innovation verkauft. Aber am Ende dreht es sich immer im selben Kreis. So gibt es fünf ursprüngliche Märkte: 1. den Aktienmarkt, 2. den Anleihemarkt, 3. den Immobilienmarkt, 4. den Rohstoffmarkt und 5. den Währungsmarkt. An diesen Märkten bedient sich die Finanzindustrie und kreiert daraus Produkte: Aktienfonds, Mischfonds, Rentenfonds, Total Return Fonds, Immobilienfonds, Tod und Teufel. Auf diese Produkte schreibt sie bestimmte Namen, und die Produkte haben bestimmte Eigenschaften. Beziehungsweise die Finanzindustrie redet den Leuten ein, dass die Produkte bestimmte Eigenschaften besitzen. Im Grunde sind die meisten Finanzprodukte Derivate, weil sie vom ursprünglichen Kapitalmarkt abgeleitet sind. Sofern man für diesen Begriff die traditionelle lateinische Bedeutung »Ableitung« oder »Abkömmling« heranzieht. Damit ist allerdings nicht das Derivat gemeint, das ein Banker gewöhnlich darunter versteht, wie zum Beispiel die Termingeschäfte, Optionen, Futures. Das sind die Derivate in der Realität der Banker.

Bei den Produkten verhält es sich wie bei den Grundnahrungsmitteln, aus denen die Nahrungsmittelindustrie unzählige Menüs kreiert. Die genaue Zahl der Finanzprodukte lässt sich gar nicht beziffern. Es gibt Zehntausende von Finanzprodukten. Jede Bank, jede Fondsgesellschaft, jede Versicherung hat eigene Produkte. Allianz hat eigene, die ERGO hat eigene, Signal Iduna hat eigene, das ist alles das Gleiche. Deshalb kommt es darauf an zu wissen, wie die Produkte funktionieren, wenn man sie vor sich liegen hat. Es kommt darauf an, die Produktklassen zu kennen. Eine Lebensversicherung der Allianz oder ein Rentenfonds von der Deka Bank funktionieren genauso wie die Lebensversicherung oder der Rentenfonds von anderen Anbietern. Dazu passt auch wieder das Beispiel Dirk Müller mit seinem Fonds. Müller propagiert den Value-Ansatz seines Fonds. Doch das ist heiße Luft. Weil dieser Ansatz, Value-Aktien zu kaufen, so alt ist wie des Kaisers Bart.

Krüger: Was ist eine Value-Aktie?

Schmidt: Der Value-Ansatz ist ein gängiger Begriff dafür, dass man nur werthaltige und substanzstarke Aktien auswählt: Aktien wie BASF, Bayer, Siemens, also Beteiligte der Basisindustrie. Dagegen wählt man keine Aktien aus wie Sixt oder von der Deutschen Bank. Dieser Ansatz ist nichts Neues. Das machte schon Warren Buffett so. Am Ende kopiert der Müller den Warren Buffett und verkauft das Ganze als Geheimwissenschaft. Das ist jedoch nicht alles, was man ablehnen muss: Man muss eines zusätzlich verstehen. Diesen Fonds von Müller braucht man nicht. Den braucht man genauso wenig, wie man Nahrungsergänzungsmittel braucht. Das liegt nicht nur daran, dass es seit vielen Jahren genügend andere Fonds mit diesem Ansatz gibt. Sondern – und das ist entscheidend und hier kommen wir dann auch zu meiner bevorzugten Anlagegestaltung, wie Sie an meinem Musterdepot sehen können: Man muss Aktienfonds dieser Art grundsätzlich infrage stellen, weil sie aktiv gemanagte Fonds darstellen. Jetzt werden Sie fragen: Warum? Man muss sie infrage stellen wegen der erwirtschafteten Erträge. Performance nennt die Finanzindustrie das. Im Vergleich zu indexbasierten Fonds schneiden die aktiv gemanagten Fonds ziemlich schlecht ab. Indexfonds sind, wie Sie wahrscheinlich wissen, jene passiv gemanagten Fonds, die einen Aktienindex nachbilden wie zum Beispiel den DAX.

Zwischen aktiv und passiv gemanagten Fonds kann man leicht einen Vergleich anstellen: Wie ist denn dieser oder jener aktiv gemanagte Fonds gelaufen? Wie hat sich in den letzten 20 Jahren der DAX entwickelt? Oder der MSCI World, der Aktienindex, der die Aktien der 23 wichtigsten Industrieländer widerspiegelt? Bei der Wertentwicklung können die meisten aktiv gemanagten Fonds nicht mithalten. Dagegen würde der Manager des Value-Fonds einwenden: Wir sind ja keine Reis-Index-Investoren, wir suchen uns weltweit die besonders substanzstarken Aktien aus. Doch wenn man die Performance der beiden Fondstypen vergleicht, kann man 90 Prozent der aktiven Fondsmanager die Hosen runterziehen bis zu den Knöcheln. Weil der aktiv gemanagte Fonds es eben nicht schafft, besser zu sein als der Markt. Das Einzige, was er sicher herstellt, sind Kosten. Die Messgrößen sind dabei die Aktienindizes. Bei einem Fonds, der aus internationalen Aktien besteht, ist das der MSCI World. Wenn ein Fonds nur aus deutschen Aktien besteht, der DAX. Schneiden die Aktien des Fonds am Ende des Jahres besser als der Aktienindex ab, hat der Fondsmanager den Markt geschlagen. Schneiden sie schlechter als der Aktienindex ab, hat der Fondsmanager den Markt nicht geschlagen. Das gilt im Positiven wie im Negativen. Steigt der DAX zum Beispiel um 10 Prozent und der Fonds ist um 15 Prozent gestiegen, war der Fondsmanager erfolgreich und sein Geld wert. Fällt der DAX um 10 Prozent, der Fonds aber nur um 5 Prozent, hat der Fondsmanager immer noch gute Arbeit geleistet. Er war besser als der Markt und hat den Verlust immerhin minimiert.

Ich kann aber mit meiner Erfahrung sagen, dass der Fondsmanager zu 85, 90 Prozent keinen Mehrwert erwirtschaftet. Er ist eben nicht besser als der Markt. Dazu gibt es inzwischen Studien wie die von Standard & Poor's. Er kann es nicht. Es geht nicht. Das ist Fakt, obwohl doch viel zu viele Leute glauben, dass diese Manager absolute Experten seien. Es gibt inzwischen auch schon längst Fondsgesellschaften, die deshalb schummeln und ihr Fondsmanagement am Index orientieren. Das heißt, sie schaffen Abbilder eines bestimmten Index, wie zum Beispiel vom DAX. Indexschmuser werden solche Fondsmanager genannt und geben etwas als Leistung aus, was gar keine ist. Trotz der geringen Chancen, den Markt zu schlagen, verzichten viele Leute auf 3 oder 4 Prozent Rendite, damit sich der Fondsmanager für sie auf die Suche nach Aktien mit dem bestmöglichen Potenzial macht. Ein Fondsmanager kann aber den Markt nicht dauerhaft schlagen, weil es unglaublich schwierig ist, vorherzusehen, welche Aktien auf Dauer eine bessere Wertentwicklung haben als der Gesamtmarkt. Und diese Aktien muss der Fondsmanager auswählen. Das schafft er mal drei, vier oder fünf Jahre, aber über einen Zeitraum von 20 Jahren ist das extrem schwer. Ein gutes Beispiel ist der Deka Fonds, der es auf Dauer nicht geschafft hat. Von 1988 bis heute war der Deutsche Aktienindex besser als der Deka Fonds. Trotzdem gilt er als das Flaggschiff im deutschen Aktienbereich, der mehrere Milliarden Euro groß ist. Man kann die Illusion, Märkte schlagen zu können, auch sehr schön aufzeigen anhand des Fonds DWS Deutschland. Das ist ein hoch gelobter Fonds, der fünf Sterne von Morningstar als Klassifizierungskennzeichen erhält. Morningstar ist ein führendes Analyse- und Ratingunternehmen, und fünf Sterne ist die Crème de la Crème. Der DWS Deutschland hat ein Volumen von 5,4 Milliarden Euro. Das ist nicht wenig. Finn Albrecht ist der Fondsmanager und in der Szene bekannt und berühmt. Er kommt auf laufende Kosten von 1,4 Prozent. Dieser Fonds hat als Anlageuniversum den sogenannten CDAX. Der CDAX enthält alle an der Frankfurter Wertpapierbörse im General Standard und Prime Standard notierten deutschen Aktien. Das sind etwa 500 Aktien. Aus diesen 500 Aktien kann der Fondsmanager des DWS Deutschland wählen. Vom 2. Januar 2009 bis heute, also Sommer 2016, hatte der DWS Deutschland eine Wertentwicklung von 159 Prozent. Wenn ich aber zwei Indexfonds nehme, abgebildet durch DAX und MDAX, jeweils 50 Prozent Aufteilung im Portfolio, komme ich auf 158 Prozent. Das heißt in der Konsequenz, dass eine Anlage, bei der man zwischendurch nichts macht – man lässt sie nur laufen –, so gut wie die gleiche Rendite bringt wie ein aktiv gemanagter Fonds der DWS, der mit viel Ausgabeaufschlag und Tamtam verkauft wird. Deshalb würde ich den Fondsmanager fragen: Was hast du eigentlich gemacht die letzten sieben Jahre?

Das weiß die breite Öffentlichkeit in der Regel nicht. Märkte sind nun einmal nicht prognostizierbar. Besonders in der jüngsten Zeit, weil die Schwankungen in den letzten fünf Jahren außerordentlich zugenommen haben. Bedingt auch durch den Hochfrequenzhandel. Mal abgesehen davon hat die Finanzindustrie gar nicht so ein großes Interesse daran, bei den aktiv gemangten Fonds eine gute Performance abzuliefern. Viel größer ist ihr Interesse, ein möglichst großes Volumen an Geldern einzusammeln. Doch insbesondere ein Fonds mit wachsendem Volumen wird immer schwerer zu managen. Dennoch bleibt die Finanzindustrie bei der gewohnten Strategie und sammelt Gelder für ihre Fonds ein, indem sie dem Anleger einredet, man könne auf dem Markt etwas managen und man wisse, was man tut. Nur, in der Summe sind 80 bis 90 Prozent aller Fondsprodukte sinnlos. Sinnlos! Wie sinnlos, veranschaulicht zum Beispiel der Fonds Equity A, den Ihnen die Santander Bank angeboten hat. Selbst ein DAX Indexfonds wäre besser gewesen als dieser Fonds. Wenn man vergleicht, stellt man fest, dass vom 2. Januar 2015 bis zum

30. Dezember 2015 der Deutsche Aktienindex – also nur der DAX – einen Wertzuwachs von 9,8 Prozent verbuchen konnte. Gleichzeitig konnte der Fonds Equity A nach dem Informationsblättchen der Santander Bank eine Wertsteigerung von 9,79 Prozent erzielen. Wir tun jetzt mal so, als wären bei dieser Wertentwicklung die Kosten schon mit drin. Im dem Fall wäre der Ertrag des Indexfonds immer noch besser, weil der Santander-Fonds im Jahr Kosten von 2,2 Prozent hat und der Indexfonds auf den DAX Kosten von 0,9 Prozent. Man kann diesem Fonds auch ein komplexeres Anlageportfolio gegenüberstellen. So könnte man zum Beispiel aus acht verschiedenen Indexfonds ein Indexfonds-Portfolio zusammenstellen und kommt auf eine Rendite für das Jahr 2015 von 11,75 Prozent. Man nimmt z.B. den DAX, den EURO STOXX 50, den MSCI World, den S&P 500, den Nasdaq sowie den Stoxx Global Select Dividend. Das ist ein Index für die dividendenstärksten Aktien weltweit. Zusätzlich kann man auch den MDAX nehmen. Wenn man das zusammenstellt in der Mischung 10, 20 oder 15 Prozent, immer irgendwie so, dann kommt man auf eine Wertentwicklung von 11,75 Prozent für das Jahr 2015. Zum Beispiel, wenn man am 2. Januar gekauft und am 30. Dezember 2015 verkauft hätte. Die ganzen Schwankungen könnte man durch diese Zusammenstellung auffangen. Das macht umso deutlicher, warum die Bankberaterin bei Santander Ihnen nicht erklären konnte, warum ausgerechnet der Fonds Equity A Teil Ihrer Altersvorsorge sein sollte. Man bringt Sie dort um eine ertragreichere Altersvorsorge. Der Fonds der Fondspolice, der Santander Select Moderate, ist nicht besser. Im Gegenteil. Die Wertentwicklung im Jahr 2015 betrug nur 3,3 Prozent. Das ist eine schlechte Performance. Zudem ist er intransparent und hat zu hohe Kosten. Das haben sie zwar alle, aber allein die laufenden Kosten betragen 2,4 Prozent. Und natürlich hat die Bankberaterin Ihnen nicht erklärt, was ein Dachfonds ist.

Krüger: Nein, das hat sie nicht.

Schmidt: Deshalb ist es kein Wunder, dass Banken wie Santander Ihnen nichts über Indexfonds erklären. Es gibt ja Kooperationsverträge zwischen Santander und der AXA, dem Produktlieferanten. Das heißt, das Geld, die Versicherungspolice ist ja nur der Rahmen. In diesem Rahmen steckt als Geldsammelstelle der Fonds. Für die Fondsgesellschaft ist es egal, woher das Geld kommt – kommt das Geld aus der Versicherung in diesen Fondstopf oder gibt es viele Anleger, die den Fonds direkt kaufen. Dementsprechend gibt es Rückvergütungen und Provisionen. Aus meiner Sicht müsste man das angeben, welche Rückvergütungen es an Santander gibt. Natürlich gibt es auch im Rentenbereich gute Rentenfonds. Aber eben nur etwa 10 Prozent. In der breiten Masse sind die Indexfonds besser, weil die Indizes schwer zu schlagen und die Kosten günstiger sind.

Krüger: 90 Prozent der Produkte sollen sinnlos sein? Warum verkaufen die Banken nicht sinnigerweise mehr Indexfonds? Ist es naiv und dumm zu denken, dass ein Geschäft für die Kunden da ist? Anscheinend ja, weil die Finanzindustrie die Kunden ganz gezielt an der Nase herumführt.

Schmidt: Indexfonds haben nur geringe Kosten. Bei ihnen gibt es keinen Fondsmanager, der Verkaufs- und Kaufentscheidungen von Aktien trifft. Da gibt es keinen Menschen mehr, der dabei eingreift. Wenn Sie sagen, Sie möchten an der Entwicklung des deutschen Aktienmarktes teilhaben, kann man sich einen passiven Fonds auf den deutschen Aktienindex kaufen. Wenn der DAX um 10 Prozent steigt, steigt Ihr Fonds um 10 Prozent. Damit verdient die Finanzindustrie aber kein Geld. Deshalb sind sie nur Beiwerk oder Zusatzertrag. Auch meine ehemalige Bank, die Deka Bank, hat eine eigene Abteilung ETF, das heißt Exchange Traded Fund, also die englische Abkürzung für börsengehandelte Fonds, die überwiegend passiv gemanagte Indexfonds sind. Das Hauptgeschäft macht man aber mit den aktiv gemanagten Fonds. Die Indexfonds dagegen sind mit weniger laufenden Kosten ausgestattet. Es gibt Indexfonds, die kosten auf den DAX pro Jahr 0,1 Prozent. Dazu kommen nur noch die Kaufkosten, wenn man sie an der Börse erwirbt. Bei einer Direktbank sind das 20 Euro Kaufkosten. Und das war's. Man hat ein Depot bei einer Direktbank und entscheidet sich, einen Indexfonds auf den DAX zu kaufen. Natürlich schneidet sich die Fondsgesellschaft aus diesen 0,1 Prozent etwas heraus. Natürlich verdienen sie auch Geld damit. Aber in keiner Weise so viel wie bei aktiven Fonds aufgrund der Verwaltungskosten zu verdienen ist. Schon gar nicht verdient ein Berater daran. Das heißt, es gibt keinen Ausgabeaufschlag, der 3 bis 5 Prozent der Anlagesumme betragen kann. Nicht zuletzt gibt es auch keine Gewinnbeteiligung für die Fondsgesellschaft.

Aus diesem Grund werden die Indexfonds in den Banken und Sparkassen in der Regel auch nicht beraten. Im Gegenteil. Die Bankberater sind darauf trainiert, dem Kunden gegenüber den passiv gemanagten Fonds schlechtzumachen: *Ach, Herr Müller, Sie sollten Ihrem Fondsmanager vertrauen und einen aktiv gemanagten Fonds nehmen, weil es bei Indexfonds kein*

Netz und keinen doppelten Boden gibt. Und vielleicht schlägt der Fondsmanager doch den Markt und schützt Sie vor größeren Verlusten! Das ist alles nur leeres Verkaufsgerede. Banken wie Santander verhalten sich so und erzählen Ihnen nichts über Indexfonds, gerade wegen der Kooperationsverträge zwischen Santander und der AXA. Dieser Mangel an Transparenz betrifft die Commerzbank aber genauso: Das kann man mit dem BVI-Rechner bequem vorführen, wenn man das Indexsparen der Commerzbank mit einem Indexfonds vergleicht. Wenn Sie Ihre 400 Euro 20 Jahre monatlich einzahlen bei 0 Prozent Wertentwicklung, haben Sie am Ende 96.000 Euro. Wenn ich die Wertentwicklung auf 3 Prozent hochschiebe und keine Kosten dabei sind, sind Sie bei 131.000 Euro. Wenn ich auf 6 Prozent gehe, womit die Industrie immer gern rechnet, sind Sie schon bei 182.000 Euro. In dem Produktvorschlag der Commerzbank, der Privatrente Index Select, kommen am Ende bei einer Wertentwicklung von 6 Prozent vor Kosten 149.582 Euro heraus. Im Vergleich heißt das, bei dem Produkt der Commerzbank fehlen schon mal rund 32.000 Euro über die 20 Jahre. Und wenn wir jetzt anfangen, bei unserer Modellrechnung die Kosten zu erhöhen auf 1 oder 0,5 Prozent, also auf die durchschnittlichen Kosten eines Indexfonds, kommen Sie immer noch auf 181.000 Euro als Endbetrag bei 0,5 Prozent Kosten. Bei 1 Prozent sind es immerhin noch 180.000 Euro. Diesen Unterschied sollten Sie dem Commerzbanker unter die Nase halten. Wie erklärt er das? Deswegen sollten Sie fragen: Warum soll ich 32.000 Euro zahlen? Wofür? Mal abgesehen davon, dass es beim Indexsparen eine Renditebegrenzung, einen Cap, gibt. Bei einem reinen Indexfonds gibt es den aber nicht.

Krüger: Das werde ich gern tun.

Ich frage ihn später auch tatsächlich schriftlich per E-Mail. Aber eine Antwort bekomme ich nicht. Ich überlege auch, ob ich diese Modellrechnung auch Reinhard Brückner vorlegen soll mit seinem Produktvorschlag des Indexsparens über die LV 1871, das angeblich sein bestes Produkt sein soll. Doch ich verzichte darauf. Ich verzichte auch darauf, Manfred Wilke die Vergleichsrechnung vorzulegen. Und ich verzichte darauf, die Vergleichsrechnungen der Deutschen Bank vorzulegen bei ihren Produkten der Rürup-Rente und der Fondspolice. Genauso verzichte ich darauf, zu fragen, warum der Fonds DWS Top Dividende LD in den letzten fünf Jahren um 9 Prozent unter dem Vergleichsindex MSCI World liegt.

Schmidt: Trotz solcher Missverhältnisse schwenkt der Privatkunde in der Regel auf das Verkaufsgerede des Bankberaters ein. Er kauft dem Bankberater die Illusion ab, der Fondsmanager wisse und könne etwas, was andere nicht wissen oder können. Die Produktlieferanten der aktiv gemanagten Fonds verstehen sich darauf, die eigenen Produkte zu verherrlichen. Darauf reagiert der Kunde meistens nach dem Motto: Oh mein Gott, aktives Management, das muss ja gut sein. Dabei wissen die verantwortlichen Manager ganz genau, dass 90 Prozent der Fondsmanager dem Markt beziehungsweise der allgemeinen Marktentwicklung chancenlos gegenüberstehen. Gerade bei der Rolle der Fondsmanager spiegelt die Finanzindustrie ein Wissen vor, das sie nicht hat, weil alles auf die Zukunft gerichtet ist. Doch wir leben in einer Zeit, in der es so viele Unwägbarkeiten gibt mit der globalen Vernetzung und Verkettung, die viel größer ist als vor 20 Jahren. Deshalb kann ich auch keine Prognosen abgeben über 2018, 2019 oder 2020. Ich weiß gar nicht, wie sich der Ölpreis entwickelt. Ich weiß nicht, wie sich Gold entwickelt, wie sich die Wirtschaft entwickelt, die Zinsen. Ich weiß nicht, ob es weitere Terroranschläge gibt. Wie wird das Flüchtlingsproblem sich weiter entwickeln? Schwächelt das Wachstum in China? Manche Experten sprechen bei China von einer großen Blase, die irgendwann platzt. Nur, wann wird das sein? Was ist mit der russischen Wirtschaft? Was ist mit der amerikanischen Wirtschaft? Fallen wir zurück in einen Nationalismus, und wie wirkt sich dieser auf die globale Wirtschaft aus? Gibt es einen neuen Kalten Krieg? Oder sind wir schon mittendrin? Wie wirken sich die Digitalisierung und die Entwicklung zur Industrie 4.0 auf die Märkte aus? Was ist mit dem Klimawandel? Gibt es Naturkatastrophen? Hierbei kann man durchaus mal die Erkenntnisse der Systemtheoretiker hinzuziehen. So sagt der bereits verstorbene Psychologe und Systemtheoretiker Peter Kruse nicht umsonst, dass die wachsende Komplexität die größte Herausforderung in der heutigen Zeit ist. Sie wird bewirkt durch die Zunahme der Vernetzungsdichte. Dabei erhöht diese wachsende Vernetzungsdichte die Nicht-Linearität im System, und die Zunahme der Nicht-Linearität erhöht die Dynamik im System. Kleine Ursachen können deshalb große Wirkungen haben. Die Dinge im Griff zu haben, fällt immer schwerer, und Veränderungen kommen ganz plötzlich und unerwartet. Langfristige Vorhersagen fallen deswegen immer schwerer. Ereignisse sind immer schwerer zu planen. Aus diesem Grund sind Unternehmensführer auch gezwungen, auf Sicht zu fahren.

Folglich wird es für eine Entscheidungsfindung immer wichtiger, die Zusammenhänge zu erkennen und zu reflektieren. Gleichzeitig müssen Unternehmensführer auch immer mehr berücksichtigen, welche Reaktionen die Entscheidungen in den Netzwerken auslösen werden. Das heißt auch, Marktanalysen werden immer anspruchsvoller.[42] Ein Beispiel in meiner Vertriebstätigkeit sind die BRIC-Fonds gewesen. Auch die Produktmanager der Deka Bank brachten 2011 ihren BRIC-Fonds auf den Markt. Damals war es Mode, die sogenannten BRIC-Fonds aufzulegen. Nach Studien der Superbank Goldman Sachs galten die Länder **B**rasilien, **R**ussland, **I**ndien und **C**hina als Wachstumsmärkte der Zukunft. Deswegen war es seinerzeit auch überhaupt kein Problem, in diese Länder zu investieren. Dementsprechend hat die Industrie Fonds aufgelegt und mit bunten Prospekten verkauft. Deswegen investierten die Anleger auch so viele Millionen in diesen Fonds. Doch das Fondsmanagement scheiterte an den Unwägbarkeiten, die über den Markt hereinbrachen, und der BRIC-Fonds stürzte in eine Krise. Nicht nur wegen der Ukraine-Krise, sondern auch wegen enttäuschter Wachstumserwartungen in den anderen Staaten.

Doch trotz aller falschen Prognose und aller Unwägbarkeiten verbreitet die Finanzindustrie stets die Illusion, ihre Fondsmanager könnten den Markt schlagen. Es gibt einen entscheidenden Reiz, warum die Industrie das tut: Das ist der feste Prozentsatz, den die Industrie aufs Volumen des Kunden berechnet. Jeder – egal ob kleine oder große Firma, egal ob Fondsgesellschaft oder Vermögensverwalter, der Geld anderer Menschen betreut oder verwaltet – hat das große Interesse an diesem fixen Prozentsatz. Das heißt, je höher das Volumen, desto höher ist der Anteil. Dabei ist die Leistung, die dahintersteckt, oft trivial. Sie ist in keiner Weise durch die Kosten zu rechtfertigen, die für den Kunden entstehen.

Krüger: Können Sie das genauer erklären?

Schmidt: Man muss sich im Klaren sein, dass alle nur mit Wasser kochen. Die Rendite, die der eine ausweist, findet man an anderer Stelle genauso. Natürlich haben sie auch aufsichtsrechtliche Verpflichtungen zu erfüllen. Aber das eigentliche Management ist extrem trivial, wenn man es ins Verhältnis setzt zu dem aufgeblähten Volumen der Selbstdarstellung in dieser Branche. Das hat Ihr Besuch bei der Warburg Bank doch bewiesen. Deswegen sind die Protagonisten der Finanzindustrie auch alle so aggressiv unterwegs. Inhaltlich und fachlich ist das alles nur ein Brei. Deshalb würde auch kaum einer zugeben, dass alle Marktanalysen einem Stochern im Nebel gleichen. Denn als Analyst treffe ich heute eine Entscheidung auf der Basis von Zahlen, die die Vergangenheit betreffen. Das macht die Kaufentscheidungen so spekulativ. Es kann auch gar nichts anderes sein als spekulativ. Soziologen wie die Italienerin Elena Esposito haben aufgezeigt, dass die Prognoseinstrumente der Marktanalysten wie die Stochastik und Wahrscheinlichkeitsrechnung Fiktionen der Realität darstellen.[43]

Dabei sind die Prognosen, die auf derartigen Fiktionen beruhen, nicht völlig nutzlos. Im Gegenteil. Sie sollen uns helfen, mit der Zukunft irgendwie umzugehen. Nur können sie uns keine Sicherheit geben. Niemand kann in der Gegenwart bestimmen, wie sich die anderen in zukünftigen Situationen verhalten sollen. Man kann sich auch nicht mit anderen abstimmen, was geschehen soll. Erst recht nicht in einer modernen Gesellschaft wie der unsrigen, die sich nicht auf eine höchste Autorität gründet und keine letzte Ursache besitzt. Doch die anderen tun das Gleiche und versuchen ihr Verhalten auf das von ihnen vermutete Verhalten der anderen auszurichten. Danach trifft der Analyst Kaufentscheidungen. Doch das tun andere Anleger auch und möglicherweise machen sie ihre Entscheidung wiederum genauso abhängig von den Entscheidungen anderer Leute. Dadurch entsteht eine Vervielfachung von Unsicherheiten.

Natürlich ist dieses Gestochere in den letzten 20 Jahren schwieriger geworden, weil es keinen Informationsvorsprung mehr gibt. Von diesem Vorsprung hat die Finanzindustrie jahrzehntelang gelebt. Denn nur die professionellen Marktteilnehmer hatten EDV-Systeme. Denn nur die professionellen Marktteilnehmer hatten Finanzinformationskanäle wie Bloomberg, Reuters oder VWD, die Vereinigten Wirtschaftsdienste. Wenn irgendein Notenbankchef eine Zinsentscheidung getroffen hat, die Auswirkungen auf die Märkte hat, wurde das über die Kanäle Reuters, VWD oder Bloomberg in die Handelssäle verbreitet. Der Kleinanleger hat das erst am nächsten Tag in der Zeitung gelesen. Dieser Informationsvorsprung ist fast bis auf null zusammengeschrumpft. Ich als privater Trader habe an meinen beiden Rechnern in meinem Büro die gleichen Informationen wie alle anderen professionellen Marktteilnehmer. Die haben vielleicht den kleinen Vorsprung, weil ich nicht für die Informationen bezahle. Wenn ich Reuters hätte, käme noch das eine oder anderen an englischen Informationen dazu. Aber ansonsten besteht ziemliche Informationsgleichheit, und das hat das Gestochere im Nebel erschwert. Natürlich kann man gerade deswegen jetzt sagen, dass es eine anspruchsvolle Aufgabe ist, sich mit einem Unternehmen wie zum Beispiel Bayer zu befassen. Dabei schaut man sich als Fondsmanager deren Geschäftsmodell und deren Produkte an, dazu noch deren Expansionspläne, deren Gewinne und Kostenstrukturen und deren Konkurrenten am Markt. Das muss man alles beleuchten. Dieser Prozess ist sicher nicht trivial. Die Frage ist, ob das überhaupt sinnvoll ist. Kann ich langfristig durch das Herauspicken von Einzeltiteln erfolgreich sein? Oder ist es am Ende nur eine überflüssige Sisyphusarbeit?

Krüger: Bleibt noch die Frage zu klären, was bei Ihnen zum Bruch mit der Branche führte.

Schmidt: Es war die ermüdende Arbeitsroutine, die bei mir allmählich mentale Kratzer hinterließ. Ständig Bankberater darauf zu trimmen, wie man Kunden an der Nase herumführt, höhlte mich aus. Die Verlockungen des Systems lenkten mich aber noch lange davon ab. Diese Verlockungen führen bis heute dazu, dass kein Berater oder Banker wirklich den Mund aufmacht und Einblicke gewährt. Wenn Sie in die Commerzbankfiliale nach Kiel fahren und mit einem Individualkundenberater sprechen, wie zum Beispiel denjenigen, mit dem Sie gesprochen haben, einem Berater, der 20 Jahre in der Filiale auf dem Buckel hat, dann können Sie davon ausgehen, dass der seine 60.000 oder 65.000 Euro im Jahr verdient. Das ist viel Geld. Wo verdient man mit dem Bildungsstand eines Bankkaufmannes so viel Geld? Das kann meinetwegen auch noch ein Bankfachwirt sein, also mit einem nichtakademischen Bildungsstand. Das wird nach oben immer schlimmer. Und dann kann man aus dem System nicht mehr raus, weil man Familie und Kinder hat. Man hat sich sein teures Haus gebaut und sein teures Auto gekauft. Denn man weiß dort ganz genau: Wenn ich rausgehe, verdiene ich woanders niemals so viel. Damit sind die Beteiligten in den Banken gefangen. Ich geriet jedoch in eine andere Gefangenschaft: die innere Entleerung aufgrund der ewigen Kundentäuschung. Die Folge war ein Burnout. Irgendwann fehlte mir die Kraft, mich ins Auto zu setzen, zu irgendwelchen Meetings in die Bank zu fahren und mir Gedanken darüber zu machen, wie ich den Produktabsatz in den Sparkassen erhöhen kann. Deshalb musste ich die Konsequenzen ziehen und stieg aus.

Auch Zwerge haben klein angefangen: Wie Verbraucher ihre Altersvorsorge selbst managen können

Angefüllt mit diesen neuen Informationen, fühle ich mich in meinen bisherigen Erfahrungen bestätigt. Dennoch will ich dazu erst einmal eine Gegenstimme hören, wenn möglich mehrere. Ich brauche Beteiligte der Szene des aktiven Fondsmanagements. Was sagen diese Leute zu dem Vorwurf, 90 Prozent aller Fondsmanager seien ihr Geld nicht wert? Der erste ist Tobias Tangleis, den ich auf der Business-Plattform XING zu einer Aussage bewegen kann. Er ist Teil des Finanzdienstleisters ConfidoInvest und bietet Portfolios an, die aus aktiv gemanagten Fonds bestehen, von Investmentgesellschaften wie Templeton, Threadneedle oder BlackRock. Je nach Risikograd ändert sich das Verhältnis von Aktien und Renten. 48,8 Prozent Aktien und 23,8 Prozent Renten bei ausgewogener Strategie, über 87 Prozent Aktien und 0,1 Prozent Renten bei einer offensiven Ausrichtung, und bei einer defensiven Strategie ist der Rentenanteil 29,5 Prozent und der Aktienanteil 23,8 Prozent. Diese Zusammenstellung wird regelmäßig dem Marktgeschehen angepasst. Dabei verraten die Verteilungen, dass die Macher von ConfidoInvest den Markt ganz anders deuten als die Warburger. Nur, welche ist die bessere Strategie? Als Kunde kann ich das nicht beurteilen. Und wenn ich es könnte, würde ich meine eigenen Geldanlagen entwickeln. Bemerkenswerterweise bestätigt der Mann von ConfidoInvest alle meine bisherigen Erlebnisse auf dem Massenmarkt.

Wenn der Verbraucher jetzt noch den Banken und Versicherungen Vertrauen schenkt, dann liegt das für ihn am Schubladendenken: »Deutschland hat das Problem, dass die Leute denken, das war schon immer so, das wird auch immer so bleiben.« Aber zu Schmidts Vorwürfen über das aktive Fondsmanagement äußert er sich diplomatisch zurückhaltend. Er habe nichts gegen Indexfonds, aber seine Gesellschaft folge nun einmal einer anderen Philosophie. Die bestehe vor allem darin, dem deutschen Verbraucher auch noch andere Fonds anzubieten als die üblichen, die er durch die Banken kennt, Fonds wie die der Deka Investments, der Union

Investments und der DWS Investments. Das Gemeckere von Leuten wie Schmidt über aktiv gemanagte Fonds sei ebenfalls ein Schubladendenken, das er nicht gern habe. »Sicher sind ETFs gut, aber man kann nicht alle gemanagten Fonds über einen Kamm scheren.« Das kann man sicher nicht. Aber eine Vergrößerung der 10-Prozent-Chance für meine Altersvorsorge ist das Gebot, nicht zu verallgemeinern, auch nicht. Selbst wenn seine Anlagen für einen Normalverdiener wie mich bezahlbar sein sollen.

Der zweite Beteiligte der Szene ist da schon viel auskunftsfreudiger. Bei XING stoße ich in einem Diskussionsthread über Dirk Müller auf Roman Kurevic, einen Fonds-Advisor. Dort warnt Kurevic vor vorschnellen Urteilen über die Prominenten-Fonds wie den von Müller. »Jede Strategie sollte mindestens drei Jahre Zeit bekommen, denn man weiß nie genau, wo man sich im Zyklus befindet.« Auch Kurevic hat eine Fonds-Strategie, und die stellt er mir bei einer Skype-Sitzung vor. 2018 soll der Fonds auf den Markt kommen. 13 Prozent im Jahr hätte er seit 2012 erwirtschaftet. Obgleich es 2016 eine deutliche Delle gab. Ein Computer steuert seinen Aktienfonds und kauft nur Aktien, die steigen. Wenn sie nicht mehr steigen, werden sie automatisch durch den Computer verkauft. Folglich entleert sich der Fonds, wenn es zu Kursstürzen wie 2008 kommt. Jede Aktie wird nur zu einem Prozent gewichtet, ausgewählt aus dem Aktienuniversum des DAX, MDAX, TECDAX und SDAX mit insgesamt 160 Aktien. Das Besondere daran ist für Kurevic: »Ich habe ein systematisiertes Handelsmodell entwickelt, das den Faktor Emotion komplett ausschaltet.« Ohne so ein Programm führe der emotionale Faktor dazu, dass Anleger meistens im falschen Moment Aktien kaufen und verkaufen. Zumal die Berater und Fondsmanager die Rolle als emotionaler Schutzwall nicht ausfüllen können, um die Kunden davor zu bewahren, ihre Papiere zum falschen Zeitpunkt verkaufen zu wollen. Das heißt: »Sie verkaufen erst dann, wenn es weh tut und es Mittelabflüsse gibt, und sie werden dann kaufen, wenn Sie mit Mitteln zugeworfen werden und Aktien eigentlich total teuer sind.« Aufgrund der Entleerungsfunktion des Computers wird es Momente geben, in denen Kurevics Fonds keine Aktien im Topf hat. Ganz anders als bei den anderen aktiven Fonds: »Aktien im Topf zu haben«, erklärt Kurevic, »macht aus meiner Sicht jedoch nur dann Sinn, wenn es immer nur hochgeht mit den Kursen. Das tun sie aber de facto nicht. Ziel soll sein: Der Kunde soll so wenig Geld verlieren wie möglich, wenn es runtergeht. Kurevics Computerprogramm soll demnach Trends berechnen, bevor sie zu richtigen Trends werden.

Allerdings gibt es eine Begrenzung nach oben. Wenn der Markt steigt, vielleicht um 40 Prozent, macht sein Modell keine 40 Prozent, sondern nur 30 Prozent. Vielleicht sind es auch nur 28 Prozent. Wenn der Markt raufgeht, bekomme ich als Kunde nicht den ganzen Kuchen, sondern vielleicht nur 60 Prozent vom Kuchen. Aber wenn es runtergeht, behalte ich vielleicht 50 Prozent vom Kuchen. Bei den anderen jedoch ist alles weg. »Das heißt«, so Kurevic: »In der nächsten Hausse starten Sie als Kunde von einer höheren Kapitalbasis. Nehmen wir mal als Vergleich die Krise von 2008. Mein Fonds und ein anderer Aktienfonds starten bei 100 Prozent. Der Kurs fällt runter um 80 Prozent und ist bei 20 Prozent. Mein Fonds dagegen ist nur auf 90 Prozent runtergefallen. Deshalb reichen bei diesem Fonds schon 10 Prozent aus, um wieder auf 100 zu kommen. Denn das Risiko, das der Kunde aufgrund der Frage hat: »Kaufe ich Aktien oder kaufe ich sie nicht und stattdessen Anleihen?«, dieses Risiko haben Sie hier nicht. Für die Altersvorsorge ist dieses Produkt meiner Meinung nach optimal. Ich kann es nicht belegen. Erst wenn ich in zehn oder 20 Jahren eine Werthistorie vorlegen kann. Es gibt meiner Meinung nach aber keinen Fonds in Deutschland oder in Europa, der das so macht.«

Kurevic geht von fallenden Märkten aus. Deswegen hält er die ETFs auch nicht für das Nonplusultra. Zu sehr würden sie von steigenden Märkten abhängen, und eine Entwicklung wie in den letzten 30 Jahren beim DAX lasse sich wohl kaum wiederholen. Nicht umsonst seien aktive Manager in Japan mit seinen seitwärtslaufenden Märkten wesentlich erfolgreicher als passive ETFs. In den USA gebe es bereits ähnliche Stagnationstendenzen wie in Japan. Die große Illusion der ETF-Branche ist es also, davon auszugehen, dass die Anlagemärkte für immer ansteigen werden. »Wenn die Märkte mal fallen, wird mein Ansatz deutlich besser sein«, ist sich Kurevic sicher. Indexfonds seien für Kurevic ohnehin der Beweis, dass man in der heutigen Zeit die kranken Äste des großen Baumes Wirtschaft nicht abschneiden will. Deshalb bestehe die Gefahr, dass der ganze Baum irgendwann krank werde. Zu den kranken Ästen gehören große Teile der Finanzindustrie, die nicht wisse, wie sie noch Geld verdienen solle. Deswegen springen jetzt viele auf den Zug der ETFs, so Kurevic: »Tolle Firmen wie Fidelity, tolle Firmen wie Templeton oder wie JP Morgan machen jetzt alle in ETFs. Das ist für mich ein ganz klares Zeichen. Es stimmt etwas nicht, wenn solche Firmen, die mit aktiver Aktienauswahl groß geworden sind, jetzt sagen, wir machen auch in ETFs, weil wir nicht mehr wissen, wie wir die Kunden halten können. Deshalb glaube ich, dass der sich anbahnende Hype um die ETFs nach hinten losgehen wird.«

Ist sein Fonds für mich erschwinglich? Zum Beispiel für eine Einmaleinlage in Größenordnungen von 10.000 Euro. Möglicherweise. Sofern seine Vertriebspartner das zulassen wollen. Obgleich am Anfang die Kosten noch höher sein werden. Das ändere sich aber mit dem Wachstum des Volumens. »Wenn es größer wird, gehen alle mit den Kosten runter. Aber zu diesen Volumengrößen müssen sie erst einmal kommen. Sie wissen genau, dass es ganz viele Fonds gibt, die starten und erreichen niemals die Grenze von 20 Millionen. Die gibt es wie Sand am Meer.«

Deswegen bestreitet Kurevic auch gar nicht, dass bis zu 90 Prozent der Fondsmanager daneben liegen. Gleichzeitig behauptet er aber wie jeder andere Anbieter, er habe die durchschlagende Erfolgsformel und könne besser als der Index sein. Auf die Strategie komme es an. Nur, was eine richtige Strategie ist, kann Kurevic auch nicht sagen. Und ich schon gar nicht, weil ich nicht beurteilen kann, ob sein Trendfolgemodell besser ist als andere. Was aber ist das für ein Geschäft, das sich dadurch legitimiert, dass der Anbieter vorgibt, er könne zu den Happy Few der 10 oder meinetwegen auch 15 Prozent gehören? Dadurch wird meine Altersvorsorge zu einem Zufallsgeschäft, so attraktiv die 13 Prozent Rendite seines Modells auch erscheinen. Meine Gier könnten sie auf jeden Fall wecken. Kurevic betrachtet diese Frage ganz nüchtern:

> *»Es können sowieso nicht alle erfolgreich sein. Im besten Fall 50 Prozent, dann haben wir einen Durchschnitt. Sie brauchen nun einmal einen aktiven Manager, der die Emotionen ausschalten kann. Das können die meisten eben nicht. Nur die erfolgreichen Manager können das. Warren Buffett, Frank Fischer, Dr. Hendrik Leber. Es sind immer die gleichen Namen.«*

Es gebe sicher verschiedene Wege zum Erfolg, aber wenn man seinen Weg gefunden habe oder sich für einen entschieden habe, müsse man diesen Weg auch konsequent gehen und durchhalten, mit allen Schmerzen, die der Weg erfordere. Das gilt auch für ihn selbst und sein Modell, das 2016 einen kleinen Einbruch erlebte. »Letztes Jahr war einfach eine miese Nummer, und auch mein Modell musste ein Minus von knapp 3 Prozent hinnehmen. Soll ich jetzt das ganze Projekt in die Mülltonne werfen?«

An seiner Stelle würde ich das auch nicht machen. Aber seine Durchhalteparole klingt mir zu sehr nach einer Mythologie, der Mythologie vom Erfolg, den Markt zu schlagen. Deshalb werde ich mich bei meiner Altersvorsorge nicht auf ein Geschäft einlassen, mit einer zehnprozentigen Gewinnchance. Dafür sind meine Mittel zu begrenzt. Die Frage ist nur, ob Schmidt das bessere Modell zu bieten hat. Nach meinem jetzigen Kenntnisstand benötigt man dafür als Kunde einen Fachmann, der auch auf Turbulenzen reagieren kann und die Gewichtung der einzelnen Bestandteile daran anpasst, um nicht zu sehr von steigenden Märkten abhängig zu sein. Das müssen aber schon Fachleute sein, die ihren volkswirtschaftlichen Blick nicht darauf beschränken, von steigenden Märkten auszugehen mit sporadischen Einbrüchen, so als wäre das ein Naturgesetz. Derartige Glaubenssätze wären nur die Verbreitung einer Ideologie. So wie aktive Fondsmanager es in ihrem Glauben tun, es gebe einen Anlagestein der Weisen und man könne mit der entsprechenden Strategie den Markt schlagen. Ich fürchte, ich gerate bei dieser Wahl in einen Glaubenskampf, bei dem ich nur dann nicht zwischen den Positionen zerrieben werde, wenn ich möglichst aufgeklärt bin.

Was ich jetzt alles weiß

Deswegen fasse ich bei meinem nächsten Besuch bei Alexander Schmidt das Gelernte unter den neuen Eindrücken noch einmal zusammen. Ich habe verstanden, dass die Banken mit ihrer manischen Ertragsgetriebenheit auch nicht besser sind als ein Finanzstrukturvertrieb, weil sie dem Kunden in erster Linie Verluste einbringen. Denn die Beratung dort ist genauso wenig neutral oder fair. Mit dem kleinen Unterschied: Bei den Banken geht es etwas edler zu als bei einem Finanzstrukturvertrieb, weil sie die Tradition leben, ein Herrschaftswissen zu besitzen. Die Glaspaläste, in denen sie hausen, schinden zusätzlich Eindruck. Ich habe verstanden, dass ich als Kunde beim Verkaufsakt gefälligst zu funktionieren habe, anstatt den Berater zu nerven. Ich habe begriffen, dass die Fachkompetenz bei einem Bankberater nicht sehr viel besser ist als bei einem Finanzstrukturvertriebler. Ich habe den Unterschied zwischen der verkaufenden Finanzindustrie und der Industrie der Produktlieferanten verstanden. Die Finanzindustrie ist nicht daran interessiert, dass ein Produkt gut für mich als Kunde ist, sondern dass es verkäuflich ist. Obendrein ist es eine verkäuferische Leistung, wenn doch 90 Prozent aller aktiv gemanagten Fonds sinnlos sind. Ich habe verstanden, dass die Banken bei einem Produktverkauf häufig vorgeben, sie hätten Zugriffsmöglichkeiten auf die Zukunft. Viele Protagonisten der Finanzindustrie sind demnach Hochstapler, weil sie behaupten, sie könnten den Markt dauerhaft übertrumpfen. Gerade deswegen sollte ich den prominenten Experten misstrauen. Zumal sie mit ihren Tipps und Trends ihr eigenes Interessensüppchen kochen. Zudem ist die Finanzindustrie auch nicht daran interessiert, dass ich als Kunde wirklich verstehe, wie ein Produkt funktioniert und was für Kosten damit verbunden sind. Vor allem soll ich nicht durchschauen, welche lukrativeren Geldanlagen mir die Finanzindustrie vorenthält. Nicht zuletzt habe ich verstanden, dass die zusätzlichen Regularien wie MiFID II das eigentliche Problem des Produktverkaufs nicht lösen. Denn sie lassen den Provisionsvertrieb bestehen. Auch wenn ich das jetzt alles weiß, stehe ich immer noch vor der entscheidenden Frage: Wie kann ich am besten meine Altersvorsorge privat organisieren?

Wie kann ich zu diesem Zweck Vermögen aufbauen, das Größenordnungen von 300.000 Euro oder meinetwegen auch 250.000 Euro am nächsten kommt? Größenordnungen, die ich als Durchschnittsverdiener in meinem Alter als Schutz vor der Altersarmut benötige. Wie können das Verbraucher im Allgemeinen erreichen? Denn ich bin nicht der Einzige mit einer klaffenden Rentenlücke. Wenn diese Summen unerreichbar sind, wie komme ich zumindest in die Nähe? Jetzt geht es um den letzten Schritt: Was kann ich tun, wenn ich doch in Finanzvertrieben bei provisionsgetriebenen Maklern oder bei den Banken keine vertrauenswürdigen Partner finde? Was kann ich tun, wenn doch die Elitebanker von Bankhäusern wie Warburg für mich unerreichbar sind, weil ich nicht das dafür passende Gehaltsniveau besitze? Oder kaufmännische Geschäfte, wie sie der Vermögensmanager Dirk Naumann anbietet.

Schmidt: Wenn Sie zu dieser Einsicht gelangt sind, gibt es zwei Möglichkeiten: Erstens: Man sucht sich einen neutralen und unabhängigen und vor allem einen fachlich hochqualifizierten Berater. Und einen Berater, der sich mit geringeren Erträgen zufriedengibt. Also einen Berater, der keinen festen Prozentsatz aufs Anlagevolumen berechnet und somit auf den Skaleneffekt verzichtet. Einen Berater, der keinen Ausgabeaufschlag verlangt und keine Bestandsprovision. Einen Berater, der nur ein Stundenhonorar für die Beratungsleistung verlangt und die Depotbetreuung nach monatlichem Aufwand aushandelt. Für diesen Berater gibt es also nur einen Aufwand pro Zeit. Zweitens: Man geht mit seiner Geldanlage selber um. Das heißt, man muss sich Kompetenzen verschaffen, um sein eigener Bankmanager zu sein.

Krüger: Beides scheint schwierig zu sein. Einen neutralen und unabhängigen Berater, der auch tatsächlich ein professorales Expertenwissen besitzt, findet man nicht so leicht. Noch schwerer erscheint mir aber der zweite Weg. Wie kann ich selbst zum Fachmann werden, wenn ich doch in der Schule nicht einmal ein richtiges Finanzwissen vermittelt bekommen habe? In der Schule lernt man in Fächern wie Wirtschaft nur solche Banalitäten und Halbwahrheiten wie Angebot und Nachfrage regeln den Preis. Kann ich diese Eigenverantwortung überhaupt auf mich nehmen, selbst wenn ich wollte?

Schmidt: Das verlangt natürlich ein Mindestmaß an Willen, sich mit Finanzen zu beschäftigen. Zeit natürlich auch. Vor allem aber muss man sich von dem Mythos lösen, den die Finanzindustrie so gern verbreitet. Dem Mythos, es gehe nicht ohne sie. Das ist der erste Schritt, und der verlangt viel Überwindung. Denn das wäre fast so etwas wie ein Tabubruch, gerade weil die Banken durch den selbst gestrickten Mythos so viel Autorität verkörpern. Dieser Mythos lebt, obwohl die Banken ihrer vorrangigen volkswirtschaftlichen Aufgabe nicht gerecht werden, die Wirtschaft mit Geld zu versorgen. Stattdessen versuchen die Banken Risiken zu minimieren und überlassen die Wirtschaft unterversorgt sich selbst. Dieser Mythos lebt, obwohl die Banken wie die Deutsche Bank von einem Skandal in den nächsten schliddern. Trotz all dieser Verfehlungen gibt es immer noch genügend Leute, die sich bei Anlagefragen an ihre Bank wenden. Sie haben ja auch einige Banken ausprobiert.

Krüger: Weil ich nicht weiß, wie ich es anders machen kann. Nehmen wir mal an, ich habe diesen Willen und will mich von der Autorität der Banken emanzipieren. Was mache ich danach?

Schmidt: Das Nächste ist, dass Sie ein Grundverständnis davon entwickeln, was ein Kapitalmarkt überhaupt ist. Sie müssen verstehen, was die elementaren Grundanlageklassen sind: Aktien, Anleihen, Rohstoffe, Währungen und Immobilien. Natürlich gibt es auch die Anlageklassen Kunst,

Oldtimer oder Wald. Bei diesen Anlageklassen sprechen wir aber über Anlageklassen, die wenig transparent sind und die nur für Leute mit größeren Vermögen geeignet sind. Deshalb gehen wir erst einmal von den genannten vier oder fünf Grundanlageklassen aus, die mit den Grundnahrungsmitteln bei der Ernährung zu vergleichen sind. Die Kenntnis dieser fünf Anlageklassen ist notwendig, weil der entscheidende Weg bei der Geldanlage darin besteht, eine Mischung dieser Anlageklassen herzustellen. Das nennt man Diversifizierung. Dafür müssen Sie aber, wenn es Sie betrifft, Ihre Scheu vor den Aktien ablegen. Ohne Aktien geht es nicht.

Krüger: Warum gibt es diese Scheu? Und warum geht es nicht ohne Aktien?

Schmidt: Weil in den letzten Jahren durch die Medien Hysterie verbreitet wurde. Die Schwankungen und Kurseinbrüche in den letzten 20 Jahren haben die Munition für die Hysterie geliefert. Ich sage nur: die Folgen des 11. September oder die Immobilienkrise in den USA. Deshalb wird die Börse als Handelsplatz der Aktie größtenteils nur noch mit Angst betrachtet. Dabei ist die Aktie neutral betrachtet erst einmal nur eine unternehmerische Beteiligung, also die Möglichkeit, ein Stück von einem Unternehmen zu besitzen. Zwar kaufen wir die Produkte vieler Aktiengesellschaften. Sei es ein Auto von BMW oder die Sportschuhe von Adidas oder die Nivea Creme von Beiersdorf, aber die meisten Leute investieren doch nur sehr ungern in diese Unternehmen, obwohl wir deren Produkte doch gar nicht so schlecht finden. Nun kann man ja das eine oder andere Unternehmen ablehnen, weil es zum Beispiel gefährliche Pflanzengifte vertreibt, oder von der Umweltzerstörung profitiert oder aus Kriegsgebieten Rohstoffe importiert. In den Fällen kann sich der einzelne Anleger von diesen Unternehmen distanzieren, wenn er eine Beteiligung mit seinem Gewissen oder Weltbild nicht vereinbaren kann. Aber das muss nicht für alle Unternehmen gelten. Zumal die Investition in Aktien auch wieder eine soziale Dimension hat. Denn wenn sich viel mehr Privatleute dem Aktienmarkt zuwenden würden, könnte man den Unternehmen mehr Kapital für Investitionen in Wachstum und Beschäftigung bereitstellen. Obendrein ist die Beteiligung der Bevölkerung am Produktivkapital gesellschaftspolitisch wichtig. Da sich die Schere zwischen Kapital- und Arbeitseinkommen immer mehr öffnet, wäre eine wachsende Beteiligung am Produktivkapital ein wichtiger Beitrag zur sozialen Gerechtigkeit. Bei einem Aktienanteil von 7 Prozent in der Bevölkerung wird dieses Potenzial überhaupt nicht ausgeschöpft.

Zudem werden bei manchen Gesellschaften oft Renditen erreicht, die gerade in der derzeit anhaltenden Niedrigzinsphase mit 3 bis 5 Prozent weit über den aktuellen Zinsen liegen. Diese Dividenden sind vom Aktionär zu verdienen, und zwar unabhängig vom Kurs der Aktien. Bei langfristiger Anlage können Aktien einen Renditevorsprung von rund 2 Prozentpunkten gegenüber festverzinslichen Wertpapieren wie Anleihen erzielen. Stichwort Kurs: Dieser kann und wird sicher schwanken. Das ist aber nicht nur abhängig vom Unternehmen, sondern auch von den vielen Unwägbarkeiten, von denen ich vorhin gesprochen habe. Vertraut man dennoch nachhaltig auf das Geschäftsmodell eines Unternehmens und investiert als Anleger langfristig, zudem mit Geld, das wirklich der Anlage, dem Vermögenswachstum dient, so lassen sich Schwankungen sehr gut ertragen. Der Deutsche Aktienindex, der DAX, wurde im Jahre 1988 aufgelegt bei 1000 Punkten. Nun haben wir Stand heute Ende Juli 2016 gut 10.000 Punkte erreicht. Es waren auch schon über 12.000 Punkte im letzten Jahr. Natürlich ist es möglich, dass sich nicht jede Aktiengesellschaft, von der man Anteile erwerben kann, gleich gut entwickelt oder entwickelt hat gemäß dem Anstieg des Börsenindex. Aber durch eine Streuung, also Mischung von Aktien in einem Depot, kann man dies sehr gut ausgleichen.

Es macht also Sinn, nicht nur auf ein einzelnes Unternehmen zu setzen. Ich sage jetzt einfach mal als Beispiel Siemens. Vorausgesetzt man identifiziert sich mit diesem Unternehmen. Vielmehr kann man gleichzeitig auf mehrere Branchen setzen, die recht wenig miteinander zu tun haben. Pharmaunternehmen und Autos kann man hier nennen, Nahrungsmittel und Maschinenbau. Je nach geschäftlicher Vorliebe und auch nach politischer und ethischer Überzeugung. Durch diese Aufteilung erreicht man einen glättenden Effekt, der die Schwankungen verringert.

Geht man nun noch einen Schritt weiter, so wählt man zu den Aktien noch andere Anlageklassen, die eben den Aktien gegenüberstehen. Das ist sozusagen die Kunst der Geldanlage, und die besteht in der Diversifizierung, also in der Ausdehnung der Wahlmöglichkeiten oder auch Streuung. Da sind zum Beispiel die Anleihen. Eine Anleihe ist kein Eigentumspapier, sondern ein Gläubigerpapier. Will sagen, man leiht beispielsweise dem Staat sein Geld, der verzinst es und zahlt es am Ende einer festen Laufzeit zurück. Dies ist in deutschen Staatsanleihen zwar sehr sicher, aber derzeit auch wenig renditeträchtig. Aber auch diese Zeiten können sich wieder ändern. Am Ende macht es die Mischung der Geldanlage, da es die beste Geldanlage nicht gibt. Anzureichern wäre eine Mischung aus Aktien und Renten noch um das beliebte Gold, also um Rohstoffe. Auch die Immobilien haben einen festen Platz in dieser Mischung.

Das Tragische ist nur, dass man mit Hilfe der Banken diese Anlagestreuung kaum noch verwirklichen kann. Es ist bezeichnend, dass die Aktienberatung in den Banken immer mehr in den Hintergrund tritt. Das hat nicht nur damit zu tun, dass die Regulierungen zum Schutz der Anleger umfangreicher geworden sind. Wegen der umfassenden Anforderungen an die Wertpapierberatung, das Beratungsprotokoll ist ein Teil davon, hat sich der personelle und finanzielle Aufwand für die Banken in der Aktienberatung erhöht. Das behindert die Aktienberatung aber nur; trotzdem wäre sie durchaus noch möglich.

Einzelaktien werden bei den Banken nicht mehr beraten, weil die Banken daran nichts mehr verdienen. Sie verdienen nichts daran, weil es keine Ausgabeaufschläge dafür gibt. Ausgabeaufschläge gibt es nicht bei direkten Anlagen wie Aktien oder Anleihen, sondern nur bei Produkten, die die Finanzindustrie kreiert.

Krüger: Wenn ich zu einer Bank gehe und sage, ich möchte in Aktien investieren, wird sich dann jede Bank meinem Wunsch verweigern? Bei der Santander Bank hat die Bankberaterin damit argumentiert, man habe von Aktien Abstand genommen, weil die Nachfrage bei den Kunden zu gering sei. Man würde demnach den Marktgesetzen gehorchen.

Schmidt: Das ist eine mögliche Methode, mit der die Bank versucht, Sie als Kunden davon abzubringen. Die Bank wird mit dem Risiko argumentieren. Andere Banken werden damit argumentieren, dass man aus rechtlichen Erwägungen heraus keine Einzelaktie mehr beraten darf. Man wird alles versuchen, um Sie in Richtung Investmentfonds zu bringen. Wie gesagt, die Bank will das Gesamtvolumen der Fonds erhöhen. Das ist für die Bank lukrativer und der Bankberater ist in der Regel mit der Beratung von Einzelaktien überfordert. Die Banken leisten sich diese Kompetenzen nicht mehr. Ohnehin darf ein Bankberater dem Kunden nur die Aktien empfehlen, die von seinem Haus analysiert worden sind. Eine Bank wird immer aus Ertragsgründen versuchen, einen Kunden in den Fonds zu bringen, weil der 5 Prozent Ausgabeaufschlag bringt. Bei einer Investition von zum Beispiel 10.000 Euro wären das 500 Euro. Der Aktienkauf bei einer Sparkasse bringt dagegen nur 1 Prozent vom Investitionsvolumen. Das heißt, bei den gleichen 10.000 Euro wären das 100 Euro. Das heißt, der Berater sitzt mit Ihnen zwei Stunden und Sie sagen, Sie wollen mit Ihren 10.000 Euro drei Aktien kaufen, dann hat er hinterher nur 100 Euro. Wenn er Ihnen dagegen einen Fonds verkauft, hat er in einer Stunde 500 Euro verdient. Das ist der Punkt, warum die Banken das nicht mehr machen. Oder das ist auch der Punkt, aber ein wesentlicher.

Krüger: Ist das demnach die Vernachlässigung einer Anlageklasse, die nicht sein müsste?

Schmidt: Ja!

Krüger: Das heißt, die Banken und auch die Finanzdienstleister wie die Strukturvertriebe als Teil der verkaufenden Finanzindustrie geben einem Kunden gar nicht die Chance, das notwendige Zusammenspiel der vier Anlageklassen zu durchschauen, um auf den sogenannten goldenen Weg der Geldanlage zu kommen und ihn für sich zu nutzen? Sie bieten mir als Kunden nicht die Chance, die Aktie als Renditetreiber zu nutzen und als Element der Risikostreuung einzusetzen? Sie geben mir demnach nicht die Chance ein entsprechendes Finanzwissen zu gewinnen?

Schmidt: Nein! Das tun sie nicht. Ich selbst habe mal in meiner Zeit bei der Deka Bank vorgeschlagen, einen Indexfonds aufzulegen, der automatisch die Indizes von vier der fünf Hauptanlageklassen abbildet: Aktien, festverzinsliche Wertpapiere, Immobilien und Rohstoffe. Lasst uns doch Produkte auflegen, bei denen wir genau vier Anlageklassen haben. Dieser Weg der Geldanlage versprach bei einer relativ niedrigen Schwankungsbreite eine konstante Rendite. Will heißen: Fallen die Aktien, steigen die anderen Anlageklassen und umgekehrt. So wird Vermögen auf verschiedene Standbeine gestellt. Der bankenbetriebswirtschaftliche Haken dabei: Die Kosten für den Bankkunden sind viel niedriger. Die Antwort war klar: Herr Schmidt, solche Vorschläge wollen wir hier nicht. Mit so einem Produkt können wir kein Geld verdienen.

Das wäre eine höchst professionelle Geldanlage. Das weiß die Branche. Sie könnte in einem Produkt die verschiedenen Anlageklassen vereinen, wenn die Branche es denn wollte. Aber sie will es nicht. Es fällt ihr so schwer derart hochprofessionelle Produkte anzubieten, weil damit der Produktverkauf, also der Absatz einzelner Fonds, deutlich sinken würde.

Die Finanzindustrie weiß – den kleinen Sparkassenberater nehmen wir dabei mal heraus – wie man ein optimales Portfolio, wie man eine optimale Geldanlage mit kleinen Kosten erstellen kann. Sie weiß um diese Dinge. Nur sie kann und will es nicht umsetzen, weil sie daran nichts verdient.

Wenn man mit einem Banker unter vier Augen spricht, dann würde er sagen, dass er nie seine hauseigenen Produkte kaufen würde, die er selber an seine Kunden verkauft. Er muss es aber tun. Wenn Sie zum Beispiel bei einer Bank ein Konto eröffnen, spult der Bankberater bei Ihnen sein Programm ab. Das heißt, er muss fragen, haben Sie vor zu bauen. Er muss fragen, wollen Sie die Mastercard Gold. Er muss fragen, wie sieht es aus mit der Altersvorsorge. Das bedeutet aber auch, Sie würden nie auf einen Bankberater treffen, der sagt, passen Sie mal auf, Herr Krüger, Sie können im Monat 100 Euro ansparen, für diese 100 Euro verwenden wir zwei Indexfonds und eröffnen ein Direktbankdepot. Das geht nicht. Damit verdient die Bank nichts.

Krüger: Kann ich demnach den Gang in die Bank und den Wunsch nach Beratung mit dem Gang zum Arzt vergleichen? Denn der Arzt ist in seiner Therapieauswahl auch nicht immer frei, weil er von den Produktlieferanten der Pharmaindustrie beeinflusst wird. Man kann also sagen, so wie die eigene Gesundheit des Patienten häufig im Widerspruch steht zu den Ertragsinteressen der Gesundheitsindustrie, stehen die Renditewünsche des Verbrauchers für die bestmögliche Altersvorsorge den Ertragsinteressen der Finanzindustrie entgegen. Ich erwähne das, weil ironischerweise ein Vermögensberater eines Strukturvertriebs durch seinen Gesprächsleitfaden dazu angehalten wird, mit dem Kunden zu sprechen wie ein Arzt mit seinem Patienten.

Schmidt: Das ist sehr gut vergleichbar. Stellen Sie sich vor, Sie gehen wegen Magenbeschwerden zu Ihrem Hausarzt. Und der Hausarzt weiß in der Tiefe seines Herzens, welches Medikament er Ihnen verschreiben müsste, damit Ihre Beschwerden geheilt werden. Dieses Medikament gehört aber nicht zum Medikamentensortiment der Pharmaunternehmen wie Bayer, Pfizer oder irgendeinem anderen, das den Arzt bezahlt. Deshalb nimmt der Arzt nur das nicht so gut geeignete Medikament seiner Geldgeber und verschreibt es Ihnen. Das Gleiche läuft in einer Bank ab. Wir denken uns zum Beispiel einen Anleger mit 50.000 Euro. Dieser Anleger ist hervorragend bedient, wenn er sich eine gewisse Aktienquote aneignet, idealerweise rund um den Globus – also weltweit abgebildet durch den MSCI World, den DAX, den EURO STOXX 50, den Index für die 50 größten Unternehmen der Euro-Zone. Das sind dann schon drei. Zusätzlich ist da noch der S & P 500, der Index, der die 500 größten börsennotierten Unternehmen in den USA erfasst. Darüber hinaus nimmt man noch ein bisschen China, Japan und Russland mit dazu. Dann ist man exzellent aufgestellt im Aktienbereich und alles abgebildet über ETF. Im Anleihebereich ist es genauso. Man nimmt Staatsanleihen, man nimmt Unternehmensanleihen auf Euro-Basis, auf US-Dollar-Basis. Dann nimmt man vielleicht noch Gold, Xetra-Gold dazu. Das ist eine Art Indexfonds auf Gold, börslich gehandelt natürlich. Darüber hinaus nimmt man noch Immobilien, das heißt, einen Immobilienfonds, oder man hat vielleicht eine Direktimmobilie. Wenn man eine solche Anlage zusammengesammelt hat, hat man fachlich eine qualitativ sehr hochwertige Anlage, die in der Komplexität als einzelnes Produkt nicht angeboten wird, man muss es sich selbst zusammensuchen und zusammenstellen. Aus meiner Sicht ist eine derartige Vermögensstruktur das einzig Sinnvolle. Die Banken beraten natürlich durchaus auch Vermögensstreuung. Aber wegen ihrer Vertriebsinteressen bauen Sie dem Kunden eine derartige Vermögensstruktur nicht zusammen. Die Branche macht es nicht, obwohl sie doch von der Markowitz-Theorie weiß.

Krüger: Markowitz? Das ist doch bestimmt einer dieser Nobelpreisträger? Allerdings heißt das ja bei den Wirtschaftswissenschaftlern nicht Nobelpreis, sondern Alfred-Nobel-Gedächtnispreis.

Schmidt: Ja, ich meine den Ökonomen Harry M. Markowitz. Er hatte einst die Anlagestreuung als Methode zur Risikominimierung und Renditesicherung wissenschaftlich begründet. Nach Markowitz empfiehlt es sich bei der Zusammenstellung von mehreren Anlagen darauf zu achten, dass sich die Investments unabhängig voneinander entwickeln. In der Fachsprache heißt das, die Investments sollen nicht korrelieren. Es kommt darauf an, die Verluste der einen Anlage durch die Gewinne einer anderen abzufedern. Das kann ein Anleger jedoch nicht, wenn er bei seinem Wertpapierdepot ausschließlich auf Anlagen setzt, deren Renditen und Verlustrisiken miteinander verbunden sind. Beispielsweise stehen der Ölpreis und die Kursentwicklung von Aktien der Mineralölgesellschaften zueinander in einer engen Wechselbeziehung. Das bedeutet, die Aktien der Mineralölgesellschaften entwickeln sich tendenziell in die gleiche Richtung wie der Ölpreis. Soweit die Theorie. Aber mit der Praxis hat sie viel zu tun. An den Vorteilen der Streuung hat sich nämlich bis heute nichts geändert. Gewiss: Die heutigen Unwägbarkeiten durch die Globalisierung haben die Märkte destabilisiert, wie zum Beispiel die Euro-Krise. Auch die politischen Entscheidungen von Regierungen und Staatengemeinschaften sowie die Maßnahmen von Notenbanken beeinflussen die Kapitalmärkte und die konjunkturelle Entwicklung spürbar. Deswegen ist es für einen Privatanleger sehr aufwendig, die Chancen-Risiko-Verhältnisse einer komplexen Vermögensstruktur zu bestimmen, wenn sie aus Aktien, Staats- und Unternehmensanleihen, Immobilien, Rohstoffen mit Anteilen in verschiedenen Branchen, Ländern und Regionen bestehen soll. Obendrein haben die letzten Jahre gezeigt, dass auch verschiedene Anlageklassen miteinander in die gleiche Richtung laufen können. Es galt lange Zeit der Zusammenhang: Steigen die Aktien, dann fallen die Anleihen, beziehungsweise umgekehrt: Fallen die Aktien, dann steigen die Anleihen. Das hing mit dem höheren Zins zusammen. In den letzten Jahren haben wir aber gesehen, dass die Zinsen gefallen sind. Dadurch steigen die Anleihekurse, und es sind auch die Aktien gestiegen. Diese Entwicklungen sind jedoch nicht der Gegenbeweis der Regel, dass der größte Teil der Rendite, die Sie erwirtschaften wollen, sehr viel mehr von der richtigen Streuung abhängt als von der Frage des Timings.

Krüger: Zwei Verständnisfragen möchte ich dazu stellen: Erstens: Ist die Auswahl der Indexfonds, die Sie vornehmen, nicht auch eine Art Management? Besonders, da das ein entsprechendes Know-how voraussetzt und eine professionelle Marktanalyse verlangt. Zweitens: Müsste sich dieses Management nicht auch noch ausweiten, wenn es zu Markterschütterungen kommt, indem man die Gewichtung der Bestandteile des Portfolios gemäß der Marktsituation anpasst?

Schmidt: Das können Sie so betrachten.

Krüger: Nun hat nicht jeder Verbraucher oder Sparer ein 50.000-Euro-Vermögen zur Verfügung, um in derart komplexe Anlagekonstrukte zu investieren, wie Sie es gerade beschrieben haben. Es gibt in unserer Gesellschaft nun einmal Menschen, die können mit ihrem Arbeitseinkommen trotz allen Einsatzes solche Vermögensbestände von 50.000 oder 100.000 Euro nicht aufbauen. Die Gründe können wir meinetwegen unterschiedlich bewerten. Wir gehen jetzt aber davon aus, dass das so ist.

Was machen die Leute, die vielleicht nur 200 oder 300 Euro im Monat zum Ansparen zur Verfügung haben, um Vermögen aufzubauen?

Schmidt: Ob man 200 Euro monatlich in Indexfonds anspart oder 25 Euro, ist in der Sache das Gleiche. Gerade wenn man Vermögen erst einmal aufbauen muss, sind Indexfonds sehr zu empfehlen, mit einem gewissen monatlichen Festbetrag. Gerade in Ihrem Fall, wenn Sie langfristig zwischen 200.000 und 300.000 Euro Vermögen für das Alter aufbauen wollen und müssen. Dazu kann man auch in festverzinsliche Wertpapiere wie Unternehmensanleihen investieren. Obendrein könnte man auch noch in Fremdwährungen Geld anlegen. Und schon hat man gemäß dem Gebot der Anlagestreuung drei Anlageklassen zusammen, die der Anleger monatlich mit 200, 300 oder 400 Euro besparen kann. Zudem sollte er beim Thema Vermögensaufbau insbesondere die Aktie höher gewichten, trotz der hohen Schwankungen. Wenn wir von diesen Mitteln ausgehen wollen, sollten wir gleichzeitig davon ausgehen, dass er auch die notwendigen Sachversicherungen hat wie Haftpflicht-, Hausrat-, Unfall- und Krankenversicherung. Dazu kommt noch eine Kfz-Versicherung. Nebenbei bemerkt: Diese Versicherungen kann man nicht in der Masse durch einen Honorarberater vermitteln. An diesem Punkt der diversen Versicherungen geht es aber auch um die Frage, ob man eine Lebensversicherung braucht, wenn man mit dem Vermögensaufbau anfangen will. Bei der kapitalbildenden Lebensversicherung gibt es zwei Varianten. Die erste, die klassische Variante, stirbt aus, weil keine Versicherung das wirklich noch anbietet – aufgrund des Niedrigzinsumfeldes. Daneben gibt es noch die Altverträge, die einen höheren Garantiezins haben. Aber bei neuen Verträgen macht eine kapitalbildende Lebensversicherung aufgrund der Niedrigzinsen definitiv keinen Sinn. Das bedeutet, man braucht eine Fondspolice, das heißt, eine kapitalbildende Lebensversicherung, die in Investmentfonds investiert. Der monatliche Beitrag von 100 Euro zum Beispiel geht abzüglich Risikobeitrag, abzüglich Kosten dann in verschiedene Investmentfonds. Diese Investmentfonds sind natürlich auch provisionsabhängige Produkte, der Berater erhält also einen Anteil am Anlagevolumen. Deswegen ist meine Empfehlung immer, keine Lebensversicherung abzuschließen, schlicht und ergreifend wegen der Kosten. Dabei kommt es darauf an, tatsächlich zu sagen, was die Lebensversicherung am Ende macht.

Was macht eine fondsgebundene Lebensversicherung? Die nimmt das Geld und investiert es in einen Investmentfonds. Wenn man das bei der Allianz macht, nimmt die Allianz natürlich Fonds der Allianz, Aktienfonds und dergleichen mehr. Am Ende zahlt man viel Provision für ein Produkt mit einem hohen Kostenanteil, das ziemlich intransparent ist. Das können Sie selbst abbilden mit 100 Euro, indem Sie das Geld in einen Fondssparplan mit Indexfonds packen. Das Durchhaltevermögen, das sich bei einer Lebensversicherung nicht mehr lohnt, sollte man lieber bei einem Sparplan auf einen Aktien-Indexfonds beweisen. Diese langfristige Anlage ist sinnvoll, um Schwankungen entsprechend aufzufangen. Ein Sparplan auf einen börsengehandelten Indexfonds, der den Weltaktienindex MSCI World nachbildet, hätte in den vergangenen 15 Jahren bei einer monatlichen Sparrate von 300 Euro eine durchschnittliche Rendite von 7,4 Prozent erzielt, nach Abzug der Kaufkosten. Das heißt, Sie hätten bei einer Einzahlung von 54.000 Euro bei 0 Prozent Ausgabeaufschlag einen Wertzuwachs von 43.041 Euro erzielt. Bei einem üblichen Versicherungsprodukt mit Ausgabeaufschlag von 5 Prozent würden Ihnen fast 5000 Euro fehlen. Dazu würden noch die anderen Versicherungs- und Fondskosten kommen. Keine Lebensversicherung kann derartige Erträge liefern. Sowohl wegen der Kosten als auch wegen der Verzinsung, nicht einmal die Altverträge mit einer Garantieverzinsung von 2,75 Prozent in den Jahren 2004 bis 2006 oder von 3,25 Prozent zwischen 2000 und 2003 – ein Riester-Vertrag ohnehin nicht bei einer seit 2015 gültigen Garantieverzinsung von mickrigen 1,25 Prozent. Die staatlichen Zulagen streicht im Wesentlichen der Versicherer ein. Zudem laugen die üblichen Umdeckungen bei den Riester-Tarifen die Kunden aus, die mit jeder Umstellung immer wieder neue Abschlusskosten und Provisionen zu zahlen haben. Auch eine Rürup-Rente bringt das nicht bei einer Garantieverzinsung von 2,75 Prozent. Zwar kann sich eine Rürup-Rente für Selbstständige, die viel verdienen und viele Steuern zahlen, durchaus lohnen, aber nicht für selbstständige Durchschnitts- oder Geringverdiener. Ein Selbstständiger, der 50.000 Euro im Jahr verdient, erhält beispielsweise bei der Hannoverschen Allgemeinen eine um fast 30 Prozent höhere Steuerersparnis als ein Selbstständiger, der nur die Hälfte verdient. Bei einem Monatsbeitrag von 500 Euro und einer Laufzeit von 20 Jahren kann der Unterschied dann schon 13.000 Euro betragen. Auch hinsichtlich der nachgelagerten Rentenbesteuerung infolge des Alterseinkünftegesetzes von 2004 scheint die Rürup-Rente wohl eher für die gutverdienenden Selbstständigen attraktiv zu sein. Bei ihren vergleichsweise hohen Steuersätzen können sie im Ruhestand wegen geringerer Einkünfte mit einem niedrigeren Steuersatz rechnen. Doch selbst wenn man von dieser Unterscheidung absieht, muss man bedenken, dass die Produktvarianten der Rürup-Rente als klassische Versicherung oder die fondsgebundene Variante einfach zu teuer und zu wenig renditeträchtig sind. Anhand dieser Vergleichszahlen können Sie sehen, wie viel Ihnen die Finanzindustrie aufgrund ihrer Ertragsinteressen vorenthält.«

Krüger: Sind Ihre Rechenbeispiele nicht genau das, was Sie der Finanzindustrie vorwerfen, wenn sie Tracking Records erstellt, um einen aktiv gemanagten Fonds zu bewerben?

Schmidt: Nein. Die Finanzindustrie praktiziert das mit einem Hätte-wäre-wenn-Modell von einem Produkt, das es in der Vergangenheit noch gar nicht gegeben hat. Die Rückrechnung der Wertentwicklung bei einem Aktienindex bezieht sich auf eine Wertentwicklung, die nicht hypothetisch ist, sondern tatsächlich gegeben war. Ich sage ja nicht, das und das wird die Rendite sein aufgrund von hypothetischen Daten von in der Vergangenheit noch nicht existenten Produkten. Ich rede nur von Möglichkeiten. Trotzdem ist Ihr Hinweis wichtig. Wenn ich eine Annahme formuliere auf Basis einer auf die Vergangenheit bezogenen Wertentwicklung – und von irgendetwas muss man ausgehen in dieser so inexakten und ungewissen Finanzwirtschaft –, dann erfordert das umso mehr Sorgfalt, eine passiv gemanagte Anlage zusammenzustellen. Sofern sie in der Zukunft ähnlich funktionieren soll, wie sie in der Vergangenheit funktioniert hat.

Krüger: Da Banken und Versicherungen wichtige Gläubiger des Staates sind, kann man wohl nicht erwarten, dass die Politik den Provisionsvertrieb kippt. Dieser Gläubigerdienst ist wesentlicher Bestandteil unserer Geldwirtschaft, die größtenteils darin besteht, Schulden anzulegen, zu verpacken, zu versichern und wieder zu verkaufen. Auf die Art haben die diversen Experten uns das System während der Finanzkrise erklärt. Aus diesen Gründen unterwirft sich die Politik nach Informationen beispielsweise von Lobby Control bereitwillig dem Druck der Bankenlobby einschließlich der Sparkassen und Genossenschaftsbanken.[44]

Schmidt: Die Finanzlobby wird auf jeden Fall erbittert um den Erhalt ihres Provisionsgeschäftes kämpfen. Lassen Sie sich einfach folgendes Zahlenbeispiel durch den Kopf gehen. Ein Zahlenbeispiel, das sehr nahe an der Realität ist. Deshalb ist es nicht zu widerlegen. Die Deka Bank hat etwa 200 Milliarden Euro in Fonds zu betreuen. Der Hauptvertriebspartner sind die rund 400 Sparkassen in Deutschland. Weil nicht alle Fonds ausgabeaufschlagspflichtig sind, nehmen wir für eine Modellrechnung die Hälfte an. Wir sagen demnach, 100 Milliarden Euro an Fonds wurden in den Sparkassen ausgabeaufschlagspflichtig verkauft. Dafür nehmen wir den durchschnittlichen Ausgabeaufschlag nicht von 5, sondern von 3 Prozent. Diese Vertriebsleistung hat also die Provision gebracht von 3 Milliarden Euro. Anhand dieses einfachen Beispiels kann man ersehen, wie viel die Branche an dem Provisionsgeschäft verdient. Diese Einnahmequelle werden die Banken nicht so schnell aufgeben. Deshalb wäre es bestimmt sinnvoll, wenn es eine Lobby für Gemeinwohlinteressen gäbe, als Gegengewicht zur Bankenlobby, eine Art Greenpeace der Finanzmärkte, wie sie der Globalisierungskritiker Sven Giegold fordert.[45] Die Mehrheit der Bevölkerung wäre sicherlich dafür, weil sie eine stärkere Bankenregulierung begrüßen würde.

Krüger: Nehmen wir mal an, ich habe die Scheu vor Aktien überwunden. Sofern ich zu denen gehöre, die sich Aktien leisten können. Nehmen wir weiter an, dass ich nun verstanden habe, dass es die fünf von Ihnen genannten Kapitalmärkte gibt, bei denen ich mich bedienen muss und die ich miteinander kombinieren muss, um den goldenen Weg der Geldanlage zu finden. Ich möchte also Aktien kaufen auf dem Aktienmarkt, ich möchte einem Unternehmen oder einem Staat Geld leihen auf dem Anleihemarkt, ich möchte Rohstoffe kaufen wie zum Beispiel Gold. Ich möchte in Währungen investieren, oder ich möchte einen Immobilienfonds kaufen auf dem Immobilienmarkt. Oder ich möchte alle diese verschiedenen Anlageklassen in einem Produkt zusammenfassen. Was mache ich dann? Komme ich wirklich ohne Bank aus?

Schmidt: Leider nicht ganz. Ganz ohne Bank geht es natürlich nicht. Denn jedes Wertpapier, ob das eine Aktie, eine Staatsanleihe oder ein Fonds ist, braucht ein Depot. Das ist die Lager- oder Sammelstelle, und dafür braucht ein einzelner Anleger eine Bank. Der bargeldlose Zahlungsverkehr geht auch nicht ohne Bank. Anders würde unser Wirtschaftssystem nicht funktionieren. Aber Sie können eine Bank wählen, die keinen Vertriebsapparat hat. Das sind die Direktbanken. Dort muss man ein Depot eröffnen. Das geht über Postverfahren ohne Probleme. Bei der Direktbank kann man auch die Produkte kaufen. Natürlich verdient auch die Direktbank Geld. Die Ausgabeaufschläge für aktiv gemanagte Fonds sind auch da. Teilweise gibt es Fonds mit null Ausgabeaufschlag, teilweise sind die Ausgabeaufschläge sehr dosiert. Die Direktbank nimmt auch Provisionen, nur in einem anderen Umfang. Das muss man deutlich sagen. Die Kaufkosten sind, wenn man beispielweise Aktien oder Wertpapiere direkt kauft, sehr viel geringer als bei Standardbanken. Direktbanken bieten beispielsweise Flatrates zum Kauf an von vielleicht 20 Euro.

Krüger: Wie aber informiere ich mich über die Produkte? Ich muss mich doch damit beschäftigen, welche Produkte, welche Fonds und welche Aktien gut sind. Stoße ich bei dieser Frage als mein eigener Bankmanager nicht an Grenzen, wenn ich nicht gerade einen unabhängigen Berater wie Sie an der Hand habe? Denn mir fehlt das Wissen über die Produkte. Kann ich es bewältigen, mich über die Produkte zu informieren und ein Urteilsvermögen darüber zu erwerben, wenn ich meine Geldanlagen selbst managen will? Kann ich das bewältigen, ohne dass ich Volkswirtschaftslehre oder Betriebswirtschaft studiert habe oder eine Börsenhändlerausbildung gemacht habe? Gerade die Auswahl von Aktien stelle ich mir sehr anspruchsvoll vor.

Schmidt: Das ist in der Tat schwierig. Bei einer Direktbank kann man sich zwar über Aktien informieren, aber nur im Ausnahmefall kommt man noch an Berater heran, die Einzelaktien beraten. Das sind Verhältnisse, die den einzelnen Privatkunden umso mehr dazu zwingen, eigenverantwortlich zu handeln. Hier rächt sich, dass die Gesellschaft ihre Mitglieder nur unzureichend mit finanzwirtschaftlicher Bildung versorgt. Die Eigenverantwortung in Bezug auf die Geldanlage ist nicht geschult oder gelehrt worden. In früheren Zeiten war das vielleicht auch nicht notwendig, weil die Finanzindustrie noch nicht so aufgebläht war. Und das Umlageverfahren bei der Altersvorsorge hat den Menschen in diesen Zeiten der Sechziger- und Siebzigerjahre die Sicherheit gegeben, das auch nicht tun zu müssen.

> Aber die verbreitete Abstinenz von Finanzfragen bis in die höchsten Bildungsschichten hat sich die Finanzindustrie zunutze gemacht. Dadurch hat sie ihr Herrschaftswissen leicht ausbauen können. Diese Herrschaftsgrundlage kann man ihr nur entreißen, wenn man sich informiert.

Natürlich gibt es abseits der Banken viele Experten, die Aktien empfehlen und behaupten, es besser zu wissen. Aber die sind meistens interessegeleitet, Einzelpersönlichkeiten wie Dirk Müller oder wie Max Otte oder wie der Vermögensverwalter Graf Georg von Wallwitz. Doch warum schreibt ein Müller über Aktien oder über Kapitalmärkte? Er tut das, weil er seinen eigenen Fonds verkaufen will. Professor Max Otte gibt deswegen Radio- und Fernsehinterviews und erzählt Weisheiten, weil er seine Vermögensverwaltung verkaufen will. Nur leider: Keiner dieser Experten wird großartig an seinen negativen Aussagen gemessen. Im positiven Fall ist das natürlich anders. Besonders Otte hatte sich 2006 mit seiner richtigen Crash-Prognose einen Namen gemacht. Im negativen Fall dagegen gehen alle diese Aussagen unter. Bei den Fachzeitungen ist es nicht viel besser. Das sind Spezialblätter wie *Börse Online*, wie *Der Aktionär*, wie der *Platow Brief*. Die müssen jede Woche etwas schreiben, damit sie ihr Magazin verkaufen können. Sie schreiben jede Woche über Aktien und Kapitalmärkte und erwecken bei den Leuten die Illusion, sie seien die Autorität. Nur, das sind sie nicht. Sie sind fachlich vielleicht gut, was das Handwerk betrifft. Aber hinsichtlich ihrer Prognosen sind sie genauso gut oder schlecht wie alle anderen auch. Deshalb ist es umso wichtiger, dass man sich bei der Aktienauswahl nicht den sogenannten Experten ausliefert. Also muss man die börsennotierten Unternehmen überhaupt erst einmal eigenständig kennenlernen. Was machen die? Was ist deren Geschäftszweck? Weiß ich, was BASF, Bayer oder Daimler tun? Oder folge ich einem Tipp, der im Zweifel hochgefährlich ist? Wenn ich weiß, was die machen, muss ich mir natürlich die Frage stellen, ob das eine Zukunft hat. Dann kann ich darüber nachdenken, wie ist denn die Aktie bewertet. Da gibt es Kennzahlen wie zum Beispiel die Dividendenrendite. Wie viel Dividende zahlt das Unternehmen im laufenden oder im kommenden Jahr? Wie ist der Verlauf der Dividende in den letzten Jahren gewesen? War das kontinuierlich? Haben sie immer Dividende gezahlt? Oder haben sie einige Jahre mal ausgesetzt?

Als aufgeklärter Anleger muss ich mir nun das Kurs-Gewinn-Verhältnis anschauen, also das Verhältnis des aktuellen Aktienkurses zum Gewinn der Aktie, den das Unternehmen pro Aktie im letzten Geschäftsjahr erwirtschaftet hat. Dieses Verhältnis kann auch zwischen dem aktuellen Kurs und dem erwarteten Gewinn pro Aktie berechnet werden. Beispiel: Der Kurswert einer Aktie liegt bei 25 Euro und das Unternehmen hat im vorangegangenen Geschäftsjahr einen Gewinn pro Aktie von 2 Euro erwirtschaftet. Daraus ergibt sich ein Kurs-Gewinn-Verhältnis von 12,5. Hierbei gilt die Regel: Je niedriger das Kurs-Gewinn-Verhältnis ist, desto preisgünstiger ist die Aktie. Ist dieses Verhältnis kleiner als 15, könnte man das als günstige Bewertung betrachten. Kommt man über 15, ist die Aktie vielleicht zu hoch bewertet. Aber das sind auch nur Anhaltspunkte. Deswegen muss man auch schauen, ob es Aktien eher der klassischen Basisindustrie sind, oder sind es Aktien aus dem Bereich der neuen Technologien? Obendrein gibt es das sogenannte Kurs-Cashflow-Verhältnis. Das ist das Verhältnis der Finanzkraft eines Unternehmens zum aktuellen Aktienkurs. Das Modewort Cashflow meint hier, wie viel Geld ein Unternehmen zur sofortigen Verfügung in der Kasse hat. Zur Berechnung dieses Verhältnisses muss man die Geschäftsberichte eines Unternehmens lesen. Wenn zum Beispiel ein Unternehmen nach seinem Geschäftsbericht einen Cashflow von 3200 Millionen Euro ausweist und 1304 Millionen Aktien ausgegeben hat, muss man die Summe des Cashflows durch die Zahl der ausgegebenen Aktien teilen und erhält dadurch den Cashflow pro Aktie, nämlich 2,45 Euro. Wie beim Kurs-Gewinn-Verhältnis gilt die Regel: Je niedriger das Kurs-Cashflow-Verhältnis im Vergleich zum Wert einer anderen Firma aus der gleichen Branche ausfällt, desto günstiger ist die Aktie. Neben diesen Kennzahlen einer Aktie muss man sich auch über die allgemeine konjunkturelle Lage informieren. Wie werden Aktien derzeit allgemein bewertet, bezogen auf den gesamten Markt? Denn eine Aktie kann noch so gut dastehen, wenn aber das gesamte wirtschaftliche Umfeld schwach ist, dann wird auch eine aktuell gut bewertete Aktie leiden. Dann zählt die Konkurrenzsituation. Ein gutes Beispiel ist SAP. Dessen Konkurrent als Softwarehersteller ist Oracle aus Amerika. Wie geht es SAP, wenn es Oracle gut geht? Dazu kommt auch noch die technische Betrachtung der Aktie. Gibt es Punkte im Kursverlauf der Aktie aus der Vergangenheit, die auf eine Bewegung in der Zukunft schließen lassen?

Krüger: Nun gibt es prominente Experten wie die beiden Autoren Marc Friedrich und Matthias Weik, die gerade jetzt vor dem Kauf von Aktien warnen. Vorsicht vor Aktien, sagen die regelmäßig. Denn sie seien in der jetzigen Lage überbewertet und zu teuer. Zwar habe sich der DAX vervielfacht, aber die deutsche Volkswirtschaft habe sich dementsprechend nicht vervielfacht. Die Produktivität sei nicht in dem Umfang gestiegen wie der DAX, die Löhne auch nicht und die Beschäftigungszahlen ebenso wenig. Obendrein bestehe speziell bei nicht unwahrscheinlichen Kursstürzen die Gefahr der Enteignung.

Schmidt: Der Kauf von Aktien als unternehmerische Beteiligung ist als Mittel für die Streuung eines Anlageportfolios grundsätzlich immer anzuraten. Eine strategische Entscheidung für Aktien beeinflusst die Rendite eines Depots langfristig sehr viel stärker als die Frage, ob Aktien temporär überbewertet sind. Qualitätsaktien gehören zu jedem Zeitpunkt in ein Depot, vielleicht derzeit in der Quotierung etwas weniger als noch vor sechs Wochen. Eine Aktie als unternehmerische Beteiligung macht grundsätzlich Sinn, wenn man das Unternehmen versteht und wenn man sich mit ihm wirtschaftlich, politisch und weltanschaulich identifizieren kann.

Die Kurse signalisieren, wie es dem Unternehmen geht. Natürlich gibt es Einflüsse, die nichts mit der Realität des Unternehmens zu tun haben. Der Kurs von Bayer kann zum Beispiel um 5 Prozent fallen, weil der ganze Markt fällt oder weil der Markt von außen manipuliert wird. Deswegen hat aber Bayer nicht 5000 Tabletten weniger verkauft. Ob Aktien überbewertet sind, ergibt sich nur in der taktischen Betrachtung. Also wenn Sie strategisch sagen: Ich kaufe mir jetzt eine Aktie von Apple, weil ich das Unternehmen gut finde. Ich will diese Aktie in meinem Depot haben, weil ich glaube, dass Apple langfristig erfolgreich sein wird. In dem Augenblick stellt sich die Frage, wann kaufen Sie die Aktie. Kaufen Sie sie jetzt? Oder kaufen Sie die Aktie erst dann, wenn die Aktie noch ein klein wenig gefallen ist und die Bewertungskennzahlen der Aktie attraktiver erscheinen? Pauschal zu sagen, man soll Aktien nicht kaufen, weil sie überbewertet sind, ist fachlich fragwürdig. Man kann natürlich seinen Aktienanteil im Depot reduzieren. Man kann taktisch noch ein wenig warten, bis gegebenenfalls Aktienkurse wieder zurückgefallen sind. Man kann mit einer Drittel-Strategie agieren. Das heißt, man kann sofort ein Drittel der Aktien kaufen, ein zweites Drittel später und das letzte Drittel, wenn der Kurs noch einmal gefallen ist. Aber ein Null-Engagement im Aktienbereich finde ich schwierig. Bei allen taktischen Erwägungen gilt natürlich, dass über 90 Prozent der Rendite, die man erwirtschaften will, davon abhängig sind, wie das Vermögen strukturiert und verteilt ist. Dabei macht die Taktik, wann man kauft, nur ein paar Prozent einer Performance aus. Ohnehin sollte ein Einstieg in Aktien nie zu 100 Prozent des Portfolios erfolgen. Das ist eine strategische Entscheidung bei der Frage, wie teile ich mein Vermögen auf, in welche Anlageklasse und in welche prozentuale Gewichtung bei Aktien, Anleihen und Rohstoffen.

Krüger: Wenn ich all diese Zeit investiert habe, um beurteilen zu können, wie ich eine einzelne Aktie einzuschätzen habe, werde ich wahrscheinlich auch einen ähnlichen Aufwand betreiben müssen, um zu verstehen, welcher Indexfonds sich wie von dem anderen unterscheidet. Warum zum Beispiel ist ein ComStage MSCI World TRN UCITS ETF besser als ein iShares MSCI World UCITS ETF oder als ein Source MSCI World UCITS ETF A oder warum ist er es nicht?

Schmidt: Genauso ist es. Sie beginnen zu verstehen.

Krüger: Folgt aus dieser Notwendigkeit nicht auch die Gefahr, wie beliebig Indexfonds im Rahmen eines Sparplans von der Industrie verkauft werden könnten? Ähnlich der Beliebigkeit von aktiv gemanagten Fonds, bei denen ein Bankberater fachlich nicht erklären kann, warum er ausgerechnet diesen Fonds verkauft.

Schmidt: Sicher gibt es zwischen Indexfonds Qualitätsunterschiede.

Krüger: Muss man aus diesem Grund die Arbeit von Elitebanken wie die der Warburg Bank durchaus als anspruchsvoll bezeichnen? Zumal sie auf professionelle Weise derart umfangreiche Analysen vornehmen, um aus diesen Informationen ihre Anlageportfolios zusammenzustellen.

Schmidt: Banker wie die von der Warburg Bank sind schon nicht schlecht. Hinter der Klassifizierung der Einzelwertpapiere steckt durchaus eine Analyseleistung. Das ist zweifellos eine andere Liga als zum Beispiel die Sparkasse. Aber die Materialien, die Sie mir vorgelegt haben, zeigen, dass die Warburger noch sehr viel mehr das vorführen, was dem Mythos Finanzindustrie entspricht. Hier demonstriert jemand, im Besitz eines Herrschaftswissens zu sein. Wenn Sie wirklich einmal akademisch mit spitzem Bleistuft an jede Seite der Präsentationsmappe herangehen und den Inhalt übersetzen, kommen Sie mit sehr viel weniger Seiten aus als die zusammengestellten 40 Seiten. Da steckt weniger Inhalt drin, als das dafür verwendete Präsentationsvolumen vorgaukelt. Dazu passt auch die Willkür, mit der sie ihre Benchmark ermitteln. Ob sie gut sind oder nicht, nach Kosten wohlgemerkt, müssen sie anhand einer Messgröße rechtfertigen. Die Warburger sagen: Unser Portfolio muss sich anhand eines Vergleichsmaßstabes messen lassen, und das ist die Benchmark. Diesen Vergleichsmaßstab wählen sie aber willkürlich. Weil sie sagen: Der Vergleichsmaßstab besteht aus 65 Prozent REXP, der Index für festverzinsliche Wertpapiere, besteht aus 24,5 Prozent EURO STOXX 50, besteht aus 7 Prozent S&P 500 und besteht aus 3,5 Prozent Nikkei. Daraus berechnen die Warburger den Vergleichsindex. Anschließend setzen sie ihr Portfolio dagegen. Doch ist die Vergleichbarkeit wirklich gegeben? Wenn nämlich bei ihrem Modellportfolio der Rentenanteil mit 55 Prozent angegeben wird und der Aktienanteil mit 40 Prozent und die Liquidität mit 5 Prozent – angenommen das ist Basis dieser Berechnung –, dann haut das nicht hin. Denn die Benchmark ist ja mit 65 Prozent Rentenanteil berechnet und bei ihrem Portfolio berechnen sie die Renten mit 55 Prozent. Folglich sind auch die Aktienanteile unterschiedlich. Zu diesem Missverhältnis müsste man die Warburger einmal befragen. Ansonsten ist deren Benchmark willkürlich und beliebig. Wann aber ist eine Benchmark überhaupt fair? Wenn Sie Fondsmanager sind für deutsche Aktien und das Anlageuniversum sind deutsche Aktien. Dann ist das halbwegs fair.

Die Warburger sollten Ihnen mal zeigen, was ein Aktienportfolio in den letzten zehn Jahren bei Ihnen gebracht hat. Probeweise sollte man sich die Fonds anschauen und gleich ein Exemplar stichprobenhalber aussuchen: am besten den, der ganz oben auf ihrer Liste steht. Der heißt Advisor Global. Es ist ein Dachaktienfonds, der international ausgerichtet ist und als Benchmark den MSCI World hat. Er hat ein Fondsvolumen von knapp 9 Millionen Euro und eine Rendite für die letzten fünf Jahre von 54,8 Prozent. Damit ist er 30 Prozent schwächer als der Vergleichsindex MSCI World. Folglich ist die Bewertung von Morningstar mit drei Sternen auch nicht besonders. Deshalb sollte man die Warburger einfach fragen: Warum sollten Sie als Kunde den Warburgern vertrauen hinsichtlich ihrer strategischen und taktischen Allokation als ihrer vorgeblichen Kompetenz? Zumal es offensichtlich nicht einfach ist, einen international ausgerichteten Aktienfonds besser zu managen als den MSCI World. Dabei reden wir von einem Performance-Unterschied von 30 Prozent. Da kommen diese Leute bestimmt ins Schwitzen, weil sie so gern demonstrieren möchten, sie könnten irgendetwas besser als andere. Das ist aber nicht der Fall.

Krüger: Ich habe tatsächlich nachgefragt, sowohl zu der hauseigenen Benchmark als auch zu dem Fonds. Doch die Antwort der Warburg Bank war nur ein Ablenkungsmanöver: »Wir sind von der Bafin dazu gesetzlich verpflichtet, dem Kunden einen Vergleichsindex zu stellen, damit er sich orientieren kann, wenn er seine Performance nach Hause geschickt bekommt, ob das objektiv eine gute oder schlechte Arbeit war, die das Portfolio gemacht hat. Diese Benchmark richtet sich nach der Risikoneigung des Kunden. Das heißt, hat der Kunde die Risikoneigung ausgewogen, dann hat die Benchmark einen Rentenanteil von 65 Prozent und einen Aktienanteil von 35 Prozent. Das ist so vorgegeben.« Ist es das wirklich? Mal abgesehen davon, dass diese Antwort nichts erklärt zu dem Widerspruch zwischen der Benchmark und dem Modellportfolio und zu der Minderleistung des Fonds Advisor Global.

Schmidt: Ich halte das für Makulatur. Was nämlich ist bei der Rolle der BaFin wichtig? Die Bundesanstalt für Finanzdienstleistungsaufsicht achtet darauf, dass der Kunde versteht, welche Risiken er eingeht. Unter diesen Satz kann man die ganze Aufklärung, die ganze Beratung und die ganze Kontrollpflicht fassen. Es geht am Ende nur darum: Welche Risiken trägt der Kunde? Hat der Kunde verstanden, welche Kosten in seiner Geldanlage stecken? Es geht demnach um Aufklärung und um Transparenz. Um mehr geht es nicht. Die Kunden können selbstverständlich auch höchst risikoreiche derivative Geschäfte machen, wenn sie verstehen, was sie tun, und die Kosten kennen, die dahinterstecken. Deshalb ist es mehr als fragwürdig zu behaupten, dass die Struktur der Benchmark vorgegeben sei. Die ist vollkommen frei. Aus diesem Grund behaupten ja gerade die verschiedenen Vermögensverwalter, kleine wie große, oder Fondsgesellschaften immer im eigenen Interesse, dass sie die tollsten, schönsten und besten seien. Das können sie auch, weil schlicht und ergreifend die Vergleichbarkeit fehlt. Doch bei den meisten sogenannten Experten ist das nicht der Fall, dass sie die schönsten und besten sind. Das Ratingunternehmen Morningstar hat beispielsweise vor kurzem Professor Max Otte wegen seiner schlechten Performance im Max Otte Vermögensbildungsfonds AMI P an die Wand genagelt.[46] Auch Ottes Fonds PI Global Value kommt bei Morningstar schlecht weg.[47] Stefan Riße, ein bekannter Börsenjournalist, der immer noch als Kapitalmarktexperte gehandelt wird, ist mit seinem Fonds auf die Nase gefallen.[48] Dirk Müller hat bei seinem Fonds, dem Dirk Müller Premium Aktien Fonds, eine schlechtere Performance als der MSCI World.[49] Der MSCI World hat einen Wertverlust von minus 5 Prozent und Müller von minus 7 Prozent. Alle behaupten, sie können irgendwie den Markt schlagen. Dabei können sie das nicht. Müller argumentiert in diesem Zusammenhang fachlich mehr als fragwürdig. Das kann man auf seinem XING-Profil nachlesen. Denn er behauptet, dass sein Fonds besser sei als der DAX und der EURO STOXX auf Sicht von 14 Monaten. Sein Fonds investiert zu 54 Prozent in den USA. Deshalb ist es fachlich schwach von ihm, die Performance seines Fonds auf den DAX als Messgröße zu beziehen, bei einem Investitionsanteil von 54 Prozent in den USA. Zweifellos sind die großen Spieler im Markt wie Warren Buffett oder George Soros so groß, dass die natürlich Treffer landen wegen der Strahlkraft ihres Namens. Wenn Sie Warren Buffett wären und Sie brächten die Meldung heraus, dass Sie sich an der Münchner Rück beteiligen, einer der weltweit führenden Rückversicherungsgesellschaften. In dem Fall ist doch vollkommen klar, was mit dem Aktienkurs der Münchner Rück passiert. Der schießt nach oben aufgrund der psychologischen Wirkung des Namens. Trotzdem kann die Einschätzung des Marktes selbst bei so großen Spielern beliebig sein.

Das zeigt ihr gegensätzlicher Blick auf den Elektronikkonzern Apple. Der eine, Buffett, kauft Apple, der andere, nämlich Soros, rät davon ab. Irgendeiner wird nun richtigliegen, und sicher werden sich viele Anhänger der beiden ihrer persönlichen Autorität anpassen und kaufen oder verkaufen. Das veranschaulicht erst recht, wie wenig Märkte prognostizierbar sind. Das Ganze findet auch im kleinen Maßstab statt, wenn sich ein Dirk Müller zur Börse äußert. Natürlich hört man auf diese Leute, obwohl der Kapitalmarkt nicht vorhersehbar ist. Und viele hängen sich dann an die Empfehlungen dieser Weisheitenverbreiter. Das muss nicht immer global und weltumspannend sein. Das kann auch mal nur eine einzelne Aktie betreffen. Je weltumspannender allerdings diese Weisheiten sind, desto leichter wird einer dieser Propheten zum Helden. Dennoch wird speziell wegen der ganzen Unwägbarkeiten niemand an die Wand genagelt, bei dem die Prophezeiungen nicht stimmen. Das Risiko eines Irrtums ist demnach sehr gering. Das ist in keiner anderen Branche so auffallend wie in der Finanzindustrie. Wir reden hier über eine nicht exakte Wissenschaft, bei der jede Meinung und jede Argumentation zulässig ist. Am Ende zeigt nur die Zukunft, wer recht hat. Wenn die Zukunft zeigt, wer nicht recht hatte, können sich diese Experten bequem herausreden.

Das betrifft auch die beiden jungen Betriebswirte und Autoren Matthias Weik und Marc Friedrich, die prognostiziert haben, der Crash sei die Lösung. Sie sagen nicht, wann der große Crash kommen wird. Sie sagen nur mit den üblichen Argumenten, warum er kommen muss. Die Finanzwirtschaft sei nach dem Zusammenbruch der Lehman Bank nicht reformiert worden. Obendrein würden die Staaten immer noch hemmungslos Schulden machen. Die Politik sei einfach unfähig, mit Geld umzugehen. Deshalb hätten die Notenbanken beschützt von der Politik den Finanzmarkt mit billigem Geld geflutet, um die Finanzindustrie am Leben zu erhalten. So habe man sich aber bis zum Zusammenbruch nur Zeit erkauft. Denn auf Dauer könne man sich nicht auf ein System stützen, indem man Schulden mit Schulden erkaufe. Allerdings können die beiden Autoren den konkreten Auslöser auch nicht benennen. Es könnte das Schattenbankensystem in China sein oder die Staatsverschuldung in Japan. Oder die Jugend, die zum Beispiel in Spanien rebelliert, weil sie eine Arbeitslosigkeit von über 50 Prozent nicht mehr mitmachen will. Oder die Blase der Staatsanleihen platzt. Das sei ohnehin die größte Blase, die im Moment vorhanden sei. Die globalisierte Welt sei derart komplex, deshalb könne es die verschiedensten Auslöser geben. Denn schon aus mathematischer Sicht habe der Schuldenkapitalismus keine Zukunft. Die beiden Autoren sagen aber auch, dass der Zusammenbruch umso schmerzhafter für die Allgemeinheit sein werde, je länger die Zeit bis zum Crash dauern werde.

Ich will nicht behaupten, dass das alles Unsinn ist, was sie sagen. Keineswegs. Zudem ist ihr verkäuferischer Trick dabei durchaus geschickt. Weik und Friedrich ordnen nämlich dem Crash eine schöpferische Kraft zu. Er sei die Lösung des Schuldenkapitalismus und könne unser Geldsystem wieder reinigen. Damit kombinieren sie das Moment der Angst vor dem Crash mit der Hoffnung auf bessere Zeiten, die der Crash ermöglicht. Diese Kombination aus Angst und Hoffnung lässt sich gut verkaufen. Was aber, wenn in den nächsten 15 Jahren der Crash nicht eintritt? Dann könnte man spöttisch sein und sagen: Die Lösung ist nicht eingetreten. Das Geldsystem hat keine Reinigung erfahren, und der Abstand zwischen Arm und Reich bleibt bestehen. Gleichzeitig könnten sich die beiden Autoren herausreden, nach dem Muster: Tja, an der und der Stelle habe es das und das Ereignis nicht gegeben. Die spanische Jugend zum Beispiel habe immer noch nicht rebelliert. Und deswegen sei der Crash noch nicht eingetreten. Aber er wurde ja nur hinausgezögert, und in den nächsten fünf Jahren wird er bestimmt passieren. Das heißt, diese beiden Betriebswirte sind auch nur von ihren persönlichen Interessen getrieben. Zu diesem Zweck nutzen sie für sich das nicht berechenbare Wesen des Marktes und verkaufen ihren Anhängern Tipps, wie sie ihr Vermögen bis zum Zusammenbruch noch sichern in den nächsten fünf, zehn oder 20 Jahren. Irgendwann wird der Crash schon kommen.

Krüger: Unabhängig von der Frage der Beeinflussbarkeit von Märkten: Wird sich mit der Digitalisierung der Banken an diesem ganzen Vertriebssystem irgendetwas ändern?

Schmidt: Im Kern ist die Digitalisierung begründet durch den aufgeblähten Apparat, den die Banken und Sparkassen aufgebaut haben. Natürlich hängt das auch mit der Niedrigzinsphase zusammen. Für die Banken ist eine Kostensituation entstanden, die für viele nicht mehr tragbar ist. In einer normalen Zinsstruktur, wie wir sie mal hatten, war dieser aufgeblähte Apparat ja noch tragbar. Jetzt brechen die Erträge aufgrund der Niedrigzinsphase weg. Der Abstand zwischen ihren Zinseinnahmen, die sie für Kredite und eigene Geldanlagen erhalten, und jenen Zinsen, die sie ihren Kunden für Spareinlagen zahlen, wird immer geringer. Er beträgt Stand Juli 2016 nur noch 1,1 Prozentpunkte. Damit sinken die Zinsmargen und folglich die Erträge. Auf der anderen Seite fehlen den Banken die Ausgleichsmöglichkeiten, die fehlenden Erträge zu kompensieren. Das geht sicherlich ein Stück weit über das Wertpapiergeschäft, also das provisionsgetriebene Anlagegeschäft. Das reicht aber nicht. Deshalb müssen jetzt Personal abgebaut und Filialen geschlossen werden, um den Kostenblock zu senken. Der Versuch der Banken, dem Trend der Digitalisierung hinterherzulaufen, ist pure Verzweiflung. Für mich ist das Bankensterben nur noch eine Frage der Zeit. Man kann diesen Prozess ruhig mit der Stahlindustrie der 90er-Jahre vergleichen.

Krüger: Muss ich als Kunde die Banken aufgrund meiner Probleme, eine ergiebige Altersvorsorge zu finden, bemitleiden?

Schmidt: Das müssen Sie nicht. Im Gegenteil. Die Frage ist nur: Wie positioniert man sich als Kunde? Denn der Punkt ist, dass viele Banken wie auch Sparkassen angefangen haben, Kontoführungsgebühren wieder einzuführen. Das heißt, man wird an dieser Preisschraube drehen. Die GLS Bank hat sogar einen Solidarbeitrag eingeführt. Dabei bittet die GLS Bank die Kunden mit einem Jahresbeitrag zur Kasse, damit sie Kunden der GLS Bank bleiben dürfen. Das ist möglich, weil sie ein grünes Image haben, und mit diesem Image verbindet sich eine Art Clubgedanke. Andere Banken drehen an anderen Gebührenschrauben. Das heißt, die Kosten müssen runter und die Provisionen müssen rauf. Das heißt, sie müssen dem Kunden erst recht jene Anlagen vorenthalten, die den

Banken nichts oder zu wenig einbringen. In diese Situation haben sich die Banken selbst gebracht durch ihren aufgeblähten Apparat und durch die außerordentlich hohen Gehälter. Im Bankenbereich sechsstellig zu verdienen, ist überhaupt keine große Kunst gewesen. Das Gehaltsgefüge dort hat sich vollkommen entkoppelt von der realen Wirtschaft. Wenn ein Diplom-Ingenieur im Maschinenbau im Schnitt in Schleswig-Holstein 67.000 Euro verdient – in anderen Bundesländern kommt er vielleicht auf 72.000 oder 73.000 Euro –, dann stimmt im Bankenbereich die Verhältnismäßigkeit dazu nicht mehr. Ich habe Kollegen und Vorgesetzte um mich herum gehabt, die jenseits der 150.000 und 200.000 Euro verdient haben. Das sind Preise, und wir reden an dieser Stelle immer noch nicht vom Investment-Banking, bei dem man als Team- oder Gruppenleiter schnell auf 300.000 oder 500.000 Euro Jahresgehalt gekommen ist. Als die Banken noch fett verdient haben, konnte man das durchziehen. Jetzt ist die Situation anders und die Not groß. Die Leute dort haben richtig Angst.

Krüger: Muss ich daraus schließen, dass der Produktverkauf noch einmal radikalisiert oder zumindest intensiviert wird?

Schmidt: Das müssen Sie. Der Provisionsvertrieb muss deshalb noch einmal zunehmen. Die Holgeschäftspraxis wird weiter intensiviert. Das liegt in der Natur der Sache, weil die Banken nur in zwei Bereichen Geld verdienen. Der eine Bereich ist das klassische Zinsgeschäft, Zinsen auf Einlagen und Sparbuch und Zinsen für den Geldverleih. Das ist das Zinsdifferenzgeschäft, und das ist klassisches Bankgeschäft. Der zweite Bereich ist das Provisionsgeschäft. Darunter kann man alles zusammenfassen, wofür die Bank eine Dienstleistung erbringt und dafür eine Provision erhält. Sei es von einem Produktanbieter, einem Investmentfonds, einer Lebensversicherung oder einem Bausparvertrag. Oder sei es durch hausgemachte Provisionen, indem die Banken die Gebühren für Kontozweitschriften anziehen, indem sie die Gebühren für Girokonten anziehen, oder indem sie die Gebühren für das Geldabheben am Automaten anziehen. Zusätzlich machen viele Banken und Sparkassen Immobilienvermittlung. Dort werden sie den Prozentsatz der Vermittlungsprovision erhöhen. Die Not der Banken wächst. Wenn aber die Banken diese Not nicht untereinander austragen, sondern auf den Kunden abwälzen, ist der Kunde der Dumme. Der Kunde kann sich dieser Abwälzung der Not nicht so leicht entziehen. Das ist in anderen Branchen anders. Wenn Aldi seine Preise verdoppelt, werden viele Kunden zu einem anderen Discounter gehen. Vielleicht zu Lidl oder Metro. Dagegen sind die Banken nicht so einfach zu wechseln. Damit meine ich, dass man zwar die Bank wechseln kann, aber es erwartet den Kunden überall das gleiche Geschäftsmodell. Man kommt vom Regen in die Traufe.

Krüger: Heißt das nicht auch, dass die Verlogenheit unter den Banken zunehmen wird? Auf der einen Seite lehnt eine Bank die Kreditvergabe an kreditunwürdige Kunden wie zum Beispiel alte Menschen kompromisslos ab. Auf der anderen Seite wollen die Banken trotzdem an deren Geld heran, indem sie ihnen ein Produkt verkaufen. Oder sie knüpfen die Kreditvergabe an den Kauf von Produkten, so wie mancher Arzt heutzutage eine Behandlung eines Patienten vom Kauf von zusätzlichen IGeL-Leistungen abhängig macht. Ich nenne das verlogen.

Schmidt: Das kann man so sehen. Was unbestritten zutrifft, ist die wachsende Unehrlichkeit. Niemand wagt in der Branche, Klartext zu sprechen. Die ganzen Banker und Finanzdienstleister können sich nicht infrage stellen. Wer von ihnen würde denn ehrlich zugeben, dass er nur vom Verkauf lebt und den Kunden am Ende dorthin bringen muss, weil er sonst nicht leben kann? Wer würde das denn tun? Nicht ein Einziger. Alle sagen sie, ich bin ein guter Berater. Ich empfehle, ich berate, ich betreue, meine Kunden sind bei mir gut aufgehoben, und so weiter. Keiner sagt, wenn ich drei Stunden mit dem Kunden zusammensitze, muss am Ende auch ein Produkt über den Tisch gehen. Ich muss ja verdienen. Deswegen ist die Wahrscheinlichkeit viel höher, dass man eine bessere und wirkliche Beratung bei einem provisionsunabhängigen Berater bekommt. In der üblichen Verteidigungsrhetorik heißt es dann: Ja, ein Automobilverkäufer verkauft doch auch Produkte. Das tut er zweifellos, und das ist auch gut so. Aber der Verkauf eines Finanzproduktes, das keinerlei haptische oder visuelle Reize bedient, kann eine ganz andere langfristige toxische Wirkung entfalten als der Verkauf eines Gebrauchtwagens oder eines Neuwagens. Der Kunde hat aber seinem Berater vertraut. Aufgrund seiner traditionellen Autorität sagt sich der Kunde: Der wird es schon wissen. Aber das böse Erwachen kommt erst 20 Jahre später, und man stellt fest, oh, verdammt, das war der falsche Weg. Dann ist nichts mehr zu retten. Das heißt, immer dort, wo die Verkaufsinteressen im Vordergrund stehen, weil der Berater anders nicht leben kann.

Welcher Banker gibt sich an den niedrigen Zinsen die Mitschuld? Stellt sich der Ackermann, der Ex-Chef der Deutschen Bank, hin und sagt, wir haben Fehler gemacht? Nein.

Zu dieser Unehrlichkeit passt auch das Gejammer über die Niedrigzinspolitik der EZB. Dabei ist die Geldpolitik von Mario Draghi eine Spätfolge der Finanzkrise. Das blenden die Banker vollkommen aus und schimpfen auf Draghi. Welcher Banker aber spricht noch darüber, dass sie durch die Staaten mit Steuergeldern gestützt wurden, sodass aus der Finanzkrise eine Staatsschuldenkrise folgte? Welcher Banker spricht denn noch über die Vertriebsexzesse der Banken? Welcher Banker spricht noch vom Sturz der Lehman Bank und deren Zertifikate?

Krüger: Wenn die Banken nun ins Netz abwandern oder die Fintechs den Banken immer mehr Konkurrenz machen, wird sich die Produktvermittlung anonymisieren?

Schmidt: Man wird versuchen, die Produktvermittlung zu anonymisieren und zum Beispiel sogenannte Robo-Advisories einsetzen, also Geldanlageroboter. Darüber hinaus werden die Banken vergleichbar den verschiedenen Fintechs, den modernen Finanzdienstleistungen im Internet, kostengünstige Modelle anbieten. Dabei wird der Faktor Mensch möglichst reduziert. Der wird daraufhin hauptsächlich noch im vermögenden Bereich vorhanden sein.

Krüger: Heißt das für mich, dass die Produkte dann besser werden?

Schmidt: Nein. Das hat mit den Produkten überhaupt nichts zu tun.

Krüger: Das heißt also, wenn die Banken sich digitalisieren, beziehe ich als Verbraucher meinen Fondssparplan, meine Rürup-Rente, meine Konsortialversicherung, meinen Indexsparplan, meine Rentenversicherung oder meine Fondspolice, über die ich meine Altersvorsorge aufbaue, über das Netz.

Schmidt: Das könnten Sie machen.

Krüger: Was ändert sich dadurch?

Schmidt: Produkttechnisch nichts. Das ist ausgereizt. Die Finanzindustrie ist auf der Produktseite mit ihrem Latein am Ende.

Krüger: Das heißt, das Produkt, das ich vorher über einen persönlichen Berater bezogen habe wie bei der Commerzbank oder der Deutschen Bank, bleibt gleich schlecht.

Schmidt: Aus meiner Sicht ist das so. Wenn die Bank versucht, Prozesse zu verändern, indem sie ins Netz abwandert, Personal abbaut und Filialen schließt, bleiben die Produkte davon unberührt.

Krüger: Das heißt also, die Einsparungen, die die Banken durch die Digitalisierung erzielen wollen, finden nicht zu meinen Gunsten statt.

Schmidt: Die Fintechs mit ihrem Robo-Advisor sind schlicht und ergreifend der Versuch, ein monetäres Perpetuum mobile aufzubauen. Das tun sie, indem sie, ähnlich wie ein Fondsmanager einer Bank oder ein Vermögensverwalter, den Menschen suggerieren, dass durch Algorithmen des Computers auf Basis einer technischen Analyse Kauf- und Verkaufsentscheidungen getroffen werden, die am Ende einen Markt schlagen sollen und können. Dafür nehmen die Fintechs ein halbes Prozent auf das Volumen des Kunden. Die Fintechs arbeiten mit gleitenden Durchschnitten, wie die Analysten an der Börse. Dort führen die Fachleute die Analyse mithilfe von Tageslinien durch – zum Beispiel 200-Tageslinien. Es gibt aber auch 38-Tageslinien. Sie werden bei der Analyse ermittelt, indem die Analysten für jeden Tag das arithmetische Mittel der Schlusskurse der vergangenen 200 Handelstage berechnen und anschließend die einzelnen Durchschnittskurse miteinander verbinden. Diese Linie beschreibt einen gleitenden Durchschnitt. Wenn ein Aktientitel die gleitende 200-Tageslinie durchbricht, zum Beispiel nach unten, dann ist das ein Verkaufssignal. Im umgekehrten Fall ist das ein Kaufsignal. Die Fintechs machen das ähnlich mit relativ kleinem Aufwand. Das heißt, wenn diese Computermodelle einmal funktionieren, ist das kein Aufwand mehr. Es werden sämtliche Kundenportfolios gleichzeitig behandelt. Wenn diese Modelle einmal stehen, ist ein Fintech nur noch eine Geldsammelmaschine. Für diese Abwicklung reichen zwei oder drei Rechner und fünf oder sechs Leute, die das kontrollieren. Auf das eingesammelte Volumen berechnen die Betreiber eine Jahresgebühr von 0,4 oder 0,5 Prozent. Die muss gar nicht so hoch sein wie bei einem Vermögensverwalter. Rechnen wir mal aus 0,5 Prozent pro Jahr auf 20, 50 oder auf 100 Millionen, da kommt schon viel Geld zusammen. Das ist das Geschäftsmodell der Fintechs. Natürlich gibt es auch Fintechs, die noch andere Funktionen haben, wie Vaamo zum Beispiel. Die haben auch eine Sparplanfunktion. Aber wegen der Verbreitung der Illusion, den Markt schlagen zu können, ist das Geschäftsmodell der Fintechs auch nicht zum Vorteil des Kunden.

Krüger: Nicht zum Vorteil des Kunden?

Exkurs

Das überprüfe ich, während ich das Buch schreibe und das Interview mit Schmidt zu Papier bringe, mit einer Stichprobe bei einem der bekanntesten Fintechs, dem Internetvertrieb Fairr, bedacht mit dem Titel Website des Jahres 2015. Dabei bestätigt sich Schmidts Einschätzung. Als Vertriebsmaschine der Sutor Bank wiederholt Fairr bei ihrem Produktverkauf die gleichen Mängel wie bei einer stationären Bank, wie bei einem Finanzstrukturvertrieb oder wie bei einem Makler: Es gibt kaum Transparenz, die Kosten der Produkte sind nicht nachvollziehbar und die Anlageportfolios stellen größtenteils willkürliche Fertigmenüs dar. Obgleich es hier auch komplexere Portfolios zu kaufen gibt, an deren Zusammenstellung ich mich als Kunde beteiligen darf. Doch wie erwartet, lässt sich meine Rentenlücke mit den Fairr-Produkten nicht befriedigend verkleinern. Zwei Produkte kämen für mich als Selbstständiger mit meinen üblichen Ansparkonditionen von 400 Euro monatlich über 20 Jahre infrage: Erstens die Fairrflex-Rente und zweitens die Fairrürup-Rente. Das erste Produkt ist ein Riester-Ableger für Selbstständige. Die üblichen, aber eher unwahrscheinlichen 8 Prozent Rendite bräuchte ich für eine Kapitalansammlung von 208.351 Euro, aus der sich eine monatliche Verrentung von 876 Euro ableiten soll. Die scheinen einen großzügigen Rentenfaktor von 42 Euro zu verwenden. Wie sie auf den kommen, lässt sich für mich nicht ermitteln. Das sind immerhin 10 Euro mehr als der garantierte Rentenfaktor der Produkte der Deutschen Bank. Bei wesentlich realistischeren 4 Prozent Rendite kommt es zu einer Kapitalansammlung von 134.121 Euro mit einer monatlichen Rente von 564 Euro. Das Anlageportfolio scheint anspruchsvoll gestaltet zu sein bei einem hohen Aktienanteil von 76 Prozent. Zumindest zu Beginn der Vertragslaufzeit. Je mehr die Restlaufzeit meines Riester-Depots abnimmt, desto mehr wird der Anteil an Anleihen Stück für Stück erhöht. Doch schon an dieser Stelle beginnen die offenen Fragen: Warum fangen die Portfoliomanager der Sutor Bank mit 76 Prozent als Aktienanteil an und nicht mit 60? Kein Kommentar. Dabei frage ich mich, ob die Sutor Bank überhaupt der alleinige Produktgestalter ist. Denn die Versicherung My Life ist Fairrs zusätzlicher Vermittlungspartner im Falle der Riester-Rentenversicherung. Wer auch immer welche Rolle bei der Produktgestaltung spielt, unklar ist eines auf jeden Fall: Aufgrund welcher welt- oder volkswirtschaftlichen Zusammenhänge nehmen die Portfoliomanager diese Anlageaufteilung vor? Das erschließt sich mir nicht. Oder soll ich sagen *Allokation*? Ich übernehme diesen Begriff sinnigerweise mal von den Warburgern. Es kann schon sein, dass ich diese Zusammenhänge auch nicht verstehen würde, aber ich will wenigstens Zugriff auf eine Erklärung dafür haben. Stattdessen werde ich mit Allgemeinplätzen abgespeist. Die Anlagestruktur der Riester-Portfolios sei unter Berücksichtigung von Risiko- und Renditeaspekten gestaltet worden. Aha, und wie interpretieren die Portfoliomanager diese Risiko- und Renditeaspekte? Keine Information. Nur zahllose Phrasen wie: In guten wie in schlechten Zeiten muss man investiert bleiben. Darin liegt der Schlüssel für den langfristigen Vermögensaufbau. Fairrs Anlagephilosophie denkt immer in ganzheitlichen Portfolios, die Rendite und Risiken sorgfältig ausbalancieren. Vermögen entsteht aus Investition und nicht aus Spekulation. Risiken und Renditen sind untrennbar miteinander verbunden. Erfolgreiche Diversifikationen ergeben sich aus der Kombination von Wissenschaft und Kompetenz. Vermögen entsteht durch Geduld und nicht durch spekulative Hektik. Und so weiter und so weiter. So kann ich die Portfolio-Gestaltung nicht durchschauen. Warum zum Beispiel sind die Aktienfonds Dimensional Global Core Equity und Dimensional European Small Companies Teil der Anlagestruktur? Ich weiß es nicht. Warum sind es die Anleihen C.-iBOXX EO L.S.D.10-15T.U.ETF I und Deka iB.EO L.Sov.D.3-5 U.ETF? Keine Ahnung. Dabei ist auch nicht erklärt, warum die erste Anleihe zehn bis 15 Jahre und die zweite nur drei bis fünf Jahre Teil der Anlage sein soll. Kein Wunder: Fairr will laut den allgemeinen Vertragsbedingungen gar keine Beratungsleistungen erbringen. Ich habe mich entweder selbst zu informieren oder ich bekomme einen Kontakt zu einem Honorarberater vermittelt. Hierbei kooperiert Fairr mit den Interessenverbänden dieser Branche. Wozu brauche ich dann aber Fairr? Ich kann auch gleich zu einem Honorarberater gehen, wie zum Beispiel zu Schmidt.

Ich würde mich sogar selbst informieren, wenn mich alles andere überzeugen würde.

Dafür aber verschleiert Fairr die Kosten, aber viel zu aufwendig. Schon die Verwaltungs- und Vertriebskosten sind nicht transparent. Wie kann ich unterscheiden zwischen den Vertriebskosten, also die Provision, die Fairr von der Sutor Bank für ihre Vermittlerdienste erhält, und den Verwaltungskosten, die die Sutor Bank kassiert? Ein Blick in die allgemeinen Vertragsbedingungen ergibt, wie viel Provision Fairr je nach Depotvolumen von der

Sutor Bank einstreicht. Wie aber wirken sich diese Vergütungen an Fairr auf meine Kapitalansammlung aus? Werden diese Kosten von der Sutor Bank an mich weitergegeben? Auch bei den Kontoführungs- und Depotgebühren sind mir die Auswirkungen nicht klar. 537,75 Euro soll ich jährlich zahlen. Hat das Einfluss auf die Verzinsung? Die Effektivkostenquote gibt Fairr mit 0,81 Prozent an. Ich kann aber aus diesen angegebenen Kosten die Kapitalansammlung von 208.351 Euro nicht ermitteln. Wenn ich das mit dem BVI-Rechner nachrechne, kommt ein anderes Ergebnis heraus: 227.375 Euro. Zudem gibt es nicht nur Kosten in der Ansparphase, sondern auch in der Auszahlungsphase. Dazu finde ich bei Fairr jedoch kein Wort. Am besten wäre es, es gäbe eine Verlaufstabelle, der ich entnehmen kann, wann welche Kosten in welcher Höhe meine Beiträge und die spätere Verrentung belasten. Eine derartige Aufstellung fehlt.

Genauso wenig bereitet jemand tabellarisch auf, wie sich das Guthaben über die Jahre entwickelt. Warum ist nicht anhand einer Beispielrechnung ausgewiesen, wie die Kapitalansammlung vor und nach den Kosten bei der Renditeannahme konkret aussieht? Fairr behauptet: »Alle Kosten werden im Endergebnis abgezogen.« Auf meine Frage, wie die Rechnung jeweils vor und nach den Kosten aussieht, verweisen mich die Fairr-Leute auf den Gebührenrechner. Eine Beispielrechnung wollen sie mir dafür nicht zukommen lassen. »Haben Sie bitte Verständnis dafür, dass wir das in dieser Form nicht leisten können«, lautet die fadenscheinige Begründung. Dazu führen die Fairr-Leute immer wieder die Effektivkostenquote ins Rechtfertigungsfeld. »Bei uns enthält die Effektivkostenquote alle Kostenbestandteile, die im Fairrflex anfallen. Alle Kostenbestandteile werden Ihnen hier sehr transparent und eindeutig erklärt und ausgewiesen.« Werden sie aber nicht aus meiner Sicht. Zumindest kann ich das nicht erkennen. Deshalb halte ich den Hinweis auch nicht für glaubwürdig, genauso wenig die Rechnungen für die Kapitalansammlung.

Wer nun recht hat oder nicht, spielt wahrscheinlich keine Rolle mehr, wie Schmidt bereits gesagt hat.

Wenn das Produkt nicht deutlich erklärt wird, ist es unerheblich, ob es gut oder schlecht ist. Transparenz fehlt ja nicht aus Versehen, sondern die mangelnde Durchschaubarkeit ist höchstwahrscheinlich gewollt.

Teil dieser Unklarheit ist auch die durchaus geschickte Art, mit der die Macher von Fairr ihr Riester-Produkt gegenüber vergleichbaren Riester-Verträgen der Konkurrenz aufwerten. 36.247 Euro soll ich angeblich bei der Fairrflex-Rente sparen. Ist das überprüfbar? Fairr sagt Ja. Ich solle mich zu diesem Zweck an das Institut für Transparenz wenden. Vom Institutschef Dr. Mark Ortmann gebe es eine Studie über »Kostenbegrenzung für zertifizierte Altersvorsorge- und Basisrentenverträge«. Doch was zählt der Verweis auf diese Vergleichsstudie über Riester-Verträge aus der gleichen Chance-Risiko-Klasse, wenn ich die Kosten und den Ertrag bei diesem Fairrflex-Produkt nicht aufeinander beziehen kann?

Das gleiche Muster läuft auch bei dem zweiten Produkt ab, der Fairrrürup-Rente. Es gibt ähnliche Kapitalerträge von 208.000 Euro oder 203.000 Euro mit Effektivkosten von 0,76 oder 0,97 Prozent, je nach Auswahl des Portfoliotyps. Bei diesem Produkt darf ich als Kunde bei der Gestaltung des Portfolios mitwirken. Zunächst darf ich zwischen verschiedenen Portfolio-Typen wählen. Es gibt ein ETF-Portfolio, ein Dimensional Portfolio, den ARERO Weltfonds und ich darf mir selbstständig Fonds für mein Portfolio aussuchen. Für eine derart eigenständige Fondsauswahl bin ich aber noch nicht qualifiziert. Auch der Aktienanteil ist beim ETF- und Dimensional-Portfolio frei wählbar. Von 0 bis 100 Prozent ist alles möglich. Auch dafür bin ich zum jetzigen Zeitpunkt noch nicht kompetent genug, um beurteilen zu können, zu welchen Anteilen ich Aktien und Anleihen kombinieren müsste. Dazu müsste ich etwas von strategischer und taktischer Allokation wissen, so wie es die Warburger möglicherweise können. Selbst die Auswahl der Anlageklassen für das Portfolio kann ich noch nicht einschätzen. Egal, ob es nun um die Indexfonds geht, wie Lyxor ETF MSCI EMU Small Cap, Amundi ETF MSCI World und Amundi ETF MSCI Emerging Markets oder um die Anleihe ComStage iBOXX EUR Liquid Sovereigns Diversified 1-3 TR UCITS ETF. Ich werde mich erst informieren müssen, um zu ermitteln, warum die Produktgestalter ausgerechnet jene ETFs gewählt haben. Fairr wird es mir nicht sagen, sondern mich an die Sutor Bank verweisen. Doch wenn ich das alles beurteilen kann, was ich auch möchte, brauche ich Vertriebsstationen wie Fairr nicht mehr, sondern kann alles selbst organisieren. Demnach zeigen Fintechs wie Fairr, dass der Landesbanker Peter Thomas richtig liegt: Die Digitalisierung ist nur ein Austausch des Verteilungskanals. In der Anonymität dieses Verteilungskanals sieht auch Alexander Schmidt generell das Problem der Rentenorganisation per Mausklick: »Ich glaube, die Fintechs mit ihren anonymen Robo-Advisories und ihren Chat-Programmen werden eines nicht umwälzen können. Finanzen sind ein People's Business mit einem direkten zwischenmenschlichen Kontakt. Viele Verbraucher brauchen einfach eine persönliche Beratung und wollen auch beraten werden.«

Aber ich entdecke auch Fintechs wie A.IX Capital, dessen Geschäftsmodell mich teilweise an Kurevic erinnert. Diese Plattform ist nicht für das Massengeschäft, sondern es stellt einen Sonderweg dar für Selbstentscheider und aufgeklärte Kunden. Dieser Sonderweg ist das Active Indexing, eine Zwitterlösung in Gestalt des Fonds-Konstrukts A.IX Faktor Fonds. Dabei passen die Computerprogramme das auf Indexfonds basierende Investment an die jeweilige Marktlage an. Bei einem positiven Trend investiert A.IX Capital in Aktien, bei negativem Trend in Anleihen oder in Geldmarkt. Folglich kann der Aktienanteil zwischen 0 und 100 Prozent variieren. Der Computer hat angeblich mehr Titel im Blick als menschliche Investoren. Deswegen kann ich breiter diversifiziert investieren. Vor allem aber kennt der Computer keine Launen und keine Tagesformschwankungen. Er bleibt stattdessen immer cool und lässt sich nicht von Emotionen leiten und verliert deswegen auch nicht die Nerven. Denn die meisten Privatinvestoren verkaufen zum falschen Zeitpunkt. Zudem ist der Robo-Advisor mit seinen Algorithmen unabhängig von Interessen. Anders gesagt: Die können und müssen keine Kompromisse machen. Das Ganze soll weniger Verluste in schlechten Jahren einbringen. Allerdings hat der Robo Advisor Grenzen mit seiner Trenderkenntnis und Trendfolge. Neues und Unwägbarkeiten können ihn genauso überraschen wie den Menschen. »Der Brexit hat die Börsen überrascht«, muss selbst der A.IX Capital-Gründer Fabian Braun eingestehen. »Trends waren nicht zu erkennen. Wegen der weltweiten Streuung waren die Verluste nicht so groß wie zum Beispiel beim DAX.«[50]

Die Ausschaltung des emotionalen Faktors klingt sehr nach Kurevic. Nur dass A.IX Capital ein anderes Anlageuniversum hat. Es investiert weltweit in Europa, Amerika, Asien und in Schwellenländer zu jeweils 25 Prozent. Beide Anbieter haben sich sicher etwas überlegt. Kurevic beruft sich auf die Gewohnheiten der deutschen Anleger. Für A.IX Capital sind das verschenkte Möglichkeiten, er stützt sich auf die wissenschaftlichen Forschungen um den Nobelpreisträger Eugene Fama. Danach gebe es Faktoren, die in der Vergangenheit langfristig zu einer überdurchschnittlichen Wertsteigerung von Aktien geführt haben. A.IX Faktor-Fonds nutzt vier der wissenschaftlich untersuchten Faktoren: 1. Unterbewertete Aktien, 2. Aktien mit positivem Trend, 3. Aktien mit geringen Kursschwankungen und 4. kleine, unterbewertete Aktien. Der A.IX Faktor-Fonds möchte dadurch höhere Renditen als die gängigen marktkapitalisierungsgewichteten Aktienindizes erwirtschaften.

Doch wer hat nun recht? Welches Anlageuniversum ist das richtige? In der Finanzindustrie scheint es nicht nur bei der Frage aktiver oder passiver Fonds einen Glaubenskrieg zu geben. Auch das Anlageuniversum scheint dazu zu gehören. Als Kunde kann ich das kaum beurteilen. Muss ich demnach dem vertrauen, der das beste Marketing hat? Es sei denn, ich werde selbst zum Experten.

Diese Frage stelle ich wieder meinem Interviewpartner Schmidt. Allerdings muss ich zugeben, dass sich nach meiner Ansicht der Gedanke von der aktiven Indexfondsgestaltung mit dem deckt, was ich bisher gelernt habe. Ich persönlich ziehe aber den Menschen vor. Fragt sich nur, was ein Mensch besser kann als ein Algorithmus. Für Schmidt gibt es da keine Zweifel.

Schmidt: Der Mensch kann einem Kunden die Anlageklassen erklären und wie das Portfolio zusammengesetzt sein sollte. Er kümmert sich demnach um die Struktur des Portfolios. Er erklärt also das Wie und das Was und bei Bedarf auch das Wann. Dagegen leistet der Computer vor allem nicht das Wie und das Was. Der Robo-Advisor ist fast nur Timing. Wann wird was gekauft oder verkauft, vor allem im Aktienbereich. Dabei versucht der Robo-Advisor durch quantitative Ansätze durch Trendfolgemodelle und Chartanalysen, den Kunden einen Hinweis zu geben, wann gekauft oder verkauft wird. Dabei gilt das Gleiche wie bei den Menschen und deren Analysen: All diese Instrumente zur Klärung des richtigen Zeitpunktes sind Hilfskrücken beim Versuch, einen Markt zu schlagen. Es ist wie eine technische Analyse eines Börsianers oder Bankers, die nichts mit der fundamentalen Betrachtung einer Aktie zu tun hat. Der technische Analyst schaut überhaupt nicht danach, wie fundamental eine Aktie geht. Er schaut nicht nach dem Kurs-Gewinn-Verhältnis, er schaut nicht nach dem Kurs-Cashflow und so weiter. Er handelt rein nach Kursmustern aus der Vergangenheit. Der fundamentale Analyst dagegen schaut sich an, wie das Geschäftsmodell der Aktie und alle anderen qualitativen Daten rund um das Unternehmen lauten. Das ist auch sehr viel aufwendiger und verlangt nicht nur betriebswirtschaftliches, sondern auch volkswirtschaftliches Know-how. Ein Profi sollte beides einsetzen können. Wenn die technische Analyse mal funktioniert, so nicht deshalb, weil die Finanzindustrie so gut ist und etwas besser weiß, sondern weil Menschen sich wie Lemminge nach einem bestimmten Muster verhalten. Deswegen funktioniert manchmal auch antizyklisches Investieren.

Krüger: Nehmen wir einmal an, ich habe mich jetzt über all diese Dinge informiert, und ich kann beurteilen, was die zunehmende Digitalisierung für mich als Kunde bedeutet. Nehmen wir weiter an, ich kenne mich jetzt auch in den verschiedenen Anlageklassen aus. Nehmen wir folglich an, ich bin demnach in der Lage, mein eigener Bankmanager zu sein. Geht Ihr Weg der Geldanlage über die Kapitalmärkte nicht von der Voraussetzung aus, dass es keine Wachstumsgrenzen gibt? Sicher kann man sagen, dass der DAX um 1200 Prozent gestiegen ist, seitdem er 1988 aufgelegt wurde. Kein Golfkrieg, kein Fall der Mauer, kein 11. September, kein Bosnienkrieg, keine Pleite des amerikanischen Energiekonzerns Enron, keine Finanzkrise und auch keine Euro-Krise haben das als historische Unwägbarkeiten und globale Einflüsse verhindern können. Die Flüchtlingskrise hat das auch noch nicht geschafft. Diese Entwicklung mag den Befürwortern der Unternehmensbeteiligung recht geben. Kann ich aber mit Sicherheit sagen, dass es ständig so weitergeht?

Schmidt: Diese Frage lässt sich nicht sicher beantworten. Sie lässt sich aber auch nicht sicher verneinen. Ich weiß nicht, was es in fünf Jahren oder in zehn Jahren gibt, ich habe keine Ahnung. Aber von einer Tatsache kann man ausgehen: von dem Kernmerkmal einer Volkswirtschaft zu wachsen. So lange Unternehmen innovativ sind und sich Märkte erschließen, werden Aktienkurse steigen. Sie werden schwanken und zum Teil auch heftig schwanken. Das ändert aus meiner Sicht aber nichts an dem Kernmerkmal von Volkswirtschaften. Deswegen kommen auch immer wieder neue Industriezweige dazu. Vor zwanzig oder dreißig Jahren hat man noch nicht damit gerechnet, dass die Internetwirtschaft dazukommen wird.

Krüger: Was aber ist mit den ökologischen Grenzen?

Schmidt: Auch hier besteht die Möglichkeit, dass neue Technologien diese Grenzen überwinden können.

Krüger: Das sehen die Postwachstumsökonomen anders. Für sie ist die Schonung der Ökosphäre nicht möglich, wenn es gleichzeitig der Ökonomie gut gehen soll, Arbeitsplätze entstehen und neue Märkte erschlossen werden sollen. Nach den Aussagen der Postwachstumsökonomen seien alle Versuche gescheitert, über ökologische Effizienz einen Zuwachs des Bruttoinlandsproduktes ökologisch neutral hinzubekommen.[51] Obendrein sagen die Wachstumskritiker, dass alle Zinsgewinne, beispielsweise diejenigen, die ich mir durch meine Unternehmensanteile erhoffe, auf der anderen Seite erarbeitet werden müssen. Das lässt jedoch den Schluss zu, dass ich mit meiner Unternehmensbeteiligung zu einem Wachstumstreiber werde. Doch stößt dieser Wachstumszwang, an dem ich mit meinem Geld beteiligt bin, nicht immer mehr an die psychologischen Grenzen der Menschen? Diese Debatte gibt es seit mehreren Jahren. Das innere Wachstum kann mit dem Zwang zum äußeren Wachstum immer weniger mithalten. Aus diesem Grund ist die Depression die Volkskrankheit Nummer eins in unserer Hochleistungs- und Hochgeschwindigkeitsgesellschaft geworden.[52] Aus diesem Grund gleicht unsere Hochgeschwindigkeitsgesellschaft immer mehr einer Drogengesellschaft. Zu sehr hat die um sich greifende Überforderung bei vielen Menschen das Verlangen geweckt, mit pharmazeutischen Hilfsmitteln die Überforderung zu überwinden.[53]

Schmidt: Alle diese Entwicklungen will ich gar nicht bestreiten. Natürlich könnte ich auch an dieser Stelle sagen, dass die Volkswirtschaften neue Technologien entwickeln können, die die Arbeitswelt für den Menschen erleichtern würden. Zudem wird es sicher Verbesserungen bei der Verteilung und Verkürzung von Arbeit geben, die weitere Produktivitätsgewinne darstellen. Auch diese Debatten laufen sowohl unter Wirtschaftswissenschaftlern als auch unter Sozialwissenschaftlern. Letztendlich ist das auch eine ideologische Frage. Sicher ist aber, dass alle Prophezeiungen, die Marktwirtschaft würde untergehen, nicht eingetreten sind. Im Gegenteil. Der Marktwirtschaft oder dem Kapitalismus ist es immer wieder gelungen, sich zu erneuern und alle Krisen zu überwinden. Natürlich ist es möglich, dass es in 30 oder 50 Jahren der Automobilbranche ziemlich schlecht geht, weil das herkömmliche Auto mit seinem Verbrennungsmotor ersetzt wird durch das Elektroauto oder das selbstfahrende Auto. Aber dann werden andere Konzerne an die Stelle von VW, Mercedes oder BMW treten. Wer hat vor 30 Jahren daran gedacht, dass es einmal Google und Amazon geben wird. Auch der Bergbau ist verschwunden, ohne dass man es sich richtig hatte vorstellen können.

Wenn man davon ausgeht, dass wegen dieser Innovationsfähigkeit einer Marktwirtschaft die Wachstumsfähigkeit einer Volkswirtschaft weiter bestehen bleibt, muss jeder für sich entscheiden, ob er sich das zunutze machen will oder nicht. Dafür muss man wissen, wie der Finanzmarkt funktioniert. Mithilfe der etablierten Gesellschaften wie den Banken, den Versicherungen oder den Finanzstrukturvertrieben kann man das nicht lernen. Alle sind daran interessiert, die Verbraucher in Unkenntnis zu belassen. Aus diesem Grund ist es sehr bedenklich, wenn ein Finanzdienstleister stetig neue Rekordgewinne vermeldet, obwohl gerade die Vermögensberater der Deutschen Vermögensberatung ihre Kunden reihenweise in großer Ahnungslosigkeit halten. Bei den Vermögensverwaltern ist das ein bisschen anders. Die gehen schon aufgrund ihres Fachwissens auf den einzelnen Kunden ein, und das ist meistens viel größer als das eines durchschnittlichen Bankberaters oder Vermögensberaters. Vermögensverwalter sind aber auch nicht für Menschen mit 50.000 Euro oder 100.000 Euro verfügbar, sondern in der Regel sind das Personen ab einem Vermögen von 500.000 Euro oder 1 Million. Aber auch die Vermögensverwalter sind nicht frei. Sie unterliegen genau den gleichen Zwängen, weil sie möglichst viel am Volumen ihrer Kunden verdienen wollen.

Nun kann es natürlich sein, dass der eine oder andere nicht an die stetige Erneuerungsfähigkeit der Marktwirtschaft glaubt. Wenn das so ist, muss er die Finger davon lassen. Dann packt er sein Geld lieber aufs Sparbuch. Allerdings sollte jeder das Risikobewusstsein haben, dass er sein Geld in dem Moment einer Bank leiht. Wenn aber die Bank weg ist, aus welchen Gründen auch immer, dann ist unter Umständen auch seine Einlage weg. Wenn man einen Indexfonds auf den DAX kauft, ist das Risiko geringer, weil man in 30 Unternehmen gleichzeitig investiert. Wenn man den MSCI World kauft, investiert man in 1600 Unternehmen gleichzeitig. Das heißt, man hat eine Diversifizierung, eine Streuung, die man bei einem Sparbuch nicht hat. Deswegen sind ja Indexfonds so sinnvoll, weil sie eine Streuung anbieten, die das Sparbuch bei einer Bank nicht darstellt. Anders ist es, wenn man ab 25 Euro im Monat einen Indexfonds auf den MSCI World bespart und den einfach 20 Jahre laufen lässt. Zudem muss man eines für die heutige Zeit der niedrigen Zinsen immer bedenken: Einen risikolosen Zins gibt es nicht. Wenn ich eine Rendite haben will jenseits der üblichen 2 oder 3 Prozent, sofern die überhaupt noch zu erzielen sind, dann hat man als Anleger dafür ein Risiko einzugehen.

Vorsorge ohne Illusionen: Möglichkeiten und Grenzen einer fairen Beratung

Ich gebe zu, dass mich Schmidts Haltung zu den Wachstumsgrenzen nicht ganz überzeugt hat. Müssen wir in einer Volkswirtschaft nicht mit einer endlichen Welt zurechtkommen? Ist hierbei die Börse mit ihren Unternehmensbeteiligungen nicht auch ein wesentlicher Wachstumstreiber, weil sie die Unternehmen dazu zwingen, möglichst hohe Renditen zu erwirtschaften? Gerade wenn die Teilhaber kurzfristig denken und ihr Kapital bei schwächelnden Renditen wieder abzuziehen drohen. Schmidt hat aber in einem wichtigen Punkt recht. Ich muss mich entscheiden. Ich muss mich vor allem entscheiden, ob ich bereit bin, all den notwendigen Aufwand auf mich zu nehmen. Das kostet verdammt viel Zeit. Allerdings kann ich ohne diesen Aufwand kein Urteilsvermögen gewinnen. Gleichzeitig haben aber auch die Leute der *Nachdenkseiten* im Internet recht. Egal welches Finanzierungssystem man wählt, immer ist die Altersvorsorge davon abhängig, dass die Konjunktur brummt und dass es Wachstum gibt. Deshalb hängt die private Vorsorge genauso von der Konjunktur ab wie die gesetzliche Rente und genauso von der Demografie und der Anzahl der Erwerbstätigen. »Aller Sozialaufwand muss immer aus dem Volkseinkommen der laufenden Periode gedeckt werden«, lautet das Mackenroth-Theorem, das ich durch die *Nachdenkseiten* kennengelernt habe.[54]

Der Gedanke an all diese Zusammenhänge macht mir bewusst, wie sträflich wenig ich mich bisher mit dem Thema Finanzen beschäftigt habe. Eine Bequemlichkeit, von der die Finanzindustrie umso mehr profitiert, je mehr es Leute wie mich gibt. Ihr Geschäftsmodell ist von der Unwissenheit der Verbraucher abhängig. Deswegen nennen sich die Vermögensberater der Strukturvertriebe zu gern die Navigatoren des Kunden. Der Umfang dieser Arbeit, die mir bevorsteht, entlarvt die Werbephrasen der Banken umso mehr als Lüge. Phrasen wie »Die Bank an Ihrer Seite« oder: »Lassen Sie Ihr Geld für sich arbeiten!«; ein Versprechen, das die Illusion wecken soll, man könne ohne Arbeit reich werden. Der alte

Traum vom Paradies, den die Banken hier ausschlachten. Der alte Traum von der gebratenen Taube, die einem in den Mund fliegen soll. Doch habe ich die Zeit und die Power, mich von nun an mit Kapitalmärkten zu beschäftigen? Ich werde sie haben müssen, wenn ich bei meiner Altersvorsorge nicht in die Hände eines Bankberaters, eines Versicherungsvertreters, eines Maklers oder eines Vermögensberaters der Strukturvertriebe fallen will. Leider trägt bei der privaten Altersvorsorge das Prinzip der Arbeitsteilung nicht mehr, mit einer Finanzindustrie in der von Schmidt beschriebenen Verfassung. Obgleich es doch anders sein sollte. Denn Berater wie Schmidt sind selten. Berater, die mit ihrer Erfahrung dabei helfen, ein Anlageportfolio zusammenzustellen. Genauso selten sind wahrscheinlich Fondsmanager zu finden, die ihr Geld wert sind.

Krüger: Nehmen wir mal an, ich kann diesen Aufwand nicht auf mich nehmen, um mein eigener Bankmanager zu sein. Der Grund könnte zum Beispiel sein, dass mir schlichtweg die Zeit für diesen Kraftakt fehlt. Die Bewältigung des Tagesgeschäfts lässt das nicht zu. Ich denke, dass es mir in dem Fall wie der Mehrheit aller Verbraucher gehen wird. So manche alleinstehende Mutter und so mancher Auszubildende werden das eigenständige Geldanlagemanagement wahrscheinlich ebenfalls nicht leisten können. Das kann man ihnen auch nicht vorwerfen in dieser arbeitsteiligen Wirtschaft. Ich schätze, sie und ich sind in dem Fall auf eine Beratung angewiesen. Was müsste und könnte ein fähiger und fairer Berater tun? Was müsste er tun, um bei mir und bei den vielen anderen Hilfe suchenden Verbrauchern die Altersvorsorge auf solide Beine zu stellen?

Schmidt: Ein guter Berater müsste Ihnen und allen anderen Leuten die Funktionsweise der Finanzindustrie erklären, so wie Sie sich das zum Teil schon in Eigenregie erarbeitet haben. Jeder Verbraucher muss verstehen, wie das Spiel läuft. Man muss jedem mit einfachen Worten erklären, dass der Zins abgeschafft worden ist und auch nicht so schnell wiederkommen wird. Das heißt, der Zins kann bis auf Weiteres kein Instrument mehr sein, um eine Altersvorsorge aufzubauen. Man muss aber darüber nachdenken, alternativ Geld anzulegen. Da bieten sich natürlich Aktiengesellschaften an. Deshalb kann man auch die Krankenschwester darauf hinweisen, dass sie jeden Tag mit vielen Aktiengesellschaften zu tun hat, insbesondere in ihrem Arbeitsalltag im Krankenhaus. Wäre es deshalb nicht sinnvoll, darüber nachzudenken, wie sie sich daran beteiligen könnte? Und das müsste ein guter Berater dann fortsetzen. Zum Beispiel, dass die Aktie nicht das einzige Anlagemedium ist, sondern dass es auch Anleihen gibt. Das sollte ein guter Berater alles der Reihe nach erklären, bevor er zu möglichen Produkten kommt, die da lauten Investmentfonds zum Beispiel, seien es nun aktive oder passive. Anschließend sollte ein guter Berater den Anfänger darauf hinweisen, dass er bei Aktien und Anleihen immer große Indizes vorziehen sollte wie den MSCI World auf der Basis eines aktiv oder passiv gemanagten Fonds. Speziell bei Verbrauchern, die sich nicht in ihren Geldangelegenheiten selbstständig machen können, gilt die Erklärungspflicht doppelt.

Krüger: Nun besitzt aber nicht jeder Berater eine Erklärungsfähigkeit wie ein Lehrer. Das ist ein professionelles Handwerk. Zumal selbst bei dem heutigen Erziehungspersonal gerade die Erklärungsfähigkeit häufig unzureichend ist. Deswegen kritisieren so viele Schüler an ihren Lehrern auch zu allererst, sie könnten nicht erklären. Von dieser Kernkompetenz eines Lehrers sind aber die Schüler abhängig. Wie soll also ein Berater eine Erklärungskompetenz besitzen, wenn häufig nicht einmal die Erklärungsprofis diese Fähigkeit erlernt haben? Doch gerade ein guter Berater benötigt in meinen Augen ein unumstößliches Expertenwissen, bei dem jede Formulierung eingeschliffen sein sollte. Jede Formulierung sollte für ihn so vertraut wie selbstverständlich sein.

Schmidt: Das sehe ich genauso. Ein guter Berater muss das können. Diese Selbstverständlichkeit zeigt sich vor allem daran, dass der gute Berater vereinfachen und anschaulich vergleichen kann, ohne die Sache zu verfälschen. Bei den Geldanlagen zum Beispiel verhält es sich ähnlich wie bei der Steuererklärung. Für viele Menschen da draußen ist die Steuererklärung ein Buch mit sieben Siegeln, komplex, schwierig, öde, ätzend und lästig. Die Leute sagen einfach: Bäh! Gerade aus diesem Grund sollte man sich dem Thema Steuererklärung ganz vereinfacht nähern. Dafür braucht man natürlich auch den richtigen Steuerberater als Dozenten und Mentor, der einem alles vernünftig erklärt. Unter diesen Voraussetzungen kann man innerhalb einer halben Stunde feststellen, dass die Steuererklärung vollkommen trivial ist. Denn es gibt sieben Arten der Einkünfte. Eine Art dieser Einkünfte ist zum Beispiel die Einkunft aus Kapitalvermögen. Oder es gibt Einkünfte aus nicht-selbstständiger Tätigkeit. Darüber hinaus gilt es sich klarzumachen, dass diese Einkünfte ein Interesse beim Staat hervorrufen. Denn von diesen Einkünften hängen seine Steuereinnahmen ab. Weil der Staat dieses Interesse hat, hilft er einem

Erwerbstätigen dabei, diese Einkünfte zu erwerben. Zu diesem Zweck gestattet er ihm, bestimmte Werbungskosten abzusetzen. Das ist es schon fast. Dieses Prinzip kann man auf alle Einkommensarten anwenden. Der Eindruck der Komplexität bei der Steuererklärung entsteht dadurch, dass der Staat bei der Steuergesetzgebung so viele Regelungen errichtet hat, die das Geldverdienen erleichtern könnten. Sie tun es nur deshalb nicht, weil nur die allerbesten Steuerprofis noch den Durchblick haben. Wenn ein guter Berater sich eine ähnliche Anschaulichkeit bei der Erklärung der Funktionsweise der Finanzindustrie erarbeitet hat, geht es darum, allen Verbrauchern bei der Geldanlage die gleichen Zugänge zu ermöglichen. Von der besagten Krankenschwester bis zum Millionär.

Krüger: Kann man tatsächlich einer Krankenschwester die gleichen Anlagen empfehlen wie einem mittelständischen Unternehmer oder einem Profi-Fußballer?

Schmidt: Ja, das kann man. Etwas anderes zu behaupten, ist ein Trugschluss. Wer das tut, ist der Finanzindustrie auf den Leim gegangen. Genau diese Trennung unterstellt diese Industrie immer: Für verschiedene Anleger brauche es verschiedene Produkte, weil es verschiedene Interessen gebe. Die Finanzindustrie hat es hervorragend geschafft, die Verkaufsargumente den Produkten anzupassen. Ein guter Berater muss diese Argumentation wieder umkehren. Er muss die Argumente den Kunden anpassen. Er muss dazu in der Lage sein, dem selbstständigen Unternehmer für seine Geldanlagen in seiner Firma für seine Firmenliquidität ein Produkt anzubieten. Und er muss genauso in der Lage sein, mit anderen Argumenten das gleiche Produkt einer Krankenschwester anzubieten. Wenn er also für den Unternehmer Firmenliquidität in ein Produkt anlegen will, kann er das mit dem gleichen Produkt tun, in das er die Ersparnisse eines Normalos investiert. Die Finanzindustrie teilt ihre Kunden in verschiedene Gruppen auf. Dazu klebt sie auf einzelne Produkte wie auf einzelne Fonds besondere Aufkleber. Beispielsweise Frankfurter Aktienfonds für Stiftungen. Das machen die aber nicht, um irgendeiner Stiftung etwas Gutes zu tun. Sondern die machen das, damit sie den Vertrieb erhöhen. Deshalb täuscht die Industrie vor: Unser Fonds ist für Stiftungen geeignet. Toller Fonds, der eignet sich also für den Privatkunden. Dabei ist völlig unerheblich, welcher Name auf dem Produkt klebt. Es sind immer die gleichen Produkte. Die Finanzindustrie würde so etwas natürlich niemals so stehen lassen. Denn diese Industrie lebt davon, dass sie für unterschiedliche Einkommensklassen jeweils unterschiedliche Produkte verkauft.

Krüger: Widerspricht diesem Hinweis nicht das Verkaufsargument der Sparkassenberaterin? Die Produktverkäuferin dort hat unterschwellig transportieren wollen, die GarantRente Vario sei besonders gut, weil sie für jeden Kunden gut ist, auch für die, die nur 25 Euro investieren können. Will sie damit nicht ausdrücken, ich sei in bester Gesellschaft, wenn ich das Ding kaufe, weil es alle Kunden glücklich macht? Sowohl mich als eingestuften Individualkunden mit meinen 400 Euro als auch den Standardprivatkunden mit seinen 100 Euro?

Schmidt: Die Sparkassenberaterin muss verkaufen, abgesehen davon, dass sie keine Ahnung hat. Das Argument hat sie sich auch nicht ausgedacht, sondern das hat ihr der Vertreter der Provinzial bei der Produktschulung an die Hand gegeben. In meinen Augen diente ihr Argument dazu, jeden Zweifel, der Ihre Nachfrage andeutete, durch eine Absolutheit abzutöten. Sie wollte Sie mundtot machen. Fakt ist: Wer auch immer bei einem guten Berater am Beratungstisch sitzt, ob es nun die Krankenschwester, der Millionär, die Sekretärin oder der Solo-Selbstständige ist, hat das gleiche Interesse: nämlich 100 Euro auf den Tisch zu legen, und daraus sollen nach einiger Zeit 110 Euro werden oder sogar 200 Euro. Und die sollen sich weiter vermehren. Es soll also mehr werden, als es vorher war, und am besten die nächsten 30 oder 40 Jahre. Ob der Chefarzt im Monat 5000 Euro zur Seite legen kann und die Krankenschwester nur 50 Euro, ist egal. Dann fließen eben 5000 oder 50 Euro in das gleiche Produkt. Natürlich gibt es im Versicherungsbereich Produkte, die nicht zu einer Krankenschwester passen. Was will eine Krankenschwester mit Factoring zum Beispiel. Als kurze Erklärung: Factoring ist ein Produkt, ein Forderungsverkauf, der die Zahlungsfähigkeit eines Unternehmers sicherstellen soll. So etwas braucht die Krankenschwester nicht. Genauso wenig braucht eine Krankenschwester eine andere Berufsunfähigkeitsversicherung als ein Selbstständiger. Aber das ist nicht der Punkt. Sondern es geht darum: Wie kann ich aus Geld, das ich monatlich übrig habe, nach zehn, 20 oder 30 Jahren mehr machen, als ich heute habe? Dieses Ziel ist bei allen gleich. Die Finanzindustrie dagegen baut die Scheinrealität auf, nicht für jeden Kunden sei das Gleiche möglich. All diesen Kundengruppen wie dem Standardprivatkunden oder dem Individualkunden redet man ein, dass sie besondere Produkte brauchen und bekommen. Das ist aber Unsinn. Ein Aktienfonds ist für die Krankenschwester genauso gut oder schlecht wie für den Millionär. Betrachtet man zu diesem Zweck den DWS Deutschland, einen aktiv gemanagten Fonds, sofern man das mag, dann muss man Folgendes feststellen: Es gibt keinen Grund, warum ein solcher Fonds für einen Geringverdiener nicht genauso gut sein soll, wie er ins Depot eines Multimillionärs gehört. Das Ziel der Finanzindustrie bei der Praxis, dem Kunden etwas anderes einzureden, ist klar: Das erhöht den Absatz, weil man mit bestimmten Produkten spezielle Kundengruppen ansprechen kann. Das haben wir zu meiner Zeit beispielsweise so bei den Garantiefonds gemacht. Damit haben wir die Kundengruppen bewusst angesprochen, von denen wir gedacht haben, dass sie vielleicht nicht so risikogeneigt sind. Aber wir geben ihnen trotzdem die Chance, an den Aktienmärkten teilzuhaben. Wir haben nie Produkte aufgelegt ohne Zielgruppe. Das betrifft beispielsweise auch den Fonds Deka Basisanlage der Deka Bank. Als Basisprodukt ist das Produkt für die Zielgruppe des kleinen sicherheitsorientierten Sparers gedacht. Obgleich diese Anlage auch für andere Kundengruppen passt. Sicher ist die Basisanlage so schlecht nicht, wenn man von den Kosten mal absieht. Doch trotz dieses Zielgruppenbezuges bringen die Produkte der jeweiligen Zielgruppe mehrheitlich keinen Nutzen. Auch darauf muss ein guter Berater seine Kunden hinweisen. Wie wenig es bei diesem Zielgruppenbezug tatsächlich um den Kunden geht, zeigte jüngst die Bonitätsanleihe, die die Deka Bank neben anderen Instituten verkauft hat. Dieses Produkt ist massenhaft im Depot von Oma Erna gelandet oder beim Fliesenleger bei ihrer Suche nach dem verlorengegangenen Zins. Obgleich die Bonitätsanleihe gar nicht zu ihnen passt. Die BaFin hat das Produkt inzwischen verboten. Bonitätsanleihen sind per definitionem keine klassischen Anleihen, sondern strukturierte Anlageprodukte. Damit sind sie zugleich eine Mischung aus einer Anleihe und einer Wette auf die Zahlungsfähigkeit des jeweiligen Schuldners, auf das sich das Papier bezieht. Dieser Referenzschuldner ist in der Regel ein Unternehmen wie zum Beispiel VW bei der Bonitätsanleihe der Deka Bank. Solange alles gut geht, läuft alles weitgehend wie bei einer klassischen Anleihe. Es ist eine Form von Anleihe, bei der es zwar vermeintlich höhere Zinsen gibt. Aber die Bonitätsanleihe ist deutlich riskanter als die klassische Unternehmensanleihe. Es gibt nämlich zwei Ausfallrisiken: den Schuldner und den Emittenten. Nicht selten steht bei den Bonitätsanleihen die Kreditwürdigkeit eines soliden Konzerns im Fokus, während der Kreditmarkt die Bank selbst als schwächeres Glied in der Renditekette bewertet. Das heißt, das Geld, das da fließt, geht an die Deka Bank. Die Deka Bank kauft VW-Anleihen, und somit fließt das Geld der Anleger nur mittelbar an VW, eigentlich aber an die Deka Bank. Die Anleihe ist bezogen auf den Eintritt eines Kreditereignisses bei Volkswagen. Die Anleihe wird am Ende nur ausgezahlt, wenn in der Zwischenzeit dieses Kreditereignis nicht eintritt. Was ist ein Kreditereignis? Dazu gehören nicht nur eine Insolvenz, sondern auch nicht erfüllte Zahlungen oder Umschuldungen. Wenn aber jetzt das Kreditereignis eintritt, bekommen Anleger keine Zinsen mehr und einen Barausgleich, der notfalls bei null liegt. Das ist das erste Ausfallrisiko. Wenn es zusätzlich der Deka Bank schlecht geht, hat er das zweite Risiko. Er hat das Ausfallrisiko der Deka Bank, weil der Kunde der Deka Bank das Geld gibt. Die wiederum hat das Geld geknüpft an die Bonität von VW als Referenzschuldner. Das muss nun Oma Erna verstehen, der dieses Produkt ins Depot gedrückt wird. Oder der Dorfschullehrer und der Feuerwehrmann. Die Kunden müssen nämlich sehr genau hinschauen, ob die leicht höhere Rendite im Verhältnis dazu steht, dass die Bank auch ihr eigenes Ausfallrisiko auf den Anleger abwälzt. Sie müssen sehr genau hinschauen, wessen Ausfallrisiko der Grund für die Zusatzrendite ist.

Krüger: Was ist das Verwerfliche daran? Ich argumentiere jetzt mal zugunsten der Finanzindustrie. Die Bonitätsanleihe mag als Konstrukt verschlungen und komplex sein. Aber es ist doch eher unwahrscheinlich, dass es VW schlecht geht oder der Deka Bank.

Schmidt: Das Verwerfliche daran ist, dass die Bonitätsanleihe ein Produkt ist, das niemand braucht. Es hat nämlich nur eine Verzinsung von 1,5 Prozent. Da lohnt es sich mehr, eine klassische Unternehmensanleihe zu kaufen ohne doppeltes Ausfallrisiko. Dieses Produkt ist nur aufgelegt worden, um eine Seite, die Seite der Bank, reich zu machen. Ich will gar nicht sagen, dass das vollkommener Blödsinn ist. Man kann alles machen an den Kapitalmärkten. Wenn man diese Bonitätsanleihe in einem breit gestreuten, gut diversifizierten Portfolio als Beimischung hinzufügt, und zwar in einem Anteil zu 5 Prozent, habe ich damit kein Problem. Aber die andere Seite muss es auch verstehen. Die Anleger haben aber das doppelte Ausfallrisiko sicher nicht verstanden. Sonst hätte das Bundesaufsichtsamt das Produkt auch nicht verboten. Dem Anleger wurde suggeriert, dass die Bonität der Deka Bank dahintersteht. Die Dinger wurden verkauft, nur um Geschäft zu machen, und nicht im Sinne einer Streuung im Interesse der Kunden. Sie wurden den Kunden verkauft als Möglichkeit, ein paar Zinsen zu haben. Deshalb wurden sie wahllos massiv in die Depots der Anleger gedrückt, ohne dass diese Bonitätsanleihen zu den Anlegern passten – sozusagen als Zinsersatzprodukt. Nach dem Motto: Herr Krüger, nehmen Sie wenigstens die Bonitätsanleihe! Sie wissen doch, die Zinsen sind niedrig. So haben Sie zumindest ein paar Zinsen. Interessant ist, dass die Deka Bank bereits sämtliche Anleihen auf ausverkauft gestellt hat.

Krüger: Verstehe ich das richtig? Diese Bonitätsanleihe ist nicht eine Zusatzgeldanlage gewesen inmitten vieler anderer Anlagen im Portfolio, sondern sie wurde als Hauptanlage verkauft? Ist das demnach ein Produkt, das dem besagten Mythos der Komplexität entspricht, indem es verschachtelte Verknüpfungen enthält? Verknüpfungen und Verschachtelungen, die gerade deswegen für den Kunden sinnlos sind, weil sich dahinter nur ein Zins von mickrigen 1,5 Prozent verbirgt. Mickrig auch deswegen, weil das Produkt ja auch noch etwas kostet.

Schmidt: Genau! Und der Kunde kauft das, weil ihm geraten wird, dass er damit überhaupt einen Zins erhält. Die Banker rechtfertigen sich in solchen Fällen immer mit ihrer Ertragssituation. Der eine oder andere Banker würde vielleicht zugeben, dass ein Kunde fachlich betrachtet ein derartiges Produkt nicht braucht. Aber es ist für uns ein Mittel, um Geld zu verdienen. Wir liefern dem Kunden immerhin einen Mehrwert mit 1,5 Prozent und wir klären ihn über die Risiken auf. Jeder Anleger ist mündig und kann entscheiden, ob er das Produkt will oder nicht. Das ist noch nicht alles: In der Bankenszene und unter ihren Befürwortern war die Empörung gerade wegen des Verbots der Bonitätsanleihe groß. Das kann man in der FAZ nachlesen.

Die Leute tobten, der Staat würde mit dem Verbot den Banken massive Freiheitsrechte entziehen. Schließlich müsse man als Bank ein Recht darauf haben, Geld zu verdienen und man müsse das Recht haben, schlechte Geschäfte machen zu dürfen. Es könne doch nicht sein, dass sich die BaFin erdreiste besser zu wissen, was für den Privatanleger gut sei, als der Privatanleger selbst. Es könne doch nicht sein, dass Finanzprodukte nur noch von Experten gekauft werden dürften. Jetzt werde also der Anleger entmündigt. Als ob sich die Bank überhaupt für einen Anleger interessieren würde. Und nicht nur das, mit solch einem Eingreifen würde die BaFin zeigen, wie unterentwickelt die Deutschen in Sachen Geldanlagen seien. Kein Wunder, dass die Deutschen nicht loskommen könnten von traditionellen Anlagen wie dem Sparbuch.[55]

Solche Einwände sind natürlich total verlogen, gerade weil die Bonitätsanleihe keine sinnhafte Alternative zum Sparbuch darstellt. Ganz im Ernst. Solch ein Gerede macht mir bewusst, wie froh ich bin, nicht mehr Teil dieser Szene zu sein. Leider hat die BaFin das Verbot inzwischen wieder zurückgenommen.

Krüger: Ich betrachte dieses Gerede nicht als Argument. Das ist eher der offensichtliche Wunsch danach, andere Leute betrügen zu dürfen. Das ist billig, zynisch und dreist. Diese Dreistigkeit wird kaschiert mit der Keule vom Nanny-Staat. Das Bundesaufsichtsamt nimmt ein Produkt vom Markt, und schon sei das der Beleg dafür, dass die Deutschen nicht reif genug seien für komplexere Anlagegeschäfte. Übersetzt heißt das: Die Deutschen sind nicht reif genug, den Banken das Recht zuzugestehen, sie als Kunden zu betrügen. Die Deutschen sind nicht reif genug für den Kampf ums Dasein, bei dem das Recht des Stärkeren gilt, nämlich das der Finanzindustrie. Das ist das Niveau des ehemaligen Chefs der Deutschen Bank, Hilmar Kopper. In Zeiten der Finanzkrise rechtfertigte der frühere Peanuts-Prediger genau auf diese Art die Praxis der Banken, ahnungslosen Kunden reihenweise Schrottpapiere zu verkaufen. »Sie müssen sie ja nicht kaufen«, polterte er in der Sendung *Hart aber fair*, und leider hat ihm auch kaum jemand ernsthaft widersprochen.[56] Ich dachte, unsere Zivilgesellschaft wäre schon weiter. Bei den Banken scheint das zumindest nicht der Fall zu sein. Die Frage ist doch: Warum werden Produkte denn so undurchsichtig konstruiert? Das muss einen Grund haben, und zwar den, den Sie bereits genannt haben. Das tun die Hersteller nicht, weil sie es nicht anders können. Nein. Der Kunde soll es nicht durchschauen.

Schmidt: Richtig. Deshalb muss ein guter Berater seine Kunden darüber aufklären, dass ein derartiges Denken innerhalb der Banken vorherrscht. Er muss darüber aufklären, welchen Blick der Banker auf die Kunden hat, und warum er sie in verschiedene Gruppen unterteilt. Die Ertragsinteressen, mit denen die Vertreter der Banken ihr ganzes Verhalten rechtfertigen, haben unter den Banken zu einem Realitätsverlust geführt. Das eigene Tun wird nicht mehr reflektiert. Dafür steht beispielhaft die Pervertierung des Fondsvertriebs. Die Finanzindustrie hat über die Jahrzehnte erkannt, dass die Fonds, da wo sie aktiv vertrieben werden mit Ausgabeaufschlag und versteckten Vertriebsprovisionen, außerordentlich lukrativ sind. Die Finanzindustrie hat den Menschen eingeredet, dass dieser oder jener Fonds gut ist für sie als Anleger. So hat diese Industrie Tausende von Fonds aufgelegt. Doch eine Vielzahl an aufgelegten und größtenteils sinnlosen Fonds macht nur den Aufleger reich. Man muss bedenken, wie klein die Investmentfondsbranche war, als sie angefangen hat. 1956 gab es die ersten drei Fonds. Der Deka Fonds war einer davon. Und bis in die 1960er-, 70er- und 80er-Jahre schleppte sich das so dahin, bis entdeckt wurde, dass man damit Geld verdienen kann. Das ist so lange noch nicht her. Natürlich darf man nicht verkennen, dass ein Investmentfonds sehr wohl sinnvoll sein kann. Er ermöglicht dem kleineren Anleger, monatlich einen kleinen Betrag in Aktien zu sparen. Ein Fondsmanager wählt die Aktien aus. Außerdem ist ein Fonds, besonders ein Aktienfonds, ein hilfreiches Mittel zur ausgewogenen Streuung eines Anlageportfolios. Das heißt, man verteilt als Anleger das Risiko der Aktienquote noch einmal sehr viel breiter durch den Einsatz von Fonds. Weil in dem Aktienfonds beispielsweise 500 oder 1000 Aktien enthalten sind. Doch gerade Sie selbst haben bei Ihren Testkäufen in den Banken feststellen müssen, dass Ihnen diese Fonds in dieser Weise nicht angeboten wurden. Mal abgesehen von der Beliebigkeit, mit der die Bankberater Ihnen die Fonds verkauft haben. Zweifellos hat der Anleger auch ein bisschen Mitschuld, wenn er ein Fehlinvestment tätigt. Darauf verweist die Finanzindustrie auch regelmäßig, aber in erster Linie, um von sich abzulenken. Doch kommen wir jetzt zu der Antwort auf die entscheidende Frage, die alle Kunden interessiert, mag ihr sozialer Status auch noch so unterschiedlich sein. Mag die Finanzindustrie für ihre eigenen Ertragsinteressen den Kunden auch noch so systematisch etwas anderes einreden, indem sie eine Unterteilung in Kundengruppen vornimmt: Wie kann man als Verbraucher überhaupt heutzutage noch aus einem Euro zwei Euro machen? Diese Frage betrifft bei der Altersvorsorge die Krankenschwester, den Auszubildenden, den Handwerker, den mittelständischen Unternehmer, den Werbekaufmann, die Lehrerin, den Rentner, den Millionär, den Paketfahrer, die Theaterschauspielerin, den Chefarzt, den Heizungsableser, die Verkäuferin bei Karstadt, den Journalisten, die Kosmetikerin, den Gärtner und im Übrigen auch den Bankberater selbst. Wo kann man überhaupt noch Geld investieren?

Krüger: Zu diesem Zweck würde ich als Verbraucher die verschiedenen Geldanlagen durchgehen wollen. So wird das für mich anschaulich.

Schmidt: Genau. Was kann ich mit meinem Geld machen? Die erste Möglichkeit ist: Ich kann es aufs Sparbuch packen. Dabei leihe ich das Geld der Bank oder der Sparkasse, und dafür bekomme ich einen Zins. Warum geben sie dem Kunden dafür einen Zins? Weil sie das Geld vom Sparbuch an jemanden ausleihen, der davon eine Immobilie baut. Welchen Zins gibt es dafür heutzutage? Null Komma sowieso. Will ich das? Nein. Die zweite Möglichkeit ist das Tagesgeld oder Festgeld. Das kann ich genauso schnell mit den gleichen Argumenten abhandeln. Das bringt nichts.

Krüger: Ein guter Berater würde dann wahrscheinlich auch keine Lebensversicherung empfehlen? Sie haben den Tod der Lebensversicherung bereits angedeutet. Das ist ja das nächste Produkt in der Reihe.

Schmidt: Nein, das würde ein guter Berater nicht tun. Das würde nur jemand machen, der unter dem Zwang steht, ein Produkt zu verkaufen. Selbst in diesen Tagen der Niedrigzinsen werden in den Banken und den Finanzstrukturvertrieben immer noch Lebensversicherungen verkauft. Sie tun das, weil man immer noch Geld damit verdienen kann. Das heißt, es gibt immer noch viele Leute, die nicht ausreichend Bescheid wissen, dass man sein Geld nicht in eine Lebensversicherung stecken soll. Allerdings stellt sich die Frage, ob eine Lebensversicherung als Vorsorgemodell überhaupt jemals funktioniert hat. Eine Lebensversicherung hat immer da funktioniert, wo es einen wirklichen Zins gab. Wenn man zum Beispiel in den 1970er-Jahren eine Lebensversicherung abgeschlossen hatte, konnte man bei einem Garantiezins von 3 Prozent seinen Schnitt machen. Bei einer entsprechenden Überschussbeteiligung. Sofern man die Versicherung 30 Jahre lang durchgehalten hat. Selbst wenn man die Abschlusskosten und laufenden Kosten herunterrechnet, hatte man im Vergleich zu heute einen zumindest bescheidenen Schnitt gemacht. Hätte man aber in den 1970er-Jahren im Vergleich dazu einen Aktienfonds genommen, hätte man ein Vielfaches von dem verdient. Deswegen war die Notwendigkeit einer Geldanlage jenseits von Sparbuch und Lebensversicherung eigentlich schon immer gegeben. Jetzt würde die Branche natürlich entgegenhalten: Ja, aber nicht jeder Kunde lässt sich auf Aktien ein. Außerdem gibt es bei der Lebensversicherung noch den Todesfallschutz dazu. Und zudem gibt es bei der Lebensversicherung die Möglichkeit der lebenslangen Rente. Das wird ja von Versicherungsmathematikern alles berechnet. Diese Leute lassen gewöhnlicherweise außer Acht, wie die Produkte vertrieben werden. Der Vorwurf, den ich der Industrie mache, ist nicht der, dass sie die Lebensversicherung überhaupt angeboten hat, sondern dass sie die

Lebensversicherung in den Jahren massiv verkauft und sich dabei eine goldene Nase verdient haben. Nur: Niemand hat die Kunden über die Alternativen aufgeklärt. So ist es der Finanzindustrie gelungen, die Lebensversicherungen als das Anlagemodell für die Zukunft zu positionieren.

Krüger: Die Lebensversicherung wurde also wie ein Ausschließlichkeitsprodukt vertrieben?

Schmidt: Ja, genau so. Eine Lebensversicherung gehört einfach dazu. Nach dem Muster: Der Junge ist jetzt 18 Jahre alt, schon bekommt er eine Lebensversicherung.

Krüger: Was ist mit einem Bausparvertrag? Würde ein guter Berater den auch nicht empfehlen?

Schmidt: Nein. Der Kunde zahlt viele Jahre viel Geld ein. Dadurch wächst ein Bauspartopf heran und dann gibt es irgendwann eine Zuteilung, und die Bausparkasse garantiert dem Sparer unabhängig von der Zinssituation ein baugünstiges Darlehen. Das ist zielgerichtet auf einen Zweck, nämlich auf den Kauf einer Immobilie. Das ist heute als Vorsorgemethode nicht mehr ratsam. Auch hier gilt: Die Zinsen sind viel zu niedrig und werden wahrscheinlich bis auf Weiteres auch noch niedrig bleiben. Warum also soll ich mir einen Zins sichern, wenn die Zinsen auch noch in zehn Jahren ein Niveau haben, das unter dem langjährigen Durchschnitt des Immobilienzinses von etwa 6,5 Prozent liegt? Bauspardarlehen haben nur einen einzigen Zweck: Wenn jemand irgendwann einmal in 20 Jahren eine Immobilie bauen und dies mit einem heute schon kalkulierbaren Zins tun will, kauft er sich einen Bausparvertrag und weiß, was er bei der Zuteilung des Bausparvertrages in einigen Jahren an Zinsen hat. Aber die ganzen Bausparverträge waren schon immer verdammt teuer, mit vielen Kosten und vielen Gebühren. Und dann diese ganzen Fragen nach der Zuteilungsreife, nach den Bewertungskennziffern. Das war eine Katastrophe.

Krüger: Wenn das alles nicht geht – was würde ein guter Berater tun?

Schmidt: Viele untüchtige Berater würden jetzt den Fehler machen und sagen: Da gibt es ja noch den Fonds. Nein. Das ist der falsche Weg. Der Schritt kommt erst viel später. Fonds sind Derivate und Anlagevehikel. Es gibt vorher erst einmal die unternehmerische Beteiligung und die Anleihe. Wer aus 100 Euro irgendwann 200 Euro machen will, muss sich an die Kapitalmärkte wenden. Nur die bieten sich heutzutage noch zur Geldvermehrung ohne Arbeit an. Es gibt nur ganz wenige Möglichkeiten dafür. Das begreift nur kaum einer beziehungsweise erweckt die Finanzindustrie die Illusion, es gebe ganz viele. Nur die kapitalmarktbasierte Anlage macht auf Dauer heute bei diesem Zinsniveau noch Sinn. Und dann stellt sich die Frage, bei welchen Produkten. Ist mein Vermögen groß genug, Aktien und Anleihen direkt zu kaufen? Ja oder nein? Wenn ich es nicht kann und mir nicht jeden Monat eine Daimler-Aktie kaufen kann, kann man sich auf indirektem Wege Aktien erwerben und wählt einen Fonds. Dann heißt die Frage aktiv oder passiv gemanagter Fonds. In Kenntnis der Fondsindustrie und der damit verbundenen Kosten und der Qualität der Produkte ist man ganz schnell bei den passiven Fonds gelandet, also den Indexfonds. Dann kann man die Frage stellen, ob man Immobilien dazu nimmt oder ob man Gold dazu nimmt oder ob man später eine Immobilie kauft. Alle Anlage- und Vorsorgeprodukte der Finanzindustrie basieren auf diesen Grundanlageklassen.

Krüger: Bleiben wir beim Stichwort Aktie: Sie haben bereits erklärt, warum man Aktien kaufen sollte. Jetzt müssen Sie die Frage noch klären, welche Sorte von Aktien ein guter Berater empfehlen würde.

Schmidt: Ein guter Berater ist überhaupt erst einmal fachlich dazu qualifiziert, Einzelaktien einschätzen zu können. Zudem würde er Aktien von Unternehmen empfehlen, die regelmäßig Dividenden ausschütten, und das schon seit vielen Jahren. Er würde Aktien empfehlen von Unternehmen, die gefestigte Unternehmen darstellen. Wenn es Start-up-Unternehmen sind, fragt sich, ob sie Teil eines unverzichtbaren Zukunftsmarkts sind. Dazu muss der Berater etwas von Märkten verstehen. Er braucht demnach volkswirtschaftliches Know-how. Natürlich müsste ein derartiger Berater auch die bereits angesprochenen Kennziffern einer Aktie zu lesen verstehen, wie das Kurs-Gewinn-Verhältnis. Nur so kann er im Interesse des Kunden die Bewertung einer Aktie beurteilen. Allerdings muss eines klar sein: Nicht jede Einkommensklasse kann eine Aktie erwerben. Dafür muss schon ein bisschen Vermögen vorhanden sein. Deshalb ist der Aktienkauf etwas für Einmalanlagen. Das heißt, der Sparer legt einen bestimmten Mindestbetrag als Erstbetrag an, anstatt gleichbleibende Beträge monatlich Stück für Stück über Jahre anzusparen.

Zusätzlich muss ich deutlich sagen, dass bei einer Einmalanlage unter 100.000 Euro die Einzelaktienanlage keinen Sinn macht, weil erstens die Kosten zu hoch sind und weil es zweitens kaum noch einen Berater gibt, der bei der Einzelaktienauswahl hilft. Kunden unterhalb der 100.000 Euro kommen an aktientaugliche Berater in einer Bank kaum heran. Ein Vermögensverwalter wäre vielleicht eine Alternative. Allerdings arbeiten diese in der Regel nicht mit Einzelaktien, sondern mit Fonds oder ETFs. Unterhalb von 100.000 Euro sind Fonds und Indexfonds immer die bessere Wahl.

Eine Krankenschwester ohne vorhandenes Vermögen in dieser Größenordnung kann nicht 50 Euro im Monat in eine einzelne Aktie investieren. Auch nicht 100 Euro. Der Kauf einer Linde-Aktie zum Beispiel lohnt sich nicht für die Krankenschwester mit einem Monatsgehalt von 1400 Euro netto, weil die Börsentransaktionskosten zu hoch sind und weil eine Aktie von Linde schon etwa 154 Euro kostet. Sie kann aber sehr wohl an dem führenden deutschen Aktienindex oder an einem führenden Aktienindex in der Welt wie dem MSCI World teilhaben und somit mit 50 Euro monatlich 1600 verschiedene Aktien über einen Indexfonds in ihrem Depot haben. Das kann man der Krankenschwester erklären. Genauso kann man dem Millionär erklären, dass es auch für ihn Sinn macht, sich Aktien über einen Indexfonds ins Depot zu holen. Genauso macht es für den Millionär Sinn, wenn man dazu noch Einzeltitel auswählt und dem Anlageportfolio beimischt, nach den Qualitätskriterien wie Dividendenausschüttungen, Kurs-Gewinn-Verhältnis, Branchenaussichten und so weiter.

Krüger: Das schließt natürlich den Kreis derjenigen ein, die sich direkt Aktien leisten können.

Schmidt: Ja, natürlich kauft der Multimillionär die Aktien eher direkt. Das kann die Krankenschwester nicht. Aber die Krankenschwester kann 50 Euro in einen Indexfonds investieren. Das heißt, jeder kann indirekt teilhaben am Aktienmarkt. Und: Zwischen 1970 und 2014 hat der MSCI World im Durchschnitt eine jährliche Rendite von 6,9 Prozent gehabt. Das bedeutet bei einem Einsatz von 50 Euro einen ersparten Gesamtwert von 160,104 Euro bei einem Kostenaufwand von 0,5 Prozent. Bei 100 Euro wären das 320,207 Euro. Für den Zeitraum der letzten 20 Jahre von 1996 bis 2016 gab es im Durchschnitt eine jährliche Rendite von 7,7 Prozent.[57] Das bedeutet bei einem Einsatz von 50 Euro einen ersparten Gesamtwert von 27.530 Euro bei einem Kostenaufwand von 0,5 Prozent für Indexfonds. Bei einem Aufwand von 1,0 Prozent sind das immerhin noch 27.395 Euro. Bei einem Einsatz von 100 Euro sind das 55.064 Euro bei 0,5 Prozent Kosten und bei 1,0 Prozent immer noch 54.791 Euro. Bei einem Einsatz von 200 Euro sind das 110.127 Euro beziehungsweise 109.582 Euro. Das kann kein Finanzprodukt einer Krankenschwester, einem Auszubildenden, einem Heizungsableser oder einem Paketfahrer bieten. Natürlich kann man mit solchen Summen keine anstehenden Rentenlücken von 250.000 Euro und mehr ausgleichen bei Leuten, die einen Rentenbescheid von 400, 500 oder 600 Euro bekommen haben. Diese Illusion darf ein guter Berater bei seinen Kunden nicht erwecken. Andernfalls würde er genau das machen, was die Finanzindustrie mit ihren Slogans beabsichtigt: Lassen Sie Ihr Geld für sich arbeiten oder: Wir machen mehr aus Ihrem Geld. Das, was ein guter Berater tun kann mit seinem Handwerk, ist die Altersvorsorge zu optimieren. Gesellschaftliche Ungleichheiten und Vermögensunterschiede lassen sich nicht über die Geldanlage ausgleichen. Obgleich die Finanzindustrie mit dieser Illusion spielt, um die Gier der Kunden zu wecken. Darauf darf man aber nicht hereinfallen.

Krüger: Gut, dass Sie das bloßstellen. Ich habe mich auch schon dabei ertappt, so etwas erhofft zu haben. Ich denke, wenn die Finanzindustrie mit dieser Illusion nicht spielte, könnte sie nicht so viele Produkte verkaufen. Selbst wenn ich bei Ihrem Musterportfolio mit 40.000 Euro als Einmalanlage einsteige, würde es höchst wahrscheinlich nicht alle meine Rentenlückensorgen beheben. Das Geld könnte ich vielleicht noch zusammenkratzen. Aber ich kann nicht davon ausgehen, dass es über 20 Jahre eine durchschnittliche Wertsteigerung von 11 Prozent gibt. Das gibt es nur in einer idealen Welt.

Schmidt: Davon können Sie ausgehen.

Krüger: Wenn es sich nun nicht lohnt, wie Sie sagen, einer Bank Geld zu leihen über das Sparbuch oder das Tagesgeld, weil man zu wenig Zinsen bekommt, muss man natürlich fragen, ob man sein Geld einem Unternehmen oder einem Staat leihen will. Das heißt, wir kommen jetzt zur Anleihe.

Schmidt: Auch bei den Anleihen muss ein guter Berater seinen Kunden die Funktionsweise einer Anleihe anschaulich erklären. Zum Beispiel bei einer Staatsanleihe. Nehmen wir an, der Staat heißt Bundesrepublik Deutschland. Gibt der Staat Bundesrepublik Deutschland dem Sparer Zinsen dafür, wenn er ihm 100 Euro leiht? Antwort: Nein. So gut wie nicht. Die Zinsen, die es dafür jährlich gibt, sind niedrig. Wem kann man als Sparer die 100 Euro sonst noch leihen?

Krüger: Vielleicht kann ich in griechische Staatsanleihen investieren.

Schmidt: Das ist eine interessante Möglichkeit. Vielleicht trage ich mein Geld nach Griechenland zu Herrn Tsipras.. Der Tsipras. sagt Danke und gibt mir 7 oder 8 Prozent Zinsen dafür. Will ich das? Wie ist das mit dem Risiko, das eine derartige Investition bei der schwachen Volkswirtschaft der Griechen in sich trägt? Beide Möglichkeiten scheinen nicht attraktiv zu sein. Aber grundsätzlich gilt für die Staatsanleihe das, was für die Aktie gilt: eine Staatsanleihe in jedes Portfolio als Streuungsinstrument. Entweder als Direktanleihe oder indirekt in Gestalt eines Fonds. Was aber, wenn ein Kunde weder Herrn Schäuble noch Herrn Tsipras. sein Geld geben mag? Vielleicht will er das vorhandene Geld eher Herrn BASF oder Herrn Bayer geben. Will er also sein Geld lieber in eine Unternehmensanleihe investieren? Bei beiden bin ich Gläubiger, einmal der eines Staates und einmal der eines Unternehmens.

Krüger: Ist das nicht zu trivial?

Schmidt: Nein. Das ist so einfach. Ich wiederhole mich: Die Finanzindustrie macht es nur so kompliziert durch die vielen Produkte, die sie von den Kernkapitalmärkten ableitet. Und ein Ableitungsprodukt ist ein Fonds. Ein Fonds bündelt die ganzen Anlagen in einem großen Topf. Das heißt, meine 100 Euro wandern nicht in eine Aktie von VW, sondern meine 100 Euro wandern in einen großen Topf wie die 100 oder 1000 Euro vieler anderer Kunden. Dieser Topf wird betreut von einem Fondsmanager. Das lässt sich gut mit dem Wochenmarkt vergleichen. Ob Krankenschwester, Hartz-IV-Empfänger oder Multimillionär, jeder findet auf dem Wochenmarkt die gleichen Produkte. Der Apfel ist für den Hartz-IV-Empfänger genauso gut wie für den Multimillionär. Die Finanzindustrie verpackt den Apfel nur immer wieder anders.

Krüger: Nun gut, würde ein guter Berater einem durchschnittlichen Sparer empfehlen, sein Geld Herrn VW oder Herrn BASF oder Herrn Bayer zu geben?

Schmidt: Natürlich muss ein guter Berater einen kleinen Sparer darauf hinweisen, dass es sich für ihn nicht lohnt, sich eine Unternehmensanleihe direkt zu kaufen. Das Gleiche gilt auch für die Staatsanleihe. Es lohnt sich sowieso nicht als kleiner Anleger unter 100.000 Euro eine Unternehmensanleihe direkt zu kaufen. Denn ein kleiner Sparer unterliegt dann dem Risiko der fehlenden Diversifikation. Wenn ich zwei Unternehmensanleihen kaufe, habe ich ein größeres Risiko, als wenn ich zehn Anleihen kaufe oder zwanzig. Ein guter Berater würde empfehlen, Anleihen unter 100.000 Euro über ETFs abzubilden. Wahlweise auch durch einen aktiv gemanagten Fonds. Selbst wenn ein Sparer nur 10.000 Euro als Einstiegskapital hat, kann er sich für 4500 Euro, also 45 Prozent, zwei Indexfonds auf Anleihen kaufen. Damit erreicht man eine riesige Diversifikation. Eine der ETF-Anleihen, die ratsam wären, hat 1200 Anleihen im Portfolio. Das heißt, man schafft es mit 45 Prozent von den 10.000 Euro 1200 Unternehmensanleihen gleichzeitig abzubilden. Aber dieser ETF ist auch für große Anleger mit einem größeren Vermögen als Investment geeignet. Darüber hinaus sollte der vermögende Anleger sowohl Indexfonds auf Anleihen als auch Direktanleihen in seinem Portfolio haben. Der kleine Sparer sollte sich mit ETFs oder aktiv gemanagten Fonds begnügen. Das ist aber nicht negativ zu bewerten.

Krüger: Das wollte ich gerade fragen.

Schmidt: Man kann natürlich auch für 10.000 Euro ein, zwei Anleihen kaufen und dazu noch drei, vier Aktien, je nach Stückelung. Doch das ist nicht ratsam wegen der zu geringen Risikostreuung. Zudem hat man, selbst wenn man es über eine Direktbank macht, verhältnismäßig hohe Kosten, eine Mischung aus Transaktionskosten für die Direktbank und aus Börsenspesen. Die sind zwar bei einer Direktbank sehr viel geringer als bei den Banken, aber in diesem Fall immer noch zu hoch für den Kleinsparer. Deshalb würde ein guter Berater einem derart kleinen Sparer empfehlen, sich eher bei einem Fonds zu bedienen, sei es aktiv oder passiv gemanagt. Die Kriterien der Anleihe sind abhängig von der Risikoneigung des Anlegers. Ein ETF, bei dem 1200 Unternehmensanleihen drin sind, die alle in den höchsten Bonitätsstufen geratet sind, hat natürlich ein anderes Risiko als ein Anleihe-ETF, der in Anleihen von Firmen des Emerging Marktes investiert. Das heißt mehr Risiko, aber auch mehr Chance. Am Ende geht es immer wieder um die Ausgewogenheit des Portfolios. Dabei muss man ganz klar sagen: Schon mit 100 Euro im Monat kann man ein hoch professionelles und ausgewogenes Portfolio Monat für Monat besparen.

Krüger: Wobei dieses Portfolio aber nur aus Indexfonds besteht.

Schmidt: Das sollte es auch. Wegen einer Risikostreuung, die auch ein kleiner Sparer benötigt.

Krüger: Was ist mit den Rohstoffen?

Schmidt: Es ist sicher kein Fehler, Rohstoffe seinem Portfolio beizumischen. Rohstoffe, insbesondere Gold, kann man direkt kaufen und in den Tresor legen. Gold kann man aber auch über Wertpapiere kaufen. Da gibt es unterschiedliche Qualitäten. Die deutsche Börse hat Xetra Gold eingeführt. Das ist ein ETC, ein Exchange Traded Commodity, das Gold physisch hinterlegt. Das kann man für kleines Geld kaufen oder für kleines Geld monatlich besparen, für 100 Euro zum Beispiel.

Krüger: Gilt diese Betrachtungsweise auch bei der Anlageklasse Immobilie?

Schmidt: Das tut sie. Im Zusammenhang mit einer Risikostreuung eines Anlageportfolios macht die Immobilie durchaus Sinn. Das liegt daran, dass die Immobilie erst einmal eine Anlageklasse für sich ist. Sie korreliert nicht mit Aktien, sie korreliert nicht mit Rohstoffen, sie korreliert nicht mit Anleihen. Es ist eine vollkommen selbstständige Anlageklasse. Wie man sieht, korreliert die Immobilie als Anlageklasse sogar negativ in Bezug auf die anderen Kapitalmärkte. Das sieht man an der Preisentwicklung der Immobilie. Mit dem Eintritt der Finanzkrise und mit der damit einhergehenden Zinssenkung durch die Zentralbank, stiegen die Immobilienpreise an. Gerade in Deutschland. Daraus folgt aber noch nicht die allgemeingültige Regel: Fallen die Aktien, steigen die Immobilien. In Deutschland ist die Immobilie vermeintlich immer noch der Liebling der Anleger. Speziell bei der eigengenutzten Immobilie meinen sehr viele Anleger, dass die Immobilie ein nützlicher Baustein ihrer Altersvorsorge sei. Allerdings gibt es in Deutschland dazu auch andere Meinungen. Ich teile hierbei den Standpunkt von Experten wie dem *FAZ*-Kolumnisten Volker Looman.[58] Denn betriebswirtschaftlich betrachtet, ist der Bau eines selbstgenutzten Einfamilienhauses mehr als nur kostspielig. Man muss in der Regel das Haus 30 Jahre abbezahlen. Die wenigsten kommen mit 50 Prozent Eigenkapital. Dazu kommen noch außerordentliche Zinskosten. Zinsen und Tilgung muss man jeden Monat leisten. Und man müsste noch Geld beiseitelegen für Pflege, Wartung und Instandhaltung des Hauses. Ganz viele vergessen diesen Aufwand. Zumal auch kostspielige Änderungen in der Lebenssituation eintreten können, wie zum Beispiel durch eine Scheidung. In dem Fall kommt es meistens zu einem Verkauf des Hauses. Das heißt, der Verkaufserlös, zehn oder 15 Jahre nach dem Neubau, ist deutlich geringer als das, was man beim Bau aufgewendet hat. Die sukzessive Wertsteigerung von etwa 1,5 oder 2 Prozent im Jahr kann das nicht ausgleichen. Mehr erwirtschaftet man auf eine privat genutzte Immobilie nicht, wenn überhaupt. Unabhängig davon, welche Position man dazu einnimmt, stellt sich für den Kapitalanleger die Frage: Wie investiere ich in die Immobilie, einmal wohnwirtschaftlich, einmal gewerblich genutzt. Manche Leute, die es sich leisten können, kaufen sich entweder eine Eigentumswohnung und vermieten sie, oder sie kaufen sich ein gewerbliches Objekt und vermieten das. In beiden Fällen hat man die Anlageklasse Immobilie mit einer Direktanlage abgedeckt. Was aber ist mit den kleineren Anlegern oder den ganz kleinen? Die können die Immobilie nicht als Direktanlage erwerben, weil die keine 300.000, 400.000 oder eine Million Euro haben. Die können sich aber an einem Investmentfonds beteiligen. Mit 50 Euro monatlich kann man schon an der Anlageklasse Immobilien teilhaben. Das können zum Beispiel gewerblich genutzte Immobilien sein, europaweit oder auch weltweit. Ist das sinnstiftend für den kleinen Sparer mit Blick auf die Altersvorsorge? Nur bedingt. Denn bei Ausgabeaufschlägen jenseits der 5 Prozent und einer Rendite von 2 bis 3 Prozent braucht man schon einen langen Atem, um den Ausgabeaufschlag und die jährlichen Kosten zu amortisieren. Das heißt, ein offener Immobilienfonds, wie er ja milliardenfach bezogen auf die Vermögensmenge von der Deka Bank und von anderen Instituten angeboten wird, ist vor allem eine Gelddruckmaschine für die Fondsgesellschaften. Aber hinsichtlich der Rendite ist das nicht zu empfehlen. Schauen wir uns dazu einen Immobilienfonds der Deka Bank an, den Fonds Deka Immobilien Global. Bei einem Ausgabeaufschlag von 5,26 Prozent hat er in den letzten fünf Jahren 11,7 Prozent zugelegt. Das macht einen durchschnittlichen Wertzuwachs von 2,34 Prozent. Der Deka Immobilien Global hat ein Fondsvolumen von 4 Milliarden Euro. Von diesen 2,34 Prozent muss man Kosten von 0,88 Prozent im Jahr abziehen. Dann bleiben nur noch 1,44 Prozent Rendite. Wenn man dann noch den Ausgabeaufschlag von 5,26 Prozent durch fünf teilt und abzieht, ist man kostenmäßig so gut wie bei null. Die Performance der letzten fünf Jahre hat demnach gerade mal die Kosten gedeckt. Jetzt braucht es weitere Jahre, um überhaupt eine positive Rendite zu erwirtschaften. Das heißt, wenn der Fonds weiterhin alle fünf Jahre nur 11,7 Prozent oder meinetwegen auch 12 Prozent zulegt, also etwa 2,3 oder 2,5 Prozent pro Jahr, entsteht erst eine halbwegs positive Rendite. Aber selbst nach den Kosten liegt die auch nur bei 1,3 oder 1,4 Prozent. Das betrachtet aber so keiner. Deswegen können die Sparkassen millionenfach Immobilienfonds verkaufen, aber nicht nur die. Die Verkaufsrhetorik im Kundengespräch lautet ungefähr so: Herr Krüger, machen wir es mal ganz einfach. Sie sind doch wirklich kein Freund der Aktie, oder, Herr Krüger? Das Risiko und die Schwankungen bei den Aktien sind einfach zu hoch. Schauen Sie mal auf 2009 oder 2001. Daran kann man sehen, dass das Risiko zu hoch ist. Das wollen wir uns doch ersparen, oder, Herr Krüger? Und im festverzinslichen Bereich wie bei der Bundesanleihe, das bringt alles nichts mehr. Die Zinsen sind bei null. Schauen Sie, Herr Krüger, die meisten unserer Kunden setzen auf den Immobilienfonds, sei es europäisch oder sei es weltweit. Wenn Sie sich die Entwicklung global anschauen in den letzten fünf Jahren hat der Immobilienfonds 11,7 Prozent gemacht. Das ist ein Vielfaches, was eine Bundesanleihe bringt. Die bringt gerade noch mal 0,1 Prozent. Das ist die übliche Verkaufsmasche. Ein guter Berater würde dagegen das Kundengespräch ganz anders aufziehen. Der würde sagen:

> *Herr, Krüger, der Immobilienbaustein in einem Portfolio ist nur eine Beimischung, um eine Beruhigung im Depot zu erzeugen. Hierbei hat er die ähnliche Funktion wie die Beimischung Gold. Die Immobilie ist negativ korreliert zu den klassischen Kapitalmärkten, aber mehr als zu 10 oder 15 Prozent sollten Immobilienfonds auf gar keinen Fall Beimischungsbestandteil Ihres Portfolios sein.*

Diese Argumentation wäre fachlich einwandfrei bei einem guten Berater. So wird es aber nicht gemacht. Deshalb hat so mancher Kunde bei der Sparkasse als einziges Produkt nur den Deka Immobilien Fonds im Depot. Weil das so ist, kann die Deka Bank so sehr mit ihrem Deka Immobilien Fonds angeben. Wer seinen Immobilienfonds zehn, 15 oder 20 Jahre halten will, der mag auch eine Rendite erzielen, die im Schnitt bei 1,5 Prozent liegt. Mehr aber nicht.

Krüger: Gibt es in diesen Zeiten eine Immobilienblase, und wird die eines Tages platzen?

Schmidt: Ich möchte dazu gar keine genaue Prognose formulieren. Dann würde ich mich zu sehr auf die Ebene der Marktpropheten begeben, die behaupten, sie könnten etwas Derartiges tun, zum Beispiel das

Platzen einer Blase präzise vorhersagen. Eines steht jedoch fest: Die Immobilienpreise sind nach der Finanzkrise exorbitant gestiegen. Zudem gibt es einen kausalen Zusammenhang zwischen der ablehnenden Haltung der Deutschen gegenüber der Aktie und den in den letzten Jahren dramatisch angezogenen Immobilienpreisen. Aus meiner Sicht wird das kein gutes Ende nehmen, weil irgendwann der Deckel drauf ist bei den Immobilienpreisen. Dann können sich die meisten Leute eine Immobilie nicht mehr leisten. Das ist eine Gefahr für den privaten Häuslebauer. Die Zinsen sind zwar niedrig und man findet auch 20 oder 30 Jahres-Konditionen für die Abzahlung. Trotzdem sind die Preise sehr hoch. Es kann einfach nicht sein, dass man eine halbe oder Dreiviertelmillion Euro für ein halbwegs vernünftiges Reihenhaus in einer guten Lage in einer deutschen Großstadt bezahlen muss. Wir reden nicht über Heide oder Schleswig. Eine Ein-Raum-Wohnung in München-Schwabing, ein Zimmer, Küche, Bad, 30 oder 35 Quadratmeter, kostet eine halbe Million Euro. Das heißt, wo will die Mitarbeiterin bei Rossmann leben, wenn sie in München wohnt und vielleicht 1300 Euro im Monat verdient? Mit steigenden Zinsen werden die Immobilienpreise auch wieder fallen. Die EZB wird die Zinsen zwar nur langsam anheben, aber sie werden angehoben. Doch mit dem angehobenen Zins verteuern sich natürlich die Finanzierungskosten. Das ist demjenigen egal, der die Immobilie langfristig finanziert. Aber seine Immobilie sinkt im Preis mit steigenden Zinsen. Das Problem ist dabei die Unsicherheit, ob man das, was man heute bezahlen muss, in zehn Jahren an Gegenwert noch hat.

Krüger: Gibt es neben der Gestaltungskompetenz von Produkten auch etwas, was ein guter Berater zu unterlassen hat?

Schmidt: Ja! So sehr ein guter Berater die Portfolio-Gestaltung beherrschen muss, so dringlich darf er natürlich auch nicht jedes Fertigprodukt wie die Rentenversicherung pauschal als mies verurteilen. Man muss ein solches Versicherungsprodukt wie jedes Produkt, das man als Berater für seinen Kunden selbst gestaltet, auf den individuellen Kunden abstellen. Andernfalls würde ein Berater das machen, was viele provisionsgetriebene Vermittler tun, wie zum Beispiel der eine oder andere Makler: nämlich einseitig urteilen. Bei *Procontra Online*, der Internetpräsenz des gleichnamigen Finanzmagazins für Versicherungsleute und Makler, sind solche Leute zu finden. Die stellen die Rentenversicherung als ultimatives Vorsorgeprodukt dar, und dazu auch noch die Lebensversicherung.[59] Dabei behaupten sie sogar, ein Kunde wäre geistig minderbemittelt, wenn er die steuerlichen Vorteile nicht ausnutzen würde. Ein guter Berater – und zwar unabhängig vom Vergütungsmodell – muss im Einzelfall klären können, ob das für den Kunden gut ist oder nicht. Wie sind die Rentengarantiezeiten, wie sind die Kostenstrukturen, in welche Fonds wird investiert, kann ich die Fonds tauschen, und wenn ja, zu welchen Kosten? Es gibt Steuervorteile, die im Einzelfall nicht von der Hand zu weisen sind. Es gibt auch Kunden, die wollen sich nicht weiter kümmern und sagen deshalb: Ich habe hier etwas zum Sparen, das läuft jetzt 30 Jahre und dann ist es fertig. Für die kann eine Rentenversicherung Sinn machen. In den meisten Fällen ist die Rentenversicherung aber eher ein Produkt, das den Anbieter reich macht aufgrund der Kostenstruktur und der Intransparenz. Die üblichen Verkaufsargumente der Makler, man habe eine lebenslange Rente und es gebe Steuervorteile, tragen zum Beispiel schon nicht für einen Jungkunden, der 30 oder 35 Jahre Zeit hat, sich mit Indexfonds Stück für Stück im Monat ein Vermögen aufzubauen. Vermögen heißt hier natürlich ein kleines Sparvermögen. An der Stelle kommen wir auch zum eigentlichen Punkt. Die Makler leben vom Verkauf dieser Dinger. Deswegen fällt jede fachliche Betrachtung bei einem Versicherungsmakler häufig weg. Man kann nicht von einem Versicherungsmakler erwarten, dass er beim Vermögensaufbau sein Produkt mit anderen Vermögensaufbaumöglichkeiten verknüpft. Ein Versicherungsmakler ist in den seltensten Fällen ein Gestalter von Produkten. Der benutzt seine festgelegten Argumente für das Produkt und verkauft es.

Krüger: Also in meinen Augen ist ein Produkt wie die Rentenversicherung schon dadurch disqualifiziert, dass man eine passable Rentenversicherungspolice in dem riesigen Angebot aller Policen mit der Lupe suchen muss. Das disqualifiziert dann genauso die Industrie, die so wenig ertragreiche Rentenversicherungen anbietet. Was ist von einer Industrie zu halten, die in der Mehrheit nur minderwertige Ware anbietet? Was ist von der privaten Altersvorsorge zu halten, wenn es vom Zufall abhängt, ob ich als Verbraucher eine ordentliche Rentenversicherung finden kann? Das heißt, ich brauche als Kunde erst recht einen unabhängigen Berater, um so ein Produkt zu finden.

Schmidt: Ein guter Berater sollte aber auch den gleichen differenzierten Blick auf das Vergütungsmodell richten.

Ein Honorarberater ist nicht automatisch besser als ein provisionsgesteuerter Vermittler aufgrund seines Vergütungsmodells. Das Vergütungsmodell schützt einen Kunden nicht davor, dass der Berater eine fachlich unqualifizierte Leistung abliefert. Auch ein Honorarberater kann jederzeit fachlich eine Pfeife sein. Auch ein Honorarberater kann den Kunden als Melkkuh betrachten und Minuten schinden. Auch ein Honorarberater kann die Grenze zu einem Provisionsberater überschreiten und sich Prozente vom Depotvolumen abschneiden. Honorarberater sind nicht die besseren Menschen. Sie hätten nur den Vorteil, dass sie nicht die schmutzige Vertriebsgeschichte aufweisen wie der Provisionsvertrieb.

Dafür stehen die Lustreisen der ERGO, die Falschberatungsskandale der Postbank oder die verbrannte Erde, die die Vertriebsexzessive der verschiedenen Finanzdienstleister in den neuen Bundesländern nach dem Fall der Mauer hinterlassen haben. Deswegen besitzt ein Honorarberater noch eine Chance zur Glaubwürdigkeit. Ob er die nutzt, wird sich zeigen. Im Wettbewerb mit dem Provisionsvertriebler bin ich auch schon gefragt worden, ob Honorarberatung nicht unmoralisch sei. Warum soll jemand, der 5 Millionen Euro zur Anlage hat, in einer Sparkasse oder Bank nicht für 5 Prozent Ausgabeaufschläge bezahlen? Denn erstens trifft es keinen Armen, und zweitens nährt diese Person mit ihrem Ausgabeaufschlag eine ganze Menge Menschen mehr. Und sie macht möglich, dass Klein- und Kleinstkunden, die 5000 Euro Anlagesumme haben, auch beraten werden können in einer Sparkasse oder in einer Bank. Solche Einwürfe sind natürlich verlogen, selbst wenn man zugesteht, wie fehlerhaft Honorarberatung ist und welche Grauzonen es dort gibt. Solche Versuche, den Provisionsvertrieb reinzuwaschen, sind verlogen, weil den Klein- und Kleinstkunden eine Beratung angeboten wird, die in der Mehrheit gar keine seriöse Beratung darstellt. Denn sie besteht darin, den Kunden minderwertige Ware zu verkaufen, nämlich unzureichende, weil überteuerte und intransparente Fertigmenüs.

Krüger: Und nicht nur das, würde ich sagen: Eine derartige Behauptung ist selbst unmoralisch, weil die Klein- und Kleinstkunden hiermit zum reinen Kostenfaktor erklärt werden. Wenn der Mensch zum reinen Kostenfaktor reduziert wird, dann ist, um es mit dem verstorbenen Heiner Geißler zu sagen, die Menschenwürde in Gefahr. Dabei gehört gerade diese Achtung zum ethischen Fundament einer Sozialen Marktwirtschaft. Zumal die Verteidiger des Provisionsvertriebes mit derartigen Einwänden erklären, dass das Geschäft nicht für die Kunden da sei, sondern nur für die Bank. Bedauerlicherweise macht man sich heutzutage wahrscheinlich mit dem Hinweis lächerlich, das Geschäft sei für die Kunden da. Doch weil es so ist, zeigt es die totale soziale Verrohung. Es zeigt, wie sehr die Ertragsinteressen des Kunden den Ertragsinteressen der Bank widersprechen.

Schmidt: Ich fürchte, das wird man in der Branche nicht verstehen. Deshalb würde man Sie verspotten mit Sprüchen wie: Jetzt ist schon die Menschenwürde in Gefahr durch die Banken. Oh je. Dagegen gibt es übrigens eine Medizin. Hoffentlich finden Sie die beste.

Krüger: Als letzten Aspekt der Zukunftsinvestitionen möchte ich noch das Thema Bildung ansprechen. Die Autoren Weik und Friedrich bringen in ihren Interviews oft Bildung als wichtige Vorsorgequelle und Investition für die Zukunft ins Spiel.[60] Das interessiert mich besonders, weil selbst eine optimierte Vorsorgeberatung für viele Menschen nur eine Schadensbegrenzung bedeuten kann vor dem Hintergrund einer sich wandelnden Arbeitswelt im Zuge der Digitalisierung. Wir sind uns darüber einig, dass die Finanzbildung zunehmen muss. Allerdings hat hierfür die Bildungspolitik noch nichts in die Wege geleitet. Doch auch die Bildung im Allgemeinen ist eine unverzichtbare Investition zur Vorsorge. Darauf müsste die Gesellschaft allergrößten Wert legen. Ich beziehe das auf die Bildung für die Kinder und Enkelkinder in dieser Gesellschaft.

Ich stelle aber in meiner Branche fest, dass unser Bildungssystem durch einen immer größeren Bildungsminimalismus gekennzeichnet ist. Es ist eine Abwärtsspirale in Gang. Das heißt, das Programm in den Schulen wird immer weiter abgespeckt. Die Schulbücher werden stetig schlechter, weil sie immer leichter werden. Denn die Gestalter verkindlichen sie durch bunte Bild- und Spielelemente. Folglich werden die Anforderungen an die Schüler immer geringer, an denen sie wachsen können. Den Schülern wird immer weniger abverlangt. Deshalb bleibt auch kaum ein Schüler noch sitzen. Auch das Unterrichtsarrangement ist eine Anpassung nach unten. Die Lehrerzentrierung ist längst zum Auslaufmodell geworden. Schülerzentrierung ist angesagt, und die Lehrer haben sich hierbei an die Schüler anzupassen und behandeln sie wie Konsumenten, denen sie ein Unterhaltungsprogramm bieten müssen. Diese Manöver scheinen notwendig zu sein, weil die modernen Medien und ihr ständiger Einsatz im Alltag und in der Freizeit die Aufmerksamkeitsspannen absenken. Die Lernerfolge dieser Unterrichtsmethoden sind jedoch miserabel.

Das belegen die sich epidemisch ausbreitenden Lese- und Rechtschreibschwächen. Der Bildungswissenschaftler Wulf D. Rehfus hatte bereits in den 1990er-Jahren darauf hingewiesen.[61] Gleichzeitig etabliert das Internetzeitalter zunehmend einen veränderten Umgang mit Wissen: nämlich die Auslagerung von Wissen auf Kosten von der »Einlagerung«. Wissen wird aus den Köpfen ausgelagert und gespeichert im Smartphone in der Hosentasche herumgetragen, anstatt dass es sich in den Köpfen befindet. Folglich ist in so manchem Milieu der Zugang zum Wissen wichtiger, als das Wissen selbst zu besitzen. In der Konsequenz sinken neben den Aufmerksamkeitsspannen die Merkfähigkeit und die Verknüpfungsfähigkeit. All das trägt zu den aktuellen Überforderungsgefühlen vieler Schüler bei, zum Beispiel an den Gymnasien. Dorthin drängen immer mehr Schüler, weil sie aufgrund wachsender Zukunftsängste den mittleren Schulen entfliehen wollen. Zumal die Hauptschule, die früher ein Reservoir für die Auszubildenden in den Betrieben war, längst zur Resterampe geworden ist. Das führt dazu, dass heute Schüler Abitur machen, die vor 25 Jahren allenfalls einen Realschulabschluss erreicht hätten, zu einer Zeit als die Abiturzahlen bereits in Richtung 40 Prozent tendierten. Doch die Stoffvermittlung soll sich diesen leistungsschwächeren Schülern anpassen und nicht umgekehrt. Dementsprechend machen immer mehr Schüler Abitur, aber die durchschnittliche Fähigkeit zum Studieren nimmt ab. Dazu nimmt auch die Ausbildungstauglichkeit ab. Kein Wunder, wenn immer mehr Schüler Abitur machen, ohne überhaupt ein Buch gelesen zu haben, rein aus Überforderung. Über diese mangelnde Studierfähigkeit beklagen sich wiederum die Dekane und Professoren der Universitäten, wie die Studie des Bayreuther Germanistikprofessors Gerhard Wolf zeigt.[62] Gleichzeitig hat die Bildungspolitik das Studium verschlankt mit den Bachelor- und Masterstudiengängen nach der Bologna-Reform. Das heißt, es gibt jede Menge Bildungstitel, aber die Substanz dahinter schwindet. Groteskerweise jammern inzwischen auch die Wirtschaftsverbände über diese Minimalismus-Akademiker, für die sie selbst verantwortlich sind. Denn es ist die Wirtschaft gewesen, die sich über die langen Studienzeiten beklagt hat, weil die Studenten zu lange gebraucht haben, um in die Verwertungskette der Wirtschaft zu kommen. Angeblich würden sie damit der Konkurrenzfähigkeit der deutschen Volkswirtschaft schaden. Dazu passen die Mahnungen des bekannten Mathematikers und ehemaligen Cheftechnologen von IBM, Gunter Dueck: Wiederholt weist Dueck darauf hin, wie verräterisch es sei, wenn sich Leute in der Arbeitswelt über die komplexer werdende Arbeit im Zuge der Digitalisierung beklagen. Das seien die ersten Anzeichen von Überforderung, und diese Überforderung führt er auf ein Bildungssystem zurück, das nicht fit sei für die Herausforderungen der Digitalisierung. Denn es vermittle nur unzureichend Kompetenzen, die der Computer nicht besitze.[63] Bezeichnend für den von mir skizzierten zunehmenden Abbau an Bildung sind die Ausgaben für Bildung. Ihr Anteil am Bruttoinlandsprodukt ist so niedrig wie nie zuvor. [64] Wie kann unter diesen Voraussetzungen das vorhandene Angebot Bildung ein verlässliches und wirksames Mittel zur Vorsorge sein?

Schmidt: Es ist zweifellos bedenklich, was Sie sagen, aber es deckt sich mit meinen Beobachtungen. Von der Bildungspolitik muss da mehr kommen. Hierbei ist der Staat mehr als gefordert. Aber beim Thema Finanzbildung möchte ich noch einmal auf Ihre Relativierung eingehen und die Vernachlässigung des eigenen Tagesgeschäftes, ohne dass ich meine grundsätzliche Forderung nach mehr Finanzbildung dadurch einschränken möchte. Eines ist zu bedenken: Man darf die Menschen mit solchen Forderungen auch nicht überfordern. Ohnehin wird vom sogenannten mündigen Bürger eine Menge verlangt. Eigenverantwortung ist an sich ein positiver Wert, aber sie darf nicht in Überforderung enden. Ein Bürger muss seinem Unterhalt nachkommen. Wenn er Familie hat, muss er seine Kinder versorgen und erziehen. Wenn er ein guter Ehe- oder Beziehungspartner sein will, muss er an seiner Partnerschaftsfähigkeit arbeiten. Überhaupt gibt es neben den beruflichen Fachkenntnissen auch die notwendigen Soft Skills, die er häufig optimieren muss. Obendrein soll er sich auch noch für Politik interessieren, um auch seine Staatsbürgerpflichten zu erfüllen, beispielsweise durch die Teilnahme an einer Wahl oder durch eine ehrenamtliche politische Tätigkeit in einem Verband oder wo auch immer. Er muss Steuern zahlen. Er muss sich um seine Altersvorsorge kümmern und soll sich in diesem Zusammenhang die dafür notwendige Finanzbildung verschaffen. Doch wir wissen, dass gerade auf diesem Feld nicht jeder den Aufwand für die Eigenregie übernehmen kann. Es widerspricht auch nicht dem Wert der Eigenverantwortung, wenn man von der Finanzindustrie einfordert, dass man auch mal einem Institut und deren Beratern vertrauen dürfen sollte. Auch wenn die Gegenseite den wachsamen Verbraucher fordert. Wenn wir aber davon ausgehen, wie problematisch es ist, einen Berater zu finden, der derart unabhängig und fachlich qualifiziert ist, steht der einzelne Bürger wirklich vor einer Belastungsprobe. Und hier kommt wieder der Staat ins Spiel. Wenn jeder weiß, dass wir ein Vorsorgeproblem haben, muss der Staat die Menschen schützen. Gerade wegen ihrer persönlichen und sozialen Einschränkungen. Ein Schutz wäre beispielsweise, gerade die Provisionsstrukturen der Finanzindustrie abzuschaffen. Oder aber neutrale staatliche Institutionen zu schaffen, die der Staat finanziert. Die wirklich kostenlos, neutral und mit Experten besetzt sind, sodass sich die Menschen tatsächlich eine Beratung abholen können. Zweifellos gibt es Verbraucherschutzzentralen, die punktuell auch hilfreich sind, aber sie haben keine politische Durchsetzungsmacht. Das heißt, der Staat muss mit seiner politischen Durchsetzungsmacht die Menschen erst recht schützen, weil ein noch so großer Aufwand und eine noch so gute Beratung Rentenlücken in der Größenordnung, wie Sie sie haben, nur begrenzt schließen können.

Krüger: Nach meiner Ansicht darf der Staat nicht darum herumkommen, die gesetzliche Rente wieder zu stärken. Dann würde er eine seiner wesentlichen Schutzfunktionen erfüllen. Diese These soll auch ein kleiner Ausblick sein. Sicher kann ich meine Vorsorge auf die von Ihnen beschriebene Art optimieren und mehr ins Risiko gehen. Aber ohne zusätzliche berufliche Erfolge werde ich nicht auskommen. Das heißt wiederum mehr Engagement im Berufsalltag, und das geht auf Kosten des Engagements bei der Privatvorsorge.

Was aber ist mit den Menschen, die weniger Möglichkeiten haben als ich, weil sie eine weniger gute Ausbildung haben als ich? Was ist mit den Leuten, die nicht an unabhängige Berater geraten, die dem Qualitätsstandard entsprechen, den Sie beschrieben haben? Sollen die weiterhin ihr Geld in nutzlosen Finanzprodukten wie einer Fondspolice verbrennen oder einer Bonitätsanleihe? Müsste es deshalb nicht wieder mehr Verteilungsgerechtigkeit geben? All diese Risiken und Unwägbarkeiten kann man nur ausgleichen, wenn man die gesetzliche Rente wieder stärkt.

Wie aber lässt sich das verwirklichen? Ist die Politik überhaupt bereit dazu? Weiß die Mehrheit der Politiker überhaupt von den von Ihnen beschriebenen Zusammenhängen? Sicher streiten sich die Politiker leidenschaftlich und effektvoll in den Talkshows, in den führenden Tages- oder Wochenzeitungen oder beim Heute-journal und den Tagesthemen über die Rente mit 63, mit 67 oder mit 70. Sie streiten auch über die abschlagsfreie Rente mit 63 nach 45 Versicherungsjahren. Doch das wirkt meistens wie ein Ablenkungsmanöver. Denn bei dieser Debatte redet kaum einer der Politiker über die Notwendigkeit, die gesetzliche Rente wieder zu stärken. Zu gezielt ist sie in den vergangenen Jahren geschwächt worden. Diese Schwächung ist beispielsweise geschehen, indem die Politik die Soziallasten der deutschen Vereinigung den Beitragszahlern aufgebürdet hat, sodass bei gleichbleibenden Beiträgen weniger für die Renten blieb. Sie ist geschehen mit der Einführung des Nachhaltigkeitsfaktors durch die rot-grüne Regierung unter Gerhard Schröder. Dadurch bleiben die Renten hinter der Lohnentwicklung zurück. Deshalb wird das Eckrentenniveau bis zum Jahr 2030 auf 43 Prozent absinken. Die Eckrente ist jene Rente, die ein Versicherter erhält, wenn er 45 Jahre ununterbrochen gearbeitet hat, in Höhe des Durchschnittslohns aller Versicherten. 1990 betrug das Eckrentenniveau noch 55 Prozent. Nicht zu vergessen schwächt auch der Ausbau der Betriebsrenten in Form der Entgeltumwandlung die gesetzliche Rente. Eine Betriebsrente, die den Namen nicht verdient, weil die Arbeitnehmer deren Kosten allein tragen. Zwar sparen sich die Nutzer der Entgeltumwandlung einen Teil der Sozialabgaben bei einem geringeren Bruttoeinkommen, aber die spätere Rente ist dagegen umso geringer. Doch dabei bleibt es nicht, wie die Autoren Holger Balodis und Dagmar Hühne unter Berufung auf den Deutschen Sozialverband aufgezeigt haben.[65] Je mehr Menschen mit der betrieblichen Altersversorgung in Form der Entgeltumwandlung vorsorgen, desto geringer steigt in der Konsequenz die gesetzliche Rente. Denn durch die niedrigeren Bruttolöhne verringern sich die Einnahmen für die Rentenversicherung. Das heißt, geringe Beitragserhöhungen gemäß der Rentenanpassungsformel gleichen diesen Verlust aus, zulasten der Rente. Der geringere Anstieg der gesetzlichen Rente betrifft alle, auch die Bestandsrentner und auch die, die keine Entgeltumwandlung vorgenommen haben. All diese Kürzungen erscheinen umso schwerwiegender, weil es für die meisten Leute im Alter immer schwieriger wird, länger zu arbeiten, um Rentenkürzungen auszugleichen. Zwar hat sich die Erwerbstätigkeit älterer Arbeitnehmer sowohl bei den Männern als auch bei den Frauen in den letzten Jahren zwischen 2009 und 2015 erhöht. Doch von den Erwerbstätigen im Alter zwischen 60 und 64 Jahren befinden sich nur noch 24,4 Prozent der Bevölkerung in einer versicherungspflichtigen Vollzeittätigkeit. Unter den 64-Jährigen sind das sogar nur 10,3 Prozent.[66] Warum aber wird es für die Wiederaufbereitung der gesetzlichen Rente wahrscheinlich keine politische Mehrheit geben?

Schmidt: Was ist hierbei Ihre Auffassung?

Krüger: Nach meinen Recherchen, und ich musste mich zu diesem Thema als Teil der gelebten Eigenverantwortung umfangreich einlesen, hat das möglicherweise folgenden Grund: Die Lobbyistenelite der Versicherungswirtschaft und Finanzindustrie hat einfach zu gut gearbeitet. Jahrelang hat sie die gesetzliche Rente mit ihrem Umlagesystem schlechtgeredet. Das ERGO-Aufsichtsratsmitglied Bernd Raffelhüschen zählte zum Beispiel zu diesem erlauchten Kreis. Ziel war und ist es für die private Versicherungswirtschaft, mindestens 10 Prozent von den Beiträgen zur gesetzlichen Rentenversicherung auf ihre Mühlen umzulenken. »Dann haben sie einen Umsatzzuwachs von 14 bis 16 Milliarden Euro an Prämien jedes Jahr«, rechnet der Publizist Albrecht Müller vor. Weiter sagt Müller:

> *»Dafür lohnt es sich, alle Hebel in Bewegung zu setzen. Und deshalb haben die [Versicherungen] Wissenschaftler eingekauft. Dazu gehört der Herr Sinn. Aber dazu gehört auch der Herr Miegel und dazu gehört Herr Rürup, und dazu gehört auch Herr Raffelhüschen. Das ist alles eine Truppe.«*[67]

Doch diese Truppe ist ein Netzwerk, in dem »sie sich gegenseitig stützen sowohl in Argumenten als auch in Aufträgen, die sie sich gegenseitig geben, und in Presseartikeln, wo sie sich gegenseitig hochleben lassen. Nur so kommt es ja zustande, dass unser Volk nichts mehr durchschaut.«[68] Müller meint die Stars unter den Wirtschaftsexperten wie den kürzlich pensionierten Hans-Werner Sinn vom ifo-Institut, Meinhard Miegel, als Sozialwissenschaftler ein Prediger des demografischen Wandels, oder Bert Rürup, das ehemalige Mitglied des Sachverständigenrates und den spätere Chef-Ökonomen des berüchtigten AWD-Konzerns, und dazu eben den Finanzwissenschaftler Bernd Raffelhüschen. All diese Leute sind Teil unserer heutigen Expertenkultur in den Medien und wurden und werden deshalb in den beliebten Talkshows dazu eingeladen, dem Publikum zu erklären, was wahr ist und was falsch. Mit Unterstützung eines Großteils der Medien haben sie den Zuschauern immer wieder die gleichen Phrasen in die Gehirne gestanzt: Wenn du nicht privat vorsorgst, dann droht dir die Altersarmut! Wir würden über unsere Verhältnisse leben. Die miesen Staatsfinanzen ließen das nicht mehr zu. Die Alten würden auf Kosten der Jungen leben, Alte kassieren, Junge zahlen drauf. Überhaupt sei die private Vorsorge viel günstiger als die gesetzliche Rente.

Schmidt: Bei seiner Fürsprache für die private Vorsorge hat sich der von Ihnen genannte Raffelhüschen ohnehin endgültig als verlässlicher Experte disqualifiziert, weil er die Tücken des Provisionsvertriebes gänzlich verharmlost hat. Bei einem Interview für das Internetportal *Procontra Online* enthaftet er den Provisionsvertrieb, indem er den Finanzvertrieb mit einem Bäcker vergleicht. Nach Raffelhüschens Logik werde der Vertrieb von schlechten Finanzprodukten dadurch entschuldigt, dass das bei jeder Art von Produktverkauf so üblich sei, so wie zum Beispiel beim Brötchenverkauf. So sagt der vermeintliche Experte: »Das ist aber in jedem Markt so. Es gibt auch Bäcker, die gute Brötchen backen, und welche, die schlechte Brötchen backen.«[69] Nach dem Muster: Wo gehobelt wird, fallen Späne. Hier entschuldigt also ein Volkswirt den Vertrieb von miesen Finanzprodukten durch die Gesetzmäßigkeiten des Marktes. Das kann man ja als dialektisches Missgeschick noch durchgehen lassen. Aber man kann nicht durchgehen lassen, dass Raffelhüschen mit seiner Dialektik die toxischen Wirkungen entschuldigt, die ein mieses Finanzprodukt entfaltet. Er tut das, indem er dieses Mangelprodukt mit dem Vertrieb eines ungenießbaren Brötchens gleichsetzt.

Krüger: Diese Brötchen-Rhetorik des Herrn Raffelhüschen zur Verharmlosung des kundenschädlichen Provisionsvertriebs ist ein gutes Beispiel. Wenn man sich für die gesetzliche Rente starkmachen will, muss man immer wieder die Falschheit der Argumente dieser sogenannten Experten bloßstellen, so wie Sie es jetzt tun. Dazu gehört zum Beispiel auch die Behauptung, die private Vorsorge auf dem Massenmarkt sei so viel günstiger. Das ist sie gerade nicht, wie Albrecht Müller regelmäßig aufzeigt. Den Kosten der Privatversicherung von mindestens 10 Prozent stehen bei der gesetzlichen Rente Kosten von 1 Prozent der eingezahlten Beiträge gegenüber.[70] Aufgrund der häufig unsicheren Renditen kann man das nicht immer ausgleichen, erst recht, wenn man sich dem Massenmarkt ausliefert und keine verlässlichen Experten zur Seite hat. Zwar habe ich jetzt ein paar Vorurteile verloren, beispielsweise gegenüber Aktien und überhaupt gegenüber der Gestaltung von Geldanlagen. Trotzdem haben Leute wie Müller oder Flassbeck natürlich recht, dass für die gesetzliche Rente wie für die private Vorsorge die gleichen Voraussetzungen gelten: Egal welches Finanzierungssystem man wählt, immer ist die Altersvorsorge davon abhängig, dass die Konjunktur brummt und dass es Wachstum gibt.

Deshalb hängt die private Vorsorge genauso von der Konjunktur ab wie die gesetzliche Rente und genauso von der Demografie und der Anzahl der Erwerbstätigen. Das heißt, die arbeitsfähige Bevölkerung muss immer für die Menschen sorgen, die ganz oben in der Bevölkerungspyramide stehen (die Alten) sowie für diejenigen, die ganz unten stehen (Jugendliche und Kinder). Das Finanzierungssystem ändert rein gar nichts an der Anzahl der Menschen, die für die anderen Menschen arbeiten. An dieser Zahl ändert man nur etwas, wenn man mehr Menschen mit Arbeit versorgt, von der sie auch leben können, sodass sie als Beitragszahler umso mehr die Sozialkassen füllen. Dabei hängt das für Einstellungen notwendige Wachstum von der Investitionsdynamik ab, von den Investitionen in den Kapitalstock. Dabei hängt das Wachstum davon ab, dass die Unternehmen ihr Gewinnstreben wieder ausschließlich auf die Realwirtschaft ausrichten und es von der Finanzwirtschaft abwenden. So stellen es beispielsweise die Ökonomen Heiner Flassbeck und Friederike Spiecker in ihrem Buch *Das Ende der Massenarbeitslosigkeit* dar.[71] Wenn man dann noch die Produktivitätsentwicklung so hoch hält wie in den letzten 30 Jahren, können die Alten und Kinder versorgt werden. Das haben Finanzmathematiker wie Gerd Bosbach nachgewiesen.[72]

Um nicht zu sehr von der kapitalgedeckten Vorsorge abhängig zu sein, ist es umso wichtiger, die gesetzliche Rente wieder zu stärken.

Für deren Stärkung müsste man gerade aber das Problem der Massenarbeitslosigkeit und der Verteilungsungerechtigkeit angehen. Seit 30 Jahren schleppt die deutsche Volkswirtschaft das Problem mit sich herum. All die neoliberalen Instrumente zur Stärkung der Angebotsseite in den letzten Jahren blieben wirkungslos. Die vielen Steuersenkungen wie die Streichung der Gewerbekapitalsteuer, die Steuerbefreiung bei Unternehmensverkäufen, die Streichung der Vermögensteuer, die Senkung des Spitzensteuersatzes bis hin zur Senkung der Körperschaftssteuer haben nichts gebracht. Es brummt nur die Exportwirtschaft und nicht die Binnenwirtschaft. So gehen der deutschen Volkswirtschaft wichtige Wohlstandsgewinne verloren, und gleichzeitig werden mit der Exportfixierung Anteile des erwirtschafteten Sozialprodukts ausgeführt, die die europäischen Kunden teilweise nicht mehr bezahlen können. Wenn man Experten wie der Politikwissenschaftlerin Ulrike Guérot glauben soll, ist die Euro-Zone kurz davor, uns um die Ohren zu fliegen, weil Deutschland die europäischen Nachbarn in Südeuropa zwingt, es Deutschland gleichzutun und sich mit einer Agenda-Politik für den Wettbewerb fit zu machen.[73] Das heißt also, wenn Frankreich sich nun mit einer eigenen Agenda-Variante wettbewerbsfähiger macht, wird Deutschland nachziehen, weil es keine Wettbewerbsanteile verlieren will. So konkurrieren die Nationen einander gegenseitig nach unten. Darüber hinaus haben die Macher der Hartz-Reformen versprochen, ihre Maßnahmen würden zwei Millionen Arbeitsplätze schaffen. Doch mit dem Hartz-IV-System wird das Problem der Massenarbeitslosigkeit nur verwaltet und verlagert, aber nicht gelöst. Genauso wenig mit den sich ausweitenden prekären Arbeitsverhältnissen. Das sind alles Symptome von Verteilungsproblemen, die Ökonomen wie Joseph Stiglitz als Stagnationstendenzen eines alternden Kapitalismus bezeichnen. Dafür stehen Deutschland beziehungsweise Europa und Nordamerika.[74] Wie aber kann man diese Stagnationstendenzen aufheben? Möglicherweise gar nicht. Zumindest aus Sicht der von mir bereits angesprochenen Postwachstumsökonomen.

Die Verpflichtung zum Wachstum muss auf Dauer an Grenzen stoßen, weil die dafür notwendigen Ressourcen begrenzt sind. Deshalb fordern Postwachstumsökonomen wie der Volkswirtschaftler Niko Paech die Rückbesinnung auf genossenschaftliche Strukturen bei verkleinerten Wertschöpfungsketten.[75]

Auf jeden Fall ist die Zeit der großen Kompression mit einem befriedeten Kapitalismus und schrumpfenden Einkommensunterschieden zwischen Arm und Reich längst vorbei. Der Profitratenverfall, den die Strukturkrise und die Folgekosten der Ölkrise in den 1970er- und 80er-Jahren bewirkt hatten, konnte für die Kapitalbesitzer nur eine Umverteilung kompensieren. Zu diesem Zweck wurden Löhne zur Restgröße erklärt und überwiegend nur noch als Kostenfaktor betrachtet und nicht mehr als Nachfragefaktor. So beschreiben es zumindest Ökonomen wie Heinz-Josef Bontrup.[76] Das wirft jedoch einige Fragen auf: Kann der moderne Kapitalismus oder die Marktwirtschaft die Voraussetzungen für eine gesicherte Altersvorsorge überhaupt noch liefern? Kann er das, trotz aller Reichtümer, die er hervorzubringen vermag? Wie kann man eine größere Verteilungsgerechtigkeit für die Altersvorsorge sicherstellen, wenn selbst eine noch so faire Finanzberatung nicht alle Rentenlücken schließen kann? Ein kaum zu erreichendes Ziel, da die Vollbeschäftigung als Stabilisierungsgröße der deutschen Gesellschaft ausgedient hat. Sonst würde sich die Gesellschaft nicht mit einem Prekariat von zehn bis zwölf Millionen Menschen und mehr abfinden, worauf die frühere CDU-Größe Heiner Geißler in seinen letzten Lebensjahren regelmäßig hingewiesen hat. Deswegen hat er auch vom Ende der Sozialen Marktwirtschaft gesprochen.[77] Doch warum hat die Vollbeschäftigung als Stabilisierungsgröße ausgedient? Liegt das allein daran, dass es wegen der Wachstumsgrenzen nicht mehr so viel zu verteilen gibt? Für die Keynesianer unter den Ökonomen wie Heiner Flassbeck, Stephan Schulmeister oder Heinz-Josef Bontrup müsste das nicht so sein. Vollbeschäftigung sei in ihren Augen immer noch möglich. Die Politik sei bisher nur zu einfallslos gewesen, weil sie wie ein Junkie stets nur die Dosis der alten neoliberalen Rezepte erhöhe. Zu diesen Rezepten gehört eine angebotsorientierte Wirtschaftspolitik. Auch Trendforscher wie Sven Gabor Janszky sehen das Konzept der Vollbeschäftigung nicht in Gefahr. Nicht wegen einer bestimmten wirtschaftswissenschaftlichen Theorie oder Ideologie, sondern aufgrund der Digitalisierung. Leider habe die Gesellschaft die Digitalisierung bisher viel zu sehr als Bedrohung für traditionelle Jobs und Branchen betrachtet. Stattdessen sei die Digitalisierung eine Chance, und dafür stehe das Konzept Industrie 4.0, das völlig neue Arbeitsfelder und Jobs schaffen werde. Deswegen sei die Vollbeschäftigung ab 2024 wieder möglich.[78]

Wer von diesen Experten hat nun recht? Haben vielleicht Interneterklärer recht, wie der Mathematiker Gunter Dueck, der die Digitalisierung sehr viel skeptischer betrachtet? Mehr als 18 Millionen Arbeitsplätze seien gefährdet.[79] Die fortschreitende Robotisierung sei nicht aufzuhalten und werde unter den Maschinenbedienern, den Bürotätigkeiten, in den Verkaufsberufen, in der Land- und Forstwirtschaft, aber auch im Handwerk massenhaft Jobs vernichten. Eine Entwicklung, die beispielsweise besonders die Finanzindustrie, also die Schaltertätigkeiten bei Banken und Versicherungen, betrifft. Nicht zu vergessen die Arbeitsplatzvernichtung, die der Einsatz des selbstfahrenden Autos in der Automobilindustrie und deren Zuliefererindustrie bewirke. Die große Mehrheit der Routinetätigkeiten werde von Computern übernommen, auch bei akademischen Berufen wie bei Anwälten, Ärzten oder Professoren. Gut bezahlte Jobs bekomme man nur noch, wenn man Leistungen erbringen könne, zu denen der Computer nicht imstande sei. Das seien dann Tätigkeiten wie Begeisterung in seinem Netzwerk wecken zu können, Verhandlungsführung, Kommunikation, Konfliktbewältigung, Menschenkenntnis, um sich selbst und andere Menschen entwickeln und coachen zu können, und natürlich Projektmanagement und -entwicklung. Kurz gesagt: Man benötige eine gehörige Portion an Persönlichkeitsmacht und Weltläufigkeit. Wobei man abwarten müsse, welche Grenzen die künstliche Intelligenz und die Lernfähigkeit von Maschinen besitzen.

Ist das alles Angstmacherei? Ist das der übliche Mythos, technischer Fortschritt koste Arbeitsplätze, den beispielsweise Heiner Flassbeck zu sehen glaubt? Lässt sich das verhindern, wenn laut Flassbeck alle Beschäftigten mit ihren Einkommen an der durchschnittlichen Produktivitätssteigerung der Gesamtgesellschaft teilhaben dürfen, auch in den Branchen, in denen der Produktivitätszuwachs unter dem Durchschnitt liegt? Auch in Branchen, die viele Beschäftigte benötigen, wie in der Pflege oder in der Bildung?[80] Oder bestätigen solche pessimistischen Digitalisierungsszenarien nachträglich die bekannten Standpunkte der Soziologen Jeremy Rifkin[81], Richard Sennett[82] oder Ulrich Beck[83]? Rifkin und Co. haben schon in den 1990er-Jahren angefangen, das Ende der Arbeit wegen der hohen Produktivitätsfortschritte zu prognostizieren. Zumal aktuelle Studien wie die Oxford-Studie[84] oder die Delphi-Studie der Bertelsmann-Stiftung[85] diese Tendenz bestätigen. Lässt sich folglich das Konzept der gesetzlichen Rente an die veränderte Arbeitswelt noch anpassen? Lässt sich dafür das Gewinnstreben wieder mehr auf die Realwirtschaft ausrichten? Wenn nein, muss man darüber diskutieren, ob es nicht die Möglichkeit gibt, Selbstständige, Freiberufler, Beamte, Abgeordnete und Minister stärker in die Finanzierung der gesetzlichen Rente mit einzubeziehen. Zumal heute nur noch 60 Prozent der Einkommensbezieher abhängig beschäftigt sind. Das war bei der Einführung der Rente unter Adenauer noch anders. Sollte man die Beitragsbemessungsgrenze nicht abschaffen im Dienst von so altmodischen Werten wie sozialer Gerechtigkeit? Soll man eine Erwerbstätigenversicherung einführen, die nach dem Ausscheiden aus dem Erwerbsleben wegfallende Erwerbseinkommen ersetzen soll, so wie das der Sozialverband Deutschland und der Deutsche Gewerkschaftsbund fordern?[86] Kann das bedingungslose Grundeinkommen einen Beitrag zum Vorsorgeproblem leisten? Gehört es zu einem der Gestaltungsmittel, um die gesellschaftlichen Umbrüche der Digitalisierung zu bewältigen? Denn an einem Heer von Wanderarbeitern kann die Gesellschaft nicht interessiert sein. Was nützt es einem Konzern wie Amazon, wenn er die Daten von armen Leuten sammelt, die sich nichts an Gütern leisten können, die der Konzern vertreibt? Sofern denn Leute wie Dueck mit ihren Szenarien recht haben. Oder ist das bedingungslose Grundeinkommen nur ein verkappter Kombilohn, wie die Leute von den *Nachdenkseiten* behaupten? Ist das bedingungslose Grundeinkommen ein Kombilohn, bei dem die Arbeitgeber um die lästigen Lohnnebenkosten wie die Arbeitslosen- und Rentenversicherung herumkommen? Zwingt dieser Kombilohncharakter wiederum die Arbeitnehmer dazu, privat nachzusorgen? Und würde diese Nachsorge der Versicherungswirtschaft Hauptgewinne verschaffen? [87] Diesen Streit gilt es zu klären. Es gilt zu klären, ob hier Ideologien aufeinanderprallen, die die Diskussion erschweren und an der Digitalisierung und Industrie 4.0 vorbeigehen. Eine weitere Frage betrifft das Verhältnis der Generationen zueinander. Wie können sich die Jungen und die Alten wieder aufeinander zu bewegen nach all den Jahren, in denen sogenannte Experten wie Raffelhüschen oder Miegel sie gegeneinander ausgespielt haben? Nicht zuletzt: Inwiefern kann Zuwanderung demografische Engpässe ausgleichen, zum Beispiel im Osten Deutschlands? Damit wird die Flüchtlingsfrage auch Teil des Rententhemas. Bei diesem Problemkomplex scheinen traditionelle Finanzprodukte wie Fondspolicen oder Fondssparpläne erst recht nicht mehr zeitgemäß, wenn sie es denn je waren. Sie sind nicht mehr zeitgemäß, gerade weil die Finanzindustrie nur die Illusion verkauft, etwas zu können, was sie aber nicht wirklich kann, nämlich Märkte verlässlich zu prognostizieren. So wie ich das von Ihnen gelernt habe.

Schmidt: Deshalb müssten die Leute umso mehr einen Zugang zur aktiven Produktgestaltung bekommen.

Krüger: Zweifellos. Sofern man als Kunde sein Anlageverhalten verändern will. Aber zu all diesen Fragen muss es einen offenen gesamtgesellschaftlichen Diskurs geben. Es müsste eine Brücke geben zwischen dem, was akademisch in so mancher Universität an Ideen und Szenarien ausgebrütet wird oder am Schreibtisch von so manchen Intellektuellen, und den drei entscheidenden Säulen – Finanzindustrie, Unternehmen und Politik. Ich fürchte nur, dass die Finanzindustrie zu diesem ganzen Komplex an noch ungelösten Fragen nichts beitragen wird beziehungsweise nichts beitragen will. Gerade weil sie vom Produktverkauf so abhängig ist, wie ich im letzten Jahr gelernt habe, und gerade weil sie vom Geschäft der Altersvorsorge in seiner jetzigen Gestalt so abhängig ist. Deswegen hat sie dafür auch so sehr gekämpft. Auch von den Unternehmen kann man nicht die Bereitschaft erwarten. Zu sehr haben sie darum gekämpft, keine höheren Beiträge in die Sozialversicherungskassen zu zahlen. Die Begrenzung von Lohnnebenkosten gehört schließlich zum Konzept der Angebotsökonomie. Jene Ökonomie, die die deutsche Volkswirtschaft auch ideologisch definiert. Jene Ökonomie, die in den vergangenen Jahren so sehr darauf ausgerichtet war, Kosten zu optimieren, und gleichzeitig Reichhaltigkeit und Vielfalt aus den Augen verloren hat. Diesen Gedanken habe ich von dem Systemtheoretiker Peter Kruse aufgegriffen, auf den Sie sich bei der Beschreibung der Märkte bezogen haben.[88] Bleibt noch die Politik. Kann man von ihr einen Beitrag zu dieser notwendigen Diskussion erhoffen? Das ist schwierig. Dafür hat sie sich zu sehr von der Finanzindustrie bei der Finanzierung der Staatshaushalte abhängig gemacht. Trotzdem muss eine Lösung gefunden werden. Allerdings kann man die Politik genauso wenig wie die Finanzindustrie oder die Unternehmen mit moralischen Appellen beeindrucken wie, sie müsse an die kommenden Generationen denken. Das sei ihr sozialer Auftrag. Die politischen Parteien trauen sich schon seit Jahrzehnten kaum, einen Debattenbeitrag zu den großen Themen der Zukunft zu leisten. Zu sehr sind sie erstarrt, aus Angst vor den kritischen Reaktionen der Medien und der Wähler. Wer sich mit einer Gestaltungsidee wie dem bedingungslosen Grundeinkommen positioniert, macht sich angreifbar. Wenn Parteien Debatten anstoßen, tun sie das zur Selbsterhaltung in für sie strategisch wichtigen Situationen wie zum Beispiel vor einer Wahl. Ansonsten fährt das politische Personal auf Sicht und scheut den Streit. Nach Auffassung vieler Politikwissenschaftler wie dem Göttinger Professor Franz Walter ist das die Folge einer Zersplitterung der Milieus in der Gesellschaft.[89] Kollektive Identitäten und Weltanschauungen lassen sich für die Parteien nicht mehr so leicht vermitteln bei der Vielfalt an Milieus. Deswegen fürchten die Politiker die Wähler der Mitte und die Wechselwähler so sehr und können kaum Initiatoren oder schöpferische Gestalter sein. Folglich muss ein allgemeiner Aufschrei kommen. Dafür müsste sich eine ganze Reihe von Leuten aufraffen und bekennen, dass ihnen die Altersarmut drohe. Das müssten Leute sein, die dem Klischee widersprechen, gescheiterte Flaschensammler zu sein, mit denen der Mainstream ohnehin nichts zu tun haben will. So könnte man der abstrakten Gefahr der Altersarmut viele konkrete Gesichter geben.

Schmidt: Das wäre bestimmt hilfreich. Aber dann muss dieser Aufschrei auch kommen. Allein schon, um mit der Altersarmut nicht den Nährboden für politischen Populismus zu liefern, der immer mehr um sich greift.

Dank

Ohne die Unterstützung von lieben Menschen wäre das Buch nicht entstanden. Diese Hilfe gilt es zu würdigen. Alexander möchte in erster Linie Ulrike Weber danken. Sie war für ihn in der ersten Phase nach dem Ausstieg aus dem System Bank 2013 ein wertvoller Anker. Mit Ulrikes Ruhe und Geduld und ihrem selbstlosen Verzicht auf eigene Bedürfnisse konnte Alexander die mentale Aufbereitung nach der Zeit der Geistlosigkeit innerhalb der Finanzindustrie vollbringen. Dadurch konnte er die kritische Distanz zur Branche entwickeln, die nun in diesem Buch zum Tragen kommt. Die spätere Trennung ändert nichts an diesem Verdienst.

Meine Liste ist etwas länger. Mein Dank gilt natürlich Günter Wallraff, der mit seiner finanziellen Unterstützung seinen Glauben an das Projekt ausgedrückt hat. Auch seinem Vertrauten Albrecht Kieser muss ich danken für die Zugänge zu wichtigen Informanten. Weitere wichtige Hilfen waren meine Mutter Brigitte, die mich bedingungslos finanziell unterstützt hat, und meine Schwester Dagmar mit ihrem Mann Andreas. Meinem Mentor Ulrich Radtke danke ich für den unaufhörlichen Zuspruch, den er mir in den Phasen der Selbstzweifel gespendet hat, und für die intellektuellen Infusionen, die meinen kritischen Blick geschärft haben. Meinem Freund Carsten Gier danke ich, dass ich bei den verdeckten Ermittlungen seinen Namen ausleihen durfte. Auch meine Freunde Kerim Cag, Fabio Turati, Bernd Freund und Britta Oellrich will ich nicht unerwähnt lassen, weil sie mich bei finanziellen Engpässen nie im Stich gelassen haben. Nicht zuletzt möchte ich meinem ehemaligen Philosophielehrer und Freund Wolfgang Kuhn danken. Er hat die meisten meiner Texte bisher gelesen. Dabei hat er mit seinem kritischen Urteil zu meiner Reife als Autor wesentlich beigetragen.

Über die Autoren

Malte Krüger, 1968 in Schleswig-Holstein geboren, studierte Sprachwissenschaften in München und leitet mit zwei Partnern eine Privatschule in Neumünster im Bereich der Erwachsenenbildung. Hier coacht er Politiker, Ärzte, Lehrer und Juristen in Rhetorik und Dialektik. Für die Recherche an dem Buch *Undercover in der Finanzindustrie* hat er ein Stipendium der Günter-Wallraff-Stiftung erhalten. Heute lebt Malte Krüger in Kiel und schreibt an seinem dritten Buch.

Alexander Schmidt ist diplomierter Bankbetriebswirt, geprüfter Börsenhändler und seit 2012 selbstständiger Honorarberater. Als langjähriger Vertriebsdirektor der Deka-Bank und ehemaliger Börsenhändler (Börse Frankfurt) stieg er 2012 bewusst aus der Branche aus und betreut aktuell bundesweit und im benachbarten Ausland Privatpersonen, Unternehmen und Stiftungen. Er ist gefragter Experte mit vielen Beiträgen u. a. bei ZDF, NDR, RTL sowie in der *FAZ*, *Stiftung Warentest* und *Wirtschaftswoche*.

Anmerkungen

1 Vgl. die Diskussion zwischen Axel Kleinlein vom Bund der Versicherten und Dr. Peter Schwark vom GDV anlässlich der Maklermesse MMM in München vom 11.03.2014: *https://www.youtube.com/watch?v=e8No7rChtBk*, aufgerufen am 15.08.2016

2 Siehe den Vortrag Albrecht Müllers vom 30.10.2008 zum Thema Rentenreform als Teil der Reformlüge: *http://www.youtube.com/watch?v=jwgn3ADFssw&feature=relmfu*, aufgerufen am 22.07.2016

3 Vgl. Alexander Neubachers Kommentar »Geldanlage: Deutschland spart sich arm«, in: *Spiegel Online* vom 21.02.2016: *http://www.spiegel.de/wirtschaft/geldanlage-die-deutschen-versagen-beim-sparen-a-1078514.html*, aufgerufen am 20.07.2016

4 Bandler, Richard; Grinder, John: Kommunikation und Veränderung. Die Struktur der Magie II. Paderborn: Junfermann Verlag 2001

5 Lay, Rupert: Manipulation durch die Sprache. München: Wirtschaftsverlag Langen-Müller/Herbig 1977

6 Correll, Werner: *Menschen durchschauen und richtig behandeln: Psychologie für Beruf und Familie.* München: mvg Verlag 2007

7 Siehe: Correll, Werner: *Menschen durchschauen und richtig behandeln: Psychologie für Beruf und Familie,* a.a.O.

8 Grundlage dieser Daten ist der Vermögensberatervertrag von 2015. Der Vermögensberatervertrag von 2007 weist die Wunschpolice noch mit 24 Prozent Grundprovision aus und die Vermögenssicherungspolice mit 15 Prozent. Beide Verträge mit den Angaben zur Grundprovision liegen vor. Im neuen Vermögensberatervertrag von 2017 ist gerade bei der Wunschpolice eine Provisionskürzung festgeschrieben.

9 Vgl. die Klagen verschiedener ehemaliger und noch aktiver Vermögensberater in dem Forum Geprellte Vermögensberater über die Provisionskürzungen bei der Wunschpolice anlässlich des neuen Vermögensberatervertrages von 2017. Dadurch werden der Aufstieg und das Sammeln von Karriereeinheiten erheblich erschwert. Die notwendigen 200 Karriereeinheiten pro Monat für einen Aufstieg von der Praxisstufe Nummer 1 zur Praxisstufe Nummer 2 sind dadurch nicht mehr so einfach zu erreichen. Man benötige ziemlich das Doppelte an Versicherungssumme: *http://geprellte-vermoegensberater.com/viewtopic.php?f=8&t=758&hilit=VSP*, aufgerufen am 10.11.2017

10 Ein Beispiel einer verkauften Wunschpolice an eine Kundin, Jahrgang 1957, liegt vor: Der verantwortliche Vermögensberater hat die Wunschpolice Sachwert-Strategie No. 1 bei der Vermögenssicherungspolice mit eingebaut. Von Beruf ist die Kundin Zahntechnische Laborantin. Laut Produktinformationsblatt aus dem Jahr 2012 wird der Kundin eine fondsgebundene Rentenversicherung mit einer eingebauten Dynamik von jährlich 6 Prozent verkauft. Der monatliche Sparbetrag beträgt 100 Euro. Der Fonds ist der DWS Fund Invest SachwertStrategie.

Die Laufzeit beträgt 31 Jahre. Im Jahr 2043 steht dann der Kundin eine monatliche Rente in Höhe von 1.180 Euro zu, vor Abzug der Kosten. Vorausgesetzt sie wird 96 Jahre alt, vorausgesetzt der Fonds erwirtschaftet eine durchschnittliche Wertsteigerung von 6 Prozent pro Jahr und vorausgesetzt die Überschussanteile behalten ihre Gültigkeit. Von der monatlichen Rente sind nur 447 Euro garantiert. Es gibt wahlweise auch eine Kapitalauszahlung von 142.124 Euro. Die Kosten sind völlig intransparent angegeben. So gibt es aufgrund der Service- und Verwaltungskosten des Hauptversicherers einen Abzug von 0,53 Prozent von der erwarteten Rendite von 6 Prozent. Die Angaben zu den Fondskosten der DWS sind missverständlich. Sie können zwischen 0,8 und 1,4 Prozent vom jährlichen Fondsvermögen betragen.

11 Grundlage dieser Provisionsverteilungen ist der Vermögensberatervertrag von 2015.

12 Die Dokumente zu den Prüfungsergebnissen der Sachkundeprüfung der IHK liegen vor.

13 Die Urkunden über bestandene Prüfungen eines Vermögensberaters liegen vor.

14 Grundlage dieser Prüfungsnachweise ist der Vermögensberatervertrag von 2015.

15 Vgl. die Ausführungen zu den Stornoquoten im Forum Geprellte Vermögensberater zum Beispiel aus dem Jahr 2015 anlässlich des Artikels »Wem die Kunden weglaufen« von Lutz Reiche im *Manager Magazin* vom 02.10.2013 über den überdurchschnittlichen Kundenschwund der Aachen Münchener. Diese Stornoquote zählt mit fast 7 Prozent im Zwölfjahresschnitt zu den höchsten unter den Versicherungen: *http://geprellte-vermoegensberater.com/viewtopic.php?f=8&t=732&p=7614&hilit=Stornofaktor#p7614* und

http://www.manager-magazin.de/finanzen/versicherungen/lebensversicherer-mit-historisch-niedriger-stornoquote-a-925564.html, beides aufgerufen am 10.11.2017.

16 Die Grundlage dieser Rechnung ist der Vermögensberatervertrag von 2015.

17 Vgl. ein Formular vom September 2015 über einen Fondstausch. Es beinhaltet die Änderung der Fondsauswahl oder des Anlage-Splittings der Aachen Münchener Versicherung. Das ist ein extra erstelltes Formular. Da können Kunden alte Fonds in einen neuen tauschen, in den DWS-Vermögensmandat-Balance. So heißt der neue Fonds. Beim DWS Vermögensmandat-Balance bekommen die Vermögensberater seit April oder Mai diesen Jahres Folgeprovisionen. Auf diesem Formular klebt nur ein kleiner Zettel, auf dem steht: Um bei Ihrem Vertrag langfristig höhere Erträge zu erzielen, müsste ein Fondstausch durchgeführt werden. Dazu brauche ich Ihre Unterschrift. Vielen Dank. Nach der eidesstattlich abgesicherten Einschätzung des Informanten, der dieses Formular übermittelt hat, ist dieser Vorgang über eine Selektion in der Direktion gelaufen. »Da haben die alle Kunden rausgesucht, die irgendwelche Produkte haben, wo Investmentfonds drin sind: Fondspolicen, Riester, Rürup, alles was mit Fonds hinterlegt ist. Pauschal haben sie alle Kunden angeschrieben mit vorgefertigten Tauschformularen, Klebezettel drauf, mit der Forderung: bitte unterschreiben und zurücksenden. Keine Erklärung über Kosten. Nichts.«

18 Diese Angaben der Grundprovision entstammen dem Vermögensberatervertrag von 2015.

19 Vgl. die Diskussion unter den Verbrauchern zur Riester-Rente Premium der DWS im Wertpapierforum: *http://www.wertpapier-forum.de/topic/40606-aachenmunchener-dvag-riester-rente-strategie-plus-tarif-5rg/,* aufgerufen am 19.12.2016

20 Vgl. die Diskussion unter den Verbrauchern zur fondsgebundenen Rürup-Basis-Rente basierend auf dem Fonds DWS Funds Invest Zukunftsstrategie: *http://www.wertpapier-forum.*

de/topic/45183-dvagam-riester-rurup-wunschpolice-co-kundigenubertragen-hilfe-von-verbraucherschutz/, aufgerufen am 19.12.2016.

21 Zu dieser Methode gibt es noch eine Variante: Der Vermögensberater verwendet statt eines Glases ein Sparschwein. Ziel soll sein, dass der Kunde das Sparschwein als Geschenk empfindet und dadurch einen positiven Eindruck von dem Verkaufsgespräch bekommt. Denn der Kunde wird das Sparschwein vermutlich aufheben.

22 Vgl. die Ausgabe des Verkaufsmagazins VB Aktuell. Produkt- und Verkaufsinformationen für den Vermögensberater vom August/September 2009 mit Informationen unter anderem über die Wunschpolice Sachwert-Strategie No. 1 und offene Immobilienfonds.

23 Klenner, Christina; Sopp, Peter; Wagner, Alexandra: *Große Rentenlücken zwischen Männern und Frauen*. WSI-Report Nr. 29, 2/2016: *http://www.boeckler.de/pdf/p_wsi_report_29_2016.pdf*, aufgerufen am 13.02.2018

24 Vgl. Winfried Schmähls Ausführungen bei einem Vortrag von 03.03.2005: *http://www.chemie-sozialpartner.de/fileadmin/user_upload/documente/praesentationen/Schmaehl.pdf*, aufgerufen am 02.01.2016.

25 Siehe: Eine Abhandlung dazu liefert Philine Lietzmann mit ihrem Artikel »Jeder dritte Deutsche verdient unter 2400 Euro: So ungleich sind die Einkommen verteilt«, in: *Focus Money Online* vom 06.02.2017: *http://www.focus.de/finanzen/news/arbeitsmarkt/grosse-gehaltsauswertung-jeder-dritte-verdient-weniger-als-2400-euro-so-ungleich-sind-die-einkommen-verteilt_id_6603710.html*, aufgerufen am 10.08.2017.

26 Vgl. Jenny Müllers Aufsatz »Umdeckungen von Rentenverträgen müssen ein Ende haben«, in: *Versicherungsbote* vom 10.03.2016: *http://www.versicherungsbote.de/id/4838390/Rentenversicherung-Umdeckung-Lebensversicherung/*, aufgerufen am 23.04.2016.

27 Die Zielkarte liegt vor.

28 Schulmeister, Stefan: *Mitten in der großen Krise. Ein New Deal für Europa*. Wien: Picus Verlag 2010.

29 Bontrup, Heinz-Josef: *Krisenkapitalismus und EU-Verfall*. PapyRossa Verlag 2014.

30 Balodis, Holger; Hühne, Dagmar: *Die Vorsorgelüge. Wie Politik und private Rentenversicherung uns in die Altersarmut treiben.*, a.a.O.

31 Vgl. den Werbespot der Commerzbank AG »Der erste Schritt« von 2012: *https://www.youtube.com/watch?v=hqxnTVo6sMU*, aufgerufen am 22.04.2014.

32 Vgl. die Pressemitteilung der Commerzbank AG zur zukünftigen geschäftlichen Ausrichtung der Bank vom November 2013: *https://www.commerzbank.de/media/presse/presentations/Commerzbank_Basispraesentation_Q3_2013_DE.pdf*, aufgerufen am 11.04.2014.

33 Siehe: Heike Buchters Artikel »In Deckung«, in: *Zeit Online 23.06.2016*: *http://www.zeit.de/2016/25/indexfonds-sparen-anleger*, aufgerufen am 29.11.2016.

34 Siehe: Ronny Nicolussis Artikel »Lockruf des schnellen Geldes«, in: *NZZ am Sonntag* vom 29.04.2016: *https://www.nzz.ch/nzzas/nzz-am-sonntag/digitale-waehrung-onecoin-lockruf-des-schnellen-geldes-ld.17054*, aufgerufen am 29.11.2016.

35 Siehe: Ratgebertipp »Totalverlust möglich. Warentest warnt vor OneCoin und SwissCoin«, in: n-tv vom 15.08.2015: *http://www.n-tv.de/ratgeber/Warentest-warnt-vor-OneCoin-und-Swiss-Coin-article18420021.html*, aufgerufen am 29.11.2016.

36 Siehe: Brain Days Bericht »Alleged Arcadia-based ›Gemcoin‹ scam garnered more than $164 million in bogus investments«, in: *Pasadena Star-News* vom 22.07.2016: *http://www.pasadenastarnews.com/general-news/20160722/report-alleged-arcadia-based-gemcoin-scam-garnered-more-than-164-million-in-bogus-investments*, aufgerufen am 29.11.2016.

37 Siehe das Interview mit Alexander Schmidt »Wir wollen ältere Menschen beraten und nicht verkaufen«, in: *Cash.online*, vom 07.10.2015: *http://www.cash-online.de/berater/2015/alte-hasen-interview/279830*, aufgerufen am 10.01.2016.

38 Cialdini, Robert: *Influence. Science and Practice.*, S. 107 ff. *http://www.cfs.purdue.edu/richardfeinberg/csr%20331%20consumer%20behavior%20%20spring%202011/cialdini/robert_cialdini-influence-science_and_practice.pdf*, aufgerufen am 13.01.2016.

39 Vgl. den Kursverlauf des Deutschen Aktienindex von 1988 bis 2009 von SB Finanz: *http://www.sbfinanz.de/_pics/472/_842x481_1_0_0_0x-11_ffffff/DAX_Grafik.jpg*, aufgerufen am 22.01.2016.

40 Klöckner, Bernd W.: *Verkaufstraining für Finanzdienstleister: Der direkte Weg zu mehr Kunden, Umsatz und Empfehlungen*. Wiesbaden: Gabler Verlag 2003, S. 85.

41 Vgl. den BWK Live Clip Nr. 8 - Power Talk - Dr. Bernd W. Klöckner & Karsten Brocke - Teil 1: *https://www.youtube.com/watch?v=F5dNksekLac*, aufgerufen am 10.10.2016.

42 Siehe Peter Kruses Vortrag zum Wandel der Arbeitswelt anlässlich der New Work Night von 2014: *https://www.youtube.com/watch?v=dst1kDHJqAc*, aufgerufen am 22.08.2016.

43 Esposito, Elena: *Die Fiktion der wahrscheinlichen Realität*. Frankfurt am Main: Suhrkamp Verlag 2014.

44 Vgl. Nina Katzemichs Artikel »Verbraucherschutz bei Provisionen auf der Kippe«, in: *Lobby-Control* vom 25.10.2012: *https://www.lobbycontrol.de/2012/10/verbraucherschutz-bei-provisionen-auf-der-kippe/*, aufgerufen am 22.11.2013.

45 Vgl. die ZDF-Fernsehdokumentation *Die Bank gewinnt immer* vom 11.07.2011: *http://www.youtube.com/watch?v=lmqlEttpD5g*, aufgerufen am 25.11.2013.

46 Vgl. den Artikel »Morningstar findet die Max-Otte-Fonds abenteuerlich«, in: *Fonds professionell Online* vom 07.06.2016: *http://www.fondsprofessionell.de/news/uebersicht/headline/morningstar-findet-max-otte-fonds-abenteuerlich-125154/*, aufgerufen am 25.08.2016.

47 Vgl. das Rating von Morningstar: *http://www.morningstar.de/de/funds/snapshot/snapshot.aspx?id=-F000001ZTX&tab=2*, aufgerufen am 09.09.2016.

48 Vgl. das Interview mit Stefan Riße mit *Fonds professionell*, in: *Fonds professionell Online* vom 13.05.2016: *http://www.fondsprofessionell.de/news/uebersicht/headline/risse-fonds-abgewickelt-bin-als-portfoliomanager-gescheitert-124818/*, aufgerufen am 07.09.2016.

49 Vgl. hierzu Dennis Kremers Artikel »Der Absturz der Promi-Fonds«, in: *FAZ.NET* vom 04.09.2016: *http://www.faz.net/aktuell/finanzen/aktien/absturz-der-fonds-von-mr-dax-dirk-mueller-und-boersenprofessor-max-otte-14419052.html*, aufgerufen am 05.09.2016.

50 Vgl. das Interview mit Dr. Fabian Braun, in: *Das Investment* vom 07.12.2017: *http://www.das-investment.com/die-grosse-robo-advisor-interview-reihe—aix-capital-vieles-im-markt-ist-allerdings-alter-wein/?page=1*, aufgerufen am 12.01.2017.

51 Vgl. Niko Paechs Vortrag »Postwachstumsökonomie und die Rolle des Geldes« in Köthen (Anhalt) vom 12.03.2012: *http://www.youtube.com/watch?v=8vbHDhIZTUs*, aufgerufen am 10.03.2014.

52 Vgl. Ehrenberg, Alain: *Das erschöpfte Selbst. Depression und Gesellschaft in der Gegenwart*. Berlin: Suhrkamp Verlag 2008.

53 Amendt, Günter: *No Drugs No Future. Drogen im Zeitalter der Globalisierung*. Hamburg: Europa Verlag GmbH 2003, S. 16.

54 Vgl. mit dem Mackenroth-Theorem: »Aller Sozialaufwand muss immer aus dem Volkseinkommen der laufenden Periode gedeckt werden«: *http://www.nachdenkseiten.de/upload/pdf/071128_mackenroth.pdf*, aufgerufen am 20.10.2012.

55 Vgl. die Leserkommentare zu Christian Siedenbiegels Artikel »Finanzaufsicht Bafin will bestimmte Finanzprodukte verbieten«, in: *FAZ.Net* vom 25.08.2016: *http://www.faz.net/aktuell/finanzen/meine-finanzen/sparen-und-geld-anlegen/streit-um-neues-produktverbot-der-finanzaufsicht-14404113.html*, aufgerufen am 29.08.2016.

56 Siehe die Ausgabe der Reihe *Hart aber fair* vom 17.09.2008 mit dem Titel »Absturz aus Gier. Verzocken Banken unseren Wohlstand?«: *http://musicas.site/?artist=Hart-aber-Fair&track=Hart-aber-fair-17.09.2008,-Absturz-aus-Gier-verzocken-Banker-unseren-Wohlstand?*, aufgerufen am 22.03.2017

57 Vgl. die Wertentwicklung des MSCI World der letzten 10, 20 und 40 Jahre: *http://www.gegen-altersarmut.de/*, aufgerufen am 22.08.2016.

58 Siehe: Volker Loomans Ausfatz »Leben im Eigenheim ist Wohnen im Luxus«, in: *FAZ.NET* vom 19.07.2014: *http://www.faz.net/aktuell/finanzen/meine-finanzen/vermoegensfragen/mieten-oder-kaufen-eine-immobilie-kaufen-ist-luxus-13052860.html*, aufgerufen am 20.08.2016.

59 Vgl. die Makler-Kommentare anlässlich der Rezension »ZDF in der Honorarberaterfalle« von Michael Fiedler, in: *procontra online* vom 01.09.2016: *http://www.procontra-online.de/artikel/date/2016/09/zdf-in-der-honorarberaterfalle/*, aufgerufen am 08.09.2016.

60 Vgl. das Interview mit Marc Friedrich und Matthias Weik von Jens Masuhr, in: *Focus Money Online* vom 20.07.2016: *http://www.focus.de/finanzen/boerse/interview-die-zeit-ist-abge-laufen_id_4816191.html*, aufgerufen am 05.08.2016.

61 Siehe: Rehfus, Wulf D.: *Bildungsnot. Hat die Pädagogik versagt?* Stuttgart: Klett-Cotta 1995

62 Vgl. Gerhard Wolfs Aufsatz »Bremsversagen oder: Mit dem Abitur in die Schreibberatung – Ursachen und Folgen einer nachlassenden Studierfähigkeit heutiger Jugendlicher«, in: Henry-Huthmacher, Christine; Hoffmann, Elisabeth (Hrsg.): *Ausbildungsreife und Studierfähigkeit*. Konrad-Adenauer-Stiftung 2016: *http://www.kas.de/wf/doc/kas_44796-544-1-30.pdf*, aufgerufen am 18.02.2017.

63 Siehe Duecks Vortrag »Bildung der Zukunft oder Kopfreform?« am deutsch-amerikanischen Institut in Heidelberg: *https://www.youtube.com/watch?v=gI_zKqodcPo*, aufgerufen am 16.03.2017.

64 Vgl. die Studie der Gewerkschaft Erziehung und Wissenschaft zur Bildungsfinanzierung der öffentlichen Hand: *http://www.gew.de/fileadmin/media/publikationen/hv/Bildung_und_Politik/Bildungsfinanzierung/Bildungsoekonomie_und_Bildungsfinanzierung/Bildungsfinanzierung_der_oeffentlichen_Hand_-_Stand_und_Herausforderungen__Februar_2016_.pdf*, aufgerufen am 20.07.2016.

65 Balodis, Holger; Hühne, Dagmar: *Die Vorsorgelüge. Wie Politik und private Rentenversicherung uns in die Altersarmut treiben.*, a.a.O., S. 147.

66 Vgl. die Beschäftigungsstudie des Instituts Arbeit und Qualifikation der Universität Duisburg-Essen: *http://www.sozialpolitik-aktuell.de/tl_files/sozialpolitik-aktuell/_Politikfelder/Arbeitsmarkt/Datensammlung/PDF-Dateien/abbIV105.pdf*, aufgerufen am 15.10.2016.

67 Vgl. Michael Dietjens Interview mit Albrecht Müller anlässlich seines Buches »Machtwahn«: *https://www.youtube.com/watch?v=okEK2d8AZEw*, aufgerufen am 11.08.2016.

68 Vgl. Michael Dietjens Interview mit Albrecht Müller anlässlich seines Buches »Machtwahn«, a.a.O.

69 Vgl. das Interview Julia Groths mit Bernd Raffelhüschen, in: *procontra* vom 22.09.2016: *http://www.procontra-online.de/artikel/date/2016/09/das-problem-ist-der-oekonomische-analphabetismus-der-deutschen/?tx_news_pi1%5BcurrentPage%5D=2&cHash=42a3a2d7b35b4042bcd835f14b9cf811*, aufgerufen am 20.11.2016.

70 Vgl. Michael Dietjens Interview mit Albrecht Müller anlässlich seines Buches »Reformlüge«: *https://www.youtube.com/watch?v=U6VWtz_Xri8*, aufgerufen am 11.08.2016.

71 Flassbeck, Heiner; Spiecker, Friederike: *Das Ende der Massenarbeitslosigkeit. Mit richtiger Wirtschaftspolitik die Zukunft gewinnen.* Frankfurt am Main: Westend Verlag 2007.

72 Bosbach, Gerd: »Demografische Entwicklung – kein Anlass zur Dramatik«, in: *Nachdenkseiten* vom 17.02.2004: *http://www.nachdenkseiten.de/upload/pdf/gbosbach_demogr.pdf*, aufgerufen am 05.09.2016.

73 Vgl. Ulrike Guérots Vortrag »Europa der Regionen: Wie die Regionen in Europa gestärkt werden können« bei der IHK in Karlsruhe vom 20.02.2016: *https://www.youtube.com/watch?v=-mEW9XkpR3yg*, aufgerufen am 21.02.2017.

74 Siehe: Joseph Stiglitz' Aufsatz »Sparen schadet«, in: *Cicero Online* vom 20.11.2010: *http://www.cicero.de/kapital/stiglitz-finanzkrise-%C3%B6konomie-harter-sparkurs-loest-keine-probleme/46550?-seite=2*, aufgerufen am 13.03.2016.

75 Siehe: Paech, Niko: *Befreiung vom Überfluss. Auf dem Weg in die Postwachstumsökonomie.* München: Oekom Verlag 2012.

76 Vgl. den Vortrag des Wirtschaftswissenschaftlers Prof. Dr. Heinz-Josef Bontrup »Soziales Europa?« an der Volkshochschule Düsseldorf vom 23.04.2013: *http://www.youtube.com/watch?-v=PIOsphIvkE8*, aufgerufen am 12.02.2017.

77 Siehe das Streitgespräch zwischen Heiner Geißler und Prof. Michael Hüther in der Ausgabe der Reihe *Unter den Linden* vom 20.10.2008: *http://www.phoenix.de/sixcms/detail.php?id=206328&template=d_ph_videostream_popup&format=3&transfer=1*, aufgerufen am 12.05.2016.

78 Vgl. das Interview mit Sven Gabor Janszky in der Sendung *Kulturzeit* in 3Sat in der Ausgabe vom 28.04 2016: *http://www.3sat.de/mediathek/?mode=play&obj=58831*, aufgerufen am 01.09.2016

79 Vgl. Gunter Duecks Vortrag zur Industrie 4.0: *https://www.youtube.com/watch?v=7Kv45BUNGyg*, aufgerufen am 20.12.2016.

80 Flassbeck, Heiner; Meinhardt, Volker; Spiecker, Friederike; Vesper, Dieter: *Irrweg Grundeinkommen. Die große Umverteilung von unten nach oben muss beendet werden*. Frankfurt am Main: Westend Verlag GmbH 2012, S. 47 ff.

81 Rifkin, Jeremy: *Das Ende der Arbeit und ihre Zukunft. Neue Konzepte für das 21. Jahrhundert*. Frankfurt am Main: Fischer Taschenbuch Verlag 2005.

82 Sennett, Richard: *Die Kultur des neuen Kapitalismus*. Berlin: Berliner Taschenbuch Verlag 2007.

83 Beck, Ulrich: *Schöne neue Arbeitswelt - Vision: Weltbürgergesellschaft*. Frankfurt am Main: Campus Verlag 1999.

84 Vgl. den Bericht zur Übertragung der Oxford-Studie auf Deutschland von Holger Bonin, Terry Gregory und Ulrich Zieran vom 14.04.2015: *ftp://ftp.zew.de/pub/zew-docs/gutachten/Kurzexpertise_BMAS_ZEW2015.pdf*, aufgerufen am 22.03.2017.

85 Vgl. die Deplphi-Studie 2050: Die Zukunft der Arbeit von Cornelia Daheim und Ole Wintermann: *https://www.bertelsmann-stiftung.de/fileadmin/files/BSt/Publikationen/GrauePublikationen/BST_Delphi_Studie_2016.pdf*, aufgerufen am 22.03.2017.

86 Vgl. das gemeinsame Konzept des SoVD, des DGB und der Volkssolidarität Bundesverband e.V. »Erwerbstätigenversicherung: Rente mit Zukunft: *http://sovd.de/fileadmin/downloads/broschueren/pdf/erwerbstaetigenversicherung_2007.pdf.*, aufgerufen am 20.03.2017.

87 Siehe Jens Bergers Aufsatz »Konstruktionsfehler des Grundeinkommens«, in: *Nachdenkseiten* vom 20. November 2012: *http://www.nachdenkseiten.de/?p=15187#more-15187*, aufgerufen am 25.11.2016

88 Siehe die Ausgabe der Reihe *nachtstudio* vom 01.05.2015 zum Thema »Zukunft der Arbeit und das bedingungslose Grundeinkommen: *https://www.youtube.com/watch?v=eUqgXI_Bh2M*, aufgerufen am 11.03.2017.

89 Michelsen, Danny; Walter Franz: *Unpolitische Demokratie. Zur Krise der Repräsentation*. Berlin: Suhrkamp Verlag 2013, S. 162 ff.